하나님의 진심이 담긴

아 가 서

임 교 희 시음

하나님의 시낭글
만들어 가는 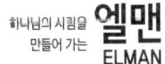 엘맨
ELMAN

하나님의 진심이 담긴
아 가 서

초판 1쇄 ︱ 2025년 12월 20일

지 은 이 ︱ 임교희
펴 낸 이 ︱ 이규종
펴 낸 곳 ︱ 엘맨
　　　　　　서울시 마포구 토정로 222
　　　　　　한국출판콘텐츠센터 422-3
전　　화 ︱ 02-6401-7004
팩　　스 ︱ 02-323-6416
홈페이지 ︱ www.elman.kr
메　　일 ︱ elman1985@hanmail.net
등　　록 ︱ 제13-1562호(1985.10.29.)

I S B N ︱ 978-89-5515-820-5
정　　가 ︱ 23,000원

하나님의 진심이 담긴

아 가 서

임 교 희 지음

하나님의 사람을
만들어 가는 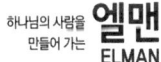 엘맨
ELMAN

목차

성령 충만 그 이후…

이사야 62:1-5, 아가 1:1

미국 뉴욕 타임즈의 유명한 작가이자 방송 선교를 통해 복음의 큰 영향력을 끼친 찰스 스탠리 목사님은, 최고의 하나님을 섬기는 기독교인들이 왜 이렇게 무력한 지에 대하여 몇 가지 원인을 분석했습니다.

첫째, 영적인 원리를 알지 못하고 믿기 때문이라고 말합니다. 영적인 원리를 알지 못하는 것뿐 아니라 진리를 무시하고 신앙생활을 하기 때문이라고 합니다. 영적인 원리를 모르고 신앙생활을 하면, 진리가 주는 은혜를 받을 수 없습니다. 안다 할지라도 진리를 무시하고 신앙생활을 한다면, 세상 사람들과 다를 바가 없습니다.

둘째, 성경과 설교에 절대 가치를 두지 않기 때문에 영적인 미숙아로 살아간다고 말합니다. 성경 말씀은 능력이 있고 생명력이 있으며 좌우에 어떠한 날선 검보다도 강하고 힘이 있기에 기적과 능력이 따라옵니

다. 또한, 강단에서 설교자는 우리가 먹기 좋게 말씀을 풀어주는데, 그
것을 삶에 적용하지 않고 내 것으로 삼지 않으면 무능한 기독인이 됩
니다. 이렇듯 성경이나 설교에 절대 가치를 두지 않는 사람은 영적인
미숙아로 자랄 수밖에 없다고 말합니다.

셋째, 육체, 혼, 영의 질서가 바로 잡히지 않기 때문이라고 말합니다.
우리가 신앙생활을 할 때 육이 혼을 지배하고, 육과 혼이 영을 지배한
다면 이는 거듭난 사람, 구원받은 사람이라고 볼 수 없습니다. 비록 육
신을 입고 태어났을지라도 우리는 예수님으로 인해 새롭게 다시 태어
나면서 영이 우리의 혼을 다스리고, 영혼이 육을 다스리는 구조로 의
식혁명이 일어나야 합니다. 영이 혼을 다스려야 하고 영과 혼이 육을
다스릴 수 있도록 의식혁명이 일어나야 하고 의식의 질서가 바로 세워
져야 합니다.

이것이 창세기 2장의 하나님이 우리를 창조하신 사람의 의식구조이
고 질서입니다. 그런데 죄로 인해 이 의식구조가 바뀌어 육과 혼이 우
리를 다스리고 영적의 세계에 가치를 두지 않게 된 것입니다. 영으로
충만하지 않고 영의 능력을 발휘하지 못하면, 무지하고 무력하고 환경
이나 세상, 사탄의 지배를 받는 것입니다.

저는 찰스 스탠리 목사님의 말씀에 한 가지를 더 추가하고 싶습니다.
바로 성령님과 동역하지 않기 때문입니다. 성령을 사모하시 않고, 성
령의 도움을 구하지 않으며 능력을 구하지 않기 때문에 우리가 한계에
도달했을 때, 점프하지 못하는 것입니다. 환경의 한계, 사람과의 관계

속의 한계에 부딪혔을 때, "하나님! 나의 힘은 여기까지입니다. 그러나 나를 도우시기 위해 성령 하나님이 계시지 않습니까? 내가 성령님의 도움을 받아서 이 한계선에 점프하기를 원하고 도전하길 원하며 이 장애물을 넘어 그다음의 세계로 이끌림을 받길 원합니다."라는 기도가 빠졌기 때문입니다.

왜 내 능력만큼만 살려고 합니까? 그렇다면 신앙이 필요 없습니다. 이 한계를 뛰어넘고 하나님이 우리에게 주신 무의식 속에 있는 하나님의 능력을 개발해서 성령님과 동역할 때 최상의 나를 만나고 살아갈 수 있습니다.

우리는 성령 받고 성령 충만을 유지해야 합니다. 그래야 세상 사람들과 구별되고 차별된 삶을 살 수 있습니다. 세상의 조건에 부합되지 않더라도 세상을 부러워하지 않고 행복할 수 있는 것은 말씀 안에서 성장하며 성화 되어져가는 자신의 모습을 보기 때문입니다.

"신앙의 절정이 성령 충만이 아닐까요?"라는 기도를 하나님께 드렸습니다. 그런데 기도하면서도 아닐 것 같다는 생각이 들었습니다. 성령 충만 이후에는 반드시 열매로 증명해야 되는데, 나의 신앙의 절정이 열매라면 성령 충만과 열매 사이에 과정이 필요하다는 감동이 왔습니다. 성령의 9가지 이상의 열매를 얻기 위해서 어떤 과정이 필요할까라는 기도를 할 때, 하나님께서 너무도 의외의 응답을 주셨습니다. 성령 충만 그 이후에 열매를 맺기까지 반드시 필요한 것은 '친밀함'이라는 말씀을 주실 때, 나의 모든 기능이 함께 동의하는 느낌이 들었습니다.

성령 충만 이후에는 '친밀함'이 있어야 합니다. 성령 충만해서 바로 열매가 맺히는 것이 아니라 열매 맺기까지 친밀함의 과정이 필요합니다. 하나님께서 이 과정을 돌감람나무의 비유로 설명해 주셨습니다. 우리는 원래 돌감람나무였습니다. 우리는 죄인의 DNA를 가지고 태어났습니다. 그래서 이 모습 이대로는 하나님의 형상을 회복할 수 없습니다. 창조는 참감람나무로 되어 있으나 태어나기는 돌감람나무로 태어났습니다. 돌감람나무와 참감람나무를 이해하기 쉽게 우리가 잘 알고 있는 고욤나무와 감나무로 표현해 보겠습니다. 고욤나무에 감나무를 접붙임을 하면 고욤나무에서 감이 열립니다.

마찬가지로 우리는 돌감람나무로 태어났지만 예수 그리스도라는 참감람나무에 접붙임이 되었습니다. 그러나 접붙임이 되었다고 바로 열매가 맺힙니까? 그렇지 않습니다. 오랜 시간 참감람나무에서 돌감람나무 가지로 진액을 세속 내보냄으로 인해 새 순, 새 가지가 나오고 참감람나무가 되는 것입니다.

'친밀함'은 곧 참감람나무에서 나오는 진액을 돌감람나무에 연결, 접속시켜 주는 것과 같습니다. 나무의 뿌리에서부터 빨아올린 영양분이 진액처럼 되어 가지에 공급을 하면 그 가지에서 열매가 맺히는 것입니다. 그 진액이 친밀함이라는 것입니다

또한, 친밀함을 밥을 짓는 비유로 설명해 보고자 합니다. 밥을 짓게

되면 밥이 보글보글 끓어오릅니다. 밥이 끓어오르는 것을 성령 충만이라고 한다면, 밥이 보글보글 끓어오른다고 밥이 다 된 것은 아닙니다. 뜸 들이는 과정이 필요합니다. 바로 이 뜸 들이는 과정이 친밀함이라 말할 수 있습니다. 완전히 뜸 들이고 나서 다 된 밥을 나누어 먹는 것이 곧 열매입니다.

이렇듯 친밀함은 열매의 최고의 힘을 가지고 있는 사랑과 관련이 있습니다. 성령의 열매 중 사랑을 제일 먼저 말씀하신 것도 하나님의 속성이 사랑이기 때문입니다. 하나님의 속성을 실천해 내신 분이 예수님이고, 예수님이 하신 일들을 우리가 따라서 할 수 있도록 성취, 열매를 거두게 하시는 분은 성령님이십니다. 이 모든 하나님의 속성 중 가장 으뜸이 되는 사랑의 열매의 최고의 힘을 가지고 있는 사랑의 무한한 잠재력이 바로 친밀함입니다.

사랑의 열매 안에는 8가지 인격이 다 들어 있습니다. 그 엄청난 사랑의 무한한 잠재력은 친밀함에서 발원된다는 것입니다. 사랑하는데 친밀하지 않다면 과정이 빠진 것입니다. 사랑은 하지만 친밀하지 않다면, 그 사랑은 일회용이 될 것입니다. 친밀함이 빠진 사랑은 성령의 열매로 볼 수가 없습니다. 성령의 열매로 거두어지는 사랑은 반드시 친밀함을 기인합니다. 성령 충만 후 열매를 맺기 위해서는 그 전에 반드시 친밀함이 필요합니다.

시편 25편 12-14절입니다.
"여호와를 경외하는 자 누구냐 그가 택할 길을 그에게 가르치시리로다 그의 영혼은 평안히 살고 그의 자손은 땅을 상속하리로다 여호와의 친밀하심이 그를 경외하는 자들에게 있음이여 그의 언약을 그들에게 보이시리로다"

하나님을 경외하는 자라면 반드시 친밀함이 따라와야 하고, 하나님과 친밀한 자에게는 자손에게 복을 줄 뿐 아니라 언약을 그들에게 보이신다고 말씀하십니다. 하나님을 경외하고 친밀한 자에게 언약의 주인공이 되게 해주겠다고 약속하십니다. 이렇듯 하나님을 경외함과 친밀함을 강조하십니다.

친밀함은 하나 됨을 말합니다. 친밀하다고 하는 것은 뜻을 같이하는 것이고, 같은 방향으로 나아가는 것입니다. 하나님의 뜻에 내 뜻을 맞추고, 하나님이 원하시는 방향대로 내가 순종하고 복종하는 것입니다. 두려워서 순종하는 것은 진정한 순종이 아닙니다. 사랑하기 때문에 순종하고 복종하는 것이 성령의 열매인 사랑입니다.

에녹은 하나님과 300년을 동행했습니다. 이때 제일 먼저 떠오르는 말이 친밀함입니다. 하나님이 에녹과 얼마나 친밀한 관계였기에, 이 세상을 향한 하나님의 설계도를 에녹에게 가르쳐 줍니다. 에녹의 후손들의 이름을 보면, 그가 하나님의 설계도를 후손에게 준비시켰다는 것을 알 수 있습니다.

또한, 친밀함은 느낌이 아니라 맛입니다. 진짜 친밀한 관계는 관계 속에서 맛을 느껴야 합니다. 친밀함을 놓고 기도하며 나에게도 증거를 보여 달라고 기도하였습니다. 한참을 기도하는데 제 입 안에 침이 고이는데, 그 침이 단맛으로 돌았습니다. 설탕과 같은 흔히 맛볼 수 있는 단맛이 아니라 가미되지 않은 단맛, 마치 영롱하고 투명한 맛이 느껴졌습니다. 이것이 어떤 단맛일까 생각할 때, 어릴 적에 먹었던 단수수가 떠올랐습니다. 그리고 그것이 설탕의 원재료라는 것을 알게 되었습니다.

이를 통해 친밀함은 느낌이 아니라 맛이라는 결론을 내리게 되었습니다. 느낌은 생각에 머무를 수 있지만, 맛은 내가 경험하고 체험해야 합니다. 친밀함이 느낌이 아니라 맛이라는 것은 관계의 깊음을 말하는 것입니다. 관계의 깊음은 상호간에 사랑 때문에 헌신하는 것입니다.

시편 91편 1절입니다.
"지존자의 은밀한 곳에 거주하며 전능자의 그늘 아래에 사는 자여"

지존자는 하나님이십니다. 삼위일체 하나님과 은밀한 관계, 친밀한 관계를 맺는 사람은 전능자의 그늘 아래 거하고, 전능자의 보호 아래 있으며 전능자의 힘, 능력 안에 거하게 됩니다.

적당히 예수를 믿고 적당히 신앙생활을 하면 기독교인이 될 수 없습니다. 우리가 믿는 하나님은 최고의 신이시고, 대단하신 하나님이십니다. 우리가 믿는 예수님은 유일무이하신 분이십니다. 그분만이 길이고, 진리이며 생명이십니다. 나를 나 되게 하여 참 자아로 회복시켜 주실 분은 성령님이십니다. 우리와 함께하는 성령님은 엄청난 힘을 가지고 계시며 창조의 모든 것을 회복시킬 수 있는 힘을 가진 분이십니다.

친밀함으로 접붙임을 받았다면, 이젠 정체성 전환이 확실해야 합니다. "나는 더 이상 돌감람나무가 아닙니다."라고 선포하고 선포한 대로 삶의 질이 바뀌어야 합니다. 친밀하여 하나님께로부터 나오는 원액, 진액이 열매가 되는 것입니다. 반드시 친밀함을 통과해야 상품 가치가 있는 열매가 맺힙니다. 하나님과 이스라엘 백성들의 관계를 보면 그 백성들은 유일신이신 하나님을 사랑한다 하지만, 친밀함이 빠지니 일회용 사랑이 됩니다. 쉽게 변질되고 배반하며 더 좋고 유익이 되는 것이 있으면 등을 돌립니다.

오늘 본문의 말씀은 남유다에서 선지자로 활동했던 이사야를 통해, 실망하고 좌절하는 이스라엘 백성들에게 소망의 메시지, 예언적인 말씀을 해주시는 것입니다. "이스라엘 백성들아! 내가 시온의 영광에 대한 예언을 너희에게 하는데 너희들을 다시 회복시켜 줄 것이다."라는 말씀입니다.

이사야 62장 1-3절입니다.

"나는 시온의 의가 빛같이, 예루살렘의 구원이 횃불같이 나타나도록 시온을 위하여 잠잠하지 아니하며 예루살렘을 위하여 쉬지 아니할 것인즉 이방 나라들이 네 공의를, 뭇 왕이 다 네 영광을 볼 것이요 너는 여호와의 입으로 정하실 새 이름으로 일컬음이 될 것이며 너는 또 여호와의 손의 아름다운 관, 네 하나님의 손의 왕관이 될 것이라"

시온의 의를 빛같이 드러나게 할 것이고, 너희들을 새 이름으로 회복시켜 줄 것이라고 약속하십니다. 시온산은 예루살렘 성을 말하는 것으로, 예루살렘 성전이 있는 곳입니다. 하나님께서는 이스라엘 백성들을 축복할 때 성전 중심으로 축복하셨습니다. 이스라엘 백성들은 성전이 무너지면 나라가 망했다고 생각했기에 하나님께서 다시 시온의 산에서 예루살렘, 하나님의 성전을 회복시켜 주심으로, 성전 안에서 예배하는 자를 회복시켜 줄 것이라 말씀하시는 것입니다. 그들을 빛같이 드러나게 할 것이고, 그들을 횃불같이 영향력 있게 만들어 줄 것이라고 말씀하십니다.

또한, 지금은 비록 억압되고 가난하며 눌리고 포로 되어 노예처럼 살고 있지만 더 이상 노예처럼 사는 것이 아니라 새 이름, 하나님의 선민, 하나님의 백성, 언약의 약속을 받은 자들, 우리로 말하면 성도, 거룩한 백성, 언약 백성, 천국 애칭의 새 이름으로 살 수 있도록 회복시켜 줄 것이라 말씀하십니다.

그리고 여호와의 손의 아름다운 관이라 말씀하시는데, 아름다운 관은 신부에게 들려지는 부케(화환)를 말합니다. 우리나라로 이야기하면 신부가 머리에 쓰는 화관을 의미합니다. 부케는 들러리도 들 수 없고, 오직 신부만 들 수 있습니다. 이것은 구원받은 백성, 언약 백성 한 사람 한 사람에게 주관적으로 회복시켜 준다는 것입니다. 유일한 존재로의 회복을 말합니다.

또한, 하나님의 손에 왕관과 같이 되게 하시겠다고 말씀하십니다. 왕관은 머리에 씌우는 것으로 영광의 상징입니다. 모든 것의 회복입니다. 우리가 품고 있는 비전, 소원, 기도의 제목이 영광이 되게 할 것이라는 것입니다. 우리가 소망하는 것들을 응답해 주시고 그것을 영광으로 우리의 머리에 씌워주시겠다는 것입니다.

이사야 62장 4-5절입니다.

"다시는 너를 버림받은 자라 부르지 아니하며 다시는 네 땅을 황무지라 부르지 아니하고 오직 너를 헵시바라 하며 네 땅을 쁄라라 하리니 이는 여호와께서 너를 기뻐하실 것이며 네 땅이 결혼한 것처럼 될 것임이라 마치 청년이 처녀와 결혼함같이 네 아들들이 너를 취하겠고 신랑이 신부를 기뻐함같이 네 하나님이 너를 기뻐하시리라"

이스라엘 백성들을 회복시켜 주시는데 다시는 버리지 않을 것이라 약속하시면서 너희를 헵시바, 쁄라라 하실 것이라 말씀하십니다. 헵시바는 '나의 기쁨이 너 안에 있다.'라는 의미입니다. '나의 기쁨을 너에게서 찾을 것이다. 너는 나의 기쁨이 될 것이다. 너를 통해 기쁨을 얻게 될 것이다.' 이것이 바로 헵시바입니다.

또한, 쁄라는 '결혼한 자'라는 뜻입니다. 이미 이스라엘 백성들은 하나님과 결혼했습니다. 그런데 그들은 하나님보다 세상이 좋다고 하나님을 배반하고, 세상과 다시 결혼했습니다. 호세아서를 보면, 호세아 선지자의 아내인 고멜이 남편을 떠나 다른 남자에게 갔지만 다시 값을 주고 데려 오는 일을 반복합니다. 이스라엘 백성들은 이미 결혼한 쁄라이지만 하나님께서는 그럼에도 불구하고 다시 재결합해서 너희를 받아들이겠다는 말씀입니다.

이사야 62장에 나오는 시온산이 예루살렘, 교회, 구원받은 언약 백성을 지칭한다면 이것은 바로 우리를 지칭하는 것입니다. 우리는 이미 영적으로 결혼한 자들이지만 세상을 사랑하여 하나님을 떠났음에도 불구하고 하나님은 우리를 헵시바, 쁄라라 말씀하시면서 재결합을 통해서 회복시켜 주신다는 것입니다. 하나님의 사랑의 깊이와 크기를 우리가 어떻게 측량할 수 있을까요? 저는 이 말씀을 아가서와 연결하고자 합니다.

아가 1장 1절입니다.
"솔로몬의 아가라"

아가서는 성경 중에서 가장 난이도가 높은 말씀입니다. 요한계시록과 아가서는 학자들 사이에서도 해석이 분분합니다. 유대인들은 아가서를 함부로 읽고 다룰 수 없는 책이라 여겼습니다. 그래서 30세 이상이 되어야 읽을 수 있게 했다고 합니다.

아가는 히브리어로 '쉬르'로, '노래'라는 의미입니다. 그리고 '하쉬림'은 노래들 중의 노래, 가장 아름다운 노래가 아가입니다. 최상급을 표현한 단어가 아가입니다.

중세 신학자들이 아가서와 에스더를 정경에 넣어야 하는지에 대해 고민을 많이 했다고 합니다. 왜냐하면 아가서와 에스더에 하나님이란 단어가 나오지 않기 때문입니다. 그러나 성경은 성령의 감동으로 쓰인 책이기에 아가서와 에스더가 성경에 포함된 것입니다.

유대인들은 중요한 절기 때 성경을 낭독하는데 첫 번째 오순절 절기에는 룻기서를 낭독합니다. 두 번째 초막절에는 전도서를 낭독합니다. 세 번째 부림절에는 에스더를 낭독합니다. 네 번째 예루살렘 성전이 파괴되었던 아빕월에는 예레미야애가를 낭독합니다. 다섯 번째 유대인들의 가장 큰 절기인 유월절에는 아가서를 낭독합니다. 그만큼 아가서를 성경 중의 성경으로 꼽는다는 것입니다.

열왕기상 4장 31-34절입니다.
"그는 모든 사람보다 지혜로워서 예스라 사람 에단과 마홀의 아들 헤만과 갈골과 다르다보다 나으므로 그의 이름이 사방 모든 나라에 들렸더라 그가 잠언 삼천 가지를 말하였고 그의 노래는 천다섯 편이며 그가 또 초목에 대하여 말하되 레바논의 백향목으로부터 담에 나는 우슬초까지 히고 그가 또 짐승과 새와 기어 다니는 것과 물고기에 대하여 말한지라 사람들이 솔로몬의 지혜를 들으려 왔으니 이는 그의 지혜의 소문을 들은 천하 모든 왕들이 보낸 자들이더라"

아가서는 솔로몬이 지었습니다. 솔로몬이 하나님과 가장 최상의 관계, 가장 친밀한 관계에 있을 때 아가서를 지은 것으로 추정됩니다. 솔로몬은 잠언 삼천 가지, 노래 천다섯 편을 지었습니다.

많은 학자들은 아가서를 성막의 지성소라 말하고, 전도서를 성막의 성소라고 말하며, 잠언을 성막의 뜰이라고 말합니다. 성막의 뜰에는 많은 사람들이 들어오는 것처럼, 잠언은 타종교를 가진 사람도 읽고 철학자도 읽는 등 예수님을 믿지 않는 이방인들도 잠언을 읽습니다. 그러나 성소는 구원받은 자들만 들어올 수 있기에 전도서를 성소라 말합니다. 솔로몬이 온갖 부귀영화를 누리고 인생의 끝자락에서 세상부귀 영화는 모든 것이 헛되고 헛되도다 고백하지 않습니까?

반면 아가서는 지성소라 말하는데, 아가서를 남녀의 사랑의 관점으로 보게 되면 은혜가 되지 않을 것입니다. 성경을 육적인 눈으로 해석하고 바라보게 되면 문자만 보이듯, 아가서는 어떤 관점에서 보는가가 가장 중요합니다.

앞으로 아가서를 읽을 때에는 영적인 눈으로 렌즈를 바꾸어야 합니다. 영적인 시선으로 아가서를 보지 않으면 지성소의 의미가 없습니다. 아가서를 육적인 눈으로 보게 되면 시험에 들 수 있습니다. 반드시 영적인 렌즈로 바꾸어 끼고 하나님의 시선으로 아가서를 바라보며 성경이 말하는 사랑이 무엇인지, 하나님은 인간과 얼마나 친밀한 사랑을 원하시는지를 맛보아야 합니다.

하나님의 근본인 사랑은 사단이 모방하여서 죄의 통로로 삼고, 하나님의 마음과 정반대의 결과를 만들어 냈습니다. 우리가 사단이 정욕으로 사용하는 사랑과 하나님의 사랑을 분별하면서, 그 사랑이 얼마나 죄로 오염되어 있는지 비교 분석할 수 있어야 합니다.

아가서가 어려운 데에는 몇 가지 이유가 있습니다. 첫째, 풍부한 상상력을 압축한 시적인 언어로 표현되어 있기에 해석하기 어렵습니다. 둘째, 내용 뒤에 숨어 있는 영적인 의미가 너무도 깊고 크기 때문입니다. 문자적인 것 뒤에 숨어 있는 영적인 깊은 의미 때문에 아가서가 어렵습니다. 셋째, 아가서는 스토리가 일관성이 없어 보여 내용 전개는 성령의 조명 아래 전하고 들어야 하기 때문에 어렵습니다.

아가서 말씀을 준비하면서 저는 설교를 처음 다시 시작하는 마음이 듭니다. 설렘과 두려움이 공존합니다. 내가 얼마만큼 성령의 조명을 받아 말씀을 깊이 파낼 수 있을까 하는 거룩한 두려움과 함께 아가서를 통해서 내 자신이 변화될 것에 대한 기대감이 있기 때문에 설레입니다.

사랑하는 성도 여러분!
아가서를 여러분과 나누기 위해 오랫동안 마음에 품고 준비했습니다. 성령의 지혜와 조명을 빌어 여러분과 한 걸음씩 동행하고자 합니다. 영적인 렌즈를 바꾸어서 아가서를 통하여, 하나님의 진심을 맛볼 수 있는 은혜를 경험하길 소망합니다.

거룩한 입맞춤

아가 1:2-3

하나님은 전능하심을 감추시고 사랑을 드러내시고, 그 사랑으로 우리와 깊은 관계 맺기를 원하신다는 것을 아가서를 통해 깊이 깨닫게 됩니다. 아가서에 담겨 있는 하나님의 깊은 사랑을 맛보고 느껴보며 이것이 우리의 영적 재산이 되길 간절히 소망해 봅니다. 아가서 앞에 서 있는 저 또한 설렘과 두려움이 공존합니다. 너무도 소중한 선물 보따리를 잘 보관하고 있다가 하나님의 타이밍에 열어도 된다는 사인을 받고 조심스럽게 열어보는 느낌이라 표현하고 싶습니다. 이 보물 상자를 열기 위해서 기도하는데, 이런 감동을 주십니다. 이 상자를 열기 전에 두 가지를 당부한다 하셨습니다.

첫째, 아가서를 문자적으로 보게 되면 시험에 들 수 있기에 '안목의 정욕의 비늘을 벗겨라' 말씀하셨습니다. 세상 것으로 너무 익숙해 있는 안목의 정욕으로 아가서 말씀을 바라보게 되면, 말씀의 깊은 곳으로 초대받을 수 없습니다. 안목의 정욕을 가지고 아가서의 말씀을 대한다면 깊은 곳으로의 초대가 어렵습니다.

둘째, 고정관념을 벗기 위해 '혼적인 영역의 휘장을 찢으라' 말씀하셨습니다. 우리의 혼, 고정된 생각과 정화되지 않은 마음을 가지고 아가서의 친밀함을 담아 낼 수가 없기 때문입니다.

이 두 가지를 준비한다면 성령께서 우리를 깊은 곳까지 안내해 주실 것입니다. 아가서를 통해서 하나님을 사랑하고 이웃을 사랑하는 곧 십자가의 사랑을 완성하는 연료, 에너지가 될 수 있기를 기대하며 말씀을 사모하시길 바랍니다.

아가서의 주제는 **'사랑'**입니다. 다양한 분야에서 뛰어난 천재들이 있지만 사랑의 천재, 사랑의 전문가를 들어본 적은 없는 것 같습니다. 그만큼 인간이 사랑의 고지를 점령하기도 어렵고, 그 사랑을 받아내기도 어렵기 때문입니다. 사랑은 존재 이상의 것으로, 반드시 하나님을 통해서만 알게 되고 배우게 되는 영역입니다.

아가서는 이스라엘 왕국의 황금기였던 솔로몬 왕의 통치 시대에 기록된 말씀으로 추정됩니다. 아가서는 성막 중에서도 지성소 영역에 비유하며 유대인들에게 가장 의미 있는 절기인 유월절에도 낭독될 만큼 유대인들에게는 특별한 의미를 담고 있습니다.

아가서는 노래 중의 노래, 가장 아름다운 노래라는 특별한 의미가 담겨 있습니다. 가장 우아하고 가장 청아하며 가장 아름다운 노래가 아가서입니다. 아가서는 오페라 형식으로 서술되어 있습니다. 아가서의 주인공은 '솔로몬과 술람미 여인'입니다. 남녀 간의 사랑을 문자적으로 묘사하고 있지만 이것을 남녀 간의 로맨틱한 사랑으로만 받아들인다면 큰 의미가 없습니다.

솔로몬은 '평화', '화평의 왕'이란 뜻을 담고 있습니다. 바로 평화의 왕, 화평의 왕이신 예수님을 상징하는 것입니다. 또한, 술람미 여인은 '완전한 자', '평화로운 자'라는 두 가지 이름의 뜻을 가지고 있습니다. 솔로몬과 술람미 여인의 이름의 뜻의 공통점을 보면 평화, 화평의 의미를 담고 있다는 것을 알 수 있습니다.

아가서는 어떻게 셋팅할 것인지가 매우 중요합니다. 우리는 아가서 안에 담긴 스토리를 모두 영적인 상징으로 셋팅할 것입니다. 그리고 솔로몬을 예수님, 술람미 여인을 바로 예수님을 사랑하는 '나', '우리'로 셋팅할 것입니다.

많은 사람들이 아가서를 어렵다고 말하는 것은, 너무도 다양한 통로를 갖고 있기 때문입니다. 말씀을 어떻게 풀어 가는지에 따라 깊이와 컬러가 달라집니다. 많은 설교가들이 아가서를 다양하게 셋팅하고 있습니다.

첫째, 단순하게 솔로몬과 술람미의 러브 스토리로 풀어갑니다. 부부 간에 어떻게 사랑해야 하고, 앞으로 남녀 혹은 결혼해야 할 사람들이 어떤 사랑의 정체성을 갖고 결혼해야 할지로 셋팅하고 아가서 말씀을 풀어가기도 합니다.

둘째, 역사적으로 하나님과 이스라엘 백성들의 종교적 스토리로 보고 말씀을 풀어갑니다.

셋째, 신약적인 의미로 예수님과 교회의 상징의 스토리로 말씀을 풀어갑니다. 예수님은 교회의 머리이시고, 예수 그리스도를 구주로 영접한 성도들의 공동체를 신부로 보시기 때문에 이렇게 풀어가는 것 또한 틀리다고 말할 수 없습니다.

넷째, 예수님과 언약 백성의 관계로 놓고 객관적 스토리로 말씀을 풀어갑니다.

그러나 저는 단독적 스토리로 아가서 말씀을 풀어갈 것입니다. 예수님과 내가 객관적 관계가 아니라 주관적 관계로 친밀한 관계, 신랑과 신부의 스토리로 셋팅할 것입니다. 솔로몬은 예수님이시고, 술람미 여인은 '나'라는 주관적 셋팅을 해서 하나님 앞에 내가 일대일 단독적 관계를 가지고 아가서를 풀어갈 것입니다. 이것이 신부 영성입니다.

인류가 가장 갈망하는 것이 있다면 '사랑'입니다. 모든 문화와 예술의 중심에도 사랑이 있습니다. 신앙 안에서도 사랑을 전제로 시작하고 배우고 훈련하지만 늘 자신 없는 것이 또한 사랑입니다. 사랑이 신앙의 난제가 되고 있기에 쉽게 정복하기가 어렵습니다. 그런데 아가서를 통해서 사랑의 정상이 어디인지 성령을 가이드로 삼아 함께 도전하길 소망합니다. 가짜 사랑에 속고 길들여진 것들을 다 깨버리고 아가서를 통해 오리지널 아가페 사랑을 정복하길 소망합니다.

인류의 영원한 숙제 '사랑'은 하나님에게만 답이 있습니다. 하나님은 선시선능하시지만, 그 선능하심을 나타내기를 뒤로 미루시는 이유는 하나입니다. 사랑을 나타내시기 위함입니다. 그 사랑이 대상이 바로 나라는 사실이 믿어져야 합니다. 신앙은 올림픽 정신이 아닙니다. 신앙은 참여하는데 의의가 있는 것이 아니라 직접 신앙을 맛보고 느끼며 체험하고 체득화 해서 삶이 되어야 합니다.

어거스틴의 〈고백록〉을 보면, 인생이 불행한 세 가지 이유가 있다고 말합니다. **첫째, 없어질 것에 대한 열애 때문에 인생이 불행하다고 말합니다. 둘째, 하나님을 사랑하지 않고 세상을 열애했더니 나를 잃어 버려 인생이 불행하다고 말합니다.** 그런데 하나님을 사랑하고 보니, 하나님 사랑 안에서 나를 찾고 보니 행복이 왔다고 고백합니다. **셋째, 나의 이기심이 나의 인생을 불행하게 만든다고 말합니다.** 내가 이기심을 갖고 있는 한 타인과 친밀해질 수 없고 하나님과도 친밀해질 수 없습니다. 이기심은 친밀함의 적입니다. 어거스틴은 상대가 나를 미워한 것이 아니라 내 안의 이기심이 친밀함을 끊은 것이라고 고백합니다.

깊은 신앙은 종교인 행위를 넘어서 관계로 들어가는 것입니다. 우리는 종교 생활을 하는 것이 아니라 신앙생활을 하는 것이기에 종교 행위를 넘어서 하나님과 사랑의 관계로 나아가야 합니다. 왜 하나님께서 아가서를 들어가기 전에, 이 귀한 선물을 풀기 전에 삼위일체 하나님을 에피타이저로 가르쳐 주셨는지 알 것 같습니다.

삼위일체 하나님과의 친밀하기 위해서는 삼위 하나님을 알아야 합니다. 앎, 하나님을 안다는 것은 관계의 수준을 말하는 것입니다. 성부 하나님은 우리가 경외해야 하는 하나님이십니다. 하나님과의 관계에 경외함이 없다면 창조주와 피조물의 질서가 파괴됩니다.

성령님에 대한 말씀을 전할 때, 기노스코에 대해 말씀드렸습니다. 기노스코는 '알다'라는 의미로 이성적, 문자적으로 아는 것이 아니라 성령님을 체험적으로 아는 것이고 호흡적 관계를 말합니다.

그리고 예수님과의 관계는 '야다'의 관계입니다. 이 야다의 관계는 인격적인 앎을 넘어서 일치적인 앎을 말합니다. 네 안에 나 있고, 내 안에 네가 있는 하나 됨의 앎입니다. 나무와 가지처럼 밀착된 관계가 되어야 열매가 맺힐 수 있습니다. 이것이 친밀함입니다.

아가 1장 2절입니다.

"내게 입맞추기를 원하니 네 사랑이 포도주보다 나음이로구나"

오늘 말씀의 제목이 '거룩한 입맞춤'입니다. 2절 말씀은 술람미 여인이 솔로몬에게 하는 고백입니다. 솔로몬에게 입맞춤을 간절하게 사모하는 술람미 여인입니다. 술람미 여인이 솔로몬에게 '내게 입 맞추기를 원합니다.'라고 고백하는 것입니다.

로마서 16장 16절입니다.

"너희가 거룩하게 입 맞춤으로 서로 문안하라 그리스도의 모든 교회가 다 너희에게 문안하느니라"

사도 바울은 로마서에서 '거룩하게 입 맞춤으로 서로 문안하라'고 말합니다. 거룩한 입맞춤은 중동이나 근동 지방에서는 사랑과 우정, 친근함과 존경심을 나타내는 인사 예법 중 하나입니다. 그런데 우리는 얼마나 정욕에 물들었는지 입맞춤하면 이상한 상상을 합니다.

또한, 근동 지방이나 중동에서는 상대방의 발이나 손에도 입을 맞추는데, 이는 자신을 낮추는 의미가 있습니다. '당신을 존경합니다. 당신이 나를 사랑으로 보호해 주기를 원합니다.'라는 의미로 손이나 발에 입을 맞춥니다.

성경에서도 마리아가 예수님의 장례를 앞두고 옥합을 깨뜨려 예수님의 발에 붓고 머리카락으로 발을 닦으며 입을 맞추었습니다. 예수님은 이 여인의 행함을 최고의 예식으로 받아들이십니다.

고대 그리스 로마에서는 신전 입구 문지방에 들어갈 때 많은 사람들이 입을 맞추고 들어갔습니다. 이것은 자신이 섬기는 신에 대한 존경의 표시였고, 제단과 신상의 종교의식으로 입 맞추는 일이 있었다고 합니다.

성경에 기록된 거룩한 입맞춤은 '친밀함에 대한 외적인 표현'입니다.
창세기를 보면, 입맞춤에 대한 성경 구절이 많이 나옵니다. 먼저, 성경에는 축복의 의미의 입맞춤이 나옵니다. 창세기 26장을 보면, 아버지가 자녀를 축복할 때 입맞춤을 했습니다. 이삭이 야곱에게 축복을 할 때도 입을 맞추었습니다.

또한, 성경에는 화해의 의미의 입맞춤이 나옵니다. 창세기 33장을 보면, 야곱이 얍복강 나루터에서 천사와 씨름해서 이긴 후, 에서를 만날 때 뜨겁게 포옹하며 입맞춤을 했습니다.

그리고, 용서의 의미의 입맞춤이 있습니다. 요셉이 형제들을 만난 후, 잔치를 베풀었을 때 요셉이 베냐민에게 입맞춤함으로 형제들의 모든 죄를 용서해 주는 것을 볼 수 있습니다.

또한, 동역자라는 의미로의 입맞춤이 나옵니다. 출애굽기 4장을 보면, 모세와 아론이 하나님의 말씀을 듣고 서로 만나서 함께할 것을 입맞춤으로 다짐합니다.

이렇듯 성경에는 거룩한 입맞춤의 의미가 많습니다. 술람미 여인이 솔로몬에게 입 맞추기를 원하는 것은 내가 예수님과의 친밀함으로 다양한 의미로 입맞춤을 사모하는 것입니다. 술람미 여인의 고백은 확실합니다.

'네 사랑이 포도주보다 나음이로다'라고 고백합니다. 여기서 기록하는 포도주는 세상의 최고의 쾌락적 사랑을 표현하는 것입니다. 세상의 어떠한 사랑보다 당신의 사랑으로 족하다는 것입니다.

요한복음 4장에 등장하는 사마리아 여인을 보십시오. 많은 남자들을 바꾸어가면서 사랑을 했지만 그는 늘 숨어 살아야 했고, 결핍 속에서 살았습니다. 그러나 예수님을 우물가에서 만나고, 그는 물동이를 내던지고 마을로 뛰어 들어가 복음을 전하는 자가 됩니다.

예수님을 제대로 만나면 이렇게 삶이 바뀝니다. 세상의 포도주보니 더 달콤함을 느낍니다. 세상의 어떤 사랑보다 예수님 사랑이면 충분하다는 것입니다. 비록 자신이 시골의 처녀였지만, 이 당당함은 어디로부터 온 것일까요? 바로 사랑입니다. 그 사랑의 자신감은 하나님을 제대로 알았다는 데서 온 것입니다.

우리도 술람미 여인과 같은 사랑의 고백이 예수님께 있어야 합니다.

술람미 여인의 용기 있고 당당한 사랑은 참으로 도전이 됩니다.

예수님을 구주로 영접했다면 우리에게도 자격이 있습니다. 예수님만이 나의 구주이시고, 나의 진리이시며 나의 생명이고 나의 전부라고 고백하는 우리라면 우리도 술람미 여인과 같은 신부의 자격이 주어진 것입니다.

다만, 친밀함이 문제입니다. 내가 예수님을 사랑하는 만큼 친밀한가가 문제입니다. 부부간에 사랑하지 않는 사람이 어디 있겠습니까? 그러나 부부라고 해서 다 친밀하지는 않습니다.

친밀함으로 살아가는 것처럼, 신앙생활도 그렇습니다. '내게 입 맞추기를 원합니다.'라는 사모함이 있습니까? 신분과 자격은 이미 충분히 갖추었다는 것을 인지하고 친밀함의 온도를 높일 수 있길 소망합니다.

그런 의미에서 다윗의 친밀함이 늘 부럽습니다. "여호와는 나의 목자시니 내게 부족함이 없으리로다." 예수님 한 분이면 족하다고 고백하는 다윗은 풍요로운 사람이었습니다.

신부의 사랑의 요청은 거룩한 입맞춤입니다. **그렇다면 예수님과 어떻게 입 맞출 수 있을까요?** 유대인들은 보이지 않는 하나님과의 입맞춤으로 토라에다 입맞춤을 하며 하나님과의 입맞춤, 하나님과의 친밀함, 하나님과의 관계의 밀착이라 생각했습니다. 토라는 하나님의 말씀입니다. 우리가 예수님과 진정한 거룩한 입맞춤을 하기를 원한다면 말씀에 입 맞추시길 바랍니다. 어떤 때에는 말씀이 너무 달다고 느낄 때가 있을 것입니다.

말씀은 곧 하나님이십니다. 하나님의 입에서 선포된 말씀이 기록된 것이기 때문입니다. 예수님은 말씀이 육신이 되어 우리에게 오셨습니다. 예수님과 입 맞추길 원한다면, 그 말씀에 입 맞추시길 바랍니다. 성령님이 우리에게 오셔서 영으로 깨닫게 하심은 입맞춤입니다. 말씀을 대할 때 설렌 적이 있습니까? 온몸에 전율을 느껴본 적이 있으십니까? 말씀과 입맞춤을 하면 심장의 설렘이 있고 삶에 에너지와 힘이 솟아날 것입니다.

잠언 1장 2절입니다.
"이는 지혜의 훈계를 알게 하며 명철의 말씀을 깨닫게 하며"

하나님의 말씀, 하나님의 지혜, 하나님의 훈계, 하나님의 명철이 깨달아지면 하나님과 입맞춤이 된 것입니다. 깨달음으로 인해 '아멘' 했을 때 입맞춤의 절정이 되는 것입니다. '아멘'은 아무나 할 수 없는 것입니다. 아멘은 내 힘으로 하는 것이 아닙니다. 하나님과 일치되고 마음이 일지됨을 느낄 때 나도 모르게 입맞춤이 되며 '아멘' 할 수 있습니다. 아멘은 우리의 믿음을 확증시켜 주고 우리의 믿음을 반석 위에 세워줍니다. 아멘의 위력을 소홀히 여기지 않길 바랍니다.

신명기 8장 3절입니다.
"너를 낮추시며 너를 주리게 하시며 또 너도 알지 못하며 네 조상들도 알지 못하던 만나를 네게 먹이신 것은 사람이 떡으로만 사는 것이 아니요 여호와의 입에서 나오는 모든 말씀으로 사는 줄을 네가 알게

 사람이 하나님의 말씀을 먹고 산다고 말씀하고 있습니다. 과학적으로도 입맞춤이 사람에게 전인적으로 건강을 준다고 말합니다.

 우리가 하나님과 건강한 관계, 성숙한 관계로 발전되길 원한다면 늘 거룩한 말씀과 입맞춤을 하시길 바랍니다. 하나님의 말씀을 듣거나 대할 때 깨달음이 있고 그 깨달음을 아멘으로 화답하게 되면 거룩한 삼위일체 하나님과의 입맞춤임으로 더 친밀한 관계로 발전될 것입니다.

아가 1장 3절입니다.
 "네 기름이 향기로워 아름답고 네 이름이 쏟은 향기름 같으므로 처녀들이 너를 사랑하는구나"

 "네 기름이 향기로워 아름답고." 계속해서 술람미 여인이 솔로몬(예수님)에게 고백합니다. 여인의 은유의 표현은 놀랍습니다. 사랑을 하면 모두가 시인이 된다고 합니다. 시골에서 포도원지기를 하고 있는 술람미 여인의 사랑의 고백은 참으로 뜨겁고 깊다는 감동이 듭니다. 기름은 인격을 의미하는데 예수님의 대표적인 겸손의 인격과 희생의 인격, 헌신의 인격, 순교의 인격을 말하는 것입니다.
 열매가 기름이 되려면 레위기 말씀처럼 빻아지고, 부서지며 으깨져야 합니다. 우리가 좋아하는 참기름도 불에 볶아져야 하고 으깨져 짓눌러야 기름이 나옵니다. 열매 중에 가장 액기스가 바로 기름입니다.

기름 짜는 주변에 가면 냄새가 진동합니다.

네 기름이 향기로워 아름답다는 것은 술람미 여인이 예수님의 인격에 대해 극찬하는 것입니다. 예수님의 완벽한 겸손, 예수님의 완벽한 인격을 찬양합니다. 하늘 보좌의 영광을 다 버리고 인류를 구원하시기 위해 오신 예수님 앞에 술람미 여인이 고백하는 것입니다. '당신은 만왕의 왕이시고 천지를 창조하신 창조주이신데 하늘 보좌를 버리고 이 땅에 오셔서 헌신하고 희생하신 당신의 인격이 너무나도 아름답습니다.'라고 술람미 여인이 고백하는 것입니다.

'네 이름이 쏟은 향기름 같으므로 처녀들이 너를 사랑하는구나' 네 이름이 쏟은 향기름 같다라는 의미는 무엇입니까? 예수님의 이름으로 십자가에서 물 한 방울, 피 한 방울 남기지 않고 다 쏟은 보혈의 피가 향기름 같기에 많은 처녀들이 너를 사랑한다는 것입니다. 여기서 처녀는 신부의 자격을 갖출 수 있는 대기자들을 말합니다. 구원받은 남녀를 통틀어 말하는 것입니다. 십자가의 희생으로 그 예수의 이름이 높아지고, 권세가 있으며 위엄이 있는 것은, 당신의 겸손한 인격과 당신이 쏟은 순교적인 사랑으로 십자가에서 흘리신 보혈의 기름이 향기로워서 많은 사람들을 당신 앞으로 불러오게 하다고 고백하는 것입니다. 얼마나 깊이 있는 술람미 여인의 고백입니까?

고린도후서 2장 16절입니다.
"이 사람에게는 사망으로부터 사망에 이르는 냄새요 저 사람에게는 생명으로부터 생명에 이르는 냄새라 누가 이 일을 감당하리요"

하나님은 우리에게서도 아름다운 향기를 원하십니다. 요한계시록 5장을 보면, 금 대접에 가득한 향은 성도의 기도라고 말씀하십니다. 성막의 성소 안 분향단에서도 4가지 향을 올려 드려야 했습니다. 소합향(믿음의 향), 나감향(인격의 향), 풍자향(영향력), 유향(생명나무)입니다. 우리에게서도 그리스도의 향이 나야 합니다.

빌립보서 2장 5-11절입니다.

"너희 안에 이 마음을 품으라 곧 그리스도 예수의 마음이니 그는 근본 하나님의 본체시나 하나님과 동등됨을 취할 것으로 여기지 아니하시고 오히려 자기를 비워 종의 형체를 가지사 사람들과 같이 되셨고 사람의 모양으로 나타나서 자기를 낮추시고 죽기까지 복종하셨으니 곧 십자가에 죽으심이라 이러므로 하나님이 그를 지극히 높여 모든 이름 위에 뛰어난 이름을 주사 하늘에 있는 자들과 땅에 있는 자들과 땅 아래에 있는 자들로 모든 무릎을 예수의 이름에 꿇게 하시고 모든 입으로 예수 그리스도를 주라 시인하여 하나님 아버지께 영광을 돌리게 하셨느니라"

그리스도인은 인격의 향이 나와야 합니다. 예수님과 친밀한 관계가 되려면, 예수님과 어울리는 성품과 인격이 되어야 합니다. 겸손하십시오. 이기심을 버리십시오. 그리고 사랑하십시오. 사랑에는 반드시 헌신이 따라와야 합니다.

누가복음 3장 21-22절입니다.

"백성이 다 세례를 받을새 예수도 세례를 받으시고 기도하실 때에 하늘이 열리며 성령이 비둘기 같은 형체로 그의 위에 강림하시더니 하늘로부터 소리가 나기를 너는 내 사랑하는 아들이라 내가 너를 기뻐하노라 하시니라"

예수님이 세례 요한에게 세례를 받았다는 것은 겸손의 극치를 보여주는 것입니다. 예수님은 이 땅에서 질서를 지키시기 위해 세례를 받습니다. 흠 없으신 예수님은 세례가 필요하지 않으신 분입니다. 그런데 하나님께서 이것을 기쁘게 받으시고 성령이 비둘기 같은 형체로 강림하시더니 '내가 너를 기뻐하노라' 하시는 것을 볼 수 있습니다.

예수님의 겸손을 노래하는 술람미, 그녀는 예수님의 순종은 자신을 사랑하기 때문이라는 것을 주관적으로 받은 것입니다. 예수님과 사랑의 레벨을 맞추어가는 술람미 여인이 참 장하게 보여집니다.

예수님과 신부의 관계, 친밀한 관계가 되기 위해서는 우리 또한 성숙, 성화의 훈련을 시제해서는 안 됩니다. 예수님과 어울릴 만한 성품과 인격이 필요하기 때문입니다. 이것이 온전하다는 뜻의 이름을 가진 술람미 여인의 성숙한 신앙인의 모습입니다. 우리 역시 인격끼 성품을 예수님의 레벨에 맞추어가야 합니다. 바울이 말하는 것처럼, 그리스도의 분량에 이르기까지 말입니다. 헌신이 어렵고, 희생이 어려운 것은 내가 아직도 하나님 사랑을 온전히 깨닫지 못했거나 이기직인 성향에서 벗어나지 못한 미숙함 때문입니다.

예수님과 하나 되길 원하고, 예수님과 야다의 관계를 맺길 원한다면 예수님과 어울릴 만한 사랑과 성품, 인격을 갖추는 것이 중요합니다. 우리가 예수님의 마음을 닮게 된다면, 아름다운 향기가 날 것입니다. 예수님과 같은 인격을 갖추면 많은 사람들이 여러분을 존경하게 될 것이고, 여러분을 따르게 될 것이며 흠모하게 되는 은혜가 있을 것입니다.

헤데르에 머무는 신앙

아가 1:4

인생을 계절로 비유한다면, 여러분들은 어떤 계절(시즌)을 맞이하고 있습니까? 저는 인생에서 가장 행복한 계절을 맞이하고 있습니다. 누군가가 당신은 지금 어떻게 지내고 있느냐고 묻는다면, 저는 지금 가장 행복한 시즌을 보내고 있다고 대답합니다. 내면이 성숙해지면 어떠한 환경이나 상황 속에서도 그것을 다스리고 만들어갈 수 있는 능력을 하나님께서 우리에게 주셨습니다. 우리를 다스리고 정복할 수 있도록 창조하셨기 때문입니다.

학자들은 아가서에 대해, "미숙함의 끝이고, 성화의 시작"이라 말합니다. 즉, 신앙, 인격, 내면이 미숙한 사람은 아가서를 받아들이기가 어렵다는 의미입니다. 아가서를 통해 지금까지의 나의 미숙함을 매듭짓고 성숙, 성화의 시즌을 맞이할 수 있는 은혜가 있길 소망합니다.

아가서의 히브리 제목은 '쉬르 하쉬림'인데 노래 중의 노래, 세상에서 가장 아름다운 노래라는 의미를 담고 있습니다. 아가서의 저자 솔로몬은 천오백 개의 시를 썼는데, 그중 정경에 실린 하나가 바로 아가서이기에 유대인들은 아가서를 소중히 여겼습니다.

솔로몬과 술람미의 여인은 육체적 인스턴트 사랑이 아닌 마음에서 마음으로 이어지고 전부를 받고 전부를 주는 아가페 사랑의 모델로 성경에 등장합니다. 솔로몬은 예수님을 상징하는데, 예수님과 구원받은 백성 중 성숙한 신앙을 가지고 있는 신부의 영성을 가지고 있는 성화된 성도와의 사랑의 교제의 모습이 아가서의 말씀임을 기억하시기 바랍니다.

아가서를 오랫동안 사모한 만큼 은혜가 큽니다. 술람미 여인이 솔로몬에게 고백하는 한 구절, 한 구절이 공감이 가면서 술람미 여인을 통해서 나의 자화상을 찾아가고 있습니다. 물론 술람미 여인과 우리는 지역, 문화의 차이로 인해 사랑의 표현은 다를 수 있으나 예수님을 향한 그 진심이 너무나 공감이 됩니다. 예수님을 향한 술람미 여인의 사랑이 저로 하여금 행복한 말씀의 여정을 걷게 하고 있습니다.

어떤 학자들은 아가서에 대해, 열쇠를 잃어버린 자물쇠와 같다 말합니다. 그러나 저는 그렇게 생각하지 않습니다. 이 아가서의 열쇠는 성령님이십니다. 성령께서 열어 주시는 만큼 경험하게 될 것입니다.

장로교의 창시자인 칼빈과 종교개혁자 루터 또한 아가서의 난해함을 고백하면서 하나님이 선택한 백성 중에 성화에 진입한 사람이, 그 사랑에 잠긴 성도가 예수님을 향한 사랑을 표현하고 있다고 말합니다.

아가서의 권위를 주장하는 유대인 랍비 아키파는, 성서의 다른 책이 성막의 성소라면 아가서는 지성소라고 말합니다. 아가서를 세속적인 남녀간 의 사랑의 노래로 읽지 않기를 엄히 경고했습니다.

그런데 19세기부터 이성을 중시한 학자들이 솔로몬을 예수님으로 상징하는 것에 대해 거부반응을 보입니다. 흠이 없는 예수님을 어떻게 감히 솔로몬에 비유하는지에 대한 거부반응입니다. 물론 성경에는 예수님을 예표하는 인물들이 있습니다. 이삭, 요셉 등이 예수님을 예표하기도 합니다. 아가서에서 솔로몬을 예수님과 대입을 기부하는 이유는 솔로몬이 시작은 좋았지만 후에 천 명의 아내를 거느리면서 우상을 받아들이게 되고 그의 인생 끝은 하나님과 멀어진 사람, 실패한 사람으로만 보기 때문입니다.

그러나 성경을 나의 잣대나 이성, 지식으로만 볼 수는 없습니다. 성령의 조명, 성령의 깨달음과 지혜 없이 성경을 다 안다고 하는 것만큼 교만한 것은 없습니다. 아무리 성경에 뛰어난 지식을 갖고 있는 학자라고 한들 하나님의 세계를 나 승명해 낼 수 없습니다.

반면에, C.S 루이스는 하나님의 사랑이나 예수님의 십자가이 은혜를 깊이 제험하지 못하는 사람들은 사랑을 육체적 스킨십밖에는 생각하지 못한다고 말합니다. 그러면서 솔로몬이 인간이기에 완벽하신 예수님이 될 수 없지만 사무엘하 7장(역대상 28장) 말씀을 근거로 들면서 하나님이 솔로몬을 들어 아가서를 쓰게 하신 이유는 디윗과 하나님의 언약의 도구로 사용하고 있기 때문이리 말합니다.

역대상 28장 3절입니다.

"하나님이 내게 이르시되 너는 전쟁을 많이 한 사람이라 피를 많이 흘렸으니 내 이름을 위하여 성전을 건축하지 못하리라 하셨느니라"

역대상 28장 5-7절입니다.

"여호와께서 내게 여러 아들을 주시고 그 모든 아들 중에서 내 아들 솔로몬을 택하사 여호와의 나라 왕위에 앉혀 이스라엘을 다스리게 하려 하실새 내게 이르시기를 네 아들 솔로몬 그가 내 성전을 건축하고 내 여러 뜰을 만들리니 이는 내가 그를 택하여 내 아들로 삼고 나는 그의 아버지가 될 것임이라 그가 만일 나의 계명과 법도를 힘써 준행하기를 오늘과 같이 하면 내가 그의 나라를 영원히 견고하게 하리라 하셨느니라"

역대상 28장 9-10절입니다.

"내 아들 솔로몬아 너는 네 아버지의 하나님을 알고 온전한 마음과 기쁜 뜻으로 섬길지어다 여호와께서는 모든 마음을 감찰하사 모든 의도를 아시나니 네가 만일 그를 찾으면 만날 것이요 만일 네가 그를 버리면 그가 너를 영원히 버리시리라 그런즉 이제 너는 삼갈지어다 여호와께서 너를 택하여 성전의 건물을 건축하게 하셨으니 힘써 행할지니라 하니라"

역대상 28장 20절입니다.

"또 그의 아들 솔로몬에게 이르되 너는 강하고 담대하게 이 일을 행하라 두려워하지 말며 놀라지 말라 네가 여호와의 성전 공사의 모든 일을 마치기까지 여호와 하나님 나의 하나님이 너와 함께 계시사 네게서 떠나지 아니하시고 너를 버리지 아니하시리라"

역대하 7장 16-18절입니다.

"이는 내가 이미 이 성전을 택하고 거룩하게 하여 내 이름을 여기에 영원히 있게 하였음이라 내 눈과 내 마음이 항상 여기에 있으리라 네가 만일 내 앞에서 행하기를 네 아버지 다윗이 행한 것과 같이 하여 내가 네게 명령한 모든 것을 행하여 내 율례와 법규를 지키면 내가 네 나라 왕위를 견고하게 하되 전에 내가 네 아버지 다윗과 언약하기를 이스라엘을 다스릴 자가 네게서 끊어지지 아니하리라 한 대로 하리라"

하나님께서 다윗에게 네 아들 솔로몬에게 어떻게 행할지를 약속해 주시는 말씀과 함께 하나님의 눈이 이 성전 안에 머물 것이고 내가 너와 끝까지 함께할 것이라고 약속해 주시는 것을 볼 수 있습니다.

이렇듯 영성을 갖고 성경을 보는 사람들은 솔로몬의 흠보다는 다윗에게 약속하신 하나님의 설계도의 성취에 더 포커스를 둡니다. 다윗과의 언약, 다윗의 계보를 통해서 예수 그리스도가 우리에게 오실 것이라는 하나님의 큰 그림 속에 솔로몬이 있었습니다.

솔로몬의 지혜와 부와 귀의 풍요는 영적인 의미로 예수님의 이름 안에 담긴 능력입니다. 창조의 모든 것을 회복할 수 있는 이름, 예수의 이름의 힘을 상징합니다.

사랑에 흠뻑 취한 술람미 여인은 세상의 어떠한 포도주와 비교할 수 없는 예수님의 사랑을 고백하고 있습니다. 우리는 이것이 잘 실감나지 않을 수 있지만 유대인들은 이 고백이 얼마나 진심의 고백인지 알았습니다. 팔레스타인 지역은 물이 부족하기 때문에 건기가 끝나갈 즈음에 마실 물이 없어서 죽어가는 사람이 많았다고 합니다. 그들은 물이 떨어질 때를 대비해서 포도주를 깊이 보관해 두었다가 물이 떨어져갈 때 즈음에 포도주를 비상물로 마셨습니다. 이 포도주는 생명을 유지시켜 주는 생명수였습니다. 육신의 갈증을 해결하고 생명을 연장시켜주는 그 포도주보다, 예수님의 사랑이 더 달콤하다고 고백하는 마음을 알 것 같습니다. 영원히 목마르지 않는 생수가 되시는 예수님이십니다.

그렇기 때문에 술람미 여인의 예수님을 향한 사랑의 고백은, 전부를 받았으니 전부를 거는 생명적 사랑의 고백이었습니다.

요한복음 4장 14절입니다.
"내가 주는 물을 마시는 자는 영원히 목마르지 아니하리니 내가 주는 물은 그 속에서 영생하도록 솟아나는 샘물이 되리라"

아가 1장 4절입니다.
"왕이 나를 그의 방으로 이끌어 들이시니 너는 나를 인도하라 우리가 너를 따라 달려가리라 우리가 너로 말미암아 기뻐하며 즐거워하니 네 사랑이 포도주보다 더 진함이라 처녀들이 너를 사랑함이 마땅하니라"

"왕이 나를 그의 방으로 이끌어 들이시니…

이 말씀은 술람미 여인의 고백입니다. 여기서 왕은 하나님을 말합니다. 또한, '그의 방'은 히브리어로 **'헤데르'**입니다. '헤데르'는 '방, 내실, 침실, 밀실, 침궁, 신부의 방, 골방, 은밀한 장소'를 뜻합니다. 그렇다면, 은밀한 장소, 신부의 방으로 다수를 부를까요, 아니면 일대일로 부를까요? 일대일로 부르는 장소가 은밀한 장소입니다. 아무나 이 방에 초대하지 않습니다. 가장 친밀하고 신뢰할 수 있고 사랑하는 사람만이 초대되는 곳입니다.

왕이 부르지 않을 때, 누구든지 왕 앞에 갈 수 없다는 것을 우리는 에스더서를 통해 알고 있습니다. 그것이 왕을 지키는 궁의 법이기 때문입니다. 그런데 왕은 술람미 여인을 '헤데르'로 초대했다는 것입니다. 이것은 내적인 은밀한 관계를 이야기하는 것입니다. 마치, 하나님과 예수님의 하나 됨처럼 말입니다.

요한복음 10장 30-33절입니다.

"나와 아버지는 하나이니라 하신대 유대인들이 다시 돌을 들어 치려 하거늘 예수께서 대답하시되 내가 아버지로 말미암아 여러 가지 선한 일로 너희에게 보였거늘 그 중에 어떤 일로 나를 돌로 치려 하느냐 유대인들이 대답하되 선한 일로 말미암아 우리가 너를 돌로 치려는 것이 아니라 신성모독으로 인함이니 네가 사람이 되어 자칭 하나님이라 함이로라"

예수님께서 '나와 아버지는 하나이니라' 말하니 유대인들이 돌로 치려는 상황입니다. 이 말씀과 오늘 본문 말씀을 비교해 보시기 바랍니다.

술람미 여인은 별 볼일 없는 시골 처녀인데, 왕이 이 술람미 여인을 왕의 방으로 초대했다는 것은 왕과 술람미 여인의 친밀함을 공식화하는 것입니다. 너 같은 시골 처녀가 왕의 침궁으로 초대를 받았다는 것은 말도 안 되는 소리라고 하면서 돌로 맞을 수 있는 상황입니다. 술람미 여인의 사랑은 목숨을 건 사랑입니다. 사랑 안에는 두려움이 없습니다. 비웃음을 당하고, 돌 맞을 수 있는 상황이지만, 자신의 사랑에 당당한 술람미 여인이 참 매력적입니다.

술람미 여인의 자존감은 대단합니다. 내가 예수님의 사랑을 이렇게 받은 자이고, 나 또한 예수님을 사랑하니 예수님과 나와의 관계는 친밀한 관계가 되어 예수님이 나를 은밀한 장소로 초대했다고 당당히 고백합니다.

신앙생활 안에도 두 종류의 사람이 있습니다. 먼저, 칭의 곧 믿음으로 구원을 받은 사람이 있는데, 이것을 전부로 생각하고 더 이상 영적으로 성장, 변화를 필요로 하지 않는 사람입니다. 이런 사람은 하나님이 자신에게 요구하는 것을 부담으로 여깁니다. 그래서 말씀을 듣는 것을 거부합니다. 자기중심의 종교생활을 하도록 노터치를 요구합니다. 구원을 받았는지는 모르나 세상 사람과 별 다르지 않게 살아갑니다.

고린도후서 2장 14-16절입니다.

"항상 우리를 그리스도 안에서 이기게 하시고 우리로 말미암아 각처에서 그리스도를 아는 냄새를 나타내시는 하나님께 감사하노라 우리는 구원받는 자들에게나 망하는 자들에게나 하나님 앞에서 그리스도의 향기니 이 사람에게는 사망으로부터 사망에 이르는 냄새요 저 사람에게는 생명으로부터 생명에 이르는 냄새라 누가 이 일을 감당하리요"

나에게는 어떤 냄새가 날까요? 생명으로부터 생명에 이르는 냄새가 나지 않고, 세상 사람들과 똑같이 사망에 이르는 냄새를 풍긴다면 우리는 신앙생활에 실패한 것입니다.

우리가 칭의로 구원을 받았고, 예수 그리스도의 십자가의 보혈로 구원을 받았다면 그다음 단계는 '관계'로 나아가야 합니다. 예수님이 이 일을 위하여 오셨습니다. 하나님과의 관계, 예수님과의 관계, 성령님과의 관계가 성숙해지고, 그 안에서 자신을 바로 찾고, 건강한 관계를 통해서 완전한 십자가의 진리의 끝에서 사랑으로 실천해 내야 하는 것이 그리스도인의 삶입니다. 구원받은 자로서 반드시 관계에 도전해서 내적으로 성숙해지고 성화된 모습으로 이웃을 내 몸처럼 사랑하는 이웃 사랑을 실천함으로 그리스도의 향기를 나타내야 합니다.

아가서 1장 2-3절 고백을 보면, 술람미 여인은 예수님에게서 향기를 맡는 것을 볼 수 있습니다. 예수님과 술람미 여인의 관계는 무엇인가를 얻기 위한 이해관계가 아니었습니다. 서로가 성숙한 관계로 예수님의 향기를 맡는 술람미 여인이고, 예수님에게 향기를 나타내는 관계였습니다. 인격이 성숙하면 그 사람에게서 향기가 납니다. 그러나 인격이 성숙하지 않으면 그 사람에게서 사망의 냄새, 죽음의 냄새가 납니다.

나는 구원받은 것으로 족하게 여깁니까? 아니면 하나님과의 관계를 최상의 관계로 만들어서 영적인 깊은 단계로의 세계를 경험하는 자가 되기를 소망합니까?

술람미 여인과 솔로몬의 관계는 **"하나 됨의 관계"**입니다. 술람미 여인은 예수님과 하나 되기 위한 도전을 하고 있습니다. 하나 됨은 심오한 관계 속으로, 깊고 깊은 영적 세계가 체험되고 경험되는 은밀한 장소입니다. 이곳이 바로 왕의 방, 곧 지성소입니다.

구약시대에는 제사장이 이스라엘백성들을 대신해서 속죄제를 드렸습니다. 그리고 1년에 단 한 번 대제사장이 지성소에 들어갑니다. 지성소에 들어갈 때, 대제사장이 죄를 씻지 않고 들어가거나 자신을 위해서 속죄제를 드리지 않고 들어가면 죽어서 시체로 끌려 나와야 했습니다. 그러므로 그들에게 지성소는 두려움의 장소였습니다. 그런데 예수님께서 십자가에서 '다 이루었다' 고백하시며 운명하시는 순간 지성소와 성소를 가로막았던 휘장이 찢어졌습니다.

히브리서 10장 20절입니다.
"그 길은 우리를 위하여 휘장 가운데로 열어 놓으신 새로운 살 길이요 휘장은 곧 그의 육체니라"

휘장이 찢어졌다는 의미는 예수님이 성소 된 우리에게 오셨다는 것입니다. 예수님을 구주로 영접한 자, 성소가 된 성도들에게 임재하셨습니다. 당신은 지성소로 초대받았다고 생각합니까? 술람미 여인의 고백은 지성소가 더 이상 두려운 장소가 아니라 친밀한 장소, 은밀한 곳, 헤데르라고 고백합니다. 술람미 여인은 자신이 왕 같은 제사장이라는 믿음의 확신을 가지고 있습니다. 대단한 신앙적 자존감을 가지고 있었음을 보게 됩니다.

고린도전서 3장 16-17절입니다.
"너희는 너희가 하나님의 성전인 것과 하나님의 성령이 너희 안에 계시는 것을 알지 못하느냐 누구든지 하나님의 성전을 더럽히면 하나님이 그 사람을 멸하시리라 하나님의 성전은 거룩하니 너희도 그러하니라"

술람미 여인이 고백한 왕의 방으로 나를 이끌어 들였다는 것은 지성소 신앙을 고백하는 것입니다. 그러므로 왕의 방은 지성소를 의미합니다. 지성소 안에는 십계명 돌판이 있습니다. 십계명은 이스라엘 백성을 보호하기 위한 율법이었습니다. 그러나 예수님이 이 땅에 오심으로 율법은 완성되었고, 오직 예수님의 율법은 사랑만 남았습니다. 십자가 사랑 안에는 십계명이 다 완성되어서 우리에게 오셨다는 의미를 가지고 있습니다.

또한, 지성소 안에는 만나 항아리가 있습니다. 이스라엘 백성들이 40년 동인 광야 생활을 할 때, 애쓰고 수고함이 없었지만 아침마다 하루

먹을 양식인 만나를 허락해 주셨습니다. 이것은 이스라엘 백성들이 하나님의 은혜로 살았음을 보여주는 것입니다.

우리는 속죄를 위해 짐승을 잡아서 제사하지 않습니다. 왜냐하면 예수님이 단번에 희생제물이 되어 주셨기 때문입니다. 예수님의 은혜로 우리는 의롭다 함을 받았고, 또한 하나님과 교통함을 이룰 수 있게 되었다는 은혜를 잊지 않아야 합니다.

성도는 은혜로 사는 사람입니다. 은혜의 뿌리만큼 그 사람의 인격이 높아지고 향기가 납니다.

마지막, 지성소 안에는 아론의 싹 난 지팡이가 있습니다. 누가 봐도 소망이 없는 마른 막대기이지만 아론의 자손들에게 하나님께서 축복하시겠다는 하나님의 선택에 대한 확고한 언약이 담겨 있는 아론의 싹 난 지팡이입니다. 이것이 하나님의 주권입니다. 그 막대기에서 싹이 나고 꽃이 피고 열매가 맺혀서 풍성한 은혜를 누리게 해주신다는 의미가 담겨 있습니다. 하나님의 주권을 인정하는 것이 이성을 초월하는 것입니다.

둘째, 왕의 방은 내 마음의 천국을 말합니다.

누가복음 17장 21절입니다:
"또 여기 있다 저기 있다고도 못하리니 하나님의 나라는 너희 안에 있느니라"

우리 마음에 예수님을 모시고 우리가 예수님을 품게 되면, 하나님이 나를 안아주시고 품어주시고, 보호해 주십니다. 내 안에 누구를 품고 있느냐에 따라 내 안에서 인간의 냄새인 죄의 냄새가 아닌 예수님의 향기가 날 것입니다. 우리에게 인간의 냄새가 난다는 것은 우리 마음이 성소가 되지 않았고, 우리 마음에 예수님(지성소)이 내려오지 않았으며 예수님을 품어내지 못했기 때문입니다. 우리 마음의 주인의 자리를 예수님께 내어놓지 못하는 어리석은 사람의 냄새를 풍기게 됩니다.

왕의 방은 내 마음이 천국이 되었을 때입니다. 예수님이 계신 곳은 그 어느 곳도 천국이 됩니다. 사람의 마음이 심히 부패하다 할지라도, 예수님을 왕으로 모시고 내 마음이 성전이 되면 나의 마음이 헤네브가 됩니다.

셋째, 왕의 방은 아버지의 맨션, 곧 우리가 죽어서 가는 하나님의 천국을 이야기 하는 것입니다.

요한복음 14장 1-3절입니다.
"너희는 마음에 근심하지 말라 하나님을 믿으니 또 나를 믿으라 내 아버지 집에 거할 곳이 많도다 그렇지 않으면 너희에게 일렀으리라 내가 너희를 위하여 거처를 예비하러 가노니 가서 너희를 위하여 거처를 예비하면 내가 다시 와서 너희를 내게로 영접하여 나 있는 곳에 너희도 있게 하리라"

예수님께서 승천하시기 전에 제자들에게 하신 말씀입니다. 예수님께서 거처를 마련하시고 다시 신랑의 모습으로 신부 된 우리를 데리러 오시기 위해 재림하실 것을 약속하셨습니다. 그러기에 재림 신앙을 갖고 있는 사람은 이 아가서가 마라나타 신앙의 좋은 참고서가 될 것입니다. 이것이 신부의 영성입니다.

"너는 나를 인도하라 우리가 너를 따라 달려가리라"

술람미 여인은 영적으로 육적으로, 혼적으로 아주 전인적 건강을 가진 여인입니다. 이것이 술람미 여인의 최대 매력입니다. 균형 잡힌 신앙과 사랑의 최고의 스타덤에 오른 여인입니다. 하나님을 제대로 알고 있기에 자신에 대한 대단한 자존감을 갖고 있습니다.

이 말씀 안에 삼위일체 하나님을 다 고백하는 것을 볼 수 있습니다. 여기서 왕은 성부 하나님을 말합니다. 나를 창조하시고, 계획하시고 설계하신 성부 하나님입니다. 그의 방으로 오라고 하는데 여기서 '그'는 예수 그리스도를 이야기하는 것입니다. 또한, 너는 나를 인도하라 말하는데 여기서 '너'는 성령님을 말하는 것입니다. 예수님이 계신 그 헤데르, 왕의 침실로 나를 인도하라는 것입니다. 성령의 인도함 없이는 왕의 방으로 초대받을 수가 없습니다.

성령님은 하나 되게 하시는 접착제 역할을 하십니다. 예수님이 계신 곳으로 우리를 인도하시는 하나님이십니다. 성령님의 인도하심이 없다면 하나 됨의 은밀한 장소에 들어갈 수 없습니다. 저는 이 은밀한 곳을 체험하고 있습니다. 이유는 내가 지금은 성령님과 동거 중이기 때문입니다.

'너를 따라 달려가리라'는 말의 의미는 내가 예수님의 분량에 이르기를 소망하는 마음의 고백입니다. 그러기 위해서 성령의 발걸음에 맞추어 갈 것이고, 성령의 인도함에 신속하게 따라가고 순종할 것이라는 결단입니다. 술람미 여인이 신속하게, 주저하지 않고, 갈등 없이, 계산하지 않고, 성령님의 말씀의 속도에 맞추겠다는 것은 더 좋은 것을 경험하고 체험한 자이기 때문에 할 수 있는 고백입니다. 내 속도에 맞춰 달라는 것은 미숙한 사람입니다. 성숙한 사람은 성령의 속도에 맞추어야 합니다. 말씀의 속도에 맞추는 사람은 하나님의 시간을 쓰는 것입니다. 이것이 자기 자신의 인생의 시간을 경영하는 지혜입니다. 하나님과의 거리 조정이 안 되는 사람은 자기 시간에 하나님을 맞추고자 하기 때문입니다. 이런 사람을 예수님은 게으르고 악한 자라고 책망하십니다. 성령님께 속도를 맞추는 자가 헤데르를 차지하게 됩니다.

"우리가 너로 말미암아 기뻐하며 즐거워하니 네 사랑이 포도주보다 더 진함이라 처녀들이 너를 사랑함이 마땅하니라"

포도주는 세상의 쾌락의 극치이고, 세상의 유혹을 상징하는 것입니다. 하나님, 예수님, 성령님으로 말미암아 기뻐하고 즐거워한다고 거듭 고백하는 술람미 여인입니다.

순종에는 3가지 종류가 있습니다. **첫째, 두려움 때문에 순종하는 사람이 있습니다.** 믿음이 있기 때문에 하나님을 두려워하지만 두려워서 순종하는 것은 기초적인 단계로 지극히 수동적 순종입니다. **둘째, 의무감이나 사명감 때문에 순종하는 사람이 있습니다.** 사명감이나 책임감을 가지고 순종하는 사람도 한계를 초월하지는 못합니다. 아무리 사명감이나 의무감이 있어도, 이기심 앞에서는 초월하지 못합니다. **셋**

째, 내가 받은 은혜가 너무 크기 때문에 그 사랑이 아니면 내 존재 가치가 없다고 생각하기에 그 은혜에 근거해서 순종하는 사람이 있습니다. 사랑 때문에 순종하는 사람은 죽음도 막을 수가 없습니다.

여러분은 어떤 수준의 순종을 하고 있습니까? 내가 존재하는 이유가 하나님으로부터 전부의 사랑을 받았기에 그 사랑에 보답하는 것입니까? 우리의 순종은 사랑하기에 기꺼이 하는 능동적인 순종이 되어야 합니다. 능동적 순종과 수동적 순종의 차이는 기쁨이 있고, 즐거움이 있고, 감사가 있는지가 증명해 줍니다. 능동적 순종을 하는 사람은 희생이나 헌신의 무게가 클수록 순종 후에는 기쁨이 더 크고, 순종할 때마다 즐거움이 더 많아지며 감사가 풍성해집니다.

시편 23편 1-6절입니다.

"여호와는 나의 목자시니 내게 부족함이 없으리로다 그가 나를 푸른 풀밭에 누이시며 쉴 만한 물 가로 인도하시는도다 내 영혼을 소생시키시고 자기 이름을 위하여 의의 길로 인도하시는도다 내가 사망의 음침한 골짜기로 다닐지라도 해를 두려워하지 않을 것은 주께서 나와 함께 하심이라 주의 지팡이와 막대기가 나를 안위하시나이다 주께서 내 원수의 목전에서 내게 상을 차려 주시고 기름을 내 머리에 부으셨으니 내 잔이 넘치나이다 내 평생에 선하심과 인자하심이 반드시 나를 따르리니 내가 여호와의 집에 영원히 살리로다"

이것이 다윗의 고백, 술람미 여인의 고백만이 아니라 우리의 고백이 되어야 합니다. 우리는 헤데르에 머무는 신앙을 가져야 합니다. 이 자리로 우리를 인도하시기 위하여 예수님은 피를 흘리셨고, 성령님은 우리를 재촉하시고 동행해 주십니다. 하나님과 일대일의 관계, 하나님과 가장 깊은 관계, 하나님과 하나 됨의 관계, 지성소인 예수님이 우리 안에 임재하셔서 우리 마음의 천국, 그곳 헤데르에 머무는 신앙을 가져야 합니다.

헤데르에 머무는 신앙을 갖기 위해서는 두 가지를 기억해야 합니다. **첫째, 신앙의 추상화를 거둬내야 합니다.** 신앙은 추상적, 이성적, 감성적인 것이 아닙니다. 추상적 신앙은 알 듯 모를 듯한 관계, 애매모호한 자리에 머무는 것입니다. 신앙은 생명을 받고, 목숨을 받고 거는 것입니다. 이것을 친밀하고 긴밀한 관계, 절대적 관계라 말합니다. 신앙은 절대적 관계를 맺는 것입니다.

시편 34편 8-10절입니다.
"너희는 여호와의 선하심을 맛보아 알지어다 그에게 피하는 자는 복이 있도다 너희 성도들이 여호와를 경외하라 그를 경외하는 자에게는 부족함이 없도다 젊은 사자는 궁핍하여 주릴지라도 여호와를 찾는 자는 모든 좋은 것에 부족함이 없으리로다"

알 듯 모를 듯한 관계, 애매모호한 관계에 머물게 되면 세상의 포도주에 넘어갈 수밖에 없습니다. 신앙의 추상화를 거둬내고 내 생각, 내 감정, 내 경험을 조심하시기 바랍니다. 신앙의 얕은 물에 서 있는 사람이 교민하게 됩니다. 적당한 자리에 있기 때문에 세상도 보이고 다른 사람과 비교도 하면서 교만한 것입니다. 그러나 신앙의 깊이에 들어가면 감히 위대하신 하나님 앞에 나의 존재를 드러낼 수 없게 됩니다.

둘째, 신앙은 신비의 관계에 들어가서 열매로 증명하는 것입니다.

요한복음 15장 7-11절입니다.

"너희가 내 안에 거하고 내 말이 너희 안에 거하면 무엇이든지 원하는 대로 구하라 그리하면 이루리라 너희가 열매를 많이 맺으면 내 아버지께서 영광을 받으실 것이요 너희는 내 제자가 되리라 아버지께서 나를 사랑하신 것 같이 나도 너희를 사랑하였으니 나의 사랑 안에 거하라 내가 아버지의 계명을 지켜 그의 사랑 안에 거하는 것 같이 너희도 내 계명을 지키면 내 사랑 안에 거하리라 내가 이것을 너희에게 이름은 내 기쁨이 너희 안에 있어 너희 기쁨을 충만하게 하려 함이라"

이것이 신앙의 종착지입니다. 사랑의 깊은 관계로 통일 천국을 이루고, 하나 됨의 관계, 친밀한 관계를 통해 '사랑'으로 교제하는 것이 헤데르의 신앙에 머무는 것입니다. 우리가 구원의 단계에서 만족하는 것이 아니라 관계의 친밀한 은밀한 장소, 헤데르에서 사랑의 관계를 누리는 삶이 되길 소망합니다.

골방에서 지성소로, 지성소에서 헤데르에 머무는 신앙…

게달의 장막이 솔로몬의 휘장이 되다

아가 1:5-8

누에의 명주실은 비단을 만드는 주원료가 되는데, 누에가 비단이 되기까지는 4번을 거듭나야 합니다. 누에가 비단이 되는 과정처럼, 사람이 사람답게 되기 위해서는 세 번 태어나야 한다고 말합니다. 첫째, 어머니 뱃속에서 육신을 입고 태어남입니다. 둘째, 예수 그리스도로 인해 영으로 거듭나는 태어남입니다. 셋째, 그리스도인이 소명을 찾게 되는 태어남입니다.

아가서를 통해서 저는 진정한 아담(사람)이 되려면, 누에가 비단이 되는 것처럼 네 번은 태어나야 한다는 깨달음이 왔습니다. 육신으로 태어나고 영으로 거듭나며 소명으로 거듭났음에도 불구하고, 소명을 가지고 살아가는 사람 가운데도 여러 종류의 사람들이 있습니다. 하나님이 두려워서 사명을 감당하거나 예수 그리스도에게 받은 은혜가 있기에 배은망덕 하지 않기 위해 사명을 삼당하는 사람이 있을 것입니다. 그러나 어떤 사람은 하나님의 창조의 목적인 사랑의 수준에 도달합니다. 하나님, 예수님, 성령님의 사랑을 알기에 사랑에 감격하여 살아가는 사람이 있습니다.

아가서에 등장하는 술람미 여인은 네 번 태어난 사람이 아닐까라는 생각이 들었습니다. 술람미 여인과 예수님의 찐사랑은 구절구절마다 그 사랑이 묻어나는 것을 보게 됩니다. 신앙생활을 하면서 삼위일체 하나님을 아는 것은 굉장히 중요합니다. 우리가 온전한 믿음을 갖기 위해서는 삼위일체 하나님에 대해 분명히 알아야 합니다. 신기한 것은 삼위일체 하나님을 아는 만큼 자신을 알게 됩니다. 만약 누군가가 자기 자신을 잘 모른다면, 하나님을 모르기 때문에 자신을 모르는 것이라 보면 됩니다.

하나님을 알고 자신을 알게 되면, 유쾌한 사람이 됩니다. 신앙에 있어 유쾌한 사람은 뭔가 산뜻하고 깨끗하고 상큼한 느낌을 줍니다. 성숙한 사람은 하나님을 아는 만큼 자신을 알게 되어 참된 어른, 참된 성숙함, 참된 성화를 이루게 됩니다. 참된 어른, 성숙함, 성화는 단점이 없기 때문에 만들어지는 것이 아닙니다. 인간이 어떻게 흠이 없고 단점이 없을 수 있습니까?

성숙한 사람, 참된 어른, 성화된 사람은 자신의 부족과 약함, 장점을 잘 분별하고 구분할 줄 아는 사람입니다. 내가 부족한 것을 알고 누군가에게 도움을 구하고 도움을 받을 줄 압니다. 또한, 내가 잘 할 수 있는 것을 부족한 사람에게 채워줍니다. 완벽해서 성화된 사람이 아니라 내 부족함과 내가 잘할 수 있는 것을 잘 분별해서 도움을 주고 도움을 구하는 건강한 관계를 통해 조화를 이루고 화평을 이루는 사람이 참된 성화를 이룬 사람입니다.

성경에서 말하는 아가페적 사랑은 가치에 반응하는 것이 아닙니다. 가치에 반응한다는 것은 그 사람의 자격, 스펙 등의 환경에 반응하는 것을 말하는 것이 아닙니다. 아가페적 사랑은 그 대상 자체에서 가치를 찾아내는 것입니다. 신학자 칼 바르트는 "성경이 말하는 아가페적 사랑은 전혀 모양을 바꿀 필요가 없다. 다만 나의 인격이 바뀌면 된다."라고 말합니다.

아가서 말씀은 농축된 사랑의 마음을 담고 있습니다. 아가서의 주인공인 술람미 여인은 영적인 최고의 수준인 창조의 목적 '사랑'에 도달한 관계 회복을 보여줍니다. 우리가 술람미 여인처럼 우리의 신앙이 비단이 되어 영적인 실크로드로 쓰임 받는 은혜가 있길 소망합니다.

아가 1장 5절입니다.
"예루살렘 딸들아 내가 비록 검으나 아름다우니 게달의 장막 같을지라도 솔로몬의 휘장과도 같구나"

5절 말씀은, 술람미 여인이 예루살렘 여인들에게 이야기하는 것입니다. 예루살렘 딸들이 누구를 지칭하는지에 대해 다양하게 생각할 수 있습니다. 첫째, 솔로몬 왕을 사모하여 솔로몬의 침궁으로 들어가길 원하는 왕궁의 화려한 여인들을 지칭할 수도 있습니다. 둘째, 세상의 사치로 화려한 여인들을 지칭하기도 합니다. 셋째, 예루살렘이라는 지정된 장소를 이야기하는 것으로 보아 교회 안의 종교인들을 말하는 것입니다. 바리새인과 서기관들처럼 교회 안에서 신앙생활을 하지만 자기 중심적이고 세상적인 가치관을 가진 자들을 지칭하기도 합니다. 교회 안에서 자신이 주인공이 되려는 이기심 때문에 경쟁, 질투, 비교의 대상으로 여기는 사람들을 말합니다.

솔로몬 왕에게는 천 명의 여인들이 있었습니다. 그 왕궁 안에 있는 모든 여인들이 서로 경쟁자였고, 비교의 대상이었습니다. 그런데 술람미 여인은 왕궁 안에 들어가 있지 않고 자신의 일상의 삶 가운데 있지만 '예루살렘 딸들'과 자신을 구별하는 정체성을 보여줍니다.

"내가 비록 검으나 아름다우니…" 내가 비록 검으나 아름답다고 고백하는 술람미 여인의 정체성을 보십시오. 우리도 이런 자신감이 필요합니다. 겉모양은 검지만 나의 속사람, 나의 내면은 너희들보다 훨씬 더 아름다운 성품과 인격을 가지고 있다고 고백하는 것입니다. 내면이 아름다운 자신에 대한 만족도를 보여 주고 있습니다.

"게달의 장막 같을지라도 솔로몬의 휘장과도 같구나." 그러면서 너희들이 볼 때에는 게달의 장막 같을지라도 나는 솔로몬의 휘장과도 같다고 반어법, 역설법을 쓰면서 자신의 정체성을 드러냅니다.

술람미 여인이 내가 검지만 아름답다고 하는 것은 내가 50%은 검고, 50% 아름답다고 말하는 것이 아닙니다. 내가 비록 죄인이고 연약한 자이며 외적으로 아름답지는 않은 모습이 100%임을 인정하면서 고백하는 것입니다. 우리는 100% 죄인으로 태어났지만 100% 의인이 되었습니다. 이것을 믿으셔야 합니다. 우리는 50:50이 아닙니다. 검다는 것은 철저히 보잘것없는 것이고, 죽을 수밖에 없는 죄인임을 인정하지만 솔로몬의 휘장과도 같이 아름답다고 당당하게 고백하는 것입니다. 자신의 부족을 인정하는 사람은 참 강하고 멋져 보입니다.

게달의 장막은 무엇을 의미할까요? 창세기 25장 13절을 보면, 이스마엘의 차남의 이름이 게달인 것을 알 수 있습니다. 게달의 후손들은 검은 염소의 껍질로 천막을 치면서 이동하며 사는 유목민이었는데, 이를 게달의 장막이라 말하는 것입니다. 유목민들은 원래 검은 사람이 아니었다고 합니다. '검으나'에 해당하는 히브리어 '쉐호라'는 선천적으로 검은 것이 아니라, 유목생활로 피부가 암갈색으로 변한 것을 의미합니다. 우리는 창조의 모습은 외적으로나 내적으로 아름다움 그 자체였으나, 죄로 인해 외모는 예쁠지 몰라도 내면은 썩어 냄새가 납니다.

시편 120편 5절입니다.
"메섹에 머물며 게달의 장막 중에 머무는 것이 내게 화로다"

유목민이었던 게달의 후손들은 맹수로부터 자신의 양을 지켰기에 힘이 굉장히 셌고, 군사적으로 매우 용감하고 강했기에 주변 나라 사람들이 용병으로 끌고 갔다고 합니다. 그런데 시편 120편에서 게달의 후손들을 향해 사시늘의 힘, 용맹을 외지히지 말라고 말합니다. 이사야 선지자 또한 게달의 자손의 영광이 길지 못할 것이라고 예언합니다. 너희들 안에는 네 힘만 믿고 살기 때문에 선한 것이 없고, 화평을 원하지 않고 화평을 이루지 않기에 후손들이 길게 대를 잇지 못할 것이라고 이사야 선지자가 예언합니다.

우리가 가진 힘, 지식, 경험, 물질은 한계가 있습니다. 그러나 하나님이 원하시는 선하심, 화평을 이루는데 동참하게 되면 인생의 한계 앞에서 하나님이 우리를 도우시는 은혜가 있습니다.

술람미 여인은 겉으로 보기에는 내가 게달의 장막처럼 검지만, 나는 솔로몬의 휘장과도 같다고 고백합니다. 솔로몬의 휘장은 가장 화려한 것을 말합니다. 솔로몬이 성전을 짓고 언약궤를 쌓은 천이 솔로몬의 휘장인데, 솔로몬의 성전이 얼마나 화려한지 살펴보겠습니다.

역대하 3장 5-15절입니다.

"그 대전 천장은 잣나무로 만들고 또 순금으로 입히고 그 위에 종려나무와 사슬 형상을 새겼고 또 보석으로 성전을 꾸며 화려하게 하였으니 그 금은 바르와임 금이며 또 금으로 성전과 그 들보와 문지방과 벽과 문짝에 입히고 벽에 그룹들을 아로새겼더라 또 지성소를 지었으니 성전 넓이대로 길이가 이십 규빗이요 너비도 이십 규빗이라 순금 육백 달란트로 입혔으니 못 무게가 금 오십 세겔이요 다락들도 금으로 입혔더라 지성소 안에 두 그룹의 형상을 새겨 만들어 금으로 입혔으니 두 그룹의 날개 길이가 모두 이십 규빗이라 왼쪽 그룹의 한 날개는 다섯 규빗이니 성전 벽에 닿았고 그 다른 날개도 다섯 규빗이니 오른쪽 그룹의 날개에 닿았으며 오른쪽 그룹의 한 날개도 다섯 규빗이니 성전

벽에 닿았고 그 다른 날개도 다섯 규빗이니 왼쪽 그룹의 날개에 닿았으며 이 두 그룹이 편 날개가 모두 이십 규빗이라 그 얼굴을 내전으로 향하여 서 있으며 청색 자색 홍색 실과 고운 베로 휘장문을 짓고 그 위에 그룹의 형상을 수놓았더라 성전 앞에 기둥 둘을 만들었으니 높이가 삼십오 규빗이요 각 기둥 꼭대기의 머리가 다섯 규빗이라"

솔로몬이 지은 성전 안에는 모든 것이 금으로 싸여 있었습니다. 또한, 휘장은 네 가지 색깔로 가장 화려하게 만들었습니다. 솔로몬은 화려한 비단으로 언약궤의 휘장을 감싸 덮었는데, 세상에서 가장 화려한 성전의 중심인 언약궤를 덮은 것이 바로 솔로몬의 휘장입니다.

우리는 우리 중심에 언약궤이신 예수 그리스도를 모시고 있습니다. 우리는 예수 그리스도를 믿음으로 모셨고 인격으로 덮었습니다. 술람미 여인이 자신을 솔로몬의 휘장과도 같다고 말하는 것은 예수 그리스도를 내가 마음의 중심에 언약궤로 모셨고, 그 언약궤를 감싸고 있는 휘장은 자신의 인격을 말하는 것입니다. 예수 그리스도를 모시는 금과 같은 믿음과 보석처럼 빛나는 자신의 인격을 자랑하고 있습니다. 내가 비록 죄인으로 태어났으나 지금은 왕 같은 제사장이 되었고, 내가 비록 검으나 내면은 아름다우며 외모는 게달의 장막같을지라도 나의 믿음과 인격은 솔로몬의 휘장과도 같다고 고백하는 술람미 여인의 고백은 우리가 너무도 본받아야 하는 모습입니다.

우리는 예수 그리스도를 믿음으로 마음에 모셨고, 우리가 성전이 되었습니다. 그런데 예수님을 모셨음에도 불구하고 인격이 갖추어지지 않는다면 예수님이 얼마나 초라해지며 가슴 아파하실까요? 금과 같은 믿음으로 예수님을 모셨다면 보석과 같은 인격의 휘장으로 언약궤를 감싸 안아야 합니다. 그럴 때 세상의 어떠한 화려함 앞에서도 주눅들지 않고 비교하지 않게 될 것입니다.

솔로몬 성전에 두 기둥이 만들어졌는데, 한 쪽에는 '능력 있는 그분(보아스)'이라 썼고, 한 쪽에는 '그분이 세우십니다(야긴)'라고 기록되어 있습니다. 능력 있는 그분은 하나님이시고, 그분이 원하시면 아무리 연약한 자라도 세워지고 쓰임 받게 됩니다. 사람이 볼 때는 부족하고 연약하다고 생각해도 그분이 쓰시고 세우시길 원한다면 누구든지 세워질 수 있다는 솔로몬의 신앙 고백이 두 기둥에 기록되어 있습니다.

우리도 이런 믿음의 자신감이 있어야 합니다. 우리가 비록 육지 아닌 섬에 살지라도 내 믿음과 인격만큼은 솔로몬의 휘장과도 같다고, 내 믿음은 금과 같고 내 인격은 보석보다 아름답다고 고백할 수 있길 소망합니다.

아가 1장 6절입니다.
"내가 햇볕에 쬐어서 거무스름할지라도 흘겨보지 말 것은 내 어머니의 아들들이 나에게 노하여 포도원지기로 삼았음이라 나의 포도원을 내가 지키지 못하였구나"

술람미 여인의 계속되는 고백입니다. **"내가 햇볕에 쬐어서 거무스름할지라도 흘겨보지 말 것은 내 어머니의 아들들이 나에게 노하여 포도**

원지기로 삼았음이라" 내가 비록 외적으로 너희들이 볼 때 거무스름하고 초라해 보일지라도 수군거리지 말고 업신여기지 말라고 이야기하면서 자신의 배경을 고백합니다. 자신의 환경에 주눅 들지 않고, 숨기거나 부끄러워하지 않고 사실적으로 말하는 술람미 여인입니다.

내 어머니의 아들들은 누구를 말할까요? 내 어머니의 아들들은 아버지가 다른 형제들을 이야기합니다. 요셉의 상황을 보면, 요셉의 형제들은 아버지는 한 분 야곱이었지만 어머니는 달랐습니다. 술람미 여인이 '내 오라버니'라는 말 대신, '내 어머니의 아들들이 나에게 노하여'라고 말하는 것을 보면, 아버지가 각기 다르다는 것을 알 수 있습니다. 아버지가 다른 형제들이 술람미 여인을 미워하고 업신여겨 포도원지기로 내보낸 것입니다.

신앙 안에서 우리는 한 아버지를 섬기는 한 형제들입니다. 그런 의미에서 아버지가 다른 형제들은 세상 사람들을 말합니다. 세상 사람들이 우리를 어떻게 보는지 중요하지 않습니다. 세상과 더불어 살아가려면, 때로는 불합리하게 불이익을 당할 때도 많을 것입니다. 믿는다는 것으로 인해 양보하고 손해를 봐야 하는 일도 있을 것입니다. 때로는 그것까지도 감수해야 합니다. 진리에서 벗어나는 일이 아니라면 손해도 볼 줄 알아야 합니다. 그러나 진리를 위해서 신앙을 지키는 일에 방해가 된다면 기꺼이 맞서야 합니다. 하나님이 우리를 어떻게 보시는지가 중요하지 세상 사람들이 나를 어떻게 보는지는 중요하지 않습니다. 세상 사람들이 뭐라고 한들 하나님이 괜찮다고 하면 괜찮은 것입니다.

"나의 포도원을 내가 지키지 못하였구나" 어머니의 아들들이 나를 미워하고 학대해서 포도원지기로 내몰았을지라도 내가 해야 할 일은 했어야 하는데 그것을 하지 못했다고 고백하는 것입니다. 이것은 영적으로 나의 에덴을 지키지 못했다는 것입니다. 나의 마음이 에덴이라면, 나의 마음을 지키지 못해 상처를 입기도 했고, 마음이 굳어지고 가시가 돋기도 하여 창조의 나를 지키지 못했다는 것을 솔직히 고백하는 것입니다.

우리가 예수님을 인격적으로 만나기 전에는, 하나님을 알았어도 환경을 탓하고 다른 사람을 탓해서 우리의 마음을 지키지 못한 부분이 있었을 것입니다. 바로 술람미 여인이 그것을 고백하는 것입니다. 내가 비록 열악한 환경에 있었을지라도 내 포도원을 지켰어야 했는데, 내 마음과 창조의 나를 지켰어야 했는데, 내 에덴을 지키지 못했다고 고백하는 것입니다.

이것은 자신의 환경이나 상황을 탓하지 않고 자신의 부족함을 인정하는 술람미 여인의 모습입니다. 그러나 술람미 여인은 이에 실족하거나 포기하지 않고 다시 도전하는 모습을 보입니다.

아가 1장 7절입니다.

"내 마음으로 사랑하는 자야 네가 양 치는 곳과 정오에 쉬게 하는 곳을 내게 말하라 내가 네 친구의 양 떼 곁에서 어찌 얼굴을 가린 자 같이 되랴"

"내 마음으로 사랑하는 자야" 나는 비록 연약하지만 내가 지금 사랑하는 사람을 만났다고 고백하는 것입니다. 비록 내가 내 포도원을, 내 에덴을, 창조의 나를 완벽하게 지켜내지 못했지만 그런 연약함 속에서도 내가 사랑하는 자를 만났다고 하는 것입니다. 우리가 술람미처럼 자신을 지키지 못하고 깨어진 자아를 갖고 있어도 예수님을 만났습니다. 예수님을 만났어도 여전히 마음을 지키지 못했는데 보혜사 성령님이 오심으로 나를 깨닫게 해 주시고 나를 조명해 주시고 나와 함께해 주시니 예수님의 사랑에 힘입어 하나님께 다가갈 수 있는 용기가 생긴 것입니다.

"네기 양 치는 곳과 정오에 쉬게 하는 곳을 내게 말하라" 팔레스타인은 정오가 되면 햇볕이 뜨겁기에 목자나 짐승이나 모두가 그늘에서 쉽니다. 모든 사람이 가장 뜨거운 햇볕을 받는 순간에, 모두가 쉬는 순간에, 술람미 여인은 당신이 쉬고 있을 때 내가 당신의 양을 칠 테니 양 치는 곳과 정오에 쉬게 하는 곳을 내게 말해 달라는 것입니다. 이것이 바로 술람미 여인의 죽음보다 강한 사랑의 모습입니다.

예수님이 나를 위해서 십자가에 못 박혀 돌아가셨고 지금은 하나님 우편에서 나를 위해 중보해 주시는데, "예수님의 남은 사역 제가 감당할게요. 예수님의 남은 양무리를 내가 돌볼게요."라고 고백하는 것입니다.

요한복음 21장을 보면, 예수님이 부활하신 후 다시 일상으로 돌아간 제자들을 찾아가시는 장면이 나옵니다. 제자들을 위해 조반을 차린 후, 베드로에게 "네가 나를 사랑하느냐"라고 물으셨고, "주님을 사랑한다"는 베드로의 고백 앞에 예수님은 "내 양을 치라, 내 양을 먹이라"

반복해서 말씀하십니다.

예수님의 양을 먹이고 돌보는 것이 예수님을 사랑하는 사람에게 주어진 사명입니다. 술람미 여인은 너무도 아름다운 신앙을 가졌습니다. "예수님은 쉬시고 내가 예수님의 남은 사역을 감당할게요."라고 고백하며 사명의 부름을 받는 술람미 여인의 모습을 보게 됩니다. 예수님은 선한 목자이십니다.

요한복음 10장 11-16절입니다.

"도둑이 오는 것은 도둑질하고 죽이고 멸망시키려는 것뿐이요 내가 온 것은 양으로 생명을 얻게 하고 더 풍성히 얻게 하려는 것이라 나는 선한 목자라 선한 목자는 양들을 위하여 목숨을 버리거니와 삯꾼은 목자가 아니요 양도 제 양이 아니라 이리가 오는 것을 보면 양을 버리고 달아나나니 이리가 양을 물어 가고 또 헤치느니라 달아나는 것은 그가 삯꾼인 까닭에 양을 돌보지 아니함이나 나는 선한 목자라 나는 내 양을 알고 양도 나를 아는 것이 아버지께서 나를 아시고 내가 아버지를 아는 것 같으니 나는 양을 위하여 목숨을 버리노라 또 이 우리에 들지 아니한 다른 양들이 내게 있어 내가 인도하여야 할 터이니 그들도 내 음성을 듣고 한 무리가 되어 한 목자에게 있으리라"

이것이 선한 목자이신 예수님의 마인드이십니다. 가장 뜨거울 때, 다른 사람이 안식하고 편히 누워 쉴 때, 예수님의 양을 치겠다고 그곳이 어디냐고 내게 말해달라고 하는 술람미 여인은 자신의 전부인 옥합을 깨는 마리아의 헌신적 사랑의 모습과도 같습니다. 충성되며 희생적인 술람미 여인의 예수님에 대한 사랑은 목숨을 거는 사랑이고 죽음보다 강한 사랑을 하고 있는 것입니다.

"내가 네 친구의 양 떼 곁에서 어찌 얼굴을 가린 자 같이 되랴"는 어떤 의미인지 살펴보겠습니다. "네 친구" 이 또한 깊은 의미가 있습니다. 예수님의 친구, 곧 예수님의 복음을 위해 목숨을 걸었던 제자들처럼 예수님의 친구들 곁에서 외면하거나 숨거나 방관하지 않겠다는 것입니다.

요한복음 15장 13-14절입니다.
"사람이 친구를 위하여 자기 목숨을 버리면 이보다 더 큰 사랑이 없나니 너희는 내가 명하는 대로 행하면 곧 나의 친구라"

가장 친밀한 대상을 친구로 표현하는 예수님의 의도를 알아차린 술람미 여인입니다. "내가 네 친구의 양 떼 곁에서 어찌 얼굴을 가린 자 같이 되랴"는 말은 사명을 외면하지 않겠다는 고백입니다. 진리를 위해서 일하는 사람들, 복음을 위해 힘쓰는 자들을 위해 함께 일하겠다는 것입니다. 믿음의 정체성이 희박하게 되면 세상 사람들 앞에서 우리의 정체성을 확고히 표현하지 못합니다. 타종교 앞에서도, 세상 사람들 앞에서도 우리의 정체성을 확고히 해야 합니다.

'네 친구의 양 떼'는 예수님의 친구를 말하는 것입니다. 또한, 얼굴을 가리지 않겠다는 것은 정체성을 확실히 하고 바른 진리의 말을 하겠다는 것입니다.

요한복음 4장에 나오는 사마리아 여인은 사람의 낯을 피해서 정오가 되어야 우물에 물을 길러 왔습니다. 그러던 어느 날 우물가에서 예수님을 만나 영원히 목마르지 않는 예수님의 사랑을 경험하고 난 뒤, 물동이를 내던지고 동네로 뛰어 들어가 예수님을 증거하는 전도자가 됩니다.

술람미 여인은 사랑하는 예수님을 위해서 목숨을 걸었습니다. 은둔과 은밀함에서 벗어나 증인의 삶을 사명으로 알고 살았습니다. 비록 환경이 열악하여 포도원으로 내보내졌을지라도 그는 예수님을 만났기 때문에 그 사랑 안에서 완벽하게 치유되고 회복되었습니다. 우리는 예수님의 사명을 이어갈 자라는 자부심을 가진 술람미 여인의 신앙을 보게 됩니다.

우리에게도 이런 믿음이 필요합니다. 얼굴을 가리는 자 같이, 투 페이스를 가진 자처럼 비굴한 신앙생활을 하면 안 됩니다. 예수님은 우리를 위해 죽기까지 하셨는데, 우리가 예수님을 위해서 담대하지 못할 이유가 무엇이 있겠습니까?

마태복음 10장 32-33절입니다.

"누구든지 사람 앞에서 나를 시인하면 나도 하늘에 계신 내 아버지 앞에서 그를 시인할 것이요 누구든지 사람 앞에서 나를 부인하면 나도 하늘에 계신 내 아버지 앞에서 그를 부인하리라"

우리가 사람 앞에서 하나님, 예수님, 성령님을 시인하면 우리 예수님, 성령님도 하나님 앞에서 우리를 시인하고 지켜주시지만 만약 그렇게 하지 않으면 하나님 앞에서 예수님도 우리를 인정하지 않으실 것입니다.

우리는 술람미 여인의 확고한 정체성을 본받아야 합니다. 내가 비록 겉모양은 초라하지만 나는 의인이고 겸손한 자라고 고백하는 은혜로 가득 찬 술람미 여인의 믿음과 인격을 본받아야 합니다. 세상 사람들이 볼 때 보잘것없는 사람처럼 보이지만 나의 믿음은 금과 같고, 내 인격은 보석같이 귀하다는 확실한 정체성을 가져야 빛과 소금의 사명을 감당할 수 있습니다. 내가 비록 죄인으로 태어났으나 나는 거듭난 사람임을 고백해야 합니다. 한 번 거듭난 것뿐만 아니라, 나는 성령으로 인해 인격이 회복되고 사명을 위해 소명으로 거듭났으며 이제는 사랑으로 인해 사명이 행복해졌습니다. 술람미 여인의 신앙은 신부의 영성입니다. 우리 또한 신부의 영성에 도달해야 합니다.

술람미 여인의 죽음보다 강한 사랑이 술람미 여인을 창조의 아담으로 회복시켰습니다. 짐승과 사람은 흙으로 만들어졌지만 사람의 흙과 동물의 흙은 다릅니다. 흙으로 사람을 빚으시고 코에 생기를 불어 넣어 아담(사람)이 되었습니다. 하나님의 생명을 가진 흙은 히브리어로 '아파르'입니다. 그러나 하나님의 생명이 없으면 짐승의 흙인데, 이는 '아다마'입니다.

우리가 하나님의 생기, 예수님의 보혈, 성령의 전으로 살아간다면 우리는 '아파르'의 삶 즉, 미움이 옥토가 되는 삶을 살아갑니다. 옥토가 된 분자가 될 때 사람답게 창조의 아담이 될 수 있습니다. 하나님의 영의 다스림을 받지 않는 사람은 가시밭, 길가, 돌짝밭과 같은 인격을 갖게 됩니다.

아담으로 회복한 술람미 여인은 삼위일체 하나님과 최고의 친밀한 관계를 이루는 사랑의 관계로 회복되었습니다. 우리도 술람미 여인의 신앙의 당당함, 인격, 믿음에 도전하길 소망합니다.

내 인생의 등번호는 "사명"입니다.

내 사랑, 나의 준마야!

아기 1:8-11

　그리스도인의 최고봉은 무엇일까요? 사람마다 최고봉의 수준은 조금씩 다를 수 있지만 저에게 최고봉은 '**사랑**'입니다. 가장 매력 있게 느껴지는 사람은 '사랑할 줄 아는 사람'입니다. 한 주간 '나에게 최고봉은 온전한 사랑입니다.'라고 기도할 때, 하나님께서 온전한 사랑을 위해 준비해야 하는 과정이 있는데 그것은 바로 '빈 마음'이라는 감동을 주셨습니다. 빈 마음은 그리스도인의 삶의 완성이라 말씀하셨습니다. 내려놓고 또 내려놓고, 비우고 또 비우며 청결하게 하고 깨끗하게 하는 **빈 마음이 그리스도인의 삶의 완성이라면, 사랑은 충만의 시작**이라 말씀해 주셨습니다.

　"하나님! 사랑할 줄 아는 사람이 되게 해주세요."라고 기도하면서 하나님께 더 배워야 하는 것이 있다면 사랑이라고 고백하게 되었습니다. 하나님의 근본은 사랑입니다. 하나님의 근본인 사랑을, 몸소 보여주신 분이 예수님이십니다. 우리가 하나님의 사랑을 다 측량할 수 없기에,

예수님의 사랑을 배우는 것입니다. 예수님의 사랑을 한마디로 요약하면, '거룩한 희생'입니다.

　정신분석가 칼 융은 "예수님의 사랑을 배우기 위해서는 자신을 사랑하는 법을 배워라! 나를 제대로 사랑하지 못하면 다른 사람을 사랑할 수 없다."라고 말합니다. 자신을 사랑하는 법을 배우지 않고서는 타인을 건강하게 사랑할 수 없습니다. 자신을 이기적으로 사랑하는 사람이 있는가 하면 그리스도의 사랑 안에서 건강하게 사랑하는 사람이 있습니다.

　자신을 이기적으로 사랑하는 것을 자기애적 사랑이라 말하는데, 하나님이 없는 자기애적 사랑은 '자기 연민'입니다. 자기 연민을 가지고 있는 사람은 피해의식, 비교의식, 열등의식을 가지고 있습니다. 그래서 상처를 잘 받고 다른 사람을 용서하기 힘듭니다.

　반면에, 하나님 안에서 자기를 사랑하는 사람은 '자기 성찰'을 하고 자신을 수용합니다. 하나님의 말씀을 통해 자신이 성찰이 되면 자신을 수용합니다. 자신이 잘하는 부분과 약한 부분을 분리할 줄 압니다. 나의 약한 부분은 다른 사람에게 도움을 구하고, 내가 잘 할 수 있는 것은 다른 사람에게 도움을 주는 것이 하나님 안에서 자기를 사랑하는 사람입니다. 이런 사람은 실수를 하고 미흡한 부분이 있어도 열등의식을 갖는 것이 아니라 부족한 대로 수용합니다. 그리고 자신을 위로하고 격려할 줄 압니다.

　사도 바울은 부족함이 없는 사람처럼 보이지만 육체의 가시를 가지고 있었습니다. 육체의 가시를 놓고 세 번씩이나 기도했지만 하나님께서 '네게 있는 것이 족하도다'라고 응답하시자 그대로 받아들이고 수용합니다. 사도 바울은 하나님 안에서 자신을 사랑하는 사람이었기에 사도행전 20장 35절에서처럼 '주는 것이 받는 것보다 복이 있다'고 고백할 수 있었던 것입니다.

인생 상담가 앤 랜더스는, "나를 사랑하는 방법은 타인을 사랑하는 것이 곧 나를 사랑하는 것이다."라고 말합니다. 만약 내가 누군가를 너무도 미워한다면 상대방을 미워하는 감정 때문에 내가 병들게 됩니다. 반대로 누군가를 있는 그대로 사랑한다면 그로 인해 내가 행복해집니다. 이렇듯 내가 다른 사람을 어떻게 대하는지에 따라, 내게 약이 될 수도 있고 독이 될 수도 있습니다. 나와 너는 둘이 아니라 하나라는 공감대를 만들어 낸다는 의미로 '자타불이(自他不二)'라는 용어를 쓰기도 합니다. 내가 누군가를 미워하게 되면 그것이 나에게 독이 되지만 내가 누군가를 사랑하게 되면 그것은 나에게 행복이요 약이 됩니다.

신학가 폴 틸리히는, "조건적인 사랑은, 진정한 사랑이 아니라 계산하는 것이다."라고 말합니다. 조건적인 사랑은 받은 만큼 주는 것이고, 자기 자신의 이익을 계산에서 사랑의 유무를 결정하는 것입니다.

하나님 없는 이기적인 사랑, 자기 연민에서 벗어나, 하나님의 사랑으로 끊임없이 자기 성찰로 나아가 신앙의 최고봉에 오르길 축복합니다.

아가서 말씀을 나누면서 제 마음이 너무 행복합니다. 솔로몬과 술람미 여인의 사랑은 우리에게 모델이 됩니다. 술람미 여인은 하나님 안에서 자기 사랑을 하는 멋지고 아름다운 여인입니다. "내가 비록 검으나 아름답다." 이런 고백은 사랑의 힘에서만이 나옵니다.

아가 1장 7절입니다.

"내 마음으로 사랑하는 자야 네가 양치는 곳과 정오에 쉬게 하는 곳을 내게 말하라 내가 네 친구의 양 떼 곁에서 어찌 얼굴을 가린 자 같이 되랴"

모든 사람들이 피하는 때인 정오가 되면 짐승이나 사람 모두 그늘에서 쉽니다. 사람들이 다른데 관심을 가질 때 일하겠다는 술람미 여인의 모습은 예수님의 남은 사역에 대한 열정을 보여주는 것입니다. 나아가, 너의 친구 제자들이 감당했던 사역을 내가 어떻게 외면할 수 있겠느냐고 고백하는 술람미 여인입니다. 7절 말씀은 술람미 여인이 예수님을 사랑하는 마음을 보여주는 말씀입니다.

거룩한 희생을 자처하는 술람미 여인… 예수님께 찐 사랑으로 고백하는 술람미 여인은 그것이 곧 자신을 사랑하는 법이라는 것을 알았습니다. 당신의 제자들처럼, 너의 친구들처럼 나도 그 길을 가겠다는 술람미 여인의 조건 없는 사랑은 큰 도전을 줍니다.

술람미 여인의 사랑은 신부 영성의 모델입니다. 우리가 재림 예수님을 기다리는 신부의 자격을 갖춘 성도라면 신부 영성의 모델인 술람미 여인의 사랑을 배워야 합니다. 그래서 술람미 여인처럼 계산하지 않는 거룩한 희생, 주는 것으로 행복을 느낄 줄 아는 사랑의 주인공이 되길 소망합니다.

아가 1장 8절입니다.

"여인 중에 어여쁜 자야 네가 알지 못하겠거든 양 떼의 발자취를 따라 목자들의 장막 곁에서 너의 염소 새끼를 먹일지니라"

8절부터는 술람미 여인의 고백을 받은 솔로몬 왕의 술람미 여인을 향한 답가이고 고백입니다.

"여인 중에 어여쁜 자야" 술람미 여인의 겉모습은 피부가 검고 게달의 장막과 같았습니다. 그런데 솔로몬 왕이 술람미 여인에게 '여인 중에 어여쁜 자야'라고 말합니다.

"네가 알지 못하겠거든 양 떼의 발자취를 따라" 이 말씀은 술람미 여인이 고백했던 7절 말씀에 대한 대답입니다. 모든 동물과 사람들이 정오의 태양을 견디지 못해서 그늘에서 쉬고 있을 때 술람미 여인은 예수님의 양 떼를 돌보겠노라, 제자들이 간 그 길을 가겠노라 고백했습니다.

'네가 알지 못하겠거든'은 네가 그 일을 감당할 때, 네가 사명의 길, 좁은 길을 갈 때, 힘들거든, 어렵거든, 고난이 오거든, 환난이 오거든, 장애물이 있거든, 네가 양 떼의 발자취를 따르라는 것입니다. 네가 거룩한 희생을 하고, 거룩한 사랑의 수고를 할 때 네가 일어나지 못하겠거든 곧 힘들고 어려울 때 양 떼의 발자취를 따르라는 것입니다.

양 떼의 발자취는 성경의 인물들, 신앙의 선배들, 믿음의 선인들이 갔던 길입니다. 그들이 힘들고 어려울 때, 믿음의 좁은 길을 갈 때, 어떻게 신앙을 지키며 승리했는지를 보고 따르라는 것입니다.

"목자들의 장막 곁에서 너의 염소 새끼를 먹일지니라" 목자들의 장막 곁이란 너를 가르치는 목자, 멘토일 수도 있지만 중요한 것은 예수님이 우리의 참 목자라는 것입니다. 힘들고 어려울 때 예수님의 장막 곁에서, 예수의 이름 안에서, 예수님의 이름으로 우리의 염소 새끼를 먹이라 하십니다.

너의 염소 새끼를 먹이라는 것은 나의 일, 나의 일상을 열심히 하라는 것입니다. 우리의 일상에서 열심히 하는 것이 하나님의 양 떼를 지키는 것이고, 하나님의 일을 하는 것입니다. 단, 일하는 목적과 일하는 동기가 어디에 있느냐가 중요합니다. 우리가 먹든지 마시든지 무엇을 하든지 하나님의 뜻을 따라, 하나님의 뜻을 이루는 방향으로 설정이 되어야 합니다. 직장에서 일할 때 일하는 목적이나 동기가 무엇입니까?

예수님께서 우리에게 말씀하십니다. 너희가 주의 일을 하다가 힘들거든 양 떼의 발자취를 따르라고 말입니다. 성경의 인물들이, 선인들이 어떻게 신앙을 지켰는지를 생각하며 우리가 어떤 일을 하든지 목자이신 예수님의 장막 곁에서 너의 염소를 먹이라 말씀하십니다. 그러나 일하는 목적과 동기는 하나님께 합당해야 합니다.

개인적으로 나에게도 '양 떼의 발자취'가 있습니다. 성경의 인물들 중에 마음에 품고 있는 사람은 에녹'입니다. 300년을 주님과 동행했던 에녹! 에녹은 친밀함의 결정체였기에 좋아합니다. 또한, 다윗의 영성을 좋아합니다. 다윗이 완전해가 아니라 하나님 앞에 솔직하게 토해내고 기도하며 새 마음을 받는 모습이 좋습니다. 그리고 다니엘을 좋아합니다. 쉽게 요동하지 않고 변하지 않는 한결같은 모습이 좋습니다. 신약에서는 바울을 좋아합니다. 온 맘 다해 하나님께 헌신하고 교회를 사랑한 바울을 좋아합니다.

최종적으로 예수님을 닮아가기 위해 몸부림을 치고 있습니다. 예수님을 닮아가기 위한 목적은 창조의 아담과 하와로 회복하는 길이 예수님밖에 없기 때문입니다. 예수님은 말씀이 육신이 되어 오신 분입니다. 우리도 이렇게 완벽하게 창조되었지만 죄를 받아들였기에 타락한 것입니다. 예수님도 우리처럼 선택해야 하는 상황이 있었고, 사탄의 유혹도 있었지만 갈등하지 않으셨고 아버지의 뜻을 이루는 것에 올인 하셨습니다.

술람미 여인의 거룩한 희생적인 사랑을 인정하시고, 그 사랑에 답가를 하시는 솔로몬(예수님)의 고백이 우리에게 주시는 음성이 되길 소망합니다.

아가 1장 9절입니다.
"내 사랑아 내가 너를 바로의 병거의 준마에 비하였구나"

솔로몬 왕은 술람미 여인에게 최상의 사랑의 고백을 합니다. 예수님께 받고 싶은 고백이 이런 고백이라면, 얼마나 좋을까요? 술람미 여인을 바로의 병거의 준마로 비유하십니다. 당시 이스라엘에는 말이 존재하지 않았고 당나귀만 있었습니다. 반면에, 솔로몬 시대에는 굉장히 풍요로워 애굽에서 말을 수입해 왔다고 합니다.

열왕기상 10장 26-29절입니다.

"솔로몬이 병거와 마병을 모으매 병거가 천사백 대요 마병이 만 이천 명이라 병거성에도 두고 예루살렘 왕에게도 두었으며 왕이 예루살렘에서 은을 돌같이 흔하게 하고 백향목을 평지의 뽕나무같이 많게 하였더라 솔로몬의 말들은 애굽에서 들여왔으니 왕의 상인들이 값주고 산 것이며 애굽에서 들여온 병거는 한 대에 은 육백 세겔이요 말은 한 필에 백오십 세겔이라 이와 같이 헷 사람의 모든 왕과 아람 왕들에게 그 것들을 되팔기도 하였더라"

솔로몬이 얼마나 풍요로웠는지 보여주는 말씀입니다. 애굽에서 많은 말들을 수입해 왔지만 바로의 병거의 준마는 오직 하나였기에 수출할 수 없었습니다.

아무리 비싼 값을 치루어도 살 수 없는 그 말을 솔로몬이 얼마나 갖고 싶었을까요? 많은 돈으로 살 수 없는 가치를 가진 준마입니다.

바로의 병거의 준마는 바로 왕을 태우는 의전용 말로서, 이집트의 말 중에서 빼어난 말이고 선택된 말입니다. 동물이긴 하지만 바로 왕과 존망을 같이하는 결코 둘이 될 수 없는 한 몸이 된 애마입니다.

이렇듯 술람미 여인을 준마에 비유한 것은 예수님이 술람미 여인과 하나가 된다는 의미로, "네가 내 안에 내가 네 안에 있다"는 최고의 가치를 상징하는 표현입니다. 준마는 충직과 충성을 나타내는 대표적인 동물입니다. 이 당시에는 왕이 직접 전쟁터에 나갔기에, 왕의 준마는 적에게서 오는 창과 칼을 막아 주인을 보호하고 자신은 장렬히 생을 마감하기도 합니다. 이것이 병거의 준마입니다. 술람미 여인의 7절의 신앙 고백을 받은 예수님께서 술람미 여인을 이렇게 높이 평가해 주시는 것입니다.

술람미 여인은 산전수전 다 겪은 야생의 여걸 같은 존재였습니다. 광야에서 전갈, 늑대, 하이에나, 사자들 속에서 양 떼, 염소 떼를 돌보았고 포도원지기 일을 했습니다. 야생적으로 살아왔던 술람미 여인을 준마로 표현한 것은 너무도 잘 어울리는 표현입니다. 왕의 준마는 말 중에 가장 빠르고 날렵하며 위엄이 있는 말입니다.

우리도 술람미 여인처럼 충직과 충성을 대표하는 준마가 되기를 소망하시기 바랍니다. 충성 속에는 충직이 있어야 합니다. 충직은 진실함이 있다는 것입니다. 우리는 예수님을 태운 준마가 되어야 합니다. 복음을 실은 준마가 되어야 합니다. 교회를 실은 준마가 되어야 합니다. 사랑을 실은 준마가 되어야 합니다.

준마의 반대는 비루먹은 망아지입니다. 교회 안에도 비루먹은 망아지 새끼들이 있습니다. 기왕이면 비루먹은 망아지 새끼가 아니라 충성스럽고 충직스러운 준마가 되어야 합니다.

스가랴 10장 3절입니다.
"내가 목자들에게 노를 발하며 내가 숫염소들을 벌하리라 만군의 여호와가 그 무리 곧 유다 족속을 돌보아 그들을 전쟁의 준마와 같게 하리니"
왕의 준마는 어떤 것으로도 대체할 수 없는 유일무이한 말입니다. 주인과 함께 생사고락을 함께하는 말입니다. 바로의 병거의 준마는 술람미 여인의 가치를 상징하는 것입니다. 술람미 여인의 몸값을 말하는 것입니다. 그녀의 스펙, 환경, 외모가 아닙니다. 외적으로 그녀는 자랑할 만한 것이 없었지만 예수님은 그녀를 바로의 병거의 준마로 시대적으로 최고의 몸값을 매겨 주셨습니다. 술람미 여인의 몸값은 그의 믿음, 인격의 성숙함, 희생 있는 사랑, 그리고 충성된 사명값이었습니다.

교회에서도 마찬가지입니다. 예수님의 준마는 교회에서 늘 헌신의 자리, 희생의 자리, 봉사의 자리에 있는 사람들입니다. 충성하고 헌신하고 희생하는 사람은 말이 없고 하고도 부족함을 느낍니다.

우리는 예수님의 준마입니다. 왜 예수님의 준마가 되어야만 합니까? 예수님의 생명을 주고 산 말이기 때문에, 주님을 태운 준마로서 생명을 걸고 충성하고 충직한 일꾼이 되어야 합니다. 내가 희생하지 않고 준마가 될 수 없습니다.

아가 1장 10-11절입니다.
"네 두 뺨은 땋은 머리털로, 네 목은 구슬꿰미로 아름답구나 우리가 너를 위하여 금 사슬에 은을 박아 만들리라"

"네 두 뺨은 땋은 머리털로…" 영국의 뉴캐슬 대학은 생명과학으로 유명합니다. 생명공학자들이 사람의 인체 중에서 가장 매력 있는 곳을 찾았는데 바로 뺨이라는 결과가 나왔습니다. 우리도 아이들이 너무 예쓰면 뺨에 뽀뽀하게 되고 과거 신부들은 연지 곤지를 뺨에 찍기도 했습니다. 그만큼 뺨은 신체 중에 아름다운 곳임을 보여주는 것입니다.

또한, 땋은 머리털은 천연적 아름다움을 이야기하는 것입니다. 술람미 여인이 비록 외적으로는 보잘것없었지만 주님이 보실 때 그녀는 세상의 누구보다도 아름다운 여인이었습니다. 고대 사회에서 여자의 머리카락은 아름다움의 상징이라고 할만큼 중요했습니다. 술람미 여인에게 네 두 뺨은 땋은 머리털로 아름답다고 하는 것은 있는 자체로 아름답다는 의미입니다.

"네 목은 구슬꿰미로 아름답구나"

목은 두 가지 의미가 있습니다. 먼저, 그 사람이 겸손한 사람인지 교만한 사람인지 평가하는 신체 부위가 목입니다. 목이 뻣뻣하고 굳은 사람을 교만한 사람이라 말합니다. 아무리 외모가 출중해도 목이 굳은 사람을 좋아할 사람은 없습니다. 또 다른 의미는 사랑의 증표입니다. 우리 예수님이 술람미 여인에게 그녀의 겸손함에 사랑의 증표를 걸어준다는 의미입니다. 목이 곧은 사람은 하나님이 제일 싫어하는 사람입니다. 목이 뻣뻣하면 사랑의 증표를 받을 수 없습니다.

"우리가 너를 위하여 금 사슬에 은을 박아 만들리라" 금은 믿음을 의미합니다. 믿음으로 엮인 관계를 성경은 이렇게 표현합니다.

로마서 8장 35절입니다.
"누가 우리를 그리스도의 사랑에서 끊으리요 환난이나 곤고나 박해 믿음을 가진 우리는 하나님, 예수님, 성령님과 금사슬로 묶였습니다. 사단, 환난, 박해, 적신, 위험도 어림없습니다. 금 사슬에 은을 박아준다는 것은 네가 실수하고 부족해도 내 아들 예수가 구속했기 때문에 너를 보는 것이 아니라 네 안에서 예수의 생명을 보기 때문에 은을 박았다는 것입니다. 은은 십자가의 구속을 이야기하는 것입니다.

이사야 43장 1-2절입니다.

"야곱아 너를 창조하신 여호와께서 지금 말씀하시느니라 이스라엘아 너를 지으신 이가 말씀하시느니라 너는 두려워하지 말라 내가 너를 구속하였고 내가 너를 지명하여 불렀나니 너는 내 것이라 네가 물 가운데로 지날 때에 내가 너와 함께할 것이라 강을 건널 때에 물이 너를 침몰하지 못할 것이며 네가 불 가운데로 지날 때에 타지도 아니할 것이요 불꽃이 너를 사르지도 못하리니"

사랑하는 성도 여러분!

성도가 꾸며야 할 아름다움은 속사람이고 믿음의 인격이며 충성된 삶입니다. 성도는 예수님을 태운 준마임을 잊지 마시고 생명값을 주고 우리를 사셨기에 복음을 실은 준마, 사명을 주셨기에 교회를 실은 준마, 우리가 행복하길 원하시기에 사랑을 실은 준마가 되길 소망하십니다.

"내 사랑, 나의 준마야!"

예수님의 향기를 뿜어 내자!

아가 1:12-17

인간관계의 형성 단계를 통해 관계가 어느 위치에 있는지 파악해 볼 수 있습니다. **첫 번째, 탐색적 관계입니다.** 예를 들면, 목회자가 성도 한 사람, 한 사람에게 기대감을 갖고 탐색을 하면서 그 사람에게 소망을 가지고 비전을 심어줄 수 있습니다. 그런데 만약 이 관계가 일방적이면 관계가 발전되기 어렵습니다. 또는 호감을 가지고 있기에 그 사람에게 관심을 가지고 탐색하는 단계가 일방통행이 될 때 탐색으로 끝나게 됩니다.

두 번째, 상호 기대감 형성의 관계입니다. 이것은 소통의 관계이고 심리적 계약 관계라고도 말합니다. 서로에 대한 호감으로 마음을 열어서, 심리적으로 "나 너 좋아, 나도 너 좋아"로 서로 심리적 계약 관계를 맺는 것입니다.

세 번째, 서로에게 영향력을 발휘하는 관계입니다. 이는 서로 협력하는 관계로, 서로에게 힘을 주는 관계입니다. 우리는 이런 관계를 동역자 관계라고 말합니다.

네 번째, 마음과 마음이 이어지는 관계입니다. 통하는 관계, 이런 관계는 신뢰와 사랑으로 이어지는 관계입니다. 이 단계가 되면, 아주 깊은 곳까지 오픈하게 됩니다. 나에 대해 모르는 부분을 상대가 직면해 주어도 그것을 받아낼 수 있는 관계입니다. 어떤 말을 해도 저 사람이 나를 사랑하기 때문에 하는 말이라고 여기며 그 말에 오해하거나 상처받지 않고 감사하며 수용합니다. 이런 관계가 되면, 서로에게 투명할 수 있는 관계가 됩니다.

다섯 번째, 가장 최상의 단계인 진정한 친밀함의 관계입니다. 기꺼이 희생해 주고 싶은 관계, 주고도 다 주지 못해 아쉬운 관계, 그의 아픔을 대신해 주는 관계, 때로는 상대방이 실수를 하고 약점을 보인다 해도 그것까지도 기꺼이 수용해 주는 관계입니다. 장미꽃만 좋아하는 것이 아니라 장미의 가시까지도 수용해 주는 것입니다. 이 관계는 존재만으로도 사랑할 수 있는 관계요, 보이지 않은 곳에 흐르는 사랑의 피가 흐르는 관계입니다. 우리는 이것을 아가페 사랑이라고도 말합니다. 예수님이 베드로에게 요구했던 '네가 이 모든 것보다 나를 사랑하느냐?'라는 그 사랑의 고백 안에는 베드로의 실수도 다 품어 주시는 주님의 사랑이 먼저였습니다. 다 주고 다 받을 수 있는 진정한 친밀함의 관계입니다.

시편 25편 12-14절입니다.

"여호와를 경외하는 자 누구냐 그가 택할 길을 그에게 가르치시리로다 그의 영혼은 평안히 살고 그의 자손은 땅을 상속하리로다 여호와의 친밀하심이 그를 경외하는 자들에게 있음이여 그의 언약을 그들에게 보이시리로다"

친밀한 관계는 하나님이 우리에게 요구하시는 관계입니다. 이 친밀한 관계를 회복하시기 위해 아들 예수 그리스도를 우리에게 보내 주셨고, 예수님이 죽으심으로 우리는 하나님과 조건 없는 친밀한 관계가 되었습니다.

하나님은 우리에게 약속하신 언약의 축복을 다 이행하시길 원하십니다. 그러나 우리가 하나님의 진심을 다 수용하지 못하기 때문에 하나님께서 언약을 실행하는데 어려움을 깆게 되는 것입니다. 하나님과 친밀한 것은 우리에게 너무도 중요합니다. 하나님은 우리에게 많은 복을 주시기 위한 계획을 수립하기 위해서 친밀함을 요구하십니다.

아가서 1장을 보면 솔로몬과 술람미 여인의 사랑의 친밀함이 참으로 도전이 됩니다. 앞서 말한 단계 중 가장 친밀한 단계를 우리에게 보여 주고 있습니다.

아가 1장 12절입니다.

"왕이 침상에 앉을 때에 나의 나도 기름이 향기를 뿜어냈구나"

왕의 침상은 잘못 번역된 부분입니다. 여기서 침상은 침대기 이니라 식탁을 말하는 것입니다. 성경에서 말하는 이 침상은 위아래 구분이 없이 모두가 하나가 될 수 있는 원탁을 말합니다. 그런데 왕의 식탁에 술람미 여인이 초대를 받은 상황입니다. 술람미 여인과 왕과의 친밀함은 헤데르(깊은 침실)에도 초대되었고, 식탁에도 초대됩니다. 술람미 여인이 왕과 함께 식탁에 앉았을 때, 그녀에게서 나도 기름이 향기가 뿜어져 나왔다고 말합니다. 나도 기름은 마가복음, 누가복음, 요한복음에 나오는 '나드' 기름을 말합니다.

마가복음 14장 3-9절입니다.

"예수께서 베다니 나병환자 시몬의 집에서 식사하실 때에 한 여자가 매우 값진 향유 곧 순전한 나드 한 옥합을 가지고 와서 그 옥합을 깨뜨려 예수의 머리에 부으니 어떤 사람들이 화를 내어 서로 말하되 어찌하여 향유를 허비하는가 이 향유를 삼백 데나리온 이상에 팔아 가난한 자들에게 줄 수 있었겠도다 하며 그 여자를 책망하는지라 예수께서 이르시되 가만 두라 너희가 어찌하여 그를 괴롭게 하느냐 그가 내게 좋은 일을 하였느니라 가난한 자들은 항상 너희와 함께 있으니 아무 때라도 원하는 대로 도울 수 있거니와 나는 너희와 항상 함께 있지 아니하리라 그는 힘을 다하여 내 몸에 향유를 부어 내 장례를 미리 준비하였느니라 내가 진실로 너희에게 이르노니 온 천하에 어디서든지 복음이 전파되는 곳에는 이 여자가 행한 일도 말하여 그를 기억하리라 하시니라"

나드향, 옥합을 깬 마리아의 행위를 예수님은 굉장히 의미 있게 받아들이시는 것을 보게 됩니다. 예수님은 마리아의 행위를 비웃는 제자들을 책망하면서 복음이 전파되는 어디서든지 이 여인이 행한 일이 전파

되어 모든 사람들이 기억하게 하라고 강력하게 말씀하시는 것을 보게 됩니다.

그 당시 이스라엘에서는 나드 기름이 나지 않았습니다. 나드 기름은 히말리야 3000m 고지의 나무에서 채취되었는데 이 기름은 굉장히 큰 의미를 담고 있었습니다. 결혼을 하지 않은 여인들이 옥합에 나드 기름향을 모아서 결혼을 준비하였다고 합니다. 나드 향은 순결의 의미를 지니고 있는데, 신부가 첫날 밤에 평생을 함께해야 하는 신랑에게 이 기름을 발라주었습니다. 순결을 다짐하고, 일편단심의 마음을 고백하는 행위가 전례였습니다. 그래서 이 기름은 아무 남자에게나 발라 주는 것이 아닙니다.

그런데 마리아는 예수님의 죽음을 앞두고 자신의 옥합을 깨는 것을 볼 수 있습니다. 한 번에 옥합을 깼다는 것은, 내가 평생 예수님 한 분으로 만족하며 살겠노라 결단한 것입니다. 예수님께 충성과 순결을 다짐하는 의미의 옥합을 깬 것입니다.

오늘 말씀에서 술람미 여인의 상황을 상상해 봅시다. 나의 나도 기름향기를 뿜어냈다고 고백하는 것은, 마음과 마음이 이어지는 관계 속에서 심리적 계약을 하는 것입니다. 솔로몬(예수님)에게 온 마음을 다하겠노라 순결의 결단을 하는 것입니다. 예수님 한 분에게 마음을 다하고, 뜻을 다하고 충성을 다하려는 결단이 나드향으로 뿜어져 나왔다라고 고백하는 것입니다.

앞 절에서도 술람미 여인은 솔로몬에게 세상의 많은 포도주보다 당신이 최고라고 고백했는데, 포도주라는 표현 안에는 세상의 돈, 명예,

남자 등 세상의 모든 것이 담긴 것이라 말씀드렸습니다.

다윗은 하나님 한 분으로 만족하기에, "여호와는 내게 부족함이 없습니다."라고 고백합니다. 뿐만 아니라 그는 이렇게 고백합니다.

시편 23편 5절입니다.
"주께서 내 원수의 목전에서 내게 상을 차려 주시고 기름을 내 머리에 부으셨으니 내 잔이 넘치나이다"

여호와 하나님으로 만족하는 다윗에게 하나님께서 그에게 기름을 부어주시는 것입니다. 이것은 마음과 마음이 이어져서 서로에게 사랑의 표현을 하는 것입니다.

왕의 식탁은 우리가 상상하는 것 이상의 풍요가 있습니다. 솔로몬의 식탁이 얼마나 대단한지 성경은 이렇게 말씀합니다.

열왕기상 4장 22-23절입니다.
"솔로몬의 하루의 음식물은 가는 밀가루가 삼십 고르요 굵은 밀가루가 육십 고르요 살진 소가 열 마리요 초장의 소가 스무 마리요 양이 백 마리이며 그 외에 수사슴과 노루와 암사슴과 살진 새들이었더라"

만왕의 왕이신 예수님으로 충분합니다. 다윗이 하나님으로 만족하는 이유를 충분히 이해할 수 있습니다. 우리가 하나님과 친밀한 관계를 형성하지 않기 때문에 먹어도, 가져도 결핍에서 벗어나지 못하는 것입니다. 우리가 하나님, 예수님 안에 있고 성령님과 동행하면 풍요로움을 경험하게 될 것입니다.

이 시간 우리는 주님 한 분만으로 만족한다는 결단 앞에서 자신의 믿음의 수준을 보게 될 것입니다. "나드 향의 옥합은 없지만 마음(가슴)의 옥합, 생각의 옥합, 믿음의 옥합을 깨겠습니다. 주님 한 분이면 나는 충분합니다."라는 결단이 있을 때 성령님의 기름 부음이 우리에게 있을 것이며 풍요를 채워주실 것입니다.

식탁으로 초대받는다는 것은 친밀함의 의미입니다. 우리도 밥을 같이 먹을 때, 불편한 사람과 겸상하려 하지 않고 피하게 됩니다. 좋은 사람, 친한 사람과 함께하고 싶은 자리가 바로 식탁입니다.

다윗은 사울의 집안이 망하게 되자 요나단을 생각하며 사울 집안의 남은 자를 찾았습니다. 그리고 절뚝발이가 된 요나단의 아들 므비보셋을 찾아냈고, 그에게 자비를 베푸는데 앞으로 왕의 식탁에서 함께하게 될 것이라 말합니다. 그러자 므비보셋은 나 같은 사람이 어떻게 왕과 함께 식탁을 겸할 수 있겠냐고 합니다. 그러나 다윗은 므비보셋을 자신의 식탁으로 초대하며 친밀함을 보여주어 아무도 므비보셋을 함부로 대하지 못하도록 합니다.

다윗이 므비보셋을 식탁으로 초대해서 친밀함을 보여준 것처럼, 우리 하나님, 예수님, 성령님도 우리를 가상 은밀한 곳, 가장 좋은 곳으로 초대하길 원하십니다. 그러나 우리가 그 초대에 응하지 않기에 마련된 축복의 자리에 앉지 못하는 것을 보게 됩니다.

아가 1장 13절입니다.
"나의 사랑하는 자는 내 품 가운데 몰약 향주머니요"

계속되는 술람미 여인의 고백입니다. 몰약은 시체에 바르거나 통증을 완화시키는데 진통제로 사용합니다. 예수님께서 십자가에서 죽음의 고통을 당하실 때, 유대인들이 몰약의 쓴 물을 타서 마시게 하려 했으나 우리 주님은 그것까지 거부하셨습니다. 몰약이라는 나무는 광야에서 자라는 나무인데, 옛날에 광야 생활을 했던 베두인들이 몰약 나무의 잎사귀를 따서 칫솔로 사용했습니다. 몰약은 맛은 쓰지만 그 향은 매우 향기롭고 매혹적입니다. 몰약은 값이 매우 비싸서 평범한 사람은 사용하지 못하고 신분이 높은 사람이 사용했다고 합니다.

니고데모가 떠오릅니다. 니고데모는 예수님의 장례를 위해서 몰약과 침향이 섞인 것을 백 리트라쯤 가지고 와서 예수님의 시체에 바르고 세마포에 싸서 무덤으로 옮기는 것을 볼 수 있습니다.

이 당시 최고의 명품으로 꼽혔던 몰약을 여자들이 향낭이라는 주머니를 만들어서 나무의 진액에서 나온 응고된 몰약을 향낭 주머니에 넣고 가슴에 품었다고 합니다. 몰약 향주머니를 가슴에 품은 여인이 지나가면 그 향 때문에 바로 알 수 있었습니다. 이것이 여인들에게는 최고의 장식이었고, 품격이었기에 여인들의 로망이 되었습니다.

그런데 이 몰약향을 시체에도 쓰지만 유일하게 쓰는 사람이 왕이었는데, 왕의 옷에다 몰약향을 뿌리고 또 하나님의 성전의 성물에 몰약향을 발랐다고 합니다.

술람미 여인이 나의 사랑하는 자는 내 품 가운데 몰약 향주머니 같다고 고백하는 것에서 술람미 여인의 숨은 매력을 보게 됩니다. 광야에서 포도원지기로 살면서 그녀는 언제 만날지 모르는 왕을 위하여 몰약을 향주머니에 차고 다녔다는 것이 개인적으로 너무도 놀랍습니다.

이것은 우리가 말하는 신부 영성입니다. 다시 오실 예수님, 재림하실 예수님을 위해 우리의 믿음을 준비하고 행실과 인격을 준비하는 것입니다. 그녀는 그날을 위해 몰약 향주머니를 차고 다녔습니다. 예수님을 만왕의 왕으로 모셨다는 의미입니다. 나를 위해 십자가의 고통을 받으실 분, 부활하시어 만왕의 왕으로 오실 재림의 주님에게 희생적 사랑의 결단을 하는 것을 볼 수 있습니다.

우리의 몰약향은 무엇입니까? 교회의 머리가 되시는 예수님을 섬기는 것은 교회를 향한 헌신이고, 희생입니다. 주님을 위해 기꺼이, 교회를 위해 기꺼이 죽을 수 있는 마음입니다. 바울의 몰약, 향낭 주머니는 다음과 같았습니다.

골로새서 1장 24절입니다.
"나는 이제 너희를 위하여 받는 괴로움을 기뻐하고 그리스도의 남은 고난을 그의 몸된 교회를 위하여 내 육체에 채우노라"

이미 사도 바울은 예수님과 결혼했습니다. 독신으로 살면서 복음으로 인생을 헌신한 사람입니다. 사도 바울과 골로새 교인들의 관계는 진정 친밀한 관계이기에 너희들을 위하여 받는 괴로움을 기뻐하고 나, 바울은 그리스도의 남은 고난을 그의 몸 된 교회를 위하여 내 육체에 채운다고 고백합니다.

몰약향을 고백하는 술람미 여인은 희생의 사랑, 순교의 사랑을 결단하는 것입니다. 우리가 하나님께 희생, 헌신, 순교하는 사랑을 고백하면 누가 이익일까요? 내가 이익입니다. 죽고자 하는 사람은 살 것이요, 살고자 하는 사람은 죽을 것입니다. 우리가 신앙생활을 하는 것은 영원히 살 수 있는 천국에 가서 하나님과 영원히 함께할 수 있는 추억을 만드는 것입니다. 우리가 이 세상에 사는 동안 말하고 행동한 것을 영원한 세계에 가서 이 시간을 기억하며 추억하게 될 것입니다.

여러분은 어디까지 헌신, 희생할 수 있습니까? 우리는 예수님의 십자가 사랑을 받았으니 우리도 순교하는 사랑, 희생하는 사랑, 헌신하는 사랑을 해야 합니다. 예수님의 죽음을 예표하고 결단하는 술람미 여인, 어떻게 이 여인을 영적인 여인이라고 말하지 않을 수 있을까요?

예수님이 태어나셨을 때, 동방박사들은 아기 예수님께 황금, 유향, 몰약을 드립니다. 황금은 왕들이 사용하는 것으로 황금을 드린 것은 아기 예수가 만왕의 왕으로 오신 주라고 고백하는 것입니다. 유향은 예수님의 인성을 의미합니다. 예수님이 이 세상에 오신 목적이 죽으시고 부활하시어 우리를 구원하시기 위한 것인데, 몰약은 예수님의 죽음을 예고하는 것입니다.

이렇듯 몰약의 향은 순교의 신앙과 사랑을 의미하는 것입니다.

아가 1장 14절입니다.

"나의 사랑하는 자는 내게 엔게디 포도원의 고벨화 송이로구나"

엔게디는 '샘'이란 뜻을 가지고 있습니다. 엔게디는 사해 바다 근처 유다 광야 끝에 있는데, 엔게디에만 오아시스 같은 샘물이 있었습니다. 사해 바다 근처에 있는 물은 염분이 높아 식수로 쓰기 어렵고 동식물들이 자라기 어려웠습니다. 그런데 엔게디 물은 염분이 낮아서 식수로도 사용하고 동식물들이 살 수 있었습니다. 또한, 엔게디 광야는 동굴이 많아서 나그네들이 피할 수 있는 피난처와 같은 곳이었습니다.

술람미 여인은 '**광야의 샘과 같은 존재이신 예수님**'을 고백합니다. 술람미 여인의 상황을 되짚어 보면, 형제들이 술람미 여인을 구박해서 그녀는 광야의 포도원지기가 되었습니다. 보호자도 없고 사나운 광야 같은 인생을 살아가는 술람미 여인은 솔로몬을 만났습니다. 광야 같은 인생을 살아가는 우리에게 만왕의 왕이신 예수님이 찾아오셨습니다.

예수님이 우리에게 어떤 존재입니까? 예수님을 만난 우리는 이런 고백을 해야 합니다.

요한복음 7장 38절입니다.

"나를 믿는 자는 성경에 이름과 같이 그 배에서 생수의 강이 흘러나오리라 하시니"

우리가 예수님을 마음으로 영접했으면 우리 배에서 생수의 강이 흘러나와야 합니다. 생수의 강, 은혜, 감사, 소망, 사랑이 터져 나와야 합니다. 그래야 술람미 여인과 같은 고백을 할 수 있습니다. 정말 나에게 왕, 솔로몬, 예수님은 광야의 샘물과 같은 존재, 광야의 오아시스와 같은 존재라고 고백하고 있습니까?

또한, 고벨화 송이 같다고 하는 것은 무엇을 의미할까요? 고벨화 송이는 '엘 헤나' 곧 헤나라고 하는 나무에서 피는 꽃인데, '엘'은 하나님이 주신 선물이라는 뜻입니다. 꽃은 마치 포도송이처럼 핀다고 합니다. 꽃 색깔은 흰색인데 꽃이 뭉쳐 있기에 연노랑으로 보이고, 꽃을 말려서 비비면 붉은색이 나옵니다. 그래서 잎사귀, 꽃도 염색약으로 사용됩니다.

고벨은 히브리어로 '코페르'로, 속죄의 뜻을 가지고 있습니다. 고벨화는 생명 값이며 속전을 의미합니다. 술람미 여인의 이런 고백은 참으로 기이하다는 표현이 절로 듭니다. 그녀의 지혜와 예지력 그리고 통찰력은 왕의 마음을 사로잡을 수밖에 없습니다.

나의 사랑하는 솔로몬은 내게 엔게디 포도원의 고벨화 송이라고 고백하는 것은 '이분이야말로 나를 구원할 자이구나, 나를 위해서 죽으시고 부활해 주고 나를 구원할 유일한 존재이시구나'라는 신앙 고백입니다.

오늘 말씀에서 술람미 여인은 세가지의 신앙 고백을 합니다. 첫째, 나드향을 뿜어냈습니다. 이는 예수님을 영원한 신랑으로 삼고 순결을 다짐하는 고백입니다. 둘째, 몰약 향을 뿜어냈습니다. 나를 위해 이 땅에 오신 주님, 나도 예수님을 위해 희생과 충성을 결단하고, 순교를 결단한다는 고백입니다. 셋째, 그 예수님은 내 인생에 광야의 샘과 같으신 분이시고, 그분의 사랑으로 나는 전부를 가졌다고 기뻐하며 노래하는 이 여인의 기쁨이 우리의 기쁨이 되길 소망합니다.

이 고백을 지금도 솔로몬 왕 곧 우리 예수님이 들으십니다.

아가 1장 15절입니다.
"내 사랑아 너는 어여쁘고 어여쁘다 네 눈이 비둘기 같구나"

술람미 여인의 세 가지 신앙적 결단을 듣고 솔로몬 왕이 부르는 답가입니다. 술람미 여인의 사랑스러움을 비둘기로 표현해 주십니다.
비둘기의 특징은 한 곳만 바라보는 정절과 순결을 상징합니다. 또한, 전쟁 때 화평을 요구하는 전달용 편지를 비둘기 다리에 묶어서 전달했다는 유래 때문에, 비둘기는 평화를 상징합니다. 그리고 비둘기는 가면 다시 돌아오는 귀로의 본능을 가지고 있습니다. 무엇보다 비둘기의 가장 큰 특징은 온유힘입니다.

왕이신 솔로몬, 만왕의 왕이신 예수님이 술람미 여인의 진심을 받으시고 답가로 '내 사랑아 너는 어여쁘고 어여쁘다 네 눈이 비둘기 같구나'라고 칭찬하시는 것입니다. 그녀의 헌신적인 사랑, 일편단심 순결의 마음, 계시를 볼 수 있는 영적인 통찰력을 칭찬합니다. 곧 몰약 향주머니를 차고 다니며 언젠가는 예수님을 만나리라는 사모함과 예지력 곧 열린 냉안을 부활의 주님, 엔게디 포도원의 고벨화 송이로 고백하는 완벽한 신앙을 예수님이 칭찬하시는 것을 볼 수 있습니다.

아가 1장 16-17절입니다.

"나의 사랑하는 자야 너는 어여쁘고 화창하다 우리의 침상은 푸르고 우리 집은 백향목 들보, 잣나무 서까래로구나"

15절은 솔로몬의 답가를 받고, 술람미 여인의 다시 고백 되는 노래입니다. **"나의 사랑하는 자야 너는 어여쁘고 화창하다"** 너는 어여쁘다는 것은 '당신이 최고입니다. 당신은 정말 멋있습니다.'라는 의미입니다. 화창하다는 것은 왕의 성품과 인격을 칭찬하는 것입니다. 그분의 인격이 매력적이고 훌륭하다는 것이고 유쾌하다는 것입니다. 당신의 성품은 참 유쾌하고 통쾌하며 상쾌하다는 것입니다.

우리가 누군가를 만났을 때, 이런 이미지를 주는 것은 참 중요합니다. 어디를 가든지 답답한 사람보다는 유쾌한 사람과 함께하고 싶습니다. 통쾌한 사람은 마음이 넓고 크다는 의미가 포함되어 있고, 스케일이 있다는 의미입니다. 상쾌한 사람은 뒷말이 없고 투페이스가 아닌, 온 맘으로 진심을 담아 관계하는 사람입니다. 상쾌, 상큼하다는 말은 참 좋은 의미로 깨끗하고 투명하다는 이미지를 줍니다. 이런 인격의 사람, 성품의 사람이 되려면 내 마음이 주님이 주시는 평안함으로 평안해야 합니다. 내 마음에 기쁨이 있어야 합니다. 그런데 세상 것으로 기쁨을 유지하기는 쉽지 않습니다. 또한 감사가 떠나지 않아야 합니다. 평안, 기쁨, 감사가 만들어내는 것이 유쾌, 통쾌, 상쾌한 사람입니다.

"우리의 침상은 푸르고…" 우리의 식탁이 푸르다는 것은 풍성하고 신선하며 생명력이 있다는 것입니다.

"우리 집은 백향목 들보, 잣나무 서까래 같구나" 백향목은 영광으로 가득 찬 그리스도의 인성과 부활을 상징합니다. 우리 집은 백향목 들보와 같다는 것은 예수님이 우리 집의 백향목 기둥과 같다는 것입니다. 하나님의 영광으로 가득 차고 그리스도의 성품으로 견고히 새로워지고 부활의 소망으로 기쁨이 충만하여, 세상적 풍성함이 아닌 감사의 충만함, 기쁨의 풍성함을 고백하는 것입니다.

　백향목과 잣나무는 고대 근동 시역에서 건축 자재로는 최고가로 취급받았습니다. 솔로몬이 성전을 지을 때도 백향목과 잣나무로 지었습니다. 백향목은 향이 백리까지 간다고 합니다. 이처럼 사람의 인성, 성품이 입에서 입으로 전달되어 멀리 향기를 내는 그리스도인이 되어야 합니다.

　잣나무는 '그리스도의 죽음'을 의미합니다. 곧은 나무의 상징입니다.

에베소서 2장 3-8절입니다.
　"전에는 우리도 다 그 가운데서 우리 육체의 욕심을 따라 지내며 육체와 마음의 원하는 것을 하여 다른 이들과 같이 본질상 진노의 자녀이었더니 긍휼이 풍성하신 하나님이 우리를 사랑하신 그 큰 사랑을 인하여 허물로 죽은 우리를 그리스도와 함께 살리셨고 (너희는 은혜로 구원을 받은 것이라) 또 함께 일으키사 그리스도 예수 안에서 함께 하

늘에 앉히시니 이는 그리스도 예수 안에서 우리에게 자비하심으로써
그 은혜의 지극히 풍성함을 오는 여러 세대에 나타내려 하심이라 너희
는 그 은혜에 의하여 믿음으로 말미암아 구원을 받았으니 이것은 너희
에게서 난 것이 아니요 하나님의 선물이라"

잣나무와 같이 곧은 예수님의 마음을 보여주는 것으로 어떤 핍박, 환
난, 유혹이 있어도 넘어가지 않으시고 당신의 뜻을 끝까지 이루셨던
그리스도의 죽음을 상징합니다.

들보와 서까래는 균형을 이야기합니다. 우리도 죽음과 부활의 균형
잡힌 신앙을 가져야 합니다. 예수로 죽고, 예수로 부활한 사람은 어떠
한 상황에서도 흔들리지 않는 견고함이 있습니다.

"성소가 지성소를 품다." 한 주간 이 말씀을 준비하면서 기도하는 가
운데 이 응답을 주셨습니다. 성소는 우리의 마음이고, 우리 자신입니
다. 지성소는 예수님이십니다. 성소에 지성소를 품게 되면 그리스도의
향기가 나지 않을 수 없습니다. 예수님이 십자가에서 돌아가신 순간
지성소와 성소를 가로막는 휘장이 찢어지면서 예수님이 우리에게 내
려오셨습니다. 성소인 우리가 지성소를 마음에 모신다면 우리 안에서
예수의 향기가 뿜어져 나올 것입니다. 내 안에 예수님을 품었기 때문
입니다.

고린도후서 2장 15-16절입니다.
"우리는 구원 받는 자들에게나 망하는 자들에게나 하나님 앞에서 그

리스도의 향기니 이 사람에게는 사망으로부터 사망에 이르는 냄새요 저 사람에게는 생명으로부터 생명에 이르는 냄새라 누가 이 일을 감당하리요"

사도 바울의 물음처럼 누가 이 일을 감당하겠습니까? "제가 하겠습니다. 제가 그리스도의 향기입니다."라고 고백해야지 다음과 같은 존재가 돼서는 안 됩니다.

전도서 10장 1절입니다.
"죽은 파리들이 향기름을 악취가 나게 만드는 것 같이 적은 우매가 지혜와 존귀를 난처하게 만드느니라"

나는 어떤 사람입니까? 내가 그리스도의 향기라는 것을 고백해야지 악취가 나는 사람이 돼서는 안 됩니다. 어떻게 하면 그리스도의 향기가 될까요? 그리스도의 향기를 가지고 있는 사람이 부정적 생각, 불평, 불만이 있는 곳에 가서 긍정적인 것으로 상황을 바꾸는 것입니다. 반면에 악취가 나는 사람은 어떤 사람일까요? 은혜로운 분위기를 불평, 불만으로 오염시키는 사람입니다. 여러분은 어떤 사람이 되길 원하십니까? 선택은 우리의 몫입니다.

비교할 수 없는 사랑

아가 2:1-7

철학자들의 사상론을 보면, "삶이란 무엇인가? 도덕이란 무엇인가? 사랑이란 무엇인가?"에 대해 늘 물음표를 던져주고, 물음표 속에서 자신들의 인생을 찾아갑니다. 그러나 크리스천들의 영성론은 철학과 다릅니다. 철학에서 물음표를 던졌다면, 크리스천들의 영성은 느낌표를 찾습니다. 철학자들이 삶이란 무엇인가라고 물음표를 던졌을 때, 우리는 그 답을 성경에서 찾습니다. 또한, 도덕이나 사랑의 기준을 예수 그리스도의 진리에서 찾습니다.

연세대학교 철학과 명예교수이신 김형석 교수님은 철학자이지만 신앙 안에서 인생의 답을 찾아갑니다. 김형석 교수님은 인생을 3단계로 나눕니다. **첫 번째, 0-30세를 배움의 단계로 봅니다.** 이 단계는 배움을 통해 성장해가고 성숙해가는 시기입니다. **두 번째, 30-60세까지를 부지런히 일하는 단계로 봅니다.** 세 **번째, 60-90세까지는 인생의 결실의 시기로 봅니다.** 이 시기에는 반드시 공동체의 구성원으로 소속되어 있어야 하고, 열매를 거두는 단계라고 말합니다.

또한, 그는 인생을 사과나무에 비유합니다. 사과나무가 좋은 열매를 맺기 위해서는 반드시 뿌리를 내려야 하는데, 이 뿌리를 어디에 내리는지가 굉장히 중요하다고 말합니다. 좋은 땅에다 뿌리를 깊게 내릴수록 그 나무는 왕성하게 자라게 되고, 왕성하게 자란 나무에서 좋은 열매가 맺히게 되는 것이 하나님의 섭리라고 말합니다.

덧붙여 그는 '**인생을 영원한 현역**'이라고 말합니다. 이 고백은 다윗이 시편 92편 14절에서, **"늙어도 여전히 결실하며 진액이 풍족하고 빛이 청청하리라"**라고 말하는 것과 같습니다. 우리의 인생의 계절이 어디쯤인지 분별하는 것도 중요하지만 무엇보다 인생을 영원한 현역으로 보는 것이 중요합니다.

개인적으로 제가 가장 소중하게 여기는 것은 '시간'입니다. 금이나 돈, 그 어떠한 것보다도 시간이 저에게는 소중하기에 할 수만 있으면 시간을 낭비하지 말자라고 결단하게 됩니다. 또한, 제가 가장 집중하는 것은 '내 자신과의 관계'입니다. 내 자신과의 관계가 건강해야 다른 사람과의 관계도 긴깅해집니다. 마지막으로 저에게 가장 필요한 것은 '사랑'입니다. 사람의 성숙함은 어떤 사랑을 하고 있는가를 보면 알게 됩니다. 하나님의 사랑은 얼마나 알았는가는 상관없습니다. 잠깐 만나도 전부를 주고 싶은 사랑이 있습니다.

사랑에도 종류가 있습니다. **첫째, 가치 있는 사람이 있습니다.** 이 사랑은 오직 한 사람에게 진심을 다하는 사랑입니다. 있으면 좋고 없어도 괜찮은 사람이라면 그 사람은 불행한 사람입니다. 내 자리는 누가도 대체할 수 없는 자리가 되어야 합니다. 한 사람, 한 사람에 가치를 두고 진심을 다하는 사랑이 가치 있는 사랑입니다. **둘째, 헌신적인 사랑이 있습니다.** 되돌려 받으려는 계산이나 생각 없이 마음을 다하여 주는 사랑입니다. 대가를 바라지 않는 사랑입니다. **셋째, 소중한 사랑이 있습니다.** 이 사랑은 영원히 간직하고 싶은 사랑, 마음을 다 주는 사랑으로 상대방과 마음이 일치하는 사랑입니다. **넷째, 행복한 사랑이 있습니다.** 행복한 사랑은 줄수록 뿌듯하고, 내 마음이 따뜻해지며 기쁨이 커지는 사랑입니다. **다섯째, 황홀한 사랑이 있습니다.** 두 영혼이 하나가 되는 사랑입니다. 이는 두 영혼이 한 곳을 바라본다는 것입니다. 두 영혼이 같은 곳을 바라보고, 함께 성장해갈수록 마음과 생각이 하나가 되고 더 순수해지는 사랑입니다. 이 다섯 가지를 하나로 합친다면 **'아가페 사랑'**입니다.

또한, 우리가 피해야 하는 사랑이 있습니다. **첫째, 천박한 사랑이 있습니다.** 육욕으로 채워진 사랑을 말합니다. **둘째, 값싼 사랑이 있습니다.** 사랑의 대상이 자꾸 바뀌는 경우가 이에 해당합니다. **셋째, 비참한 사랑이 있습니다.** 외로움에 굶주려 있는 상태에서 사랑의 먹잇감을 찾는 경우입니다. **넷째, 무모한 사랑이 있습니다.** 주인 있는 사람과 불법의 관계를 맺는 사랑입니다. **다섯째, 비굴한 사랑이 있습니다.** 자신의 손익을 따져서 일방적으로 매달리든지 혹은 자신에게 유익이 없다고 생각하면 배신하는 사랑을 말합니다. **여섯째, 추하고 쓰디쓴 사랑이 있습니다.** 항상 처음은 좋은데 끝이 안 좋은 사랑입니다. 끝이 안 좋다는 것은 서로에게 상처와 아픔을 주고 배신한다는 것입니다. **일곱째,**

억울하고 애절한 사랑이 있습니다. 이는 못다한 사랑을 말합니다.

하나님의 것을 모방하는 것이 사단의 일입니다. 사단은 사랑이라는 이름을 붙여서 사람을 짐승이나 괴물처럼 만듭니다.

오늘 말씀 제목은 **'비교할 수 없는 사랑'**입니다. 우리는 처음에 아가서를 셋팅할 때, 구속사적인 의미에 바탕을 두고 다시 오실 재림주를 기다리는 신부 영성으로 셋팅했습니다. 그래서 술람미 여인을 자기화시키고 솔로몬을 예수화시켜서 신부 영성으로 아가서를 살펴보고 있습니다.

1장에서는 술람미 여인과 솔로몬이 얼마나 친밀한 관계인지 농도 깊게 보여주었습니다. 예수님께서 값을 주고 우리를 구속해 주셨고, 승천하시면서 '내가 처소를 마련한 후에 너희를 다시 데리러 오리라' 약속하셨습니다. 그렇기 때문에 예수님과 우리는 약혼한 관계로 신부영성을 가지고 살아야 합니다. 명예, 돈, 세상의 쾌락을 우상으로 삼는다면 이것은 영적인 간음입니다.

2장에서는 약혼한 술람미 여인(나)과 솔로몬(예수님)이 어떤 사랑의 관계에서 깊은 속삭임을 하고 있는지 살펴보겠습니다.

아가 2장 1절입니다.

"나는 사론의 수선화요 골짜기의 백합화로다"

술람미 여인의 고백입니다. 사론의 수선화는 이스라엘에서 가장 흔하게 볼 수 있는 꽃으로 아네모네라고도 불립니다. 그런데 술람미 여인이 자신을 나는 시론의 수선화라고 말하는 것은 나는 지극히 평범한 사람임을 고백하는 것입니다. 자기의 존재를 평범한 사람이라고 말하는 것은 술람미 여인의 겸손을 보여주는 것입니다. 나는 평범한 존재이지만 왕 곧 예수님이 나를 사랑해 주고 있다고 고백하는 것입니다.

또한, 자신을 '골짜기의 백합화'라고 고백합니다. 골짜기는 사람들이 볼 수 없는 곳, 사람들의 눈에 띄지 않는 곳을 말합니다. 평범할 뿐만 아니라 사람들이 자신을 알아봐 줄 수 있는 존재의 사람이 아니라는 것입니다.

하지만 1장 14절에서 술람미 여인은 솔로몬을 고벨화 송이라고 고백했습니다. 고벨화 송이는 평범한 꽃이 아니고 '엘 헤나'라는 나무에서 피는 꽃입니다. 하나님이 내려주신 나무에서 포도송이처럼 피는 신비로운 꽃입니다. 그런데 술람미 여인이 왕은 고벨화 송이지만 자신은 흔한 수선화 꽃이고, 사람들의 눈에 띄지 않는 골짜기의 백합화라고 표현합니다. 자신은 주님의 은혜로 왕이신 예수님의 신부가 됐음을 고백하는 술람미 여인의 인격적인 아름다움을 보여줍니다.

이것이 신랑이 기뻐하는 신부의 모습입니다. 왕이 기뻐하는 신부의 모습은 겸손한 모습, 은혜를 고백하는 모습입니다. 예수님은 어떤 사람을 좋아하실까요? 은혜를 아는 사람, 겸손한 사람입니다. 우리가 특별한 존재여서 예수님이 선택하신 것이 아닙니다. 그럴만한 자격이 있어서 구원받은 것이 아닙니다. 우리는 술람미 여인처럼 흔한 수선화이고, 사람들의 눈에 띄지 않는 골짜기일 수 있지만 만왕의 왕이신 예수님이 우리를 선택해 주시고 구원해 주셨다는 거룩한 은혜를 한순간도 잊어서는 안 됩니다. 우리 하나님, 예수님, 성령님께 사랑받는 비결은 늘 은혜를 잊지 않고 겸손하면 됩니다.

아가 2장 2절입니다.
"여자들 중에 내 사랑은 가시나무 가운데 백합화 같도다"

술람미의 여인의 고백에 대한 솔로몬의 답가입니다. 술람미 여인이 나는 골짜기의 백합화 같다는 고백에 솔로몬이 '아니, 너는 가시나무 가운데 백합화야!'라고 말하는 것입니다. 이는 술람미 여인의 어려운 환경을 예수님이 다 보고 계시다는 것을 의미합니다.

술람미 여인은 어떤 환경에 있었습니까? 어머니의 아들들이 술람미 여인을 광야로 내몰아서 포도원지기로 만들었지만 고난 속에서도 성실함이 돋보이는 여인이었습니다. 가시밭에 백합화는 고난 가운데 돋보이는 사람이라는 것입니다.

또한, 가시나무는 원어상 가시덤불입니다. 히브리어로 '아타드'는 '찌르다'라는 어근을 갖고 있습니다. 가시덤불이 백합화를 찌르면 찌를수록 백합화의 향기는 멀리 퍼지는 것을 볼 수 있습니다.

아무 쓸모가 없는 무가치한 사람일 수도 있는 술람미 여인! 그 상황이나 환경이 비참하기 그지 없었지만 사람이 그 여인을 어찌 보든지 예수님은 술람미 여인을 향해 '너는 가시나무 가운데 백합화로다'라고 말하며 고난 가운데 돋보이는 사람이라고 위로해 주십니다.

성경에서 가시나무는 불신앙적인 사람을 가리킵니다.

잠언 26장 9절입니다.

"미련한 자의 입의 잠언은 술 취한 자가 손에 든 가시나무 같으니라"

미련한 자가 말하는 것은 술취한 자가 가시나무를 든 것과 같다는 것입니다. 미련한 자가 말하는 것은 다른 사람에게 가시나무처럼 상처를 줄 수 있다는 의미입니다.

이사야 32장 13-15절입니다.
"내 백성의 땅에 가시와 찔레가 나며 희락의 성읍, 기뻐하는 모든 집에 나리니 대저 궁전이 폐한 바 되며 인구 많던 성읍이 적막하며 오벨과 망대가 영원히 굴혈이 되며 들나귀가 즐기는 곳과 양 떼의 초장이 되려니와 마침내 위에서부터 영을 우리에게 부어 주시리니 광야가 아름다운 밭이 되며 아름다운 밭을 숲으로 여기게 되리라"

이스라엘 백성들이 가시나무 가운데서 고난을 받았지만 하나님께서 들나귀가 즐기는 곳과 양 떼의 초장이 될 수 있도록 회복시켜 주시겠다는 말씀입니다.

마태복음 7장 15-16절입니다.
"거짓 선지자들을 삼가라 양의 옷을 입고 너희에게 나아오나 속에는 노략질하는 이리라 그들의 열매로 그들을 알지니 가시나무에서 포도를, 또는 엉겅퀴에서 무화과를 따겠느냐"

마태복음에서는 거짓 선지자들을 가시나무로 표현합니다.

술람미 여인에게 가시나무는 누구일까요? 바로 그를 핍박하고 어려운 환경으로 내쫓은 가족들입니다. 그런 와중에도 술람미 여인은 자신의 본분을 다하며 얼마나 정체성이 높은지 내 얼굴이 검을지라도 아름답다고 고백하지 않았습니까?

쇼펜 하우어는 인간에게는 합리적인 본성과 비합리적인 본성이 있다고 말합니다. 비합리적인 본성을 선택하게 되면 그 사람은 가시나무 같은 인생을 살게 되고, 합리적인 본성을 선택하게 되면 열매 맺는 나무처럼 청청한 나무가 될 수 있다고 말합니다.

합리적인 것 곧 진리, 말씀, 예수님을 선택하는 사람은 절대로 고통을 피하지 않습니다. 그 고통 속에서 상황을 이해하게 되고 수용하게 되면 고통을 통해 내면이 단단해지고 성장, 성숙하게 될 것입니다.

또한, 비합리적인 것을 선택하지 않고 진리를 선택하는 사람은 과도한 욕심을 늘 경계합니다. 자신과 상황을 받아들이는 법을 배우고 훈련하지만, 내가 거짓되게 욕심을 부린다거나 남을 해롭게 해서 무언가를 취하려 하지 않습니다. 합리적인 것을 선택하는 사람은 자신만의 고유함을 찾아가게 되는데 남과 비교하지 않는 자신감, 정체성, 확고한 신념을 가지고 있습니다. 스스로 정한 목표를 향해서 가치성을 찾아갑니다. 자신의 내면을 살피고 귀를 기울이면서 옳은 것을 찾아가는 사람이야말로 합리적인 것을 선택하며 사는 사람입니다.

술람미 여인은 가시나무와 같은 환경 속에서도 비굴하지 않았고 상저나 열등감을 가지고 있지 않았습니다. 선택이 우리를 성장, 성숙, 성화시킵니다. 어떠한 환경의 어려움이 있을지라도 그 가시덤불에 흔들리지 말고 확고한 신념, 믿음과 정체성을 가지고 늘 은혜와 겸손의 자세로 사랑에 올인하여 성숙한 사랑을 하시기 바랍니다.

아가 2장 3절입니다.

"남자들 중에 나의 사랑하는 자는 수풀 가운데 사과나무 같구나 내가 그 그늘에 앉아서 심히 기뻐하였고 그 열매는 내 입에 달았도다"

술람미 여인의 답가입니다. 수풀은 히브리어로 '야아르'로, 숲 살림이란 의미가 더 맞습니다.

그리고 사과나무의 상징은 사랑이란 의미를 담고 있습니다. 고대 근동지방의 사과나무는 그 꽃의 향기가 진하고, 향기가 진한 만큼 과일의 맛 때문에 모든 과일나무의 왕으로 불렸습니다.

사과나무의 영적인 의미는 무엇일까요? 에덴동산에 있던 생명나무의 의미가 담겨 있습니다. 예수님께서 사과나무이고 생명 나무입니다. 예수님께서 죽으심으로 우리에게 생명을 불어넣어 주셨고, 예수님의 생명이 있는 자에게 성령이 역사하면 우리는 창조의 나, 성숙한 나, 성화의 나로 회복됩니다.

'레아흐'는 히브리어로 '냄새'라는 의미가 있습니다. 그런데 '레아흐'는 생명이란 뜻의 '루아흐'에서 파생된 말입니다. 숲이 우거진 가운데 사과나무가 있는데, 내가 그 그늘에 앉아서 심히 기뻐하였다는 것입니다. 술람미 여인은 어디에도, 누구에게도 위로나 편히 쉴 곳이 없는 가운데 사과나무(생명 나무)이신 예수 그리스도의 그늘 아래 있으면 심히 기뻤습니다. 우리도 예수와 함께하기에 항상 기뻐해야 합니다.

또한, 그 열매는 내 입에 달다고 고백합니다. 하나님의 말씀은 꿀송이와 같다고 성경은 표현합니다. 예수님의 말씀을 들을 때 꿀송이보다 더 단맛을 느낄 수 있어야 예수님의 그늘 아래서 평안을 누리고, 예수님의 생명을 먹고 사는 존재가 될 것입니다.

아가 2장 4절입니다.
"그가 나를 인도하여 잔칫집에 들어갔으니 그 사랑은 내 위에 깃발이로구나"

술람미 여인의 고백입니다. 1장에서 술람미 여인은 예수님의 왕실에 초대를 받았고, 왕의 식탁에도 초대를 받았습니다. 그런데 2장의 말씀에서는 그녀는 또한 잔칫집에 초대받은 것을 볼 수 있습니다. 잔칫집은 원어로 '베이트 하야인'이란 말로 '포도주의 집, 기쁘고 즐거운 집, 행복한 집'이란 의미를 담고 있습니다. 하나님의 잔치의 초대는 완전한 자리로의 초대입니다. 예수님의 잔치의 초대는 행복의 자리로의 초대입니다. 성령님의 잔치의 초대는 하늘의 능력의 자리로의 초대입니다. 잔치는 행복하고 즐거우며 기쁨을 누릴 수 있습니다.

마태복음 22장 14절입니다.
"청함을 받은 자는 많되 택함을 입은 자는 적으니라"

지금도 마찬가지입니다. 우리를 예배로 초대하고 식분자로 조대하는 등 여러 모양으로 초대하지만 청함을 받은 자는 많되 택함을 입은 자는 적다고 했습니다.

그러나 술람미 여인은 왕의 침실, 왕의 식탁, 왕의 잔칫집에 청함을 받았을 때 한 번도 거절하지 않습니다. 이것은 순종을 의미합니다. 하나님과 깊은 관계, 예수님과 은혜의 관계, 성령님과 하나 되는 관계는 순종하는 사람에게 주어집니다.

'그 사랑은 내 위에 깃발이로구나' 깃발은 히브리어로 '데겔'인데, 창 끝에 매어 다는 군대의 깃발을 의미합니다. 깃발의 영적인 의미는 결속력, 구별됨, 단체의 구성으로 하여금 자부심을 갖게 하는 상징의 의미를 갖고 있습니다. 그리고 전쟁에서 승리하게 되면 반드시 깃발을 올렸습니다.

시편 20편 5절입니다.
"우리가 너의 승리로 말미암아 개가를 부르며 우리 하나님의 이름으로 우리의 깃발을 세우리니 여호와께서 네 모든 기도를 이루어 주시기를 원하노라"

술람미 여인에게 솔로몬은 깃발과 같은 존재였습니다. 삼위일체 하나님과 함께하면 나는 승리할 수 있다는 신앙의 고백을 담고 있는 것입니다. 내가 세상적으로 볼 때는 비참해 보이고, 다른 사람이 인정해 주지 않는다 할지라도 나는 예수님으로 인해서 승리한 인생이라는 고백입니다. 다른 사람이 어떻게 보는지가 중요하지 않습니다. 예수님이 어떻게 보시는지가 중요합니다.

우리는 은혜로 구원받았습니다. 그러나 구원이 끝이 아닙니다. 우리의 믿음이 성장해야 합니다. 또한, 인격이 성숙해야 합니다. 성숙이 끝이 아닙니다. 전인적으로 성화되어야 합니다. 성화가 끝이 아닙니다. 깃발을 들어야 합니다. 곧 승리자가 되어야 합니다. 악한 영과의 싸움에서도 승리의 깃발을… 자신과의 싸움에서도 승리의 깃발을… 모든 것을 예수님의 이름으로 굴복시키고 깃발을 드는 인생이 되어야 합니다.

아가 2장 5절입니다.
"너희는 건포도로 내 힘을 돕고 사과로 나를 시원하게 하라 내가 사랑하므로 병이 생겼음이라"

술람미 여인이 솔로몬(예수님)에게 고백하는 것입니다. 그런데 원어에서는 '너희는'이란 말이 없습니다. 술람미 여인은 왕의 사랑에 취해 있습니다. 우리도 술람미 여인처럼 예수님의 은혜와 사랑에 취해 있어야 합니다. 결핍, 부족해서 애원하는 것이 아니라 충만함 속에서 이것을 유지하기 위한 사모함이고 갈급함입니다. 우리가 오해하는 상사병에 걸린 것이 아니라 예수님의 사랑으로 충만하지만 이 충만함을 유지하기 위해서 사모하고 갈망한다는 것입니다.

건포도는 히브리어로 '애쉬슈트'인데, 수분을 반쯤 말려 즙이 함유되어 있는 건포도를 말합니다. 이것은 그 당시에 최고의 영양 간식이었습니다. 술람미 여인이 예수님을 건포도로 표현함은 예수님으로 인해 배부름을 표현하는 것입니다. 예수님이 힘이라는 것입니다.

'사과로 나를 시원하게 하라'는 것은 새롭게 나를 회복시켜 달라는 것입니다. 성장에서 머무는 것이 아니라 성장에서 성숙으로 회복시켜 주고, 또 성숙하고 성화되었으면 깃발로 나에게 승리를 달라고 계속해서 회복을 요구하는 것입니다. 건포도는 만족한 사랑을 상징합니다. 사과는 생명, 영원한 사랑을 의미합니다.

아가 2장 6절입니다.
"그가 왼팔로 내 머리를 고이고 오른 팔로 나를 안는구나"

이는 안정된 사랑, 친밀한 사랑, 깊은 포용을 의미합니다. 술람미 여인은 구체적이고 섬세한 사랑을 표현합니다.

"스토리가 스펙을 이긴다." 세상의 스펙보다는 술람미 여인의 예수님과의 스토리가 참으로 부럽습니다. 술람미 여인은 예수님과의 스토리로 인해 세상의 그 어떠한 여인들보다 행복함을 고백합니다. **"믿음이 스펙을 이깁니다."** 술람미 여인의 일편단심의 마음은 예수님에 대한 절대적인 신뢰이고 믿음입니다. 세상의 스펙이 없는 술람미 여인은 너무도 아름답고 멋진 스토리를 갖고 있는 사람입니다. 우리도 자신만의 스토리텔링을 가지고 있을 때, 그것이 쌓여서 영적인 스펙이 될 것입니다.

아가 2장 7절입니다.

"예루살렘 딸들아 내가 노루와 들사슴을 두고 너희에게 부탁한다 내 사랑이 원하기 전에는 흔들지 말고 깨우지 말지니라"

노루와 들사슴은 굉장히 예민한 동물입니다. 버스럭 소리만 나도 놀라 뛰어 도망하는 동물입니다. 노루와 들사슴을 비유해서 이야기합니다. 여기서 예루살렘 딸들은 세상의 여자들과 교회 안에 있어도 구원의 확신이 없는 육적인 사람들을 지칭하는 것입니다.

"너희에게 부탁한다. 내 사랑이 원하기 전에는 흔들지 말고 깨우지 말지니라." 사랑은 민감하고 삐른 반응의 속성을 가지고 있습니다. 사랑하면, 반응과 행동이 민첩해집니다. 사랑은 흔드는 것이 아니고, 지켜보고, 격려하며 지켜주는 것입니다. 솔로몬을 향한 여인의 태도입니다. 방해하지 말라고, 무례히 행하지 말라고 부탁하는 것입니다. 사랑장인 고린도전서 13장에서는, 사랑은 무례히 행치 않는다고 말씀하십니다.

예수님과 나의 사랑은 그 어떠한 것과도 비교할 수 없는 사랑입니다. 생명을 받고 생명을 드리는 사랑입니다. 생명을 나눈 관계는 서로에게 속하였고, 속함은 손해가 아니라 능력이 됩니다. 성소가 지성소에 속한 것입니다.

사랑하는 성도 여러분!

우리가 가지고 있는 사랑은 어떤 사랑입니까? 비교하는 사랑입니까? 예수님이 우리를 향한 사랑은 비교하는 사랑이 아니라 유일무이한 사랑을 주고 계십니다. 성령님을 통해서 그 사랑을 계속해서 베풀고 있다는 것을 의심하지 마시고 술람미 여인과 솔로몬처럼, 예수님과의 깊은 관계의 사랑을 누리시길 소망합니다. 비교할 수 없는 유일한 사랑으로….

내 어여쁜 자야, 일어나 함께 가자

아가 2:8-13

19세기 중국 선교사들의 선구자였던 허디슨 테일러는 중국 선교를 위한 열정을 끓어 올릴 수 있도록 해 준 성경 말씀이 곧 아가서라고 고백합니다. 그는 아가서에 대해, '그리스도와 완전한 연합과 친교의 절정의 책'이라고 표현하며 아가서는 성경의 말씀 가운데 가장 경이로운 말씀이라고 말합니다.

허디슨 테일러는 영국에서 의사가 될 수 있는 과정 1년을 앞두고, 성령에 이끌려 중국 선교사로 가게 됩니다. 선교하면서 아들, 딸 심지어 아내까지 잃게 되는 어려움을 겪었지만 그는 하나님의 사랑은 생명의 가치 위에 있다고 고백합니다. 또한, 나는 주님과 결혼했다고 말하며, 복음 안의 사랑의 가치를 모든 생명의 가치 위에 둔다고 고백합니다.

예수님을 필요로 하는 사람들은 너무 많지만 예수님이 나의 전부인 사람은 적습니다. 한 주간 '나는 예수님을 필요로 하는 사람인가, 아니면 예수님이 나의 전부인가'를 질문해 보십시오. 나는 예수님을 필요로 하는 사람이 아니라 예수님이 나의 전부임을 고백하시기를 바랍니다.

순교에는 두 가지 종류가 있습니다. **첫째, 복음을 전하다가 죽임을 당하는 경우입니다.** 예수님의 12제자를 포함한 많은 믿음의 선진들이 흘린 피가 이에 해당합니다. 복음을 전하다가 순교한 그들의 피를 통해 세계 복음화가 완성되어 가고 있습니다. 예수님의 십자가의 피로 인류의 구원을 이루어주신 것을 성취시키는 일을 순교자들의 피를 통해 완성해 가고 있다는 것입니다. 이런 순교는 모든 사람들이 할 수 있는 것이 아닙니다. 하나님께 선택받은 사람만이 가능합니다.

둘째, 복음을 삶으로 녹여내는 선교적 삶의 길을 가는 사람들이 있습니다. 말씀이 실천되고 나아가 그 말씀이 나의 인격이 되게 하는 것, 우리는 이러한 사람을 킹덤빌더라고 합니다. 우리 안에서 예수님을 드러내는 삶, 하나님의 자비와 사랑을 실천함으로 영혼을 구원하는 것 역시 선교적 순교의 길이라고 말할 수 있습니다. 이런 사람들을 통해서 하나님의 나라가 완성될 수 있습니다.

우리는 둘 중의 하나를 통해 죽고자 하는 마음으로 신앙의 길을 가야 합니다. 적당히 신앙생활을 하려고 하면 오히려 더 힘듭니다. 신앙은 은혜, 감사, 기쁨, 하나님 영광의 충만함에 들어가는 것입니다. 이것이 신앙의 절정입니다.

아가 2장 6절입니다.

"그가 왼팔로 내 머리를 고이고 오른팔로 나를 안는구나"

술람미 여인의 고백입니다. 2장 말씀을 보면, 술람미 여인이 사랑의 표현을 시적으로 하면서 솔로몬(예수님)에 대한 사랑을 체험적으로 실감있게 표현하는 것을 볼 수 있습니다. 사랑은 표현하지 않으면 환상이고, 실천하지 않으면 위선입니다. 표현되지 못한 감정은 아쉬운 아픔이 되고, 행동이 없는 생각은 허무한 망상이 됩니다.

주님의 왼팔은 **'사랑의 팔'**이고, 주님의 오른팔은 **'능력의 팔'**입니다. 우리가 하나님, 예수님, 성령님의 왼팔과 오른팔에 안기길 소망합니다. 주님의 사랑의 팔과 능력의 팔에 안기면 인생에 풍랑이 오고 고난이 와도 안전한 포구에 거하게 됩니다. 이것이 술람미 여인의 고백입니다. 찬송가 405장의 "주의 친절한 팔에 안기세 우리 맘이 평안하리니, 항상 기쁘고 복이 되겠네 영원하신 팔에 안기세…"와 찬송가 406장의 곤한 내 영혼 편히 쉴 곳과 풍랑 일어도 안전한 곳은 하나님의 팔에 안기는 것입니다.

우리도 술람미 여인의 고백처럼, 우리의 인생길에서 주님의 사랑의 팔, 능력의 팔에 안겨서 어떤 폭풍과 고난 속에서도 안정감, 평안함, 기쁨, 소망을 느낄 수 있길 바랍니다.

아가 2장 7절입니다.

"예루살렘 딸들아 내가 노루와 들사슴을 두고 너희에게 부탁한다 내 사랑이 원하기 전에는 흔들지 말고 깨우지 말지니라"

영적인 흐름 속에서 똑같은 단어도 뜻이 달라지기에 아가서를 어렵다고 하는 것입니다. 여기서 예루살렘 딸들은 믿음으로 온전하지 못한 자들을 일컫는 말입니다. 예수님을 핍박하는 사람들이 될 수도 있고, 예수님을 오해하거나, 하나님의 아들로 인정하지 않는 사람들이 될 수도 있습니다.

또한, 노루와 들사슴은 민감하고 예민한 특징을 가진 동물입니다. 촉이 발달되어 나뭇잎이 버스럭거려도 뛰어가는 짐승입니다. 이 동물의 특성을 살려 예수님의 민감한 영성을 표현하는 것이고, 깊은 통찰력을 피력하는 것입니다. 예수님은 우리가 말하지 않아도 우리 마음에 품은 생각까지도 아시는 분이십니다. 이렇듯 술람미 여인은 예수님이 누구신지 알았기에 너희들의 생각이나 기준으로 함부로 판단하는 것을 멈추고 예수님에게 무례히 행하지 말라는 것입니다.

술람미 여인을 한마디로 표현한다면, **"스토리가 스펙을 이긴다. 믿음이 스펙을 이긴다"**라고 말할 수 있습니다. 예루살렘의 솔로몬 궁전 안에는 세상이 인정하는 스펙이 뛰어난 많은 여인들이 있었습니다. 그런데 솔로몬 왕은 오로지 술람미 여인에게 집중하는 것을 보게 됩니다. 술람미 여인이 솔로몬(예수님)을 사랑하는 그 사랑의 스토리가 세상의 모든 스펙을 가지고 있는 사람들을 이기는 것을 보게 됩니다. 우리가 가지고 있는 믿음이 세상의 그 어떤 명예, 권세, 재물을 이길 수 있는 믿음의 스토리가 있어야 합니다.

8절부터 나오는 오늘 본문의 말씀은 영적으로 장르가 바뀐다고 생각하고 말씀을 보는 것이 도움이 될 것입니다.

아가 2장 8절입니다.
"내 사랑하는 자의 목소리로구나 보라 그가 산에서 달리고 작은 산을 빨리 넘어오는구나"

술람미 여인의 독백입니다. 8절 말씀을 보면, 이 상황은 술람미 여인과 솔로몬 왕이 떨어져 있는 상황임을 알 수 있습니다. 솔로몬은 그 시대의 최고 스타왕이었습니다. 이스라엘뿐만이 아니라 이웃 나라에까지 그의 지혜는 유명했습니다. 그런 솔로몬 왕이 술람미 여인을 사랑하는 것은, 신분을 초월한 사랑입니다. 다른 사람과 비교하지 않고 그녀의 진심 어린 사랑이 전달이 된 것입니다.

이것이 다음과 같은 영적인 의미로 오버랩 됩니다. 예수님이 우리를 구원하시기 위해 말구유에서 태어나셨고 십자가에서 돌아가셨습니다. 예수님이 부활하시고 성령님을 보내주신다고 약속하셨고, 승천하시면서 처소를 예비하고 반드시 너희를 데리러 오시겠다고 약속하셨습니다.

지금은 우리가 약속대로 오신 성령 하나님과 함께합니다. 성령님은 우리에게 예수님을 확증시켜 주시고, 예수님의 구원의 사역을 완성하시기 위해 오셨습니다.

8절의 고백은 술람미 여인의 영적 수준을 이야기하는 것입니다. 다시 오시겠다고 약속하신 재림의 예수님은 우리에게 빨리 오고 싶으실 테지만 한 영혼이라도 더 구원하기 위해 기다리고 계시고, 그동안 우리는 구령 사업에 성령님과 함께 힘써야 합니다.

8절 말씀에서 왕의 목소리가 들린다고 했는데, 솔로몬 왕과 따로 떨어져 있는 상황에서 말을 타고 술람미 여인을 힘차게 부르며 오는 상황이 아닙니다. 육적으로 말하면 텔레파시가 통하는 상황입니다.

재림하실 예수님, 다시 오실 예수님이 언제 오시는지는 그의 아들도 모르고 아버지만 아십니다. 그러나 하나님을 사랑하고 예수님을 기다리며 준비하는 사람, 영적으로 깨어 있는 사람들에게는 징조를 보고 알게 될 것이라 말씀하셨습니다. 말세에 일어나는 종교, 사회의 징조 등을 보고 예수님이 오실 때를 알 것이라고 성경에서 말합니다.

술람미 여인은 자나 깨나 솔로몬(예수님)을 기다렸습니다. 그러다가 어느 순간 영적 감지를 받게 되는데, 그분의 마음이 읽혀지는 것을 표현한 것입니다. 술람미 여인에게 빨리 오고 싶어 하는 솔로몬의 마음을 읽고 술람미 여인이 '산을 달리고 작은 산을 빨리 넘어오는구나'라고 표현한 것입니다. 주님이 나에게 오시는 소리가 들리는데, 주님의 마음이 얼마나 급하신지 산도 달리고 작은 산도 빨리 넘어온다는 것입니다.

또 다른 의미는 솔로몬(예수님)이 술람미 여인에게까지 오는 과정 속에서 장애물이 있을 수 있고, 어려움이 있을 수 있다는 의미입니다. 큰산과 같은 장애물, 작은 산과 같은 일들이 있을지라도 나의 주님은 큰산을 달리듯, 작은 산을 한걸음에 넘어오시듯 그렇게 오실 분이라는 것을 고백합니다. 이것은 주님을 향한 술람미 여인의 믿음입니다.

술람미 여인의 믿음의 수준이 주님의 마음을 재촉하는 것입니다. 그녀는 일반 사람들의 믿음의 수준보다 높음을 보게 됩니다. 술람미 여인의 통찰력, 예지력, 민감성은 어디로부터 오는 것일까요? 술람미 여인이 오직 예수님, 오직 솔로몬에게 집중하기에 가능한 것입니다. 일편단심 그에게 집중했기에 영적 교감을 이룬 것입니다.

마지막 때에 예수님이 우리를 데리러 다시 오실 때, 우리도 술람미 여인처럼 영적으로 감지, 사인을 받을 수 있기를 소망합니다. 마지막 때, 악한 사단은 믿는 자들을 두루 삼키려고 먹잇감을 찾아 다닙니다. 너욱이 하나님이 쓰시고자 하는 사람에게 사단은 물질로 이성으로 명예나 권력으로 유혹하고 있습니다.

그런 상황 속에서 우리가 오직 하나님, 오직 예수님, 오직 성령님께 집중하고 경청한다면 영적인 귀가 열릴 것입니다. 말씀, 찬양, 기도를 통해서 성령의 음성을 들을 수 있습니다. 술람미 여인 또한 사랑하는 자의 목소리를 듣고 있었습니다. 어린 사무엘이 하나님의 음성을 듣듯이 말입니다. 그러나 불신앙의 사람들은 하나님의 말씀이 하나님의 음성으로 들리지 않고 사람의 음성으로 들립니다.

요한계시록 22장 12절입니다.
"보라 내가 속히 오리니 내가 줄 상이 내게 있어 각 사람에게 그가 행한 대로 갚아 주리라"

성경은 분명히 우리에게 약속하고 있습니다. 우리가 예수님의 신부로서 신부가 신랑을 기다리듯 신랑 되신 예수님을 기다리면, 술람미 여인처럼 때를 분별하는 은혜가 있을 것입니다.

아가 2장 9절입니다.
"내 사랑하는 자는 노루와도 같고 어린 사슴과도 같아서 우리 벽 뒤에 서서 창으로 들여다보며 창살 틈으로 엿보는구나"

똑같은 단어가 나와도 흐름에 따라 해석이 달라질 수 있다고 말씀드렸습니다. 여기에서는 노루와 사슴을 통해 표현하고자 하는 것이 있습니다.

잠언 5장 19절입니다.
"그는 사랑스러운 암사슴 같고 아름다운 암노루 같으니 너는 그의 품을 항상 족하게 여기며 그의 사랑을 항상 연모하라"

'내 사랑하는 자는 노루와도 같고 어린 사슴과도 같다'는 것은 잠언의 말씀을 인용한 것으로 술람미 여인이 솔로몬을 노루와 어린 사슴으로 표현하는 것입니다. 노루는 그 자체가 사랑스러워서 성경에서는 노루를 사랑의 표현으로 잘 사용합니다. 잠언에서는 노루를 암사슴 같다고 표현하지만, 본문의 노루는 원문으로는 다정다감한 숫사슴을 일컫는다고 합니다.

주님(성령)께서 이렇게 노루처럼 사슴처럼 뛰어오셨는데 벽이 있습니다. 주님과 나의 친밀함을 막는 벽입니다. 깊은 교제를 막는 벽입니다. '우리 벽 뒤에 서서 창으로 들여다보며 창살 틈으로 엿보는구나'라는 말씀부터는 성령님으로 받아들여야 합니다. 예수님은 죄인을 위해 오셨지만, 성령님은 죄 있는 곳에 오시지 않습니다. 성령님이 우리 안으로 들어오셔야 하는데, 우리 뒤에서 창으로 들여다보며 창살 틈으로 엿본다는 것입니다.

　술람미 여인과 솔로몬, 나와 성령님의 사이 또한 벽이 문제입니다. 성령님은 인격적인 하나님이시기에 우리가 마음을 깨끗하게 청소한 후에, 내 스스로 문을 열어 사모함과 갈망함으로 모실 때 들어 오십니다. 성령님을 인격적으로 환영하지 않으면 우리의 벽 뒤에서 창으로 들여다보며 창살 틈으로 엿보심을 기억해야 합니다.

　성령님이 우리 안에 들어오시지 못하게 하는 우리의 벽은 무엇일까요? 그 벽 때문에 성령님이 우리 안으로 들어오지 못하시고 창으로 들여다보며 창살 틈으로 엿보는 관계가 된다면 어떠하겠습니까? 반드시 주님과 나 사이를 막는 벽을 허물어야 합니다.

이사야 59장 1-2절입니다.

"여호와의 손이 짧아 구원하지 못하심도 아니요 귀가 둔하여 듣지 못하심도 아니라 오직 너희 죄악이 너희와 너희 하나님 사이를 갈라 놓았고 너희 죄가 그의 얼굴을 가리어서 너희에게서 듣지 않으시게 함이니라"

성령님을 들어오지 못하게 하는 우리의 벽은 첫째, 죄의 벽입니다.

죄 때문에 성령님이 우리 안에 들어오지 못하시고 도와주고 싶어도 도와 줄 수 없어 창과 창살 틈으로 들여다보고 계신 것입니다. 성령님은 우리를 돕기 위해, 우리와 함께하시기 위해 오신 분인데, 성령님이 우리와 함께 일하지 못하는 것은 우리의 죄의 벽 때문임을 알아야 합니다. 성령님을 모시기 위해서는 늘 주의 보혈로 우리의 마음을 씻어야 합니다. 잘못을 시인하고 고백하며 내 마음을 청결하게 청소할 때 성령님이 오십니다.

둘째, 자기 생각, 자아의 벽입니다. 성령님이 없어도 나는 살아가는데 지장이 없다고 생각하는 사람들이 있습니다. 살아가는데는 지장이 없지만 어떻게 살아가는지가 중요합니다. 자기 초월을 못한다면, 소망이 없는 인생이 될 것입니다. 자기 생각, 자기 자아, 상처의 트라우마로 벽을 만들어 놓고 자기방어를 합니다. 이런 사람들은 누군가 싫은 소리를 하면 방어벽을 칩니다. 이것은 건강한 사람의 태도가 아닙니다.

셋째, 환경과 사람의 벽입니다. 벽이 있는 사람은 사람과 환경의 벽을 뛰어넘지 못합니다. 이런 사람은 늘 핑곗거리가 있습니다. 누구 때문이 아니라, 자신의 믿음 없음이 문제라는 것을 인식조차 못합니다. 술람미 여인보다 더 비참한 환경에 처한 사람이 누가 있겠습니까? 술람미 여인은 환경의 벽, 사람의 벽을 뛰어넘었습니다. 내 어머니의 아들들이 나를 구박하고 내 부모가 나를 외면해서 소녀 술람미를 광야로 내몰았어도 그녀는 그 위에 계신 하나님, 예수님, 성령님을 바라보며 인생을 포기하거나 좌절하지 않고 새롭게 도전하고 도약합니다.

요셉이 그러했습니다. 형제들이 그를 제거시키려 했지만 요셉은 환경과 상황을 뛰어넘어 하나님 앞에서 코람데오의 신앙으로 살아갈 때, 하나님이 그와 함께 동행해 주시고 결국 애굽의 총리가 되어서 선한 영향력을 끼치는 자가 되었습니다.

환경 탓하지 마시고 사람 탓하지 마십시오. 내가 믿음이 부족하기 때문이고, 내 안의 상처와 자아를 해결하지 못했기 때문이며 죄를 회개하지 않기 때문임을 명심해야 합니다.

신앙 안에서도 두 종류의 사람이 있습니다. 중요한 것에 집중하는 사람, 이런 사람은 영적으로 민감한 사람이 되고 영적으로 통찰력이 생깁니다. 그러나 없는 것에 집착하는 사람은 영적으로 늘 미숙함을 보입니다. 여러분은 어떤 사람입니까? 중요한 것에 집중하는 사람입니까? 없는 것에 집착하는 사람입니까? 없는 것에 집착하는 사람은 정신, 심리, 관계의 결핍 등 병든 사람입니다. '중요한 것에 집중하는 사람'은 도전하는 사람이고 승리하는 사람이며 성공하는 사람입니다.

아가 2장 10절입니다.

"나의 사랑하는 자가 내게 말하여 이르기를 나의 사랑, 내 어여쁜 자야 일어나서 함께 가자"

이 말씀을 묵상할 때, 정말 많은 감동이 있었습니다. '함께 가자'라는 말도 감동이었지만 '나의 사랑하는 자야!'라는 말에 큰 감동이 되었습니다. "나만의 바운더리, 나만의 공간, 나의 일상에서 일어나 나와 함께 점프하자! 나와 함께 떠나자! 나와 함께 인생의 무대를 옮기자!"라는 말씀입니다.

성령님이 술람미 여인에게 오셨습니다. **"내 사랑하는 자야! 네가 지금까지 광야에서 포도원지기로 햇빛을 피하지 못하고 땡볕에서 수고했어! 애썼어! 그런데 내가 왔어. 너를 구원하기 위해 왔고, 내가 너를 지명하여 불렀나니, 이제 너의 신분을 바꿔주기 위해 왔어. 나는 너에게 올 때, 예루살렘의 화려한 여자들을 버리고 세상의 권력자, 재물 많은 사람들을 버리고 나에게 집중하고, 사모하며 일편단심으로 사랑하는 너의 신분을 바꿔주기 위해서 왔어. 나의 사랑하는 자야, 나와 함께 일어나서 가자!"**

현실에 안주할 수밖에 없는 소망 없는 술람미 여인의 형편이지만 사랑하는 주님이 오셔서 네가 안전지대라고 생각하는 이곳을 떠나자고 하시며 너도 이제 왕비가 될 수 있다고 말씀하시는 것입니다.

예수님이 우리의 죗값을 치루어 주셨기에 우리는 죄인이 아니라 이제는 왕 같은 제사장이라고 말씀하시며 우리의 신분을 바꾸어 주시지 않았습니까? 이런 예수님이 술람미 여인에게 찾아와서 "내가 너를 선택하고 지명하였으니, 너는 왕비가 될 수가 있어. 너는 왕 같은 제사장이 될 수가 있어."라고 말씀하시는 것입니다. 그런데 이것이 술람미 여인에게만 하는 말씀일까요? 곧 우리에게 하시는 말씀입니다.

아직도 트라우마, 죄책감, 상처에 눌려 있습니까? 언제까지 사단에게 눌려서 살 것입니까? 현실에 안주하는 안전지대를 선호하는 '유람선 신앙'을 탈피해야 합니다. 이제는 유람선에서 믿음의 선한 싸움을 싸우며 도전하고 도약하는 '전투함'으로 갈아타야 합니다. 믿음의 선한 싸움을 싸워야 합니다. 죄와 싸우고 사단과 싸우며 내 자신과 싸우고, 환경, 사람과 싸워야 합니다. 진리를 위해 싸우되 진리가 아닌 것과는 싸우지 말아야 합니다. 도전하고 도약하는 믿음의 선한 싸움을 싸우는 전투함으로 갈아탈 때, 승리의 깃발을 꽂는 기회가 찾아올 것입니다.

'고정 마인드 셋'과 **'성장 마인드 셋'**이 있습니다. 고정 마인드 셋을 가지고 있는 사람은 자신의 능력이 고정되어 있다고 생각합니다. 이것은 믿음 없는 생각입니다. 할 수 있거든이 무슨 말이냐 믿는 자에게는 능치 못한 일이 없다는 믿음을 가셔야 합니다. 고정 마인드 셋을 가지고 있는 사람은 실패를 두려워하고 새로운 도전을 싫어합니다. 동기부여를 하고 의미를 찾아가게 되면 끈기가 인내로 만들어집니다. 하루의 삶 속에서, 작은 것 안에서도 의미를 찾으면 엄청난 신비로움을 경험하게 됩니다. 고정 마인드 셋을 가진 사람은 대가를 치루는 것이나 훈련받는 것을 싫어합니다.

반면에 성장 마인드 셋을 가지고 있는 사람은 새로운 기회를 적극적으로 받아들입니다. 실패를 통해서도 배우고 성장할 기회로 삼습니다. 낙심하거나 좌절하지 않고 실패를 딛고 차고 나가는 힘이 있습니다. 또한, 성장 마인드 셋을 가지고 있는 사람은 성장을 위해서 기꺼이 대가를 치릅니다.

저는 스스로에게 칭찬을 많이 하는 편입니다. 그 이유는 나이가 들수록 열정이 식지 않고, 자신을 성장시키고자 하는 마음이 크기 때문입니다. 성장 마인드 셋을 가지는 것은 내가 힘이 있기 때문에 가능한 것이 아닙니다. 나를 위해 십자가에서 돌아가신 예수님의 가치를 알기 때문입니다. 희생의 대가와 성령을 힘입어 나를 초월해 갈 수 있는 것입니다.

우리는 신분이 바뀌었습니다. 우리는 더 이상 죄인이 아닙니다. 죄를 지을 수 있지만 죄를 회개하게 되면 주홍 같은 죄라도 희게 됩니다. 성령님께서는 회개하는 자에게 능력으로 일하실 것입니다.

아가 2장 11-12절입니다.

"겨울도 지나고 비도 그쳤고 지면에는 꽃이 피고 새가 노래할 때가 이르렀는데 비둘기의 소리가 우리 땅에 들리는구나"

술람미 여인에게 솔로몬(성령님)이 하는 말입니다. 겨울도 지나고 비도 그쳤다는 것은 너의 고난은 이제 끝났다는 것입니다. 꽃이 피고 새가 노래할 때가 이르렀는데 비둘기의 소리가 우리 땅에 들린다는 것은, 성령이 오셔서 너에게 기쁨, 평안, 화평을 줄 것이라는 의미입니다.

겨울은 고난을 의미합니다. 겨울의 유익함을 간과해서는 안 됩니다. 겨울은 춥고 황량하며 고난의 산고가 있을 수는 있지만 겨울은 정화의 계절입니다. 겨울에는 눈이 담요처럼 대지를 덮습니다. 그 흰 눈 아래에서 새싹들이 돋아나고 각종 병균들이 얼어붙어 죽습니다. 하나님의 생명은 부화되고 불필요한 벌레, 병균들은 얼어 죽는 것이 겨울입니다. 겨울이 춥지 않으면 각종 쓸모없는 병균이 많아지는 것입니다.

봄이 그 땅을 회복시키기 위해 겨울을 통해 정화시키는 작업이 필요하듯이 인생의 고난의 때는 사람을 정화시키는 때입니다. 고난이 무익하다고 생각하는 사람은 불행한 사람입니다. 내게 고난과 어려움은 나를 정화하는 겨울과 같은 시기입니다. 자신의 힘으로 살아갈 수 있다고 생각했던 사람이 고난 앞에서 절대자 하나님을 찾게 됩니다. 그분과의 관계가 새롭게 형성됩니다. 진정한 회복의 봄을 맞게 됩니다.

하나님이 쓰시는 사람 가운데, 겨울을 통과하지 않고 봄을 맞는 사람은 없었습니다. 고난 없이 하나님이 쓰시는 사람은 없습니다. 하물며 하나님이신 예수님도 이 땅에 오셔서 말할 수 없는 고난, 고통을 당하셨습니다. 그리고 부활을 맛보셨습니다.

예수님의 고난은 인류에게 구원을 안겨 주셨지만 우리의 겨울은 우리를 정화시켜 주는 것으로, 고난 끝에 비둘기가 찾아오듯 성령님이 우리에게 찾아오셔서 우리에게 평안, 화평, 기쁨, 소망을 주시는 은혜가 있을 것입니다.

요한복음 16장 22-24절입니다.

"지금은 너희가 근심하나 내가 다시 너희를 보리니 너희 마음이 기쁠 것이요 너희 기쁨을 빼앗을 자가 없으리라 그 날에는 너희가 아무것도 내게 묻지 아니하리라 내가 진실로 진실로 너희에게 이르노니 너희가 무엇이든지 아버지께 구하는 것을 내 이름으로 주시리라 지금까지는 너희가 내 이름으로 아무것도 구하지 아니하였으나 구하라 그리하면 받으리니 너희 기쁨이 충만하리라"

예수님의 구원은 전인적 회복입니다. 그 일을 위하여 성령님께서 오셨습니다. 이제는 겨울도 지났고 비도 그쳤고 지면에 꽃이 피고 새가 노래할 때가 이르렀습니다. 성령의 때가 왔습니다. 죄에서 자유함을 얻고 희망의 꽃이 피고 기쁨의 새가 노래하듯 회복의 때, 성령님과 함께 열매의 때, 추수의 때까지 함께하는 것입니다.

아가 2장 13절입니다.

"무화과나무에는 푸른 열매가 익었고 포도나무는 꽃을 피워 향기를 토하는구나 나의 사랑, 나의 어여쁜 자야 일어나서 함께 가자"

무화과 열매는 아직 완숙하게 익지는 않았지만 푸른 열매가 맺혔습니다. 이것은 성장과 희망을 상징합니다. 이스라엘 땅에 3년 6개월 동안 가뭄이 들었을 때, 엘리야의 기도를 들으시고 손바닥만 한 구름 한 점을 보여주십니다. 응답의 징조입니다.

또한, 포도나무는 꽃을 피워 향기를 토합니다. 더 큰 비전과 목표에 소망을 주시는 것입니다. 오늘보다 나은 내일에 대한 소망입니다. 이제는 더 이상 머뭇거릴 때가 아닙니다. 구원 세계 안에서 영적인 각성으로의 부르심입니다. "나의 사랑하는 자야, 나의 어여쁜 자야, 일어나라 나와 함께 가자."는 것은 무엇을 의미할까요?

에베소서 5장 14절입니다.

"그러므로 이르시기를 잠자는 자여 깨어서 죽은 자들 가운데서 일어나라 그리스도께서 너에게 비추이시리라 하셨느니라"

첫째, 영적으로 잠든 자여, 일어나라는 것입니다. 영적으로 잠자는 자는 영적인 일에 무관심합니다. 무기력하고 의욕이 상실되어 있습니다. 육체는 움직이지만, 영이 없이 예배에 나오고 교회의 봉사나 헌신과는 전혀 상관이 없는 성도입니다. 이것이 그들을 향한 하나님의 책망입니다.

요한계시록 3장 2절입니다.
"너는 일깨어 그 남은 바 죽게 된 것을 굳건하게 하라 내 하나님 앞에 네 행위의 온전한 것을 찾지 못하였노니"

둘째, 내면의 변화 촉구입니다. 미성숙한 인격이나, 도덕적 외면, 관계의 미숙에서 이제는 벗어나라는 촉구입니다.

요한복음 8장 12절입니다.
"예수께서 또 말씀하여 이르시되 나는 세상의 빛이니 나를 따르는 자는 어둠에 다니지 아니하고 생명의 빛을 얻으리라"

셋째, 사명의 도전입니다. 에스더를 페르시아의 왕비로 세우듯 우리는 하나님 나라의 제사장들로서의 정체성을 가지고 사명에 도전해야 합니다.

이사야 60장 1절입니다.
"일어나라 빛을 발하라 이는 네 빛이 이르렀고 여호와의 영광이 네 위에 임하였음이니라"

마태복음 5장 14-16절입니다.

"너희는 세상의 빛이라 산 위에 있는 동네가 숨겨지지 못할 것이요
사람이 등불을 켜서 말 아래에 두지 아니하고 등경 위에 두나니 이러
므로 집 안 모든 사람에게 비치느니라 이같이 너희 빛이 사람 앞에 비
치게 하여 그들로 너희 착한 행실을 보고 하늘에 계신 너희 아버지께
영광을 돌리게 하라"

이것이 우리의 사명입니다. 주님의 영적 부름에 겸손하게 반응합시
다. 감사로 반응합시다. 인격으로 반응합시다.

유일무이한 존재

아가 2:14-17

한 여인이 자기집 대문 밖에 노인 세 명이 앉아 있는 것을 보고, 자신의 집 안으로 초대했습니다. 그런데 이들은 우리 셋은 함께 집에 들어갈 수 없다고 말하며 그 이유를 설명했습니다.

"내 이름은 재물이고, 이 친구의 이름은 성공이며 저 친구의 이름은 사랑이오. 그런데 우리는 셋이 함께 들어갈 수 없으니 당신 남편과 의논한 후 우리 셋 중 누가 당신 집에 들어가면 좋은지 말해주시오."

남편은 아내의 말을 듣자마자, 재물을 초대해서 우리도 부를 누리고 살아보자고 말했지만 아내는 다른 의견을 내놓았습니다.

"만약 우리가 성공을 초대한다면, 거기에 재물도 따라올 것 같은데 성공을 초대하는 것이 더 유익하시 않겠어요?"

남편과 아내가 서로 옥신각신하고 있을 때, 이 모습을 지켜본 며느리가 우리 집에 재물과 성공보다는 사랑을 초대하자고 말했습니다. 결국 며느리의 말대로 하기로 결정하고, 밖으로 나와 '사랑'이런 이름을 가진 노인을 집 안으로 초대해 들어가려 하는데 두 노인도 함께 따라오는 것입니다. 부인이 "우리는 사랑을 초대했는데요?"라고 하자, 두 노인은 이렇게 말합니다.

"사랑이 있는 곳에는 재물과 성공이 따르지만 사랑이 없는 곳에는 재물과 성공도 쓸모가 없습니다."

이렇듯 사랑은 모든 것의 시작이고 끝이라는 감동을 받게 됩니다. 사랑은 인생의 목적이 되어야 하고, 인생의 핵심이 되어야 하며 인생의 주체가 되어야 합니다. 사랑도 하고, 일도 하고가 아닙니다. 사랑하기 위해서 일하는 것이 맞습니다. 하나님은 사랑하기 위하여 사람을 창조하셨고, 예수님은 그 사랑을 끝까지 책임지시기 위해서 오셨습니다.

고 옥한흠 목사님의 제자 훈련의 강령은 **"총론을 이해한 사람은 각론을 실천하는 사람이 되어야 한다."**는 것입니다. 한국 교회는 총론에 대한 것은 강한데, 각론에 대해 약하기 때문에 교회가 거룩함을 잃어버리게 되었다고 말합니다. 총론은 전체적인 것을 이해하는 것이라면, 각론은 구체적으로 실천하는 것을 말합니다. 총론도 중요하지만, 각론에 강한 사람이 되어야 신앙의 거룩함을 지킬 수 있고, 성도다운 성도, 목사다운 목사, 교회다운 교회가 될 수 있다고 말합니다. 한국 교회는 구원, 은혜, 사역, 전도는 잘해서 교회가 성장하고 대형화 되었지만 성령의 충만함을 받고 성령의 충만함으로 살아가는 각론을 잃어버렸기에 교회의 거룩함을 잃어버렸다고 말합니다.

또한, 옥한흠 목사님은 일본 목회자와 한국 목회자의 차이점에 대해서 이렇게 이야기합니다. 일본 목회자들은 선배 목사님들의 설교 테이프를 닳고 닳을 정도로 듣는데, 그 이유는 그 말씀대로 살아질 때까지

듣기 위해서라고 합니다. 반면, 한국 목회자들은 좋은 것을 취해서 설교의 자료를 쓰기 위해서 듣는 쇼핑을 한다고 말합니다. 즉 총론은 가지고 있지만 각론을 잃어버린 것이 한국 목회자라고 말합니다.

야고보서 2장 1-4절입니다.

"내 형제들아 영광의 주 곧 우리 주 예수 그리스도에 대한 믿음을 너희가 가졌으니 사람을 차별하여 대하지 말라 만일 너희 회당에 금 가락지를 끼고 아름다운 옷을 입은 사람이 들어오고 또 남루한 옷을 입은 가난한 사람이 들어올 때에 너희가 아름다운 옷을 입은 자를 눈여겨 보고 말하되 여기 좋은 자리에 앉으소서 하고 또 가난한 자에게 말하되 너는 거기 서 있든지 내 발등상 아래에 앉으라 하면 너희끼리 서로 차별하며 악한 생각으로 판단하는 자가 되는 것이 아니냐"

우리가 영광의 주 곧 우리 주 예수 그리스도에 대한 믿음을 가졌다면 우리는 사람을 차별하여 대하지 말라는 이 말씀이 제 마음에 많이 부딪혔습니다. 예수님은 우리를 외모로 취하지 않으시고, 우리의 중심을 보십니다. 우리가 하나님, 예수님, 성령님을 알고는 있습니다. 알고 있고 이해하는 것은 총론이지만 알고 있는 것으로 끝나는 것이 아니라 예수님처럼 살아내는 것이 각론입니다. 이것이 우리의 책임이고 의무이며 당연한 도리입니다.

아인슈타인은 성공은 행복으로 가는 열쇠가 아니고, 행복이 성공으로 가는 길을 열어준다고 말합니다. 우리가 세상에서 부, 권세를 가지고 있으면 행복할 것이라고 착각하지 마시기 바랍니다. 우리에게 주어진 것에 행복해 하고 긍정적인 삶을 살게 되면 길이 보입니다. 그런 사람은 상대적 성공이 아닌 절대적 성공의 자리에 앉을 수 있습니다. 내가 있는 자리에서 만족하고 감사하며 그곳에서 행복을 찾고, 있는 것을 함께 누리고 나누며 풍요를 느끼고, 나눔을 통해 사랑을 경험하게 되면 그것이 성공입니다.

아가서에서 살펴본 술람미 여인은 세상의 행복을 기준하지 않았습니다. 오직 솔로몬으로 인하여 만족하고 충만함을 느꼈고, 자기 자신이 최고로 행복한 여인이라고 최상급의 사랑을 표현합니다. 예수님 한 분으로 만족해하는 술람미 여인에게 예수님 또한 최고의 신붓감으로 선택하시고 그에 합당한 사랑을 표현하시는 것을 볼 수 있습니다.

아가 2장 14절입니다.

"바위 틈 낭떠러지 은밀한 곳에 있는 나의 비둘기야 내가 네 얼굴을 보게 하라 네 소리를 듣게 하라 네 소리는 부드럽고 네 얼굴은 아름답구나"

솔로몬이 술람미 여인에게 하는 고백입니다. **"바위 틈 낭떠러지 은밀한 곳에 있는 나의 비둘기야"** 여기에서 비둘기는 술람미 여인을 말합니다. 비둘기는 여러 가지 영적인 의미를 가지고 있지만 오늘 말씀에서는 사랑스러운 존재의 의미를 가지고 있습니다. '바위 틈 낭떠러지 은밀한 곳에 있는 나의 비둘기'는 술람미 여인의 라이프 스타일을 설명하는 것입니다.

바위 틈 낭떠러지는 인적이 없는 곳이고, 일반 사람들은 선호하지 않는 곳입니다. 예수님께서 술람미 여인을 나의 신부로 선택한 이유를 말씀해 주시는 것입니다. 술람미 여인의 라이프 스타일, 생활, 삶을 보면 사람들이 선호하지 않는 장소, 가지 않는 그 길, 구별된 장소에서 생활한다는 것입니다. 그것을 '바위 틈 낭떠러지 은밀한 곳'으로 표현한 것입니다. 다시 말하면, 좁은 길, 소수의 사람이 가는 길을 강도 있게 표현합니다.

술람미 여인은 은밀한 곳, 사람들이 없는 그곳에서 무엇을 했을까요? 자나 깨나, 앉으나 서나 솔로몬(예수님)을 생각했을 것입니다. 복잡하고 혼잡한 곳이 아니라 바위 틈 낭떠러지 은밀한 곳에서 하나님을 생각하고, 하나님의 말씀을 묵상하고 기도하는 술람미 여인, 세상과 구별된 그녀의 라이프 스타일을 칭찬하시는 것입니다.

예레미야 48장 28절입니다.

"모압 주민들아 너희는 성읍을 떠나 바위 사이에 살지어다 깊은 골짜기 어귀에 깃들이는 비둘기같이 할지어다"

모압 주민들에게도 선지자를 통해 '너희는 세상을 떠나 바위 틈'에 살라 말씀하십니다. 즉, 사람들이 거하지 않는 곳, 은밀한 곳에 살라는 것입니다. 거룩하고 구별된 곳에서 살라는 것입니다.

순결함과 처녀다운 정결함을 지켜온 술람미 여인을 칭찬하는 것입니다. 산비둘기는 인간이 접근하기에 불가능한 장소, 아주 험한 낭떠러지 바위 틈에 둥지를 튼다고 합니다. 산비둘기는 바위 틈에 둥지를 틀고 새끼를 낳고 번성하는데, 이는 순결의 상징, 정결함을 강조할 때 비둘기란 말이 사용됩니다. 술람미 여인에 대한 솔로몬의 찬사는 신랑 되신 예수님께서 재림주로 오실 때에 우리에게 고백해 주시기를 간절히 사모하는 내용의 말씀입니다.

"내가 네 얼굴을 보게 하라" 아무도 가지 않는 그 은밀한 곳, 좁은 길, 아무도 가지 않는 그 소수의 자리에 우리 예수님이 찾아오셨습니다. 예수님은 낭떠러지, 좁은 바위 틈이라도 영으로 우리에게 오셔서 우리가 어디에 있든지 찾아오십니다.

"네 소리를 듣게 하라 네 소리는 부드럽고 네 얼굴은 아름답구나" 네 소리를 듣게 하라는 것은 내가 왔으니 안심하고 이제 반응하라는 의미입니다. 또한, 네 소리는 부드럽고 네 얼굴은 아름답다는 것은 이미 바위 틈 사이에서, 구별된 자리에서, 아무도 가지 않는 그곳에서 하나님을 묵상하고, 하나님께 기도하고, 하나님께 찬양하는 소리까지도 주님이 다 들으신다는 것입니다. 사랑으로 품은 소리, 마음에서 입으로 우러나오는 찬양의 소리는 아름다울 수밖에 없습니다.

한 주를 시작하면서, 아가서의 말씀을 하루 한 절씩 품고 기도하였습니다. 지난 월요일에 14절 말씀을 품고 기도하는데, 내 입에서 이런 고백이 나왔습니다. "나는 성공한 목회자입니다." 나의 소리를 듣고 나도 놀랐습니다. 아마도 술람미 여인의 바위 틈 낭떠러지까지는 아니어도 섬 지역에서의 목회 38년은 나에게 참 의미가 있습니다. 나름 세상과 멀어진 느낌으로 사방이 바다로 둘러싸여 있어도 하늘은 열려있음으로 나만의 영성의 길을 걸어 온 것 같습니다. 이런 의미에서 '나는 성공한 목회자'라고 자부하게 되나 봅니다. 말씀과 함께 참 행복한 하루를 보냈고, 나의 삶의 정리가 '성공한 자'라는 것으로 목회를 마무리할 수 있는 것이 너무도 감사했습니다.

아가 2장 15절입니다.
"우리를 위하여 여우 곧 포도원을 허는 작은 여우를 잡으라 우리의 포도원에 꽃이 피었음이라"

술람미 여인과 솔로몬의 마음은 서로 밀착되어 있었습니다. 13절 말씀을 보면, "무화과나무에는 푸른 열매가 익었고, 포도나무는 꽃을 피워 향기를 토하는구나 나의 사랑, 나의 어여쁜 자야 일어나서 함께 가자"라고 말합니다. 무화과나무의 푸른 열매가 이제 익었다고 말하는데, 이것은 술람미 여인이 성장, 성숙을 지나서 성화의 단계에 이르렀다는 의미입니다.

그렇다면 여기가 끝일까요? 또한, 포도나무는 꽃을 피워 향기를 토하는구나라고 말합니다. 포도나무의 열매는 무화과보다 늦게 열립니다. 술람미 여인이 성화의 단계에서 이제 영화의 단계를 바라보는데, 예수님이 '일어나 나아 함께 가자'라고 말씀하십니다. 성회의 단계이든 영화의 단계이든 술람미 여인은 성장형의 사람으로 예수님은 농행해 수시고 계십니다. '예수님의 분량에 이르기 까지…'가 우리의 목표점입니다. 예수님이 하시는 모든 일은 하나님의 영광을 위한 일이었습니다. 예수님은 하나님의 영광을 위해 존재하시는 분이십니다.

우리에게도 성장하는 단계, 성숙해지는 단계, 성화가 되는 단계가 있습니다. 그러나 예수님처럼 영화의 단계까지 가야 합니다. 영화의 단계에 가면, 먹든지 마시든지 무엇을 하든지 하나님의 영광을 위해서 합니다. 이것이 예수님이 이 땅에 오셔서 우리에게 보여준 삶의 모습입니다. 예수님처럼 영화의 단계로 성령님과 함께 가자고 말씀하십니다.

15절 말씀은 이렇게 예수님과 술람미 여인의 사랑이 열매도 맺고, 꽃도 필 때, 이때를 조심하라는 것입니다. 성숙에서 성화의 단계, 영화의 단계로 갈 때, 이때를 조심하라는 것입니다. 예수님도 사단에게 유혹을 받으셨지만 그럴 때마다 말씀으로 물리치셨습니다.

예수님께서 술람미 여인에게 너와 나를 위하여 여우 곧 포도원을 허는 작은 여우를 잡으라고 말씀하십니다. 우리 포도원에 꽃이 피었는데, 하나님이 영광 받아야 할 시기에 여우가 우리의 포도원을 헐어 버릴 수 있으니 여우를 조심하라는 것입니다.

성령의 도움이 없으면 여우를 분별할 수 없습니다. 여우와 사단의 공통된 특징이 있습니다. **첫째, 잔꾀가 많습니다. 둘째, 교활합니다.** 하나님의 영은 너와 나 사이의 관계를 회복시키는 역할을 한다면 여우는 이간질해서 관계를 깨뜨립니다. **셋째, 변덕스러워 일관성이 없습니다. 넷째, 뒤를 잘 돌아봅니다. 다섯째, 썩은 고기를 좋아합니다.** 사단은 죄가 있는 곳을 좋아한다는 것입니다.

술람미 여인과 솔로몬(예수님)의 사랑의 절정의 시기에 단순한 감정이 아닌 전부를 받아낼 줄 아는 술람미 여인의 믿음, 정절, 순결, 깨끗함을 보고 예수님께서 **'너는 나의 유일무이한 나의 신부'**라고 결정하신 것입니다. 너와 내가 사랑의 절정 속에 있을 때 여우가 와서 이간질하지 못하도록 여우에게 틈을 주어서는 안 된다고 당부하는 것입니다.

여우는 팔레스타인 지역에 넓게 퍼져 있는 야행성 잡식 동물입니다. 특별히 여우는 봄철에 더 기승을 부린다고 합니다. 식물이 싹이 돋아오를 때, 잎이 필 때, 포도원에 꽃이 만발할 때 갉아먹는 포도원을 망치는 주범이 여우입니다.

술람미와 예수님의 사랑이 절정일 때, 두 사람만의 세계가 만들어질 때, 여우는 찾아옵니다. 여인은 유일무이한 예수님의 신부로 낙찰된 상황입니다. 그렇다면 우리는 자격 상실된 것입니까? 아닙니다. 이것은 인간의 제한적 생각입니다. 부모에게 자녀는 각자 나름대로 소중한 존재입니나. 각자 자녀의 자리는 누구도 대체할 수 없습니다. 사람도 그러한데 하나님은 어떠하겠습니까? 술람미 여인이 유일무이한 예수님의 신부로 등장하지만, 우리도 술람미 여인처럼 예수님께 유일무이한 존재가 될 수 있습니다.

아가 2장 3절입니다.
"남자들 중에 나의 사랑하는 자는 수풀 가운데 사과나무 같구나 내가 그 그늘에 앉아서 심히 기뻐하였고 그 열매는 내 입에 달았도나"

술람미 여인은 세상 것으로 기뻐하지 않았습니다. 예수님은 사과나무이시고, 생명 나무이십니다. 그 열매가 내 입에 달았다는 것은 예수님 한 분이면 충분하다는 것으로, 이것이 바로 술람미 여인의 신앙고백입니다.

내가 그 그늘에 앉아서 심히 기뻐하였다고 고백합니다. 여기서 '기뻐하다'는 말은 히브리어는 '하마드'인데, 두 가지 의미로 나눕니다. **첫째, '갈망하다, 사모하다'는 뜻이 있습니다.** 거룩한 길을 가는 사람들은 하나님, 예수님으로 인해 기뻐하고, 찬양과 말씀으로 인해 기뻐합니다. 기뻐하면 기뻐할수록 더 갈망하고 사모하는 마음이 커지고, 충족될수록 기쁨이 상승되어 찬양이 됩니다. 이것이 거룩한 길로 가는 사람의 하마드(기뻐하다)입니다. 이 기쁨은 그 무엇으로도 바꿀 수 없습니다.

둘째, 또 다른 '하마드(기뻐하다)'의 길이 있는데, 부정적인 의미로 쓰이는 쾌락으로 가는 길입니다. '탐닉하다, 탐식하다, 탐욕하다, 욕망하다, 쾌락을 좇아가다'는 의미의 기쁨의 하마드는 우리에게 작은 여우가 됩니다. 외적으로 우리를 유혹하고 이간질하며 시험하는 여우도 조심해야 하지만 나의 내면에서 생성되는 죄의 여우도 조심해야 합니다. 탐욕, 탐식, 욕망 등이 하나님과 나 사이를 이간질하게 만듭니다. 우리의 기쁨에 두 길이 있다면, 쾌락을 위한 기쁨의 길로 가겠습니까? 아니면 영원한 세계의 기쁨의 길로 가겠습니까?

하나님께서 주시는 영원한 세계의 거룩한 기쁨은 찬양으로 열매가 맺혀집니다. 그렇기 때문에 찬양이 넘치면 우리 얼굴이 환해지는 것입니다. 진정으로 내 안에서 거룩한 길로 가는 '하마드(기쁨)'는 감사, 기쁨, 평안이 내 안에서 넘쳐 성령의 열매가 맺힙니다. 찬양은 아무나 하는 것이 아닙니다. 평안, 감사, 기쁨이 있는 사람이 하는 것입니다.

세상 쾌락의 끝은 허무이고 절망입니다. 그러므로 유혹도 조심하고, 내 안에서 활동하는 여우도 조심해야 합니다. 교회가 포도원이 될 수도 있고, 성도들의 마음, 우리의 가정이 포도원이 될 수 있습니다. 너와 나의 관계(부부, 형제)를 질투하고 이간질하는 여우도 잡아야 합니다. 무릇 지킬 만한 것보다 마음을 지켜야 합니다. 외부와 내부에 있는 여우 모두 잡아야 합니다.

아가 2장 16절입니다.

"내 사랑하는 자는 내게 속하였고 나는 그에게 속하였도다 그가 백합화 가운데에서 양 떼를 먹이는구나"

술람미 여인과 솔로몬(예수님)과의 관계가 얼마나 밀착되어 있는지 모릅니다. 이 사랑은 왜곡된 사랑이 아니고, 한쪽만의 일방적인 사랑이 아닙니다. 같은 마음과 같은 뜻, 같은 방향과 같은 방법으로 같이 행복의 시너지를 올리고 있습니다. 가장 성숙한 사랑, 하나님의 창조의 섭리에 가장 가까운 사랑을 하고 있습니다.

요한복음 15장 4-5절입니다.

"내 안에 거하라 나도 너희 안에 거하리라 가지가 포도나무에 붙어 있지 아니하면 스스로 열매를 맺을 수 없음 같이 너희도 내 안에 있시 아니하면 그러하리라 나는 포도나무요 너희는 가지라 그가 내 안에, 내가 그 안에 거하면 사람이 열매를 많이 맺나니 나를 떠나서는 너희가 아무것도 할 수 없음이라"

나를 떠나서는 너희가 아무것도 할 수 없다는 말을 바꾸면, 나를 떠나지 않으면 너희가 무엇이든지 할 수 있다는 말씀입니다. 이렇듯 술람미 여인과 솔로몬의 사랑은 내가 너 안에, 너가 내 안에 있는 상황입니다. 나는 이 말씀을 품던 날, 지금까지 기도하고 있었던 영적인 숙제가 풀리는 듯했습니다.

"성소가 지성소를 품다" 맞습니다. 성소인 나에게 예수님께서 먼저 찾아오셨습니다. 그런데 이제는 지성소에 성소가 들어가야 합니다. 처음에는 이 숙제가 낙타가 바늘귀에 들어가는 것처럼 느껴졌습니다. 그런데 기도하면서 나의 혼이 말씀으로 녹아지고, 나의 혼이 은혜로, 나의 영이 거룩한 소망으로 나아 갈 때, '성소가 지성소에 들어가다'가 성립이 된다는 것을 깨달았습니다. 술람미 여인과 예수님의 현실적 사랑이 바로 이것입니다.

"그가 백합화 가운데서 양 떼를 먹이는구나" 샤론의 꽃은 장미를 이야기하는데, 이것은 사랑받는 자를 의미합니다. 반면에 백합화는 순종의 의미를 가지고 있습니다. '그가 백합화 가운데서'라는 말은 그분의 영광 안에서 순종하는 것을 의미합니다. 술람미 여인이 포도원을 지키고 양 떼를 치는데, 오라버니들에 대한 상처를 가지고 일한 것이 아니라 그 상처에서 벗어나 하나님 안에서 즐거움과 기쁨으로 일했음을 알 수 있습니다. 그가 백합화 가운데서 양 떼를 먹인다는 것은 하나님의 영광 안에서 순종한다는 것입니다. 이것이 곧 예수님의 순종하심입니다.

현실적으로 포도원을 가꾸고 양 떼를 먹이는 일이 여자의 몸으로 녹록한 일이 아니었을 것입니다. 그러나 그녀는 먹든지 마시든지 하나님의 영광을 위해서 일했습니다. 억지로나 마지 못해서가 아닌 하나님의 영광 안에서, 우리가 무엇을 하든지 하나님 안에 속해 있다면 은혜와 감사가 저절로 나올 것입니다.

아가 2장 17절입니다.

"내 사랑하는 자야 날이 저물고 그림자가 사라지기 전에 돌아와서 베데르 산의 노루와 어린 사슴 같을지라"

"날이 저물고 그림자가 사라지기 전에"라는 말은 심판의 날이 오기 전에, 세상이 끝나기 전에를 의미합니다.

"베데르 산의 노루와 어린 사슴 같을지라" 베데르는 실제적으로 존재하는 산을 말합니다. 요단 동편 마하나임 근처에 있는 비드론 산을 말합니다. 베데르는 '분리하다, 험준하다'는 뜻으로, 사람들의 출입이 절대로 용납되지 않을 만큼 험준한 산을 뜻할 때 사용되는 관용적인 표현입니다. 네가 심판의 날이 오기 전에, 네가 죽기 전에 베데르 산에서, 구별된 산에서, 험난할지라도 좁은 길에서 포기하지 말고, 다시 세상으로 돌아가지 말고 그 자리를 지켜내라는 의미입니다 거룩의 자리를 지켜내고, 좁은 자리, 소수의 자리를 지켜내라는 것입니다.

많은 예루살렘의 딸들, 세상 여인들과 비교할 수 없는 존재로 술람미 여인의 존재 가치를 높여주시는 것을 볼 수 있습니다. 심판의 날이 올 때까지, 세상 끝날까지 베데르 산에서 노루와 사슴처럼 순결함을 지켜 내라는 것은 주님의 영광의 자리에 앉혀 주시기 위함입니다. 그럴 때 여러분은 유일무이한 존재로 영광의 면류관을 쓰고 영광의 자리에 왕비로, 거룩한 신부로 세워질 것입니다.

우리 자신이 유일무이한 존재라는 사실을 느끼고 계십니까? 나 아니면 누가 하겠지라는 마음을 갖는다면 베데르 산을 지킬 수 없습니다. 베데르 산을 지키는 사람은 자신이 유일무이한 존재라는 희소성을 갖고 있어야 하는데, 이런 사람은 '나 다운 삶'을 삽니다. 심리적으로 행복지수가 높은 사람은 '나 다운 삶'을 사는 사람입니다. 이런 사람은 상대적 가치로 나의 가치를 매기는 것이 아니라 절대적 가치로 나를 매깁니다. 유일무이한 존재로 나 다운 삶을 살기 위해서는 어떻게 해야 할까요?

첫째, 나는 하나님의 걸작품이라는 사실을 믿어야 합니다. 나의 외모가 어떠하든 상관없습니다. 하나님은 외모를 보시지 않고 중심을 보시기에 하나님이 나를 걸작품으로 만드셨다는 것, 나를 유일무이한 존재로 만드셨다는 것을 스스로 믿어야 합니다.

둘째, 구별된 하나님의 자녀라는 것을 기억해야 합니다. 나는 베데르 산을 지켜내야 하는 사람입니다. 예수님의 은혜로, 유일하게 노루와 사슴만이 베데르 산에 올라갈 수 있는 그 특별한 곳, 그곳에서 신랑 예수님을 기다립니다. 우리는 구별된 하나님의 자녀로서의 삶을 지켜내야 합니다.

셋째, 우리는 예수님의 신부이고, 왕 같은 제사장임을 기억해야 합니다.

우리는 여러 사람 중에 하나, 대체할 수 있는 사람이 아닙니다. 대체 불가한 유일무이한 존재입니다. 이것을 믿을 때 내가 어떻게 살아가야 할지 깨닫게 될 것입니다. 행복은 '나 다운 삶'을 사는 것입니다. 하나님의 걸작품, 구별된 하나님의 자녀, 왕 같은 제사장으로 살아가는 우리 모두가 되길 소망합니다.

갈망함은 충만함이다

아가 3:1-5

기도 중에 하나님께서 "세상에서 가장 아름다운 것이 무엇이라 생각하니?"라고 질문하셨습니다. 주저하지 않고 곧바로, "세상에서 가장 아름다운 것은 사랑입니다."라고 대답했습니다. 그러나 사랑에도 종류가 다양하고 본질이 다르다는 생각이 들면서 장면 하나가 떠올랐습니다.

예수님께서 십자가를 지시고 골고다의 언덕을 올라가셨을 때, 그 언덕에는 십자가가 세 개 있었습니다. 예수님이 달리신 십자가와 양편에 두 강도가 달린 십자가가 있었습니다. 그러나 한 편의 강도에게는 사형틀의 십자가였지만 다른 한 편의 강도의 십자가는 회개하고 구원받는 구원의 십자가의 첫 샘플이 되었습니다. 예수님의 십자가는 인류를 품어내신 사랑의 십자가였습니다.

세상에서 제일 아름다운 장면은 '골고다 언덕 위에 달리신 예수님'의 모습입니다. 이 장면처럼 내 인생의 마지막을 장식하고 싶은 갈망함이 있음은 예수님이 십자가 위에서 하신 말씀 때문입니다. "다 이루었다." "아버지여, 저들의 죄를 용서하옵소서. 자기들이 하는 일을 알지 못 하 니이다"라고 말씀하셨습니다. 십자가에 못 박아은 자들과 하나님을 배 신한 모든 인류를 위해 기도하시는 그 장면은 사랑의 극치일 뿐만 아 니라 세상에서 가장 아름다운 인생의 마무리 장면입니다.

솔로몬을 생각할 때, 사람마다 떠오르는 이미지가 다를 것입니다. 어 떤 사람은 지혜의 왕의 이미지를 떠올릴 것이고, 어떤 사람은 전무후 무한 부귀와 영화를 누린 왕으로 떠올릴 것입니다. 또, 어떤 사람은 수 많은 여인을 거느린 솔로몬의 부정적인 모습을 떠올릴지 모릅니다. 그 런데 전도서 12장 말씀을 통해 그가 어떻게 살았든지 간에 부귀영화 나 죄의 모습이 아닌 솔로몬의 하나님을 향한 진심이 보였습니다. 솔 로몬의 솔직함과 하나님을 향한 마음을 정리하는 모습이 마치 저녁노 을의 아름다움처럼 느껴졌습니다. 전도서 12장 13-14절 말씀을 보면, "하나님을 경외하고 그의 명령들을 지킬지어다 이것이 모든 사람의 본 분이니라"라고 고백합니다. 솔로몬은 많은 것들을 누리며 호화로운 삶 을 살았지만 이 세상의 모든 것은 헛되고 헛되며 헛되도다 말하면서 인간의 본분은 하나님을 경외하고 그의 명령을 지키는 것이라 고백합 니다. 그리고 하나님은 모든 행위와 모든 은밀한 일을 선악간에 반드 시 심판한다고 고백하면서 전도서를 마무리합니다
이것이 솔로몬의 인생에 마지막 정리였을 것이라 생각하면서 새로운 의미로 솔로몬을 받아들이게 되었습니다. 싱경이 솔로몬을 예수님과

대입시켜 해석할 수 있는 기회를 주시는 것은 분명한 하나님의 마음이 있음을 알아가는 듯합니다. 솔로몬과 술람미 여인의 사랑은 참으로 모범 되고, 우리가 추구해야 하는 모델이 되기도 합니다.

아가서를 해석하는 능력은 두 가지라 생각됩니다. 그 사람의 영적 수준이고, 또한 그 사람의 영적인 컬러에 맞게 해석할 수도 있을 것입니다. 어떤 것이 옳다 그르다 말할 수 없고 아가서를 강해하는 사람의 영적인 수준이나 깊이, 신앙의 컬러에 따라 조금씩 다를 것입니다.

오늘 본문의 말씀은 학자들 사이에서도 의견이 분분합니다. 1-5절 말씀은 술람미 여인의 솔로몬을 향한 갈망함, 사모함의 극치로 인해 꿈으로 나타나는 장면입니다.

정신분석학자 칼 융은, 꿈은 모든 사람들에게 동일하게 적용되는 일반적 규칙이 아니라 개인의 경험과 심리 상황에 따라 다르게 나타날 수 있다고 말합니다. 그 사람의 과거의 경험이 꿈속으로 나타날 수도 있고, 어릴 적 문화나 환경으로 인해 무의식 속에 잠재되어 있던 것이 꿈으로 나타날 수도 있다고 말합니다. 또한, 현재의 심리적 작용으로 인해서 꿈으로 나타나기도 하는데 무엇보다 전의식의 경험들이 꿈으로 나타날 수 있습니다. 즉, 오늘 가장 많이 생각했었던 것들이 꿈으로 나타날 수 있다는 것입니다.

술람미 여인은 어떤 의미에서 다음과 같은 꿈을 꾸었을까 살펴보겠습니다.

아가 3장 1-2절입니다.

"내가 밤에 침상에서 마음으로 사랑하는 자를 찾았노라 찾아도 찾아내지 못하였노라 이에 내가 일어나서 성 안을 돌아다니며 마음에 사랑하는 자를 거리에서나 큰 길에서나 찾으리라 하고 찾으나 만나지 못하였노라"

"내가 밤에 침상에서 마음으로 사랑하는 자를 찾았노라 찾아도 찾아내지 못하였노라" 여기서 '밤에'에 해당하는 히브리어 '바렐로트'는 '여러 날 밤'이라는 의미입니다. 다시 말하며, '밤마다'라는 뜻을 가지고 있습니다. 술람미 여인이 밤미디 솔로몬의 꿈을 꾸는 상황입니다. 이를 통해 얼마나 술람미 여인이 솔로몬을 생각하는지 알 수 있습니다. 술람미 여인의 현재 심리적 상태는 오직 솔로몬만 바라보고 있는 상황입니다. 먹든지 마시든지, 어디서 무엇을 하든지 말입니다. 술람미 여인이 솔로몬을 얼마나 사모하고 갈망하는지 느껴지지 않습니까? 매일 밤 사랑하는 솔로몬의 꿈을 꿀 만큼 그를 그리워하고 있습니다.

그런네 꿈속에서 일어난 일이긴 하지만 찾아도, 찾아도 만나지 못했기에 얼마나 술람미 여인이 두려웠을까요? 술람미 여인의 심리를 살펴보면, 혹여나 솔로몬이 나를 싫어하거나 밀어내면 어떻게 하지, 아니면 우리가 영영 만나지 못하면 어떻게 하지라는 불안함이 꿈으로 나타나지 않았을까라는 생각이 듭니다.

"이에 내가 일어나서 성 안을 돌아다니며 마음에 사랑하는 자를 거리에서나 큰 길에서나 찾으리라 하고 찾으나 만나지 못하였노라" 그러나 술람미 여인은 포기하지 않고 일어나서 성 안에 돌아다니면서 찾아보고, 큰 거리에서도 찾아보았지만 찾아내지 못했습니다. 학자들은 그 당시에 여인이 밤에 성 안과 큰 길로 찾아 나섰다는 것은 엄청난 위험을 무릅쓰고 모험을 한 것이라고 말합니다. 그 당시 결혼하지 않은 여인이 성 안이나 큰 거리에서 이런 행동을 하는 것은 이례적인 행동이었습니다. 그만큼 술람미 여인은 솔로몬을 사랑했기에 두려움이 없었습니다. 그녀의 전부를 걸었다는 것입니다.

우리도 예수님을 사랑합니다. 그러나 그 사랑으로 인해 나타나는 반응은 어떠한지를 보면서 자신의 사랑의 진심을 점검할 수 있습니다. 예수님을 사랑한다지만, 우리도 술람미 여인처럼 예수님을 잃어버린 것조차도 모르고 다른 것에 취해서 살다가 순간순간 생각하는 정도는 아닌지 모르겠습니다. 술람미 여인처럼 간절함과 애절함이 우리 안에 있을까요?

아가 3장 3절입니다.

"성 안을 순찰하는 자들을 만나서 묻기를 내 마음으로 사랑하는 자를 너희가 보았느냐 하고"

술람미 여인은 혼자서 솔로몬을 찾을 수 없으니 성 안의 순찰자들을 만나 내 사랑하는 자를 보았는지 묻습니다. 적극적인 여인의 태도입니다. 꿈속에서도 절대로 포기하지 않는 여인의 열정이 돋보입니다.

이것을 영적으로 해석해 보면, 우리가 하나님, 예수님을 사모하고 갈망하며 우리 마음에 모시기 원하는데 마음대로 되지 않는 경우가 많습니다. 하나님, 예수님, 성령님, 성경을 믿고 살고 싶지만 마음처럼 쉽지 않을 수 있습니다. 신랑이신 예수님께서 처소를 예비하시고 나를 데리러 다시 오실 것이고 나는 신부 된 자로 영원한 세계로 갈 것인데 이것이 실제로 믿어지는지, 나는 신부의 영성을 가지고 사는지를 스스로에게 물어보시기 바랍니다.

성 안의 순찰하는 자들에게 묻는 술람미 여인의 적극성이 돋보입니다. 성 안을 순찰하는 자는 영적인 지도자, 성경의 인물로 볼 수 있습니다. 우리는 예수님에 대해서 더 많이 알고 친밀해지고 싶은데 아무것도 하지 않습니다. 그러나 술람미 여인은 꿈속이지만 이곳저곳으로 찾아다니며 묻습니다. 얼마나 갈망하고 사모하며 열정적인지 모릅니다. 우리도 술람미 여인과 같은 사모함과 열정을 갖고 적극적으로 도전하고 있는지를 점검해 볼 필요가 있습니다. 나는 어떤 사람인가요?

칼 융은, 꿈에 대한 정의를 참 아름답게 합니다. 꿈은 자유연상을 하게 하기도 하고, 꿈을 통해서 나의 무의식, 전의식에 있는 것을 환기, 해독해 주기도 하며 꿈은 나의 무의식 속에 있는 내면의 언어라고 말합니다. 또한, 꿈은 알려지지 않은 자아를 보게 하고, 꿈은 어두운 측면에 있는 나와 밝은 측면에 있는 나를 발견하게 한다고 말합니다. 나의 무의식 세계에 살고 있는 나는 누구일까요? 쭈구리의 나와 창조의 나, 진짜 나를 찾는 것이 곧 예수님을 제대로 만난 사람입니다.

술람미 여인이 꿈속에서 사랑하는 솔로몬을 잃어버렸다고 하는 것은 심리적으로 불안과 두려움이 존재하는 상태임을 알 수 있습니다. 술람미 여인에게는 오직 솔로몬(예수님)뿐이었습니다. 그런데 술람미 여인이 자란 배경이나 과거의 상처의 잔재로 인해서 솔로몬에게도 거절을 당할 수 있지 않을까라는 불안함이 있었기에 꿈속에서 그를 찾지 못하는 모습을 보게 됩니다. 그러나 술람미 여인은 거기에서 포기하지 않고 혼신을 다해서 사랑하는 자를 찾고 찾는 것을 봅니다. 순찰하는 자가 타인일 수도 있지만, 성령님이시라면 잃어버린 예수님, 잃어버린 창조의 나를 반드시 찾아 주실 것입니다.

순찰자를 잘 만나야 합니다. 창조의 나는 곧 예수님이십니다. 예수님은 인간이 죄를 짓기 전의 창조의 모습의 모델로 오신 분이십니다. 성육신의 모습으로 오심은 우리에게 큰 의미가 있습니다. 창조의 너를 찾으면 작은 예수가 된다는 것입니다.

아가 3장 4절입니다.

"그들을 지나치자마자 마음에 사랑하는 자를 만나서 그를 붙잡고 내 어머니 집으로, 나를 잉태한 이의 방으로 가기까지 놓지 아니하였노라"

포기하지 않던 술람미 여인은 순찰하는 자를 지나치자마자 드디어 마음에 사랑하는 자를 만나서 그를 붙잡고 내 어머니 집, 나를 잉태한 이의 방으로 가기까지 놓지 아니하였다고 말합니다. 만약, 어린아이가 부모를 잃어버렸다가 찾게 되면 그 아이의 심정이 어떨까요? 아마 부모를 붙잡고 놓지 않을 것입니다. 술람미 여인 또한 사랑하는 자를 만나자 그를 붙잡고 내 어머니 집, 나를 잉태한 이의 방으로 가기까지 놓지 않는 것을 보게 됩니다. 이 장면을 생각하니 크게 공감이 되고 짠한 마음이 듭니다. 그런데 성령님도 우리를 바라보는 모습이 이러할 것이라 생각됩니다. 찾으라, 구하라, 두드리라 그러면 만나주고 열어주신다는 성경말씀이 오버랩 됩니다.

여기서 '내 어머니 집'은 근동 지방에서 여자들이 거하는 내실의 관용적인 표현입니다.

창세기 24장 67절입니다.
"이삭이 리브가를 인도하여 그의 어머니 사라의 장막으로 들이고 그를 맞이하여 아내로 삼고 사랑하였으니 이삭이 그의 어머니를 장례한 후에 위로를 얻었더라"

이삭은 리브가를 인도하여 그의 어머니 사라의 장막으로 들입니다. 리브가를 아내로 삼고자 결단하고 어머니 사라의 장막에서 마지막 인증을 하는 것을 보게 됩니다.

또한, '내 어머니 집'은 가장 안전한 장소, 외부인이 함부로 들어올 수 없는 상소를 가리키는 말이기도 합니다. 무엇으로도 방해받지 않는 구별된 장소를 의미할 때 사용되었습니다.

영적으로 해석하면, **'내 어머니 집', '나를 잉태한 이의 방'은 본질적 사랑을 말합니다.** 우리의 본질적 사랑은 하나님의 사랑입니다. 우리는 이 세상에 사랑받기 위해 태어났습니다. 사랑받기 위해 데이났다고 생각하는 사람은 내적으로 건강한 사람이고, 본질적 사랑을 가진 사람입니다. 그런데 육에서 태어나 경험한 것이 나의 무의식에 존재하게 되면 '내 부모가 나를 거절했어. 나를 버렸어' 등 본질적 사랑이 아닌 가시적인 사랑이 본질이라고 착각하며 삽니다. 우리의 무의식 속에 상처로 인해 '나 같은 사람이 왜 태어났지?'라고 생각한다면 본질적 사랑을 잃어버린 것이고 나의 존재 가치를 못 깨닫는 것입니다. 이것은 사단이 주는 마음입니다.

하나님과 우리 사이에 죄로 인해 관계가 깨어짐으로 본질적 사랑을 빼앗겼기에 자신에게 주어진 환경에 의해 자신의 가치를 매깁니다. 하나님과 나와의 깨진 관계를 회복시켜 주시기 위해서 예수님이 우리에게 오셨습니다. 예수님의 생명이 내 안에 들어오게 되면, 하나님과의 깨진 관계가 연결되기에 우리 안에는 새로운 생명이 잉태되고 본질적 사랑이 회복됩니다.

육신의 부모님을 통해 내가 이 땅에 태어났지만, 영적인 사람은 나의 본향은 하나님의 나라이고, 하나님의 사랑에 의해서 이 땅에 왔다고 생각합니다. 우리는 본질적 사랑을 찾아야 합니다. 나는 사랑받기 위해 태어난 사람이라고 고백하는 사람은 하나님의 사랑을 깨닫고 그 다음 단계로 나는 사랑하기 위해 존재하는 사람이라고 고백합니다. 본질적 사랑을 깨닫지 못하고 사랑하는 것은 인간적 사랑이고 위선이며 이기적인 사랑입니다. 본질적 사랑을 갖고 있는 사람은 본질적 사랑을 하게 되어 있습니다. 우리의 첫사랑은 부모님이 아닙니다. 우리의 첫 사랑은 하나님, 예수님입니다. 이 첫사랑을 완전하게 회복 시켜 주시러 오신 분이 성령님이십니다. 십자가 사랑의 완성, 이것이 본질적 사랑을 회복하는 것입니다.

또한, '내 어머니의 집', '나를 잉태한 이의 방'은 교회를 말하는 것입니다. 교회는 우리의 영혼의 방, 영혼의 집입니다. 교회를 어머니의 집, 어머니의 방처럼 생각해야 만이 영혼이 성장할 수 있습니다. 교회를 예배당으로만 생각한다면, 필요할 때만 찾는 화장실 정도로 생각한다면, 교회를 통해서 주시고자 하는 영적인 통로를 소유할 수가 없습니다. 주님 다시 오실 그때까지는 피 값으로 세우신 교회가 안식의 안방이 되어야 하고, 영혼의 안식처가 되어야 합니다. 우리가 세상에 살면서 피할 수 있는 도피처가 교회입니다.

저 또한 자녀를 필리핀으로 유학 보낼 때, 다른 어떤 요구도 하지 않았습니다. 다만, 하나님이 우리의 아버지라면 너의 어머니는 교회이기에 교회를 어머니처럼 생각하라 당부했습니다. 교회는 내 어머니의 집이요, 나를 잉태한 이의 방입니다.

아가서 3장 5절입니다.
"예루살렘 딸들아 내가 노루와 들사슴을 두고 너희에게 부탁한다 사랑하는 자가 원하기 전에는 흔들지 말고 깨우지 말지니라"

아가서 말씀을 읽다 보면 본문 5절 말씀이 반복될 것입니다. 이것은 아가서의 후렴구라 생각하시면 좋을 것 같습니다. 아가서에 자주 등장하는 예루살렘 딸들은 하나님과 무관한 사람들을 말합니다. 세상 사람들 혹은 교회 안에 있어도 하나님의 말씀에 순종하지 않고, 다스림을 받지 않은 사람들, 하나님과 상관없이 사는 사람들을 이야기하는 것입니다. 하나님을 모르는 자들아! 예수님을 모르는 자들아! 성령님을 모르는 자들아! 예수님과 나와의 사랑, 삼위일체 하나님과의 관계를 방해하지 말라는 것입니다. 우리 사랑은 노루와 들사슴처럼 예민하고 민감하고, 어린아이처럼 순수하니, 방해하지 말라는 것입니다. 진정한 사랑의 가치를 모르는 자들아! 사랑하는 자가 원하기 전에는 흔들지 말고 깨우지 말라는 것입니다. 이는 너희 멋대로, 너의 기준대로 판단하지 말고, 이러쿵저러쿵 말하지 말라고 당부하는 것입니다.

예루살렘의 딸들이 꼭 외부의 방해꾼만을 말하는 것이 아닙니다. 외부의 것보다 문제 되는 것이 내부의 방해꾼입니다. 하나님과의 사랑, 예수님과의 사랑의 방해꾼은 내부의 문제가 더 클 수도 있습니다.

사랑하는 관계가 되고 싶은데 사랑을 받을 줄 모릅니다. 사랑을 받을 줄 모르는데 사랑을 줄 수 있을까요? 우리가 하는 사랑은 생명을 받고 생명을 주는 사랑입니다. 우리가 술람미 여인처럼 충분히 사랑을 받아내지 못하는 것은 내 의식 수준이 낮거나 영적인 깊이가 낮기 때문입니다. 사랑의 방해꾼은 외부보다 나의 내부에 있음을 알아야 합니다.

프로이트는 의식의 단계가 있음을 말합니다. 의식의 세계, 무의식의 세계, 그리고 그 사이에 존재하는 전의식의 세계입니다. 그리고 그 의식에 수준이 있다고 말합니다. **첫째, '무의식적 무능력자'가 있습니다.** 이는 자신이 모르는 것을 모르고, 자신이 알고 있는 것이 전부라고 생각하는 사람입니다. 어쩌면, 가장 힘든 사람일 수 있습니다. 이런 사람은 가르쳐 주려고 하면 성질을 냅니다. 배워야 하는 이유가 없습니다. 왜냐하면, 자기가 알고 있는 세계를 전부라고 믿고 있기 때문입니다.

둘째, '무의식적 능력자'가 있습니다. 이런 사람은 모르는 것이 있으면 호기심을 가지고 알고자 합니다. 내가 알 수 없는 무의식의 세계가 있다고 인정하면서 내가 다 알 수는 없지만 성령의 빛, 성령의 안내를 받으면 내가 알 수 없는 무의식의 세계를 조금씩 정복할 수 있다고 믿습니다. 이런 사람은 도전하게 되고 열정을 갖습니다.

셋째, '의식적 무능력자'가 있습니다. 자신이 모른다는 것을 알고 있으면서도 절대로 모르는 척 안 하고 다 아는 척합니다. 이런 사람은 교만과 거짓, 위선 그리고 과장된 모습을 보입니다.

넷째, '의식적 능력자'가 있습니다. 의식적 능력자는 역량을 다하고자 하는 열망과 열정이 있습니다. "할 수 있거든이 무슨 말이냐, 믿는 자에게 능치 못할 일이 없느니라." 이것이 의식적 능력자들의 역량입니다. 나 자신의 한계와 초월적인 능력을 믿습니다.

우리 모두 의식적 능력사가 되길 소망합니다. 인간의 행동의 90%가 무의식의 영향을 받고, 10%는 표면적 의식의 영향을 받습니다. 내 무의식의 세계에 수치심이 있을 수 있습니다. 그런데 누군가가 그 수치심을 건드리면 감정적 반응으로 성질을 내거나 혹은 자존감이 떨어집니다. 반면에, 수치심을 느끼지 않는 사람은 그것을 인정하고 받아들입니다. 영적으로 수치심을 극복하는 사람은 건강하게 인정하고 받아들이며 표현합니다. 이렇게 하면 그 사람의 의식 수준과 인격이 높아지게 됩니다. 바로 이것을 우리가 훈련해야 합니다.

또한, 우리가 죄책감을 가지고 있으면 의기소침해집니다. 내가 실수 했을 때 죄책감이 들어올 때, 회개하면 됩니다. 회개하는 순간에 용기가 생깁니다. 회개를 통해 죄책감을 극복하게 되면 또한 의식 수준이 올라가게 됩니다.

두려움, 결핍, 욕망, 무의욕, 분노, 낙담도 마찬가지입니다. 이것들을 반전시킬 수 있는 영적인 무기, 의식의 수준이 있어야 의식을 전환 시킬 수 있습니다. 수치심은 인정하면 됩니다. 죄책감은 회개하면 됩니다. 두려움은 믿음을 가지면 됩니다. 결핍은 자족하고 감사하면 됩니다. "무명이어도 공허하지 않는 것은 예수 안에 난 만족함이라 가난하여도 내가 부족하지 않는 것은 예수 안에 오직 나는 부요함이라." 이것이 우리의 삶의 고백이 되어야 합니다.

의식 수준이 낮으면 내적인 공허함에서 벗어날 수 없습니다. 내적인 공허함은 하나님과의 관계 연결이 되지 않은 것입니다. 예수님이 우리를 위해서 죽어주신 그 사랑을 받아들이지 못한 것입니다. 우리의 내적 공허는 생명이 없다는 증거입니다. 우리는 예수님의 생명을 소유한 자로서 공허가 아닌, 영적인 갈망함으로 바꾸어야 합니다. 영적인 갈망함은 내적인 공허를 해결하는 능력입니다. 영적 갈망은 하나님, 예수님, 성령님과의 친밀함을 통해서 무너진 자아를 회복함으로 의식이 전환되는 것입니다. 이것이 곤비하지 않는 내적 통일의 영성입니다.

갈망은 사랑과 일치시키는 것입니다. 사랑의 온도만큼 갈망함, 사모함, 열정이 생깁니다. 갈망함과 사모함이 없는 것은 머리로만 하나님을 사랑하여 사랑의 온도가 낮기 때문입니다. 갈망은 천국을 사모하는 사람들이 갖는 것입니다. 또한, 여호와를 앙망하는 자가 갈망합니다.

이사야 40장 31절입니다.
"오직 여호와를 앙망하는 자는 새 힘을 얻으리니 독수리가 날개치며 올라감 같을 것이요 달음박질하여도 곤비하지 아니하겠고 걸어가도 피곤하지 아니하리로다"

참된 갈망은 무엇을 해도 곤비하지 않고, 무엇을 해도 피곤하지 않고, 무엇을 해도 가난하지 않습니다. 왜냐하면 충만함이 있기 때문입니다.

시편 63편 1-7절입니다.
"하나님이여 주는 나의 하나님이시라 내가 간절히 주를 찾되 물이 없어 마르고 황폐한 땅에서 내 영혼이 주를 갈망하며 내 육체가 주를 앙모하나이다 내가 주의 권능과 영광을 보기 위하여 이와 같이 성소에서 주를 바라보았나이다 주의 인자하심이 생명보다 나으므로 내 입술이 주를 찬양할 것이라 이러므로 나의 평생에 주를 송축하며 주의 이름으로 말미암아 나의 손을 들리이다 골수와 기름진 것을 먹음과 같이 나의 영혼이 만족할 것이라 나의 입이 기쁜 입술로 주를 찬송하되 내가 나의 침상에서 주를 기억하며 새벽에 주의 말씀을 작은 소리로 읊조릴 때에 하오리니 주는 나의 도움이 되셨음이라 내가 주의 날개 그늘에서 즐겁게 부르리이다."

가마 탄 신부

아가 3:6-11

옛날 어느 시골 마을에 가난한 노부부가 살았습니다. 어느 날, 거위 한 마리가 노부부의 집으로 들어왔고, 거위가 알을 낳아 주길 기대하며 열심히 돌보아 주었습니다. 어느 만큼 시간이 지난 어느 날, 그 거위가 알을 낳았는데 그 알은 일반적인 알이 아닌 황금알이었습니다. 매일매일 황금알을 낳는 거위 덕분에 그 노부부는 황금알을 팔아서 부자가 되었습니다. 그런데 매일 한 개씩 낳는 황금알에 만족하지 못했던 이 노부부는 더 많은 황금알을 갖고자 하여, 결국 거위를 잡아서 배를 갈랐더니 그 안에는 아무것도 없었습니다.

서양 사람들은 자녀들에게 경제관념을 심어 주기 위해 교육시킬 때, 이 이솝우화로 교훈했다고 합니다. 욕심을 부려서 부자가 된다고 해도 그 부를 오랫동안 누릴 수 없다는 것을 이 이솝우화를 통해 자녀들에게 가르쳤던 것입니다. 인생이 성공한다는 것은 욕심으로 인해 얻어지는 것이 아니라 꾸준히 성실하고 진실하게 노력할 때 그 성공은 오래

갈 수 있으며 부를 누릴 수 있습니다.

우리에게도 익숙한 이솝우화가 영적으로 연결된다는 것을 경험했습니다. 어느 날 새벽에 기도를 하는데, 하나님께서 **'황금알을 낳으라!'** 라는 깨달음을 주셨습니다. 나는 기도하는 거위라는 생각에 "주님, 우리 자녀들이 내가 낳은 황금알이 되었으면 좋겠습니다. 그리고 수십 년 무릎으로 목회해온 우리 성도들이 황금알이 되길 소망합니다."라고 기도를 올려드렸습니다. 그러던 중, 하나님의 음성이 강력하게 마음에 울림을 주셨는데, **"너는 예수가 낳은 황금알이다."**라는 말씀을 주시는데 눈물이 쏟아졌습니다. 그러면서 지 또한 "나는 예수님이 낳은 황금알입니다."라고 화답해 드리는 시간이 너무 행복했습니다. 우리는 예수님의 구속의 은혜를 입은 자이기에 "나는 예수님이 낳은 황금알입니다."라는 자부심과 자존감, 정체성을 가져야 합니다.

황금알도 중요하지만 황금알을 낳은 거위가 더 중요합니다. 이솝우화의 노부부는 황금에만 눈이 떠져 있었지, 황금을 낳는 거위의 소중함을 깨닫지 못했기 때문에 복의 문이 닫힌 것입니다. 우리는 예수님이 낳은 황금알이지만 더 중요한 것은 황금알을 낳는 예수님이 더 좋은 분이시라는 것을 잊지 마시기 바랍니다. 이것이 바로 은혜로 사는 사람의 모습입니다.

아가서 3장 1-5절은 술람미 여인의 의식, 전의식, 무의식적인 영역의 모습이 꿈으로 나타난 것이라 말씀드렸습니다. 술람미 여인이 꿈속에서 솔로몬을 잃어버려서 헤매던 장면을 살펴보았습니다.

이어지는 6-11절 말씀도 우리에게 큰 소망을 주는 내용입니다. 아가서는 '노래 중의 노래'라는 의미가 담겨 있듯이, 솔로몬과 술람미 여인이 주인공이지만 말씀 중간중간에 회중의 합창이 있습니다. 즉 솔로몬의 노래, 술람미의 노래, 그리고 회중(관객, 합창단)의 노래가 있습니다. 그중 6-11절은 술람미 여인과 솔로몬을 바라보면서 관객(합창단)들이 부르는 노래입니다.

6-11절 말씀을 결혼식 장면으로 묘사하고, 술람미 여인과 솔로몬 왕의 결혼식 행렬이라 규정하여 말씀을 풀어갈 수 있지만 결혼식에만 국한하지 않을 것입니다. 그 이상의 하나님의 깊은 진심을 느끼는 말씀으로 들어가겠습니다.

많은 사람들이 결혼을 사랑의 완성이라 생각합니다. 그러나 결혼은 사랑의 골인, 끝이 아니라 완성된 사랑을 하기 위한 시작입니다. 성숙한 사랑, 아가페 사랑을 위해 서로가 노력해야 합니다. 결혼 전까지는 서로 노력하지만 결혼하게 되면 모든 노력을 멈춥니다. 그것은 하나님께서 원하시는 결혼제도의 모습이 아닙니다. 서로가 행복하게 살기 위해서는 사랑의 노력을 멈추지 말아야 합니다. 하나님의 사랑을 완전하게 이루기 위해서는 서로 격려하면서 동반 상승할 때, 사랑이 완성될 수 있습니다. 결혼은 사랑의 구속이 아닌 사랑의 깊이를 알게 하는 것이고, 사랑의 끝이 아니고 사랑의 완성을 향해 서로 노력하고 희생하며 헌신하고 서로의 행복을 책임져주는 것입니다.

나는 예수님이 낳은 황금알이기 때문입니다. 우리가 왕 같은 제사장이 되었다는 것은 우리의 공로는 아닙니다. 예수님께서 우리의 신분을 세탁시켜 주셨기에 가능한 것입니다. 나는 예수님의 보혈로 신분이 세탁된 사람입니다. 내가 예수님이 낳은 황금알이라는 정체성을 갖고 있다면 일반적인 달걀이 아닙니다. 우리가 황금알이라는 것은 신분이 세탁이 된 것입니다. 죄인으로 태어나, 사단의 종노릇 했던 나의 죗값을 치러주심으로 우리의 신분이 세탁되었습니다. 뿐만 아니라 우리의 신분을 왕 같은 제사장, 하나님의 양자로, 예수님의 신부로 상승시켜 주셨습니다.

아가 3장 6절입니다.
"몰약과 유향과 상인의 여러 가지 향품으로 향내 풍기며 연기 기둥처럼 거친 들에서 오는 자는 누구인가"

회중들이 노래하는 장면입니다. 회중들이 무언가를 보고 노래하는 것입니다. 그들이 보고 있는 것은 몰약과 유향과 상인의 여러 가지 향품으로 향내 풍기며 연기 기둥처럼 거친 들에서 누군가가 오는 모습이었습니다.

몰약과 유향은 깊은 영적인 의미가 담겨 있습니다. 유향은 신성함을 상징하는데 제사장, 왕, 선지자에게 기름을 부을 때 사용하였습니다. 또한, 몰약은 희생을 상징합니다. 몰약은 상처를 치유하고 소염작용을 하는데, 썩지 않는다는 영생의 의미를 담고 있습니다.

과연 이렇게 몰약과 유향, 상인의 여러 가지 향품으로 향내를 풍기며 연기 기둥처럼 거친 들에서 오는 자가 누구일지 여러분들도 한 번 상상해 보시기 바랍니다.

이사야 60장 3-9절입니다.

"나라들은 네 빛으로, 왕들은 비치는 네 광명으로 나아오리라 네 눈을 들어 사방을 보라 무리가 다 모여 네게로 오느니라 네 아들들은 먼 곳에서 오겠고 네 딸들은 안기어 올 것이라 그때에 네가 보고 기쁜 빛을 내며 네 마음이 놀라고 또 화창하리니 이는 바다의 부가 네게로 돌아오며 이방 나라들의 재물이 네게로 옴이라 허다한 낙타, 미디안과 에바의 어린 낙타가 네 가운데에 가득할 것이며 스바 사람들은 다 금과 유향을 가지고 와서 여호와의 찬송을 전파할 것이며 게달의 양 무리는 다 네게로 모일 것이요 느바욧의 숫양은 네게 공급되고 내 제단에 올라 기꺼이 받음이 되리니 내가 내 영광의 집을 영화롭게 하리라 저 구름같이, 비둘기들이 그 보금자리로 날아가는 것 같이 날아오는 자들이 누구냐 곧 섬들이 나를 앙망하고 다시스의 배들이 먼저 이르되 먼 곳에서 네 자손과 그들의 은금을 아울러 싣고 와서 네 하나님 여호와의 이름에 드리려 하며 이스라엘의 거룩한 이에게 드리려 하는 자들이라 이는 내가 너를 영화롭게 하였음이라"

하나님께서 이사야를 통해 이스라엘 백성들을 영화롭게 하시겠다는 말씀으로, 이스라엘 백성을 회복시켜 주셔서 그들의 가치를 높여주시겠다는 말씀입니다. 또한, 그들을 완전히 하나님의 백성으로 회복시켜 주시겠다는 말씀입니다. 하나님께서는 시각적 표현, 후각적 표현을 최상급으로 사용하셔서 이스라엘 백성을 모든 나라 위에 뛰어난 나라로 등극시키겠다고 말씀하십니다.

마찬가지로 아가서 3장 6절 말씀에서도 시각과 후각으로 최상의 표현을 하고 있습니다.

요엘 2장 30절입니다.
"내가 이적을 하늘과 땅에 베풀리니 곧 피와 불과 연기 기둥이라"

피는 죽음을 의미하고, 불은 능력을 의미합니다. 피와 불과 연기 기둥은 예수 그리스도의 보혈의 피가 있는 곳에 하나님의 능력이 있고, 하나님이 임재하는 증거로 연기 기둥이 세워진 것입니다. 이스라엘 백성들이 광야 길을 갈 때, 구름 기둥과 불기둥으로 인도함을 받았습니다. 이는 하나님이 이스라엘 백성 가운데 임재하신다는 증거입니다. 6절의 광경이 예사롭지가 않습니다.

아가 3장 7-8절입니다.
"볼지어다 솔로몬의 가마라 이스라엘 용사 중 육십 명이 둘러쌌는데 다 칼을 잡고 싸움에 익숙한 사람들이라 밤의 두려움으로 말미암아 각기 허리에 칼을 찼느니라"

회중들에게 솔로몬의 가마가 보였습니다. 멀리서도 구별된 이 가마가 누구의 가마인지를 알아볼 수 있습니다. 그 가마에서 몰약과 유향과 상인들의 향품의 향내를 내며, 연기가 기둥처럼 하늘로 뻗이 올라가는데, 그 가마가 거친 들에서 오는 모습입니다.

'봐라! 솔로몬의 가마다!' 화려하고 구별된 왕이 타는 가마는 다릅니다. 솔로몬 왕의 가마가 화려함과 향기도 있지만 또한 이스라엘 용사 60명이 둘러싸 호위하고 있었습니다. 그 60명이 다 칼을 잡고 싸움에 익숙한 자들이었습니다. 밤의 맹수나 생각지 못한 공격에 대비하기 위해 칼을 찬 것으로 여겨집니다.

그렇다면 과연 가마 안에는 누가 탔을까요? 학자마다 의견이 다른데, 어떤 사람은 솔로몬이 탔을 것이라고 말합니다. 이는 솔로몬이 술람미 여인을 직접 데리러 왔을 것이라 생각하기 때문입니다. 또한, 어떤 사람은 술람미 여인이 탔을 것이라 말하기도 합니다. 그리고 유대의 결혼 문화를 상상하며 솔로몬과 술람미 여인이 같이 탔을 것이라 말하기도 합니다.

저는 개인적으로 술람미 여인이 그 가마에 탔을 것이라 생각합니다. 6절 말씀을 보면, '거친 들에서 오는 자가 누구냐?'라는 질문 속에서 솔로몬 왕이 술람미 여인에게 호위병을 붙여서 가마를 보낸 것이라 여겨집니다. 광야에 있는 술람미 여인에게 자신의 전용 가마를 내어주어 데리고 오라 한 것입니다. 그런데 많은 사람들이 그 모습을 보고 저 가마는 분명 왕이 타는 가마인데 거친 들에서 가마를 타고 오는 자가 누구냐라고 말하는 상황인 것입니다.

술람미 여인의 환경은 불우합니다. 여러 가지 사연을 유추해 봤을 때, 결핍, 상처가 많은 사람이었을 것입니다. 거친 들에서 짐승을 키우고 포도원지기로 일하면서 거무스름한 피부가 될 만큼 어쩌면 주변 가까운 사람들에게 외면을 당했던 여인입니다. 그녀의 아픔이나 외로움을 미루어 짐작할 때, 공감이 참 많이 갑니다. 이 여인이 자신 안에 있는 상처와 외로움을 극복할 수 있었던 것은 하나님을 향한 열정이 있었기 때문입니다.

그녀의 진심과 진실한 사랑과 마음을 받으시고 신랑 되신 솔로몬 왕이 그녀를 선택한 것입니다. 예루살렘에 있는 그 많고 고운 여인들을 제치고, 거친 들에서 살아온 술람미 여인에게 솔로몬 왕이 꽂힌 것입니다. 그리고 솔로몬 왕은 술람미 여인의 신분을 왕비로 상승시켜 주는 것을 보게 됩니다. 솔로몬이 타는 전용 가마를 술람미 여인에게 보내줌으로 인해서 포도원지기의 술람미 여인이 아니라 솔로몬 왕이 신택한 왕비로서의 술람미 여인임을 세상 모든 사람들에게 보여주고 있습니다. 그녀의 가치나 존엄성을 모든 사람들이 볼 수 있도록 화려한 행렬을 만들어 줍니다.

이 말씀 속에서 생각나는 장면이 있을 것입니다. 재림주로 오실 예수님의 행렬과 그를 맞이할 신부인 성도들의 모습입니다. 우리의 스펙, 외모, 환경에 상관없이 예수님을 나의 유일한 신랑으로 삼고 그분 한 분으로 만족하고 살아갈 때, 솔로몬 왕이 술람미 여인의 신분을 상승시켜서 예루살렘으로 입성시킨 것처럼, 우리에게도 그렇게 하시겠다는 예고편을 보는 것 같아 설렘이 있습니다.

아가 3장 9-10절입니다
"솔로몬 왕이 레바논 나무로 자기의 가마를 만들었는데 그 기둥은 은이요 바닥은 금이요 자리는 자색 깔개라 그 안에는 예루살렘 딸들의 가마에 대한 설명입니다. 가마는 레바논 나무로 만들어졌습니다. 레바논 나무는 백향목 나무입니다. 솔로몬이 성전을 지을 때, 백향목으로 지었는데 백향목은 고대 근동의 최고의 건축 자재로 이스라엘에서는 나지 않았기에 수입해야 했습니다. 그런 백향목으로 가마를 만들었고, 가마의 기둥은 은으로, 바닥은 금으로, 자리는 자색 깔개로 만들었는데 예루살렘 딸들의 사랑이 엮어져 있다고 설명합니다.

은은 구속의 의미를 담고 있습니다. 고대 근동 지방에서는 은은 순결, 순수성의 의미를 담고 있습니다. 그래서 기독교뿐 아니라 타 종교에서도 종교의식을 할 때 은을 많이 사용합니다. 또한, 은은 귀족 상류층을 상징합니다. 그래서 성전에서 쓰고 있는 성찬기는 은 또는 금으로 사용합니다.

우리는 예수 그리스도의 보혈로 신분이 세탁되었기에 더 이상 죄인이 아닙니다. 물론 의인임에도 불구하고 죄를 지을 수 있습니다. 죄를 지었을 때에 회개하면 예수 그리스도의 보혈로 흰 눈처럼 희어진다고 하셨습니다. 은도 마찬가지입니다. 은은 사용하지 않으면 녹이 슬기에 늘 닦아 주어야 빛을 발합니다. 우리가 예수 그리스도의 보혈로 신분이 세탁되었지만 연약한 육체를 갖고 있기에 죄를 지을 때마다 예수님의 보혈로 닦아야 합니다. 회개하면 회개할수록 그 기둥이 반짝반짝 빛나서 순결하고 순수한 자가 될 수 있습니다.

또한, 바닥은 금으로 되어 있는데, 금은 믿음의 상징입니다. 고대 근동에서 금은 신을 위한 봉헌물이었습니다. 곧 금은 성공과 안정감의 상징이었습니다. 하나님께서 가장 중요하게 여기시는 것은 믿음입니다. 우리의 믿음이 하나님 앞에 봉헌되어야 하고 인정되어야 합니다. 바닥을 금으로 깔았다는 것은 믿음의 반석 위에 내가 서야 함을 의미합니다. 내 믿음만큼 내 삶의 반석이 되는 것입니다. 내 믿음이 견고하게 되면 내가 그 믿음 위에 서기 때문에 안정감을 갖고 절대 평안하며 소망을 가질 수 있습니다.

그리고 자리는 자색 카펫을 깔았습니다. 자색은 왕의 상징이고, 왕의 권위를 나타냅니다.

사사기 8장 26절입니다.
"기드온이 요청한 금 귀고리의 무게가 금 천 칠백 세겔이요 그 외에 또 초승달 장식들과 패물과 미디안 왕들이 입었던 자색 의복과 또 그 외에 그들의 낙타 목에 둘렀던 사슬이 있었더라"

이렇듯 백향목으로 가마를 만들고 기둥은 은으로, 바닥은 금으로, 자색 카펫으로 깔고 사랑으로 엮었다고 말합니다. 이 가마는 사랑으로 만든 가마입니다. 이 사랑으로 만든 가마에 술람미 여인이 탄 것입니다. 솔로몬 왕의 가마는 권세를 상징하고, 가마를 탄 사람의 가치를 상징합니다.

로마서 8장 32절입니다.

"자기 아들을 아끼지 아니하시고 우리 모든 사람을 위하여 내주신 이가 어찌 그 아들과 함께 모든 것을 우리에게 주시지 아니하겠느냐"

솔로몬의 가치만큼 상승된 술람미 여인처럼 우리도 예수님의 가치만큼 우리의 신분이 상승되었음을 말씀으로 입증시켜 주십니다.

고린도전서 3장 21-23절입니다.
"그런즉 누구든지 사람을 자랑하지 말라 만물이 다 너희 것임이라 바울이나 아볼로나 게바나 세계나 생명이나 사망이나 지금 것이나 장래 것이나 다 너희의 것이요 너희는 그리스도의 것이요 그리스도는 하나님의 것이니라"

확실한 소속감과 정체성은 우리가 그리스도의 것임을 증명하게 됩니다.
또한, 가마는 영광과 번영의 상징의 의미를 가지고 있습니다.

요한복음 17장 22절입니다.
"내게 주신 영광을 내가 그들에게 주었사오니 이는 우리가 하나가 된 것 같이 그들도 하나가 되게 하려 함이니이다"

여러분은 어떤 가마를 탔습니까? 우리는 예수님의 가마 탄 신부입니다.
예수님의 영광을 우리에게도 허락하시기를 소망하시는 예수님의 진심이 느껴져야 합니다. 믿어져야 합니다. 확실하게 증명해야 합니다.

마태복음 24장 30-31절입니다.

"그 때에 인자의 징조가 하늘에서 보이겠고 그 때에 땅의 모든 족속들이 통곡하며 그들이 인자가 구름을 타고 능력과 큰 영광으로 오는 것을 보리라 그가 큰 나팔소리와 함께 천사들을 보내리니 그들이 그의 택하신 자들을 하늘 이끝에서 저 끝까지 사방에서 모으리라"

나는 예수가 낳은 황금알입니다. 나는 예수님이 지목해주신 신부입니다. 그리하여, 나는 세상의 그 어떠한 것과도 짝하지 않고 오직 한 분, 예수님만 바라보고 나아갑니다. 주님 한 분밖에는 사랑할 자가 없습니다. 이것이 예수님의 가마를 탈 자격을 갖춘 신부의 모습입니다.

아가 3장 11절입니다.

"시온의 딸들아 나와서 솔로몬 왕을 보라 혼인날 마음이 기쁠 때에 그의 어머니가 씌운 왕관이 그 머리에 있구나"

솔로몬 왕이 술람미 여인이 탄 가마를 맞이하기 위해 성 어귀에서 기다리는 모습을 보고 회중들이 노래하는 것입니다. 신부를 맞이하러 나온 솔로몬의 위엄과 매력에 대해 관객들이 환호하는 모습입니다.

명예와 권위를 상징하는 어머니가 씌워준 왕관은 왕과 결혼하는 신랑 두 사람에게만 씌워줄 수 있습니다. 그런데 솔로몬은 왕이기도 하지만 신부를 맞이하는 신랑 두 모습을 다 갖춘 것을 볼 수 있습니다.

솔로몬 왕의 가마는 사랑으로 덧입힌 것입니다. 사랑으로 덧입힌 솔로몬 왕의 가마를 예수님의 가마로 바꾸어 생각할 수 있습니다.

고린도전서 3장 10-13절입니다.
"내게 주신 하나님의 은혜를 따라 내가 지혜로운 건축자와 같이 터를 닦아 두매 다른 이가 그 위에 세우나 그러나 각각 어떻게 그 위에 세울까를 조심할지니라 이 닦아 둔 것 외에 능히 다른 터를 닦아 둘 자가 없으니 이 터는 곧 예수 그리스도라 만일 누구든지 금이나 은이나 보석이나 나무나 풀이나 짚으로 이 터 위에 세우면 각 사람의 공적이 나타날 터인데 그 날이 공적을 밝히리니 이는 불로 나타내고 그 불이 각 사람의 공적이 어떠한 것을 시험할 것임이라"

예수님의 가마는 은, 금, 자색 카펫의 의미를 담은 말씀으로 완성된 가마입니다. 예수님은 말씀이 육신이 되어 우리에게 오셨기에 말씀으로 완성된 가마입니다. 은의 의미처럼, 예수님은 우리에게 구속의 은혜를 주셨습니다. 또 금의 의미처럼, 예수님은 그 이름을 믿는 자마다 멸망하지 않는다는 약속을 주셨습니다. 자색의 의미처럼 왕 같은 예수님께서 신랑의 모습으로 신부 된 성도들을 데리러 오시기 위해 재림하실 것입니다. 선진들의 사랑으로 엮은 말씀의 성취로, 반드시 예수님은 우리를 데리러 오십니다. 그동안 상승된 신분으로 예수님의 말씀에 힘입어 살아가는 저와 여러분이 되어야 합니다. 마치, 포로 생활을 하던 유대인 에스더의 신분 상승처럼 말입니다.

에스더 2장 17절입니다.

"왕이 모든 여자보다 에스더를 더 사랑하므로 그가 모든 처녀보다 왕 앞에 더 은총을 얻은지라 왕이 그의 머리에 관을 씌우고 와스디를 대신하여 왕후로 삼은 후에"

아름다운 가마에 탄 신부는 바로 '나'입니다. 말씀으로 완성된 가마를 탄 자는 항상 은혜의 연기를 품어 올려야 합니다. 믿음이 보석처럼 빛나고, 그 보석 같은 믿음이 하나님께 드려져야 합니다. 왕과 왕비의 조화를 이루어내는 품격을 갖추어야 합니다. 그의 권세, 권위, 품위가 있어야 합니다. 사랑으로 엮어진 가마는 모든 이미지가 사랑이 답이 되어야 합니다.

나는 예수님의 가마에 탄 신부입니다.
나는 예수님이 낳은 황금알입니다.

조건 없는 압도적인 사랑

아가 4:1-5

기독교와 타 종교의 차이가 있습니다. 타 종교는 당신이 이것을 행하고 저것도 지켜야 신이 복을 준다고 말합니다. 그러나 기독교에서는 하나님께서 먼저 조건 없이 인간을 사랑하셨다는 것을 믿는 것이 우선이라고 합니다. 그 믿음이 모든 것의 회복이 됩니다. 복을 받기 위해서 무엇을 하는 것은 종교이지만, 받은 은혜에 감사를 기반하는 삶은 신앙생활이 됩니다. 받은 사랑의 가치를 알기에 그 사랑의 가치가 바로 나라는 것을 깨닫는 만큼이 존재감이 됩니다. 기독인의 성화는 은혜에 뿌리를 두고 자신이 받은 사랑의 가치만큼 세상을 사랑하며, 창조의 질서를 지켜가는 것입니다.

"하나님이 세상을 이처럼 사랑하사 독생자를 주셨으니 이는 그를 믿는 자마다 멸망하지 않고 영생을 얻게 하려 하심이라"(요 3:16) 이것이 **기독교의 핵심입니다.**

모든 성경이 그렇지만, 특히 아가서를 보면서 사랑의 가치를 배워가고 있습니다. 솔로몬과 술람미 여인의 사랑을 보면서, 예수님과 나와의 사랑을 묘사해 주는 아가페 사랑을 현실로 끌어오는 것이 우리의 과제라고 생각합니다.

우리가 문학 작품을 읽던지, 교향곡을 감상하던지, 그 작품에는 절정이 있습니다. 모든 예술 작품에는 절정이 있듯이, 아가서 말씀의 절정은 4장이라 생각합니다. 하나님께서 천지를 창조하실 때에도 위대한 창조의 절정이 있었는데, 창세기 1장 26-31절이 바로 그 모습을 보여줍니다. 하나님께서 말씀으로 천지를 창조하셨지만 모든 정성과 능력을 쏟아부어 창조하신 것은 바로 인간입니다.

창세기 1장 26절입니다.

"하나님이 이르시되 우리의 형상을 따라 우리의 모양대로 우리가 사람을 만들고 그들로 바다의 물고기와 하늘의 새와 가축과 온 땅과 땅에 기는 모든 것을 다스리게 하자 하시고"

하나님께서 사람을 창조하실 때에는 우리의 형상을 따라 만들었다고 하셨습니다. 곧 이는 삼위일체 하나님의 형상을 따라, 삼위일체 하나님의 모양대로 심사숙고해서 우리를 만드셨습니다. 이렇듯 창조의 클라이맥스가 사람을 창조하는 마지막 날에 있었습니다. 삼위일체 하나님이 의논하시고 고민하시며 하나님과 교제의 대상이 될 수 있도록 창조하신 것이 우리라는 사실입니다.

이것을 깨달은 사람이 바로 사도 바울입니다. 하나님께서 창조하신 인간의 가치를 바울은 이렇게 표현합니다.

골로새서 3장 10절입니다.
"새 사람을 입었으니 이는 자기를 창조하신 이의 형상을 따라 지식에까지 새롭게 하심을 입은 자니라"

사도 바울은 우리가 새 사람을 입었으니 자기를 창조하신 이의 형상을 따라 지식에까지 새롭게 하심을 입은 자라 말합니다. 예수 그리스도로 인하여 창조의 회복이 가능하다는 믿음의 고백입니다. 나를 어디까지의 레벨에 두고 있는지가 중요합니다. 자신의 출발이 죄인이라는 것에서 시작되는 사람은 한계를 초월하지 못합니다. 배움을 나이에 제한해서는 안 되는 이유는 하나님이 주시는 지혜 안에서 무한대로 성장할 수 있기 때문입니다. 그렇기 때문에 나의 IQ나 배움의 정도로 우리를 제한해서는 안 됩니다. 예수 안에 있는 자는 하나님의 형상을 따라 그의 지식에까지 새롭게 하심을 입은 자이기 때문입니다.

우리가 창조된 목적은 하나님과 사랑의 교제를 나누기 위함입니다. 아가서를 통해 우리는 솔로몬과 술람미 여인이 어떤 사람인지 알 것입니다. 혹시 우리 머릿속에는 솔로몬과 술람미 여인의 지위를 저울질하며 시소를 타고 있지는 않은가요? 점점 술람미 여인과 솔로몬은 균형이 맞추어져 가고 있습니다. 술람미 여인이 아무리 애쓰고 노력한들, 솔로몬의 수준에 이를 수 있을까요?

그러나 술람미 여인과 솔로몬의 사랑은 일치점을 찾습니다. 물론 솔로몬의 사랑이 훨씬 더 큽니다. 모든 것에서 뛰어난 왕이 이름도 모르는 광야의 포도원지기와 균형이 맞지 않아 보이지만, 사랑은 이루어져서 최상급의 모습을 보여줍니다. 이 사랑을 나는 '조건 없는 압도적 사랑'이라고 이름을 붙여봅니다.

하나님과 우리와의 관계도 마찬가지입니다. 하나님이신 예수님과 내가 신랑과 신부의 관계가 성립될 수 있을까요? 그러나 자격을 논하기보다는 무조건 사랑이 먼저입니다. 그 하나님의 사랑은 인간의 사랑에 비교할 수 없습니다.

그 사랑을 아는 것, 깨닫고 믿고 신뢰하는 것이 자격의 조건입니다. 하나님을 향한 순수한 사랑이 하나님 보시기에 합당하다 여기시면 그분이 내려오셔서 우리와 균형을 맞춰 주십니다.

아가서 4장의 말씀은 술람미 여인과 솔로몬이 하나 됨을 기쁨으로 표현하는 장면입니다. 아가서를 볼 때 중요한 것은 정욕의 안대를 벗어야 한다고 말씀드렸습니다. 아가서는 가장 순수함을 담고 있는 사랑입니다. 우리의 눈이 정욕에서 벗어나야 합니다. 죄를 짓기 전, 에덴동산의 아담과 하와는 벌거벗었지만 부끄러워하지 않았습니다. 우리도 정욕의 눈을 벗고, 아담과 하와가 에덴동산에 있었을 때 모습처럼, 예수님을 따라 에덴동산으로 돌아간다고 생각하고 말씀을 보시기 바랍니다.

아가 4장 1절입니다.
"내 사랑 너는 어여쁘고도 어여쁘다 너울 속에 있는 네 눈이 비둘기

"내 사랑 너는 어여쁘고도 어여쁘다" 이것은 솔로몬이 술람미 여인에게 하는 사랑의 표현입니다. 지난주 아가서 3장에서 왕이 보낸 가마를 타고 술람미 여인이 예루살렘 궁 안으로 입성한 것을 살펴보았습니다. 우리도 거룩한 신부가 되어 예수님 안으로 들어왔고 예수님과 함께하고 있다고 생각하시면 됩니다. 신랑이 신부를 보면서 내 사랑아 너는 어여쁘고도 어여쁘다라고 구체적으로 표현하는 것을 보게 됩니다. 구체적으로 칭찬하고 표현하는 것이 사랑 속의 사랑입니다. 디테일은 사랑의 최고의 능력이고, 하나님의 사랑의 표현입니다. 사랑은 인간이 가진 최고의 능력 중의 능력입니다. 재물, 지식이 많다고 사랑을 잘하는 것이 아니라고 생각합니다. 사랑은 하나님께로부터 오는 능력입니다. 눈에 죄의 비늘이 벗겨지고 내 가슴이 뜨거워야 디테일한 사랑의 표현을 할 수 있습니다. 영적인 눈은 말하지 않아도 사랑하게 되면 다 디테일하게 보입니다.

"너울 속에 있는 네 눈이 비둘기 같고" 너울은 아랍이나 중동의 여인들이 얼굴을 가릴 때 쓰는 것입니다. 그들은 눈만 보이게 하고 얼굴을 가리는데 그것을 베일, 면막이라 말합니다. 특히 신부가 신랑에게 다가갈 때, 너울 곧 면사포를 쓰기도 합니다.

너울을 쓰는 것에는 두 가지 의미가 있습니다. 나는 순결한 여인이라는 뜻과 당신이 나의 유일한 남자라는 메시지가 담겨 있습니다. 이렇듯 너울 속에 있는 네 눈이 비둘기 같다는 것은 술람미 여인의 순결한 마음, 순수한 사랑을 칭찬하는 것입니다. 오염된 사랑은 조건을 따지고 그 조건을 얻기 위해 사랑이라는 것을 오용합니다.

우리 하나님도 마찬가지십니다. 하나님만 바라보는 우리 성도들의 눈과 마음을 사랑하십니다. 우리가 세상도 사랑하고, 하나님도 사랑하며 돈이나 명예도 사랑하고, 하나님도 사랑하는 것이 아니라 내가 돈을 버는 이유도 하나님을 사랑하기 위함이고, 내가 일을 하는 이유도 예수님처럼 살기 위함이고, 내가 세상에서 무엇을 하든 성령의 뜻을 따라 살기 위함이라는 내 삶의 정확한 철학을 가지고 살아가는 사람을 하나님은 사랑하십니다.

눈을 마음의 창이라고 말합니다. 눈이 맑고 깨끗하면 그 사람의 마음이 깨끗하고 청결하다고 생각합니다.

베드로전서 3장 5절입니다.

"전에 하나님께 소망을 두었던 거룩한 부녀들도 이와 같이 자기 남편에게 순종함으로 자기를 단장하였나니"

이 시대가 더욱 무질서로 치닫고 있습니다. 죄가 죄인 줄도 모르고 부끄러워하지도 않습니다. 베드로전서에서도 신랑 되신 예수님에게 성도는 거룩한 신부가 되어야 함을 강조합니다.

"네 머리털은 길르앗 산 기슭에 누운 염소 떼 같구나" 솔로몬이 술람미 여인의 순결한 눈에 이어 머리털을 칭찬하는데, 길르앗 산기슭에 누운 염소 떼 같다고 말합니다. 길르앗 산기슭은 그 당시 이스라엘에서 가장 목축업이 번성한 지역이고, 목축업을 하기에 아주 기름진 땅이었습니다. 넓은 길르앗 산 평야에 까만 염소 떼가 무리를 지어 누워 있는 모습을 상상해 보시기 바랍니다. 여유와 자유로움 속에 누워있는 까만 염소 떼의 털이 햇빛에 비치면서 반짝반짝 빛이 납니다. 이렇듯 술람미 여인의 머리털을 이 모습에 비유한 것입니다.

성경에서의 머리털은 권위와 영광, 그리고 순종을 의미합니다.

고린도전서 11장 10-12절입니다.

"그러므로 여자는 천사들로 말미암아 권세 아래에 있는 표를 그 머리 위에 둘지니라 그러나 주 안에는 남자 없이 여자만 있지 않고 여자 없이 남자만 있지 아니하니라 이는 여자가 남자에게서 난 것 같이 남자도 여자로 말미암아 났음이라 그리고 모든 것은 하나님에게서 났느니라"

또한, 민수기에서도 머리에 대한 의미를 이렇게 말합니다.

민수기 6장 5-7절입니다.

"그 서원을 하고 구별하는 모든 날 동안은 삭도를 절대로 그의 머리에 대지 말 것이라 자기 몸을 구별하여 여호와께 드리는 날이 차기까지 그는 거룩한즉 그의 머리털을 길게 자라게 할 것이며 자기의 몸을 구별하여 여호와께 드리는 모든 날 동안은 시체를 가까이하지 말 것이요 그의 부모형제 자매가 죽은 때에라도 그로 말미암아 몸을 더럽히지 말 것이니 이는 자기의 몸을 구별하여 하나님께 드리는 표가 그의 머리에 있음이라"

하나님께 구별하여 드리는 표가 머리에 있다고 말합니다. 머리는 권위를 상징합니다. 술람미 여인의 머리털을 칭찬했다는 것의 영적인 의미는 첫째, 하나님의 권위를 인정하고 순종하는 술람미 여인을 칭찬한 것입니다. 둘째, 구별되게 살고 있는 술람미 여인을 칭찬하는 것입니다. 왕이나 제사장, 선지자에게 기름을 부을 때 머리에 붓습니다. 머리에 기름이 흐르고 있다는 것은 성령의 기름이 네 머리에 임해서 성령으로 인해서 구별된 사람이 되고, 권위에 순종하고 인정하는 사람, 하나님께 영광을 올려드리는 사람이라는 것을 칭찬하는 것입니다.

머리털이 광택이 나고 검다는 것은 하나님의 성령의 기름부음이 날마다 있음으로 인해서 영적으로 기름이 흐르고 영적으로 구별된 존재라는 것입니다. 우리도 이와 같은 아름다운 모습을 소유하시기 바랍니다.

아가 4장 2절입니다.

"네 이는 목욕장에서 나오는 털 깎인 암양 곧 새끼 없는 것은 하나도 없이 각각 쌍태를 낳은 양 같구나"

"네 이는 목욕장에서 나오는 털 깎인 암양…" 머리에 이어 이제는 술람미 여인의 지아를 칭찬하는 모습입니다. 치아가 예쁜 사람들을 보면 인상이 좋은 경우가 많습니다. 아름다운 이를 갖고 있다는 것은 미소가 아름답고, 긍정의 마인드를 가졌다는 것을 의미합니다.

또한, 아름다운 이를 가졌다는 것은 술람미 여인의 심력을 이야기합니다. 다시 말하면, 심력은 내적으로 건강한 소화력을 말합니다. 육신의 치아가 건강하면, 음식을 먹는 소화력에 도움을 줍니다. 그러나 여기서 칭찬은 그것을 넘어 심리적, 정신적, 영적으로 이해심이 많고 수용력이 강하며 공감 능력이 크다는 것입니다.

그 아름다운 이가 목욕장에서 나오는 털 깎인 암양 같다고 말합니다. 양은 털을 깎아 주인에게 옷을 만들어 주는데, 이는 충성입니다. 젖을 짜서 주인에게 유익을 주는데, 이는 헌신입니다.

양을 칠 때, 양의 털을 깎고 나서 목욕장에 넣고 목욕시키는데, 목욕장에서 나온 떨 깎인 암양은 내가 할 일을 다했다는 만족감을 보여줍니다. 다 주고 아주 개운하고 깨끗한 모습으로 나오는 양의 모습을 표현한 것입니다. 다른 사람을 이해하고 수용하며 공감하는 사람은 늘 여유가 있고, 행복해하고 감사합니다. 다 주고도 행복한 모습입니다.

또한, 털 깎인 암양은 겸손, 헌신, 희생, 순종, 사랑을 이야기하는 것입니다. 양은 털을 깎을 때 안 깎는다고 자기 고집을 피우지 않고 온몸을 주인에게 맡깁니다.

"각각 쌍태를 낳은 양 같구나" 쌍태를 낳은 양과 같다는 것은 너의 수고와 노고, 희생적인 사랑을 칭찬하는 것입니다. 너의 수고와 노고, 희생과 헌신이 크지만 그만큼 너 자신도 행복하다는 것입니다. 술람미 여인의 외적인 것을 가지고 칭찬하시지만 그 속에는 그 여인의 내적인 아름다움을 칭찬하시는 것입니다. 순종과 희생하는 모습, 겸손과 헌신의 마음을 가지고 있는 여인의 모습, 넓은 마음과 수용력을 가지고 있는 술람미 여인을 칭찬하는 것입니다.

아가 4장 3절입니다.

"네 입술은 홍색 실 같고 네 입은 어여쁘고 너울 속의 네 뺨은 석류 한쪽 같구나"

"네 입술은 홍색 실 같고 네 입은 어여쁘고" 솔로몬은 술람미 여인의 눈, 머리털, 치아에 이어 이제는 입술을 칭찬합니다. 홍색 실 같은 입술은 붉고 가는 입술을 말합니다. 우리는 사람을 평가할 때, 그 사람의 외모보다는 그 사람의 말하는 것을 보고 평가하게 됩니다. 그 사람이 영적인 사람인지, 육적인 사람인지를 구분할 때도 그 사람의 입에서 나오는 말을 들으면 압니다. 억지인 모습이 아닌 우리의 입에서 나오는 말이 생명을 선포하는 말, 긍정의 말, 소망의 말, 버릴 것이 없는 말이어야 합니다.

입은 원어로 말을 뜻합니다. 입이 어여쁘다는 것은 그 사람의 입에서 나오는 말이 아름답다는 것입니다. 선한 말, 긍정적인 말, 감사의 말, 은혜의 말을 하는 사람의 입이 진정 예쁜 것입니다. 말은 곧 그 사람의 인격입니다.

잠언 10장 20절입니다.

"의인의 혀는 순은과 같거니와 악인의 마음은 가치가 적으니라"

에베소서 4장 29절입니다.

"무릇 더러운 말은 너희 입 밖에는 내지 말고 오직 덕을 세우는 데 소용되는 대로 선한 말을 하여 듣는 자들에게 은혜를 끼치게 하라"

잠언 18장 21절입니다.

"죽고 사는 것이 혀의 힘에 달렸나니 혀를 쓰기 좋아하는 자는 혀의 열매를 먹으리라"

인간의 입에서 나오는 말이 그 사람의 인격뿐 아니라 신앙을 증명하고, 그 사람의 가치관을 증명합니다. 늘 불평하는 사람은 창고에 금이 가득 차도 가난하게 삽니다. 원망과 불평은 나뿐 아니라 자녀에게까지 저주를 가져다줍니다. 우리의 입술이 정말 어여뻤으면 좋겠습니다. 우리의 입에서 나오는 말이 우리의 삶뿐 아니라 우리의 후손에게까지 연결됩니다.

2025년에는 부정의 말을 버리고 긍정의 말을 하시기 바랍니다. 불평하고 원망하는 말을 버리고 긍정의 말, 감사하는 말을 하시기 바랍니다. 자녀가 범사에 잘 되길 원한다면 말부터 바꾸시기 바랍니다. 식물도 저주를 받은 식물은 자라지 않지만 축복을 받은 식물은 잘 성장합니다. 큰 것 바꾸려 하지 말고, 말 한마디 바꾸시기 바랍니다. 입술이 예쁜 사람, 말이 예쁜 사람이 되시기 바랍니다.

"너울 속의 네 뺨은 석류 한쪽 같구나" 석류의 겉모양은 못생겼지만 석류를 자르면 그 안은 너무도 아름답습니다. 너울 속의 네 뺨은 석류 한쪽 같다는 것은 건강미와 열정을 칭찬하는 것입니다. 술람미 여인에게 제일 잘 어울리는 표현이 석류인 것 같습니다. 비록 우리가 나이가 들었더라도 마음과 정신이 늙지 않으려면 열정과 거룩한 소망을 품고 살아야 합니다.

아가 4장 4절입니다.

"네 목은 무기를 두려고 건축한 다윗의 망대 곧 방패 천 개, 용사의 모든 방패가 달린 망대 같고"

솔로몬은 이제 술람미 여인의 목을 칭찬합니다. 네 목은 무기를 두려고 건축한 다윗의 망대 같다고 말합니다. 여기서 망대는 포도밭이나 짐승을 지킬 때 사각지대에 높은 탑을 쌓고 지키는 곳을 말합니다.

그런데 왜 다윗의 망대라고 말했을까요? 다윗이 광야에서 양치기를 할 때, 망대에 있다가 곰이나 사자가 와서 자신의 양을 물어가려 할 때 그 망대에서 뛰어 내려와 희생을 각오하고 양을 지켰습니다. 자기희생을 감행하고서라도 양을 지켜내는 목자의 마음을 이야기하는 것입니다.

술람미 여인은 다윗과 같이 책임감이 있었던 사람이고, 성실한 사람, 헌신적인 사람, 충성의 사람입니다. 다윗은 자신에게 맡겨주는 것을 성실함과 책임감으로 감당했기에 왕의 자리까지 올라갑니다. 그의 성실함과 책임감은 통일왕국을 이룹니다. 다윗의 망대는 무기고보다도 더 큰 믿음고였습니다.

술람미 여인의 사명의 폭, 그릇이 달라집니다. 포도원지기로서 성실하게 책임을 다했더니 이젠 왕궁으로 들어와 왕비로서, 열방의 어미가 된 것입니다. 작은 일에 충성했던 다윗에게 큰일을 맡겼더니 나라를 통일왕국으로 만들었습니다. 다윗을 모델로 해서 술람미 여인을 칭찬하는 것입니다.

목은 영적인 지킴이입니다. 영적으로 목이 부드럽다는 것은 진리에 강한 사람을 뜻합니다. 목이 부드러운 사람은 진리 앞에서는 고개를 숙이지만, 비진리 앞에서는 고개를 숙이지 않습니다. 하나님 앞에서 다윗은 모든 것을 물으며 겸손한 모습을 보이지만 골리앗 앞에서는 당당한 모습을 보입니다. 술람미 여인의 모습을 다윗에 비유한 것입니다. 광야에 있을 때 너는 맡겨진 일에 충성했듯이, 이제는 예루살렘으로 들어와서도 열방의 어미로서도 손색이 없는 목을 가지고 있다는 것입니다. 분명한 근거를 가지고 자존감을 높여 주십니다.

고개를 숙일 때와 고개를 숙이지 말아야 할 때를 알아야 합니다. 그것이 유연한 목을 가진 사람입니다. 존경받는 사람은 고개를 숙일 때 고개 숙이고, 고개를 숙여서는 안 될 때에는 고개를 지키는 사람입니다. 진리 앞에서는 고개를 숙여야 하지만 비진리 앞에서는 목이 잘리더라도 숙여서는 안 됩니다. 이것이 용사보다 강한 용맹함을 가진 믿음의 사람의 모습입니다.

아가 4장 5절입니다.
"네 두 유방은 백합화 가운데서 꼴을 먹는 쌍태 어린 사슴 같구나"

유방은 여자의 상징인데, 이는 따뜻하고 포근한 사랑을 말합니다. 가슴과 유방은 양육과 돌봄을 뜻합니다. 네 두 유방은 백합화 가운데서 꼴을 먹는 쌍태 어린 사슴 같다고 말합니다. 백합화하면 동시에 가시밭이 떠오를 것입니다. 백합화 자체로도 향기가 진하지만 가시가 찌르면 그 향기는 더 멀리 갑니다. 그런데 왜 유방과 백합화를 같이 올렸을까요? 따뜻하고 포근한 사랑, 양육과 돌봄이 있을 때에는 고난, 수고, 애씀, 고통이 함께 따라옵니다. 어린아이가 성장할 때까지는 엄마가 밤잠을 자지 못합니다. 특별히 쌍태를 키우는 어미는 그 고난과 수고가 갑절이 됩니다. 그러나 고통 속에 기쁨이 찾아오고, 고통 이상의 사랑이 있습니다.

네 두 유방이 백합화 가운데서 꼴을 먹는 쌍태 어린 사슴 같다는 것은 공급, 돌봄, 보호 속에는 조건 없는 압도적인 사랑이 담겨 있다는 의미입니다.

우리는 하나님의 압도적인 사랑을 받았습니다 하나님은 가간 없는 사랑을 예수 그리스도로 증명해 주셨습니다. 우리는 받은 사랑과 은혜를 누군가에게 흘려보내야 하는 사명이 있습니다. 이 시대는 죄악이 관영하여, 여인들이 자기의 가슴을 지키기 위하여 모유 수유를 거부합니다. 외적인 미는 있을지 모르지만, 그들의 가슴에는 사랑이 없습니다. 그런 환경에서 자란 아이들이 어떻겠습니까? 각종 결핍에 시달리고 죄를 불러들이는 죄의 홍수 속에 살고 있습니다.

우리의 가슴은 어떠합니까? 공급할 수 있는 부유함이 있습니까? 다른 사람을 돌볼 수 있는 마음의 여유가 있습니까? 다른 사람들을 보호해주고자 하는 사랑과 희생의 마음이 있습니까? 압도적인 사랑을 받은 우리가 사랑 앞에 자꾸만 조건을 붙인다면 사랑이 아닙니다.

사랑은 순수해야 하고, 조건보다는 사랑이 먼저여야 합니다. 우리의 순수한 사랑, 깨끗한 사랑은 우리를 행복하게 만들어 줄 것입니다. 이것을 가진 자기 즉 조건 없는 압도적인 사랑을 받은 자가 사명을 감당할 수 있습니다.

성형이 유행하는 이 시대에 외적인 미를 넘어서 내적인 아름다움을 추구하는 성도가 됩시다. 순결한 눈, 기름진 머리털(권위에 순종), 소화력이 풍부한 건강한 치아, 찬양하는 입술, 감사하는 입술, 은혜를 고백하는 입술, 내 나이와 상관없이 사랑에 열정을 품은 뺨과 망대 같은 견고한 목, 따뜻한 사랑을 품어낼 수 있는 가슴과 유방으로 이 시대의 리더가 되길 소망합니다.

하박국 3장 19절입니다.
"주 여호와는 나의 힘이시라 나의 발을 사슴과 같게 하사 나를 나의 높은 곳으로 다니게 하시리로다 이 노래는 지휘하는 사람을 위하여 내 수금에 맞춘 것이니라"

소망의 산에 오르자!

아가 4:6-11

아름다움이란 단어를 쓰면 묘한 감정이 작동합니다. 인간의 선함과 그 사람의 고귀함, 우아함, 고상함이 떠오릅니다. '예쁘다, 멋지다, 잘생겼다'라는 단순한 표현이 아니라 소박하지만 깊음이 있고, 화려한 듯하지만 기품이 느껴집니다. '아름다움'에는 순수한 권위가 있고, 품위가 있으며 평안과 기쁨 속에서 나오는 향기가 상대에게 안정감을 줍니다. 또한, 감정은 평온하지만 그에게서 행복 바이러스가 풍겨 나와 마음이 밝아지고, 생각이 맑아집니다. 아름다움을 지닌 사람은 그 사람만의 모양이 있고, 그 사람만의 색깔이 있으며 그 사람만의 소리가 있습니다. 고전적인 느낌이 있지만, 클래식한 분위기가 독특한 매력을 발사합니다. 유행에 민감하지 않지만, 그 사람만의 향이 있습니다.

아가서 4장 1~5절까지의 말씀은 아름다움의 한 모델을 보여 줍니다. 바로, 술람미 여인입니다. 술람미 여인은 이제 광야 생활을 마치고 예루살렘 궁전으로 들어와 생활하게 됩니다. 술람미를 향한 솔로몬의 사랑의 찬가는 참으로 아름답습니다.

'아름다움'이란 말은 여성에게만 국한되는 것이 아니라 중성의 표현입니다. 술람미 여인과 솔로몬의 관계는 예수님과 거룩한 신부인 성도이기에 '아름다움'이란 단어를 중성의 단어로 보는 것이 맞습니다. '저 사람 참 예쁘다'라고 말할 때에는 그 사람의 외모를 보고 칭찬하는 것일 수 있지만, '저 사람 참 아름답다'라고 말할 때에는 그 사람의 외모뿐 아니라 전인적인 것을 칭찬하는 것입니다.

술람미 여인은 아름다움을 상징하는 여인입니다. 솔로몬은 7가지를 들어서 술람미 여인의 아름다움을 칭찬합니다. 순결한 눈, 권위에 순종하는 기름진 머리털, 심력이 건강한 치아, 입술에 아름다운 언어습관, 열정의 뺨, 다윗의 망대 같은 견고한 목, 넉넉한 가슴(따뜻하고 마음이 부요함)까지… 술람미 여인에게는 내적인 아름다움이 있었기에, 예루살렘의 많은 여인 중에 술람미 여인에게 솔로몬이 유일무이한 사랑을 고백합니다.

아가 4장 6절입니다.

"날이 저물고 그림자가 사라지기 전에 내가 몰약 산과 유향의 작은 산으로 가리라"

솔로몬에게 칭찬을 받은 술람미 여인이 솔로몬에게 너무도 아름답게 화답합니다. 이 말씀이 담고 있는 영적인 의미는 술람미 여인이 사랑받는 비결이 담겨 있는 듯합니다.

이 말씀 안에는 술람미 여인의 자발적 결단이 담겨 있습니다. 지금까지 술람미 여인은 광야에서 험난한 삶을 살았습니다. 그런데 솔로몬에게 발탁되어 신분이 변화되었고, 삶의 터전이 왕궁으로 옮겨졌습니다. 왕궁으로 옮겨진 술람미 여인의 마음이 어떠했을까요? 낯설고 얼떨떨할 것입니다. 과거의 삶과는 전혀 다른 환경입니다. 쉽게 적응할 수 없고, 기가 죽을 수도 있는 상황입니다. 그곳에는 스펙도 좋고 갖가지 향품으로 꾸미며 왕의 선택을 기다리고 있는 예루살렘 여인들이 얼마나 많았을지 상상이 갑니다.

그러나 솔로몬은 기죽을 수밖에 없는 상황에 있는 술람미 여인에게 그녀의 내면의 것을 드러내며 용기와 자신감을 북돋아 줍니다. 술람미 여인의 환경은 위축될 수밖에 없는 상황이지만 솔로몬의 진심을 받아들이면서 자신도 무언가 결단을 해야겠다 생각하고 고백한 말씀이 6절 말씀입니다.

"날이 저물고 그림자가 사라지기 전에 내가 몰약 산과 유향의 작은 산으로 가리라" '날이 저물고 그림자가 사라지기 전에'란 말은 심판 날이 오기 전에, 내게 주어진 기회가 끝나기 전에, 내가 더 늙기 전에, 하나님이 나를 충성되이 보시고 일을 맡기신 그 순간을 의미합니다.

그리고 내게 주신 기회를 놓치지 않고 몰약 산과 유향 산으로 가리라 말하는데, 여기서 몰약 산과 유향 산은 상징적인 말입니다. 몰약은 고난, 죽음을 뜻합니다. 예수님께서 우리에게 오셔서 죽으시 사을 의미합니다. 그래서 몰약은 시체에만 바릅니다. 또한, 유향은 성령이 기름을 말합니다. 유향은 왕, 제사장, 선지자에게만 붓는 기름입니다.

결국 이 말씀은 술람미 여인의 죽고자 하는 마음과 소망적인 마음을 읽을 수 있습니다. "죽고자 하는 자는 살 것이고, 살고자 하는 자는 죽을 것이다." 솔로몬의 사랑을 믿고 스스로 결단하는 술람미 여인이 참 아름답습니다.

심판 날이 오기 전에, 내가 죽기 전에 하나님이 내게 맡겨주신 사명을 감당하기 위해 기회를 놓치지 않고 죽도록 충성을 맹세하는 술람미 여인입니다. 어떠한 불이익이 있다 할지라도 소망의 끈을 놓지 않고 사명을 완수하겠다는 결단입니다. 자신의 신분에 맞게 열방의 어미로, 예루살렘 왕궁에서 왕의 아내로서의 신분과 정체성을 가지고 사명을 감당하겠다는 고백인 것입니다. 솔로몬의 사랑에 목숨을 거는 술람미 여인입니다.

우리가 받은 사랑이 바로, 솔로몬의 사랑입니다. 사랑에 힘입어 우리는 무엇을 결단했습니까? 예수님의 사랑은 전부를 주신 사랑입니다. 그 사랑에 내가 결단해야 할 것이 무엇일까요?

아가 4장 7절입니다.
"나의 사랑 너는 어여쁘고 아무 흠이 없구나"

술람미 여인의 고백을 들은 솔로몬은 다시 감동을 받습니다. "나의 사랑, 너는 어여쁘고 아무 흠이 없구나." 술람미 여인의 모습에서 인격의 향기, 신앙의 향기까지 나는 것을 보게 됩니다.

죄인으로 태어난 인간, 불완전한 인간이 어떻게 아무 흠이 없을 수 있겠습니까? 그러나 술람미 여인의 자발적 결단이 솔로몬 보기에 너무 사랑스러웠던 것입니다. 우리가 흠이 없어 하나님이 우리를 사랑하시는 것이 아닙니다. 우리는 부족하고 연약하지만 하나님은 창조의 하나님이시고, 예수님은 구원의 하나님이시며 성령님은 나를 온전함으로 회복시켜 주시는 분임을 믿고 고백을 들으시고 은혜로 덮어 주시는 것입니다.

아가 4장 8절입니다.
"내 신부야 너는 레바논에서부터 나와 함께하고 레바논에서부터 나와 함께 가자 아마나와 스닐과 헤르몬 꼭대기에서 사자굴과 표범 산에서 내려오너라"

"내 신부야" 8절에서 "내 신부야"라는 호칭이 처음 나옵니다. 이는 술람미 여인과 솔로몬이 한 몸이 되어 부부가 되었다는 것과 술람미 여인의 신분이 완전히 바뀐 것을 보여주는 말입니다. 그리고 대체 불가한 지리라는 깃입니다.
신부라는 호칭은 명예로운 호칭이며, 서로에게 속해있다는 친밀함을 말합니다.

"너는 레바논에서부터 나와 함께하고 레바논에서부터 나와 함께 가자" 레바논은 술람미 여인이 살던 고향을 말합니다. 레바논에서 술람미 여인은 포도원지기와 양치기를 했습니다 다윗이 그랬던 것처럼 자신의 환경이 어렵고 힘든 상황 속에서도 하나님, 예수님, 성령님과 함께했고, 솔로몬(예수님)만 생각했습니다. 바로 그것을 인정하는 것입니다. 그렇기 때문에 네가 살던 고향 땅에서부터 나와 함께하고, 레바논에서부터 나와 함께 가자고 말한 것입니다.

우리의 과거가 없어지는 것은 아니지만 하나님은 우리의 과거와 현재, 미래를 통틀어 우리를 간섭하시고 인도하심을 믿어야 합니다.

이사야 41장 9-10절입니다.

"내가 땅 끝에서부터 너를 붙들며 땅 모퉁이에서부터 너를 부르고 네게 이르기를 너는 나의 종이라 내가 너를 택하고 싫어하여 버리지 아니하였다 하였노라 두려워하지 말라 내가 너와 함께함이라 놀라지 말라 나는 네 하나님이 됨이라 내가 너를 굳세게 하리라 참으로 너를 도와 주리라 참으로 나의 의로운 오른손으로 너를 붙들리라"

"아마나와 스닐과 헤르몬 꼭대기에서 사자굴과 표범 산에서 내려오너라" 아마나, 스닐, 헤르몬은 레바논 지역의 아주 높은 산봉우리를 말합니다. 팔레스타인 지역에서 가장 험난하고 높은 산의 봉우리를 말합니다. 네가 춥고 무섭고, 험준한 광야에 있을 때에도 나는 너와 함께했고, 너도 나와 함께했다는 것을 기억하라는 것입니다. 고난이든, 기쁨이든 하나님이 술람미 여인과 함께했음을 연상시켜 주시는 말씀입니다.

그러나 이제는 그 꼭대기에서, 사자굴과 표범 산에서 내려오라고 말합니다. 사자나 표범 등의 짐승이 내려와 그녀를 해칠 수도 있는 무방비 상태에 놓였던 술람미 여인의 상황을 느끼게 됩니다. 술람미 여인은 사자굴과 표범 산 밑에서 늘 두려움으로 떨고 있었을 것입니다.

"이제는 과거의 두려워했던 그 산에서 내려와라! 과거에 힘들어했던 그 산에서 내려와라! 과거에 상처받았던 산에서 내려와라! 이제는 가장 편안하고 안정된 곳, 예루살렘 성 안에 왔으니 더 이상 두려워할 필요가 없다."라는 의미가 담겨 있는 것입니다.

우리의 과거의 산은 어떠한가요? 과거의 산에 갇혀 있는 사람은 스스로의 감옥에 갇히게 됩니다.

영국의 작가 엘리엇은 인간은 자기도 모르는 감옥에 갇혀 있을 때, 두려움에서 벗어나지 못한다고 말합니다. 환경이 아무리 좋아져도 내가 가둬 놓은 이 작은 상자에서 탈출해야 합니다. 감옥에서 탈출하지 못하면 두려움에서 벗어나지 못합니다.

첫째, 이기적인 자기 사랑의 감옥에서 탈출해야 합니다. 이기적인 자기 사랑의 감옥에 갇히면 두려움이 있고 불안합니다. 버림 받을까하는 마음, 미움 받을까하는 마음, 소외될 것에 대한 두려움에서 벗어날 수 없습니다. 이기적인 자기 사랑의 감옥에서 탈출할 때 자유할 수 있고 다른 사람으로 변화되어 이타적인 사람, 다른 사람을 사랑할 수 있는 사람이 됩니다.

둘째, 쓸데없는 근심의 감옥에서 탈출해야 합니다.

셋째, 과거를 생각하는 향수의 감옥에서 탈출해야 합니다. 현재의 스토리가 없기 때문에 과거의 향수에 갇히는 것입니다. 현재의 스토리가 있는 사람은 과거에 매이지 않습니다.

넷째, 남의 것만 좋게 보이는 선망의 감옥에서 탈출해야 합니다. 내게 있는 것을 극대화 시키는 사람이 성공할 수 있습니다. 내게 맡겨진 직분을 가지고 열매를 맺을 수 있어야 합니다.

다섯째, 미움과 증오의 감옥에서 탈출해야 합니다. 남을 미워하고 증오하며 용서하지 못하는 것은 내가 감옥에 스스로 갇히는 것입니다.

이렇듯 솔로몬은 술람미 여인에게 이제는 너는 과거에 두려워 떨던 사람이 아니라는 것을 말합니다. 이제 너는 신분이 바뀌고, 정체성이 바뀌었으니 과거의 산에서 내려오고 소망의 산으로 올라가라는 것입니다. 열방의 어미로서, 예루살렘 성의 안주인으로 어떻게 해야 할지 소망의 산으로 올라가라는 것입니다.

우리도 과거의 산에서 내려오고, 소망의 산으로 올라가야 합니다. 우리가 과거에 어떻게 살았든지, 어떤 아픔이나 상처가 있든지 우리는 예수 그리스도를 구주로 영접했기 때문에 신분이 바뀌었습니다. 바뀐 신분으로 이제는 소망의 산으로 올라가야 합니다. 각자의 소망은 다를 수 있지만, 소망은 하나님의 뜻이 담겨 있는 곳입니다. 그 거룩한 소망의 산에 올라갈 때 행복이 있고 삶의 변화가 있을 것입니다.

우리는 죄인으로 태어났기에 누구나 무의식 속에 두려움을 가지고 있습니다. 그러나 예수 그리스도를 구주로 영접하고 신분, 정체성이 바뀌게 되면 두려움은 절대 평안으로 바뀌게 됩니다. 절대 평안으로 바뀌게 되면 기쁨, 감사, 은혜, 사랑이 솟아나게 됩니다. 그러나 두려움이라는 쓴뿌리를 계속 가지고 있으면 죄의식으로 인해 피해의식, 열등감, 낮은 자존감을 갖게 되고 결국 모든 관계에서 어려움이 따릅니다. 과거의 틀에서 탈출합시다. 과거의 산에서 내려와, 우리는 소망의 산으로 올라가는 은혜를 입은 자임을 잊지 마시기 바랍니다.

이사야 43장 18-21절입니다.

"너희는 이전 일을 기억하지 말며 옛날 일을 생각하지 말라 보라 내가 새 일을 행하리니 이제 나타낼 것이라 너희가 그것을 알지 못하겠느냐 반드시 내가 광야에 길을 사막에 강을 내리니 장차 들짐승 곧 승냥이와 타조도 나를 존경할 것은 내가 광야에 물을, 사막에 강들을 내어 내 백성, 내가 택한 자에게 마시게 할 것임이라 이 백성은 내가 나를 위하여 지었나니 나를 찬송하게 하려 함이니라"

아가 4장 9절입니다.

"내 누이, 내 신부야 네가 내 마음을 빼앗았구나 네 눈으로 한 번 보는 것과 네 목의 구슬 한 꿰미로 내 마음을 빼앗았구나"

"내 누이, 내 신부야" 호칭이 또 한 번 변하는 것을 보게 됩니다. '피는 물보다 진하다'라는 속담이 있습니다. 부부가 사랑할 때에는 가장 친밀한 사이 같지만 헤어지게 되면 원수 같은 관계로 변합니다. 그러나 형제 관계는 아무리 싸워도 원수가 될 수 없습니다.

"내 누이, 내 신부야"라는 말은 "누이 같은 신부야!"라는 의미입니다. 끊을 래야 끊을 수 없는 관계, 즉, 환난이나 기근이나 핍박, 세상의 그 어떠한 것으로도 끊을 수 없는 관계임을 강조하는 말입니다. 어떤 고난, 유혹, 환난이 있더라도 우리의 관계를 끊을 수 없다는 것을 핏줄로 연결한 것입니다. 너와 내가 육신의 피는 나누지 않았지만 너는 누이 같은 신부이고 어떠한 것도 우리의 사랑의 줄을 끊을 수 없다는 관계의 견고성을 표현하는 것입니다 우리도 마찬가지입니다. 우리는 그리스도의 피로 하나가 된 형제자매입니다. 그런데 이 피를 육신의 핏값 만큼도 귀하게 여기지 않는 것을 보게 됩니다. 목회자는 내 자녀보다 성도들이 우선입니다. 이 진실이 통하는 관계는 사랑의 강도가 달라집니다.

"네가 내 마음을 빼앗았구나" 이 말은 두 사람의 사랑의 진실이 통한다는 말입니다. 사랑은 한쪽만으로 완성될 수가 없습니다. 서로의 진심이 통하였기에 네가 내 마음을 빼앗았다는 말입니다.

"네 눈으로 한 번 보는 것과" 네 눈으로 한 번 보는 것이란 말은 한 곳만 바라본다는 의미입니다. 술람미 여인의 믿음의 정절은 오직 한 곳만 바라보는 마음입니다. 오직 하나님, 오직 예수님, 오직 성령님만 바라보는 성도가 거룩한 신부입니다.

"네 목의 구슬 한 꿰미로 내 마음을 빼앗았구나" 예전에는 귀걸이와 목걸이를 해 주는 의미가 있었습니다. 목걸이를 걸어준다는 것은 그 걸어준 사람에게 속함을 의미합니다. 귀걸이를 해 주는 것은 너는 나의 종이라는 의미가 담겨 있습니다. 우리가 십자가 목걸이를 하는 것도 '나는 주님의 것입니다.'라는 고백으로 하는 것입니다.

한결같은 마음, 비단같이 고운 마음, 순결한 마음으로 오직 한 분만을 바라봤던 술람미 여인의 순수한 마음에 솔로몬은 반한 것입니다.

아가 4장 10절입니다.

"내 누이, 내 신부야 네 사랑이 어찌 그리 아름다운지 네 사랑은 포도주보다 진하고 네 기름의 향기는 각양 향품보다 향기롭구나"

"네 사랑은 포도주보다 진하고" 세상의 그 무엇과도 바꿀 수 없는 주님을 향한 술람미 여인의 일편단심을 칭찬하는 것입니다. 술람미 여인은 세상의 그 어떠한 것도 부러워하지 않고 곁눈질하지 않았습니다.

"네 기름의 향기는 각양 향품보다 향기롭구나" 술람미 여인의 선한 마음, 순결한 마음, 고상한 인격의 향기를 칭찬하는 것입니다. 어떠한 향품을 쓰지 않아도 인격의 향이 풍기고 그 심성에서 향기가 납니다. 에덴동산에는 향수가 없었습니다. 우리가 죄를 짓고 나서 향수가 생긴 것입니다. 냄새를 커버하려는 향수, 죄를 가리려는 것들이 참 많아졌습니다. 명품 향수를 사용한다고 해서 그 사람이 명품이 되는 것이 아닙니다. 인격의 향기, 신앙의 향기가 나야 합니다.

아가 4장 11절입니다.
"내 신부야 네 입술에서는 꿀방울이 떨어지고 네 혀 밑에는 꿀과 젖이 있고 네 의복의 향기는 레바논의 향기 같구나"

"내 신부야 네 입술에서는 꿀방울이 떨어지고" 술람미 여인의 성실한 언어습관을 칭찬하는 것입니다. 술람미 여인의 말이 얼마나 아름다웠으면 솔로몬이 이런 표현을 할까요? 술람미 여인의 성실한 언어습관, 지혜로운 말, 내면의 언어를 느낄 수 있는 말입니다.

잠언 18장 4절입니다.

"명철한 사람의 입의 말은 깊은 물과 같고 지혜의 샘은 솟구쳐 흐르는 내와 같으니라"

"네 혀 밑에는 꿀과 젖이 있고" 솔로몬의 여성상은 잠언 31장에 나옵니다. 솔로몬은 현숙한 여인을 좋아합니다. 성경에 기록되었다는 것은 우리 예수님 또한 현숙한 사람을 좋아하신다는 것입니다. 현숙한 여인은 덕행이 있는 사람입니다. 덕행이 있는 사람은 풍요롭습니다.

잠언 31장 28-29절입니다.

"그의 자식들은 일어나 감사하며 그의 남편은 칭찬하기를 덕행 있는 여자가 많으나 그대는 모든 여자보다 뛰어나다 하느니라"

"네 의복의 향기는 레바논의 향기 같구나" 말과 행실을 통해서 그에게 인품의 향기가 난다는 의미입니다. 즉 그리스도의 향기가 난다는 것입니다.

잠언 31장 22절입니다.

"그는 자기를 위하여 아름다운 이불을 지으며 세마포와 자색 옷을 입으며"

우리는 그리스도의 신부요, 거룩한 나라의 백성입니다. 마땅히 예수님의 생명을 품은 자들이기에, 우리에게서는 예수님의 향기가 나야 합니다.

고린도후서 2장 15-16절입니다.
"우리는 구원받는 자들에게나 망하는 자들에게나 하나님 앞에서 그리스도의 향기니 이 사람에게는 사망으로부터 사망에 이르는 냄새요 저 사람에게는 생명으로부터 생명에 이르는 냄새라 누가 이 일을 감당하리요"

또한, 그가 입은 의복은 능력과 존귀로 옷을 삼았다고 성경에서 말합니다.

잠언 31장 25-26절입니다.
"능력과 존귀로 옷을 삼고 후일을 웃으며 입을 열어 지혜를 베풀며 그의 혀로 인애의 법을 말하며"

능력과 존귀로 옷을 삼는 것이 우리의 소망이 되었으면 좋겠습니다. 우리의 혀, 입술로 하나님의 인애를 말하는 사람이라면, 어떠한 명품을 걸친 사람보다 아름답고 존귀한 주님의 신부가 아닐까요?

저는 2025년 기도 제목이 "시온의 산에 오르자"입니다. 이것이 나의 소망 곧 소망의 산입니다. 노아의 아라랏산, 아브라함의 모리아 산, 모세의 시내산, 예수님의 갈보리 산의 공통점이 있습니다. 바로, '순종'입니디. 노아도, 아브라함노, 모세도, 예수님도 하나님께 순종히며 올라간 산입니다.

시편 2장 6절입니다.
"내가 나의 왕을 내 거룩한 산, 시온에 세웠다 하시리로다"

예수님께서 인류를 위해 죗값을 치루신 산, 갈보리 산은 우리에게 시온의 산이 되었습니다. 율법의 시내산을 갈보리 시온산으로 옮겨 주셨습니다. 더 이상 과거의 그늘진 산에서 머무르지 않고 하산하여 이제는 예수님, 나의 왕께서 허락하신 거룩한 산, 시온산에 우리를 세우기를 소망하십니다.

이 시온산은 **'언약의 산'**입니다.

요한계시록 14장 1절입니다.
"또 내가 보니 보라 어린 양이 시온산에 섰고 그와 함께 십사만 사천이 서 있는데 그들의 이마에는 어린 양의 이름과 그 아버지의 이름을 쓴 것이 있더라"

이 시온산은 **'승리의 산'**입니다.

스가랴 9장 9절입니다.
"시온의 딸아 크게 기뻐할지어다 예루살렘의 딸아 즐거이 부를지어다 보라 네 왕이 네게 임하시나니 그는 공의로우시며 구원을 베푸시며 겸손하여서 나귀를 타시나니 나귀의 작은 것 곧 나귀 새끼니라"

이 시온산은 하나님께서 거하시는 **'임재의 장소'**입니다.

미가 4장 7절입니다.
"발을 저는 자는 남은 백성이 되게 하며 멀리 쫓겨났던 자들이 강한 나라가 되게 하고 나 여호와가 시온산에서 이제부터 영원까지 그들을 다스리리라 하셨나니"

이 시온산은 **'흔들리지 않는 영원한 산'**입니다.

시편 125편 1절입니다.
"여호와를 의지하는 자는 시온산이 흔들리지 아니하고 영원히 있음 같도다"

시온산은 우리가 쫓겨난 에덴의 산입니다. 여호와의 이름을 두신 곳입니다.
우리 모두 소망의 산, 승리의 산, 거룩한 산, 시온산에 올라갑시다.

그리스도의 이름에 잠겨라

아가 4:12-16

영적인 집중력을 갖고 있는 사람들은, 말씀이 들립니다. 말씀이 들리는 것뿐만 아니라 깨달아집니다. 더 나아가 깨달아진 말씀을 삶 속에서 살아내게 됩니다. 이런 사람이 바로 영적인 사람, 성령의 사람입니다.

아가서 4장은 한 구절, 한 구절이 깊은 우물의 생수처럼, 참으로 소중하게 느껴집니다. 4장을 세 부분으로 나누면 첫 번째 단락은(1-6절), 솔로몬의 술람미 여인을 향한 '조건 없는 압도적인 사랑'의 표현입니다. 술람미 여인의 외적인 모습을 통해 내면적 아름다움까지 느낄 수 있습니다.

두 번째 단락은(7-11절), 술람미 여인이 광야의 삶에서 왕궁의 삶으로, 포도원지기에서 열방의 어미인 왕비로, 정체성과 신분이 바뀌는 장면 속에서 솔로몬의 격려와 지지를 받습니다. 솔로몬은 술람미 여인을 향해 이제 더 이상 과거의 산에 머물러 있지 말고 과거의 산에서 내려와 소망의 산(승리의 산, 시온의 산)으로 올라가라 말합니다. "내 신부야, 네 입술에서는 꿀방울이 떨어지고, 네 혀 밑에는 꿀과 젖이 있고, 네 의복의 향기는 레바논의 향기로구나."(11절) 술람미 여인의 현숙하고 덕스러운 심성, 풍요로운 마음에서 나오는 인성의 향기는 말과 행실을 통해 나는 향기로 백향목의 향기처럼, 널리 퍼진다는 의미입니다. 그의 능력과 존귀로 옷을 입은 삶은 레바논의 백향목으로 비유합니다.

세 번째 단락에서(12-16절) 예수 그리스도의 이름에 우리가 잠기게 되면 어떤 일이 일어나는지를 살펴보겠습니다.

아가 4장 12절입니다.
"내 누이, 내 신부는 잠근 동산이요 덮은 우물이요 봉한 샘이로구나"

4장에서, 솔로몬의 술람미 여인에 대한 호칭을 보면 관계적인 부분에 있어 끊을 수 없는 표현을 계속해서 사용합니다. 바로 혈육 관계의 호칭을 붙여 '내 누이, 내 신부'라고 부릅니다.

고대 근동 사회에서는 사랑스러운 아내, 덕이 있는 아내에 대해 그 집 안에 동산과 같은 여자, 우물과 같은 여자, 샘과 같은 여자라고 칭찬하였습니다. 이렇듯 잠근 동산, 덮은 우물, 봉한 샘이란 표현은 고대 근동의 풍습을 빗대어 표현한 문학적 표현 양식입니다.

동산, 우물, 샘은 지치고 피곤한 사람에게 안식과 새로운 활력을 주는 귀중한 존재라는 영적인 의미를 담고 있습니다. 너무나 지치고 힘들 때 높은 산이 아니라 동산에 올라 쉼을 갖는 것과 같은 이치입니다. 또한, 우물은 개인에게 필요할 뿐만 아니라 식구들과 마을을 살리는 우물이 되기도 합니다. 물이 부족했던 팔레스타인 지역에서 우물과 샘은 거주민들의 생존 여부와 직결되어 있을 정도로 중요합니다.

잠근 동산, 덮은 우물, 봉한 샘이란 말에서 표현은 다르지만 잠근, 덮은, 봉한이라는 동일한 의미의 수식어가 반복적으로 붙여진 이유를 그 당시 이스라엘 백성들은 알았습니다. '잠겼다, 덮였다, 봉했다'의 의미는 영적으로 중요한 세 가지 의미가 있습니다.

첫째, 술람미 여인의 순결과 정조를 의미하는 것입니다. 술람미 여인의 순결하고 깨끗한 정조를 강조해서 표현한 내용입니다.

둘째, 이 신부는 나만의 여인이라는 의미가 있습니다. 솔로몬은 많은 여인들이 있었습니다. 즉 열린 우물이 많았습니다. 그러나 많은 열린 우물 가운데 술람미 여인만큼은 잠근 동산, 덮은 우물, 봉한 샘이었습니다. 이는 누구도 술람미 여인을 건드리거나 함부로 손을 대서는 안 된다는 의미입니다. 천 명의 여인과 술람미 여인을 바꾸지 않을 정도로 특별한 관리의 대상으로 가치를 높이는 것을 볼 수 있습니다.

셋째, 은밀한 것, 비밀한 것이라는 의미가 있습니다. 정말 소중하고 가치 있는 것들은 나만 아는 은밀한 곳에 보관하듯, 특별관리의 대상이었던 술람미 여인입니다. 솔로몬이 술람미 여인을 이렇듯 소중하게 여긴다는 의미입니다.

하나님께 구원받은 백성들이 바로 그런 존재입니다. "나는 너의 하나님이 되고, 너는 나의 백성이라"고 하십니다. 우리를 보호하시고, 특별하게 관리하시며 은밀한 곳에서 비밀한 것을 가르쳐 주십니다.

'잠근 동산, 덮은 우물, 봉한 샘'하면 떠오르는 것이 바로 우리 교회였습니다. 우리 시도교회가 잠근 동산, 덮은 우물, 봉한 샘이라는 깊은 감동이 왔습니다. 32여 년 동안 빌라델비아교회를 모델을 삼고 목회를 했습니다. 우리 교회는 섬에 갇힌 교회, 닫힌 동산입니다. 그러나 사방이 닫혀 있어도 하늘이 열린 교회입니다.

요한계시록 3장 7-8절입니다.

"빌라델비아 교회의 사자에게 편지하라 거룩하고 진실하사 다윗의 열쇠를 가지신 이 곧 열면 닫을 사람이 없고 닫으면 열 사람이 없는 그가 이르시되 볼지어다 내가 네 앞에 열린 문을 두었으되 능히 닫을 사람이 없으리라 내가 네 행위를 아노니 네가 작은 능력을 가지고서도 내 말을 지키며 내 이름을 배반하지 아니하였도다"

빌라델비아교회는 일곱 교회 중에 칭찬만 있고, 책망이 없는 교회입니다. 작은 능력을 가지고도 큰일을 했다고 칭찬하십니다. 우리 교회 또한 모든 성도가 다 칭찬받을 만한 성도가 아닐지라도 우리가 시도교회라는 동산 안에 들어옴으로 인해서 이 말씀이 우리 모두에게도 적용되는 것입니다. 마지막 때에는 어떤 교회, 어떤 지도자를 만나는지가 참으로 중요합니다. 우리가 완벽해서가 아니라 빌라델비아교회의 동산 안에 머문다는 것 자체만으로도 하나님께서 우리에게 기회를 주십니다.

하나님께서는 네가 잡고 있는 것을 굳세게 잡으라고 말씀하십니다. 이는 믿음입니다. 믿음으로 우리에게 주신 직분과 어떤 사명을 주셨든지 소홀히 여기지 말고, 그 사명을 붙잡고 나아가게 되면 반드시 이김이라는 열린 문을 열어주실 것이란 말씀입니다. 또한, 면류관이 준비되어 있다고 말씀해 주시면서 성전의 기둥이 되는 축복을 허락해 주신다고 약속하십니다.

우리 시도교회는 잠근 동산입니다. 목회를 하면서 강단에서 사람의 비위를 맞추는 말씀을 선포하지 않았습니다. 세상의 어떤 문화나 죄가 엄습하지 못하도록 기도하며 강단을 지켰습니다. 이 시대의 교회의 흐름 가운데 예배가 점점 사라지고 있지만 이런 시대와 문화의 흐름에 우리 교회가 휩쓸려가지 않도록 몸부림치며 기도했습니다. 그렇기 때문에 코로나 기간에도 끝까지 예배를 사수할 수 있는 교회가 되었습니다. 사단에게 강단의 권위를 빼앗기지 않았습니다.

지금까지 우리 교회가 잠근 동산처럼 거룩함과 구별됨으로 손가락질을 받고 비웃음을 당해도 예배에 목숨을 걸고 헌신하며 충성하고, 희생을 감내하며 믿음을 지켰습니다. 목회를 하면서 32년 동안 말씀을 뿌렸다면, 우리 성도들이 앞으로는 뿌린 말씀에 싹이 나서 열매를 맺고 그 열매의 맛을 누리고 사는 것이 저의 간절한 소망입니다. 말씀을 붙잡고 끝까지 믿음을 지켜내는 성도들과, 후손에게 복이 임하고 그 복을 누리고 나누고 사는 것이 저의 앞으로의 기도 제목입니다.

다시 말씀드리지만 교회는 잠근 동산입니다. 바로 하나님께 잠겨 있고, 예수 그리스도에게 잠겨 있으며 성령님에게 잠겨 있고, 말씀에 잠겨 있습니다. 세상이 더 이상 교회를 흔들 수 없습니다. 우리 시도교회가 잠근 동산이 되었다면 성도는 덮은 우물이 되어야 합니다. 사단이 침 뱉고, 오염시키지 못하도록 덮어야 합니다. 무릇 지킬 만한 것보다 우리의 마음을 지켜야 합니다. 우리의 마음이 봉한 샘이기 때문입니다. 우리 마음, 우리 영혼, 우리 사명, 우리 직분을 지켜야 합니다. 내 입술에서는 꿀방울이 떨어지고, 내 혀 밑에서는 꿀과 젖이 나오며 내 의복(행동)에서는 백향목의 향기가 흘러나오는 우리 교회와 성도가 되길 소망합니다.

아가서에서 동산이라는 말이 많이 나오는데 의미가 있습니다. 창세기 2장을 보면, 에덴동산이 등장합니다. 에덴동산은 사람을 위해서 만들어 놓으신 창조물이고, 선물입니다. 하나님께서는 에덴동산에 아담과 하와를 초대하시며 누리고 살도록 하셨습니다. 그런데 에덴동산에서 아담과 하와가 죄를 짓고 나서 어떻게 되었나요?

창세기 3장 22-24절입니다.
"여호와 하나님이 이르시되 보라 이 사람이 선악을 아는 일에 우리 중 하나같이 되었으니 그가 그의 손을 들어 생명나무 열매도 따먹고 영생할까 하노라 하시고 여호와 하나님이 에덴 동산에서 그를 내보내어 그의 근원이 된 땅을 갈게 하시니라 이같이 하나님이 그 사람을 쫓아내시고 에덴 동산 동쪽에 그룹들과 두루 도는 불 길을 두어 생명 나

에덴동산이 잠근 동산이 되었습니다. 아담과 하와가 선악과를 따먹었기에 에덴동산에서 쫓겨났고, 하나님은 화염검으로 에덴동산을 잠가 놓으셨습니다. 하나님께서 왜 에덴동산을 잠가 놓으셔야 했을까요? 아담과 하와가 선악과를 따먹음으로 인해 선과 악의 주체가 하나님이 아니라 내가 되었습니다. 하나님께서 선악과를 먹지 말라고 하신 것은 선과 악의 기준은 피조물이 될 수 없고, 창조주만이 선과 악의 기준이 될 수 있다는 것을 알려주시기 위함이었습니다. 그런데 선악과를 따먹음으로 내 기준으로 선과 악을 판단하며 내가 하나님 자리에 앉게 되었습니다.

죄인이 된 아담과 하와가 생명 나무의 열매를 먹게 되면 어떻게 될까요? 죄인으로 영생하게 됩니다. 죄를 지은 상태에서 생명 나무의 열매를 따 먹게 되면 회복할 수 있는 기회가 생기지 않게 되고 영벌에 들어가게 되는 것입니다. 하나님은 선악과를 만들어 놓으실 때, 불순종할 경우를 대비해 이미 예수 그리스도를 준비시켜 놓으셨습니다. 아담과 하와가 죄지은 모습으로 영생할까봐 생명 나무 열매를 따 먹지 못하도록 그 길을 지키신 것입니다. 이렇게 해서 에덴동산이 잠근 동산이 되었습니다. 에덴동산의 잠금은 사랑하는 사람들을 보호하시기 위한 하나님의 깊으신 배려이고 사랑입니다.

요한복음 4장에 나오는 수가성 여인을 묵상하면서 새로운 깨달음이 왔습니다. 사람들은 그 여인이 우물가에 물을 길러 올 때 사람이 없는 정오에 왔기에 내성적인 여인이라 생각하는데, 그것이 그 여인의 전부는 아니었습니다. 예수님과 수가성 여인의 대화를 보면, 혼적인 대화가 잘 되었기에 영적인 대화가 짧은 시간에 통할 수 있었던 것을 느끼게 됩니다.

예수님은 그 여인을 향해 내가 주는 물은 영원히 마르지 않는 샘물이라 말합니다. 수가성 여인이 야곱의 우물, 열린 우물을 먹었을 때에는 늘 사람들을 피했으나 예수님 입에서 나오는 영생의 물을 마신 뒤에는 물동이를 내던지고 동네로 뛰어가는 것을 보게 됩니다.

덮은 우물 안에는 비밀한 것들이 많이 담겨 있습니다. 봉한 샘에는 살리고 치유하고 변화시키는 생명이 있습니다. 우리 예수님은 넓은 우물이셨습니다. 모든 사람이 예수님을 메시아로 믿지 않았다는 것은 예수님이 덮은 우물임을 증명해주는 것입니다. 그러나 그 덮은 우물에서 나오는 생수를 마시는 자마다, 살아나는 기적이 일어났습니다.

구약에서도 덮은 우물의 소중함을 이렇게 말하고 있습니다.

창세기 29장 2-3절입니다.

"본즉 들에 우물이 있고 그 곁에 양 세 떼가 누워 있으니 이는 목자들이 그 우물에서 양떼에게 물을 먹임이라 큰 돌로 우물 아귀를 덮었다가 모든 떼가 모이면 그들이 우물 아귀에서 돌을 옮기고 그 양 떼에게 물을 먹이고는 우물 아귀 그 자리에 다시 그 돌을 덮더라"

당시 고대 근동에는 물이 귀했습니다. 사람뿐 아니라 짐승도 물을 먹어야 했기에 자신의 우물이 아닌 아무 우물에서나 물을 먹을 수 있었고, 정해진 우물과 약속된 사람만이 우물을 먹을 수 있었습니다. 이를 방지하기 위해 큰 돌로 우물 아귀를 덮었습니다. 우물은 사람의 생명만을 지켜주는 것이 아니라 짐승의 생명까지도 책임지는 우물이었습니다.

창세기 26장 12-18절입니다.

"이삭이 그 땅에서 농사하여 그 해에 백 배나 얻었고 여호와께서 복을 주시므로 그 사람이 창대하고 왕성하여 마침내 거부가 되어 양과 소가 떼를 이루고 종이 심히 많으므로 블레셋 사람이 그를 시기하여 그 아버지 아브라함 때에 그 아버지의 종들이 판 모든 우물을 막고 흙으로 메웠더라 아비멜렉이 이삭에게 이르되 네가 우리보다 크게 강성한즉 우리를 떠나라 이삭이 그 곳을 떠나 그랄 골짜기에 장막을 치고 거기 거류하며 그 아버지 아브라함 때에 팠던 우물들을 다시 팠으니 이는 아브라함이 죽은 후에 블레셋 사람이 그 우물들을 메웠음이라 이삭이 그 우물들의 이름을 그의 아버지가 부르던 이름으로 불렀더라"

아브라함이 파놓은 우물을 블레셋 사람들이 다 메웠습니다. 이것이 봉한 샘입니다. 그런데 이삭은 따로 우물을 파는 것이 아니라 블레셋 사람들이 봉한 샘을 다시 파서 백배의 축복을 얻었습니다.

잠긴 동산, 덮은 우물, 봉한 샘은 아주 소중하고 가치 있는 것을 말합니다. 그런데 그 가치를 아는 사람에게는 생명이지만 그 가치를 모르는 사람에게는 아무 유익이 없는 것임을 우리에게 가르쳐 주고 있습니다.

아가 4장 13-14절입니다.

"네게서 나는 것은 석류나무와 각종 아름다운 과수와 고벨화와 나도 풀과 나도와 번홍화와 창포와 계수와 각종 유향목과 몰약과 침향과 모든 귀한 향품이요"

솔로몬은 술람미 여인을 자신이 얼마나 소중하게 여기는지를 표현하면서, 솔로몬에게 술람미 여인의 존재가 어떠한지를 이렇게 표현합니다. 그녀는 석류나무와 각종 아름다운 과수들과 같다고 열거하면서 그녀를 통해 얻는 기쁨과 만족, 유익을 마음껏 표현합니다.

고대 근동 지역에서는 풍요로움을 상징할 때는 과실을, 그 사람의 인품이나 성품을 상징할 때에는 향기, 꽃, 향품으로 표현합니다. 과실은 풍요, 만족을 의미하고, 향기는 피로 회복, 치료제를 의미합니다. 이 모든 것들이 이스라엘 백성들이 생활 속에서 접하는 것들이었습니다.

먼저, 술람미 여인을 **석류**로 표현합니다. 석류는 외적인 모양은 볼품 없지만 그 안은 너무도 환상적입니다. 석류 안의 알맹이가 꽉 차게 되면, 613개 정도가 된다고 합니다. 율법이 생각나지 않습니까? 석류의 풍성함은 곧 정돈됨을 의미합니다. 석류 안의 정돈된 씨앗은 곧 율법의 완성됨과 내적인 완성됨을 상징합니다. 술람미 여인은 내면에 질서가 세워져 있고, 율법으로 정돈된 사람임을 칭찬하는 것입니다. 율법을 상징하고 있기에 제사장의 예복에 석류를 그려 넣었고, 성전의 기둥에도 풍성함을 상징하는 석류알을 그려 넣었습니다. 이 성전 안에 들어오는 모든 성도들은 영과 육과 혼으로 풍성해지길 원하는 소망이 담겨 있습니다.

고벨화는 신부꽃이라 불리웠습니다. 술람미 여인에게 고벨화라고 표현하는 것은 '너는 나의 하나뿐인 신부'요 유일무이한 존재라는 의미입니다.

나도초는 꽃이 아니라 뿌리에서 나는 향기를 말합니다. 이렇듯, 술람미 여인은 뿌리에서 열매까지 버릴 것이 없는 사람이라는 것입니다. 겉에서 속까지, 머리에서 발끝까지 버릴 것이 없는 나의 신부라는 의미입니다. 솔로몬이 심신이 피곤할 때 술람미 여인을 보면 만족과 쉼이 생기고 치료가 된다는 것입니다.

번홍화는 크지 않은 단연초 식물로서 향뿐만 아니라 맛도 좋아서 향재료로 사용됩니다.

창포는 갈대과로, 기름을 짜기도 하고 그 냄새가 너무 좋아서 향수의 재료로 쓰기도 합니다.

계수는 상록수과로, 껍질을 벗기면 벗길수록 향이 진해집니다. 이는 알면 알수록 매력이 있는 사람이라는 것입니다.

침향은 상록수과로, 약재와 방향제로 사용되었습니다. 최고가의 약재로 지금도 유명합니다.

이렇듯 과실, 꽃, 향품으로 다양하게 술람미 여인을 표현한 것은 그녀의 내면에서 나오는 인성과 성품을 말해주는 것입니다. 또한, 솔로몬이 술람미 여인을 통해서 위로와 위안을 받고 기쁨을 얻고 피로를 회복하였다는 것을 향품으로 표현한 것입니다. 마치 잠언 31장의 현숙한 여인의 모델이 술람미 여인인 듯합니다.

아가 4장 15절입니다.

"너는 동산의 샘이요 생수의 우물이요 레바논에서부터 흐르는 시내로구나"

12절에서는 잠근 동산, 덮은 우물, 봉한 샘이라 표현하였는데, 16절에서는 동산의 샘, 생수의 우물, 레바논에서부터 흐르는 시내 곧 열린 우물로 표현합니다. 특별하게 관리되었던 샘물이 생수의 물이 되어 흘러넘칩니다. 동산의 샘이 터졌습니다.

에스겔 47장 1-2절입니다.

"그가 나를 데리고 성전 문에 이르시니 성전의 앞면이 동쪽을 향하였는데 그 문지방 밑에서 물이 나와 동쪽으로 흐르다가 성전 오른쪽 제단 남쪽으로 흘러 내리더라 그가 또 나를 데리고 북문으로 나가서 바깥 길로 꺾여 동쪽을 향한 바깥 문에 이르시기로 본즉 물이 그 오른쪽에서 스며 나오더라"

에스겔 47장을 보면, 성전에서 흐르는 물이 발목, 무릎, 허리, 머리까지 차고 넘쳐서 열방으로 뻗어나갑니다. 이것이 에스겔을 통해 보여준 교회를 향한 축복의 예언의 말씀입니다. 우리 시도교회가 빌라델비아 교회처럼 잠근 교회, 잠근 동산이었는데, 예수 그리스도를 통해서, 잠긴 에덴의 문이 열렸습니다. 하나님의 보호하심 속에서 구별된 시도교회가 이제 예수 그리스도의 보혈의 능력으로 열렸습니다 나아가 성령의 바람을 타고 교회를 통해 주시고자 하는 생명수가 터져 나가야 합니다. 생명의 물이 터져 나와서 그 물이 넘쳐서 교회에서 가정으로, 나아가 지역, 열방으로까지 뻗어나가는 소망을 가져야 합니다.

이전에는 술람미 여인을 잠근 동산으로 표현하더니 이제는 레바논에서부터 흐르는 시내라고 표현합니다. 실제로 레바논은 높은 산이었는데, 높은 산에 쌓였던 눈이 녹아 깨끗하고 차가운 물이 흘러서 밑에까지 1급수의 물을 냅니다. 그 우물이 샘물을 내고 흘러넘치게 됩니다. 덮은 우물, 봉한 샘이 흐르는 시내가 되었습니다. 레바논에서부터 흘러 내려오는 물은 1급수 생명의 물입니다.

물의 급수는 1급에서 6급수까지 있습니다. 1, 2급수는 깨끗한 물이기에 그냥 마셔도 됩니다. 3급수는 사람은 먹을 수 없지만 물고기는 살 수 있는 물입니다. 그러나 4급수는 물고기가 살 수 없는 물입니다. 5급수의 물은 오염된 물이기에 목숨이 위험합니다. 4, 5급수의 물은 정화가 가능하지만 6급수는 정화가 불가능한 물입니다.

사람도 마찬가지입니다. 우리 성도 모두가 1, 2급수 물이 되길 소망합니다. 3급수 물이 되어도 가능성이 있습니다. 3급수만 되어도 보혈로 정화시켜서 다시 회복될 수 있습니다. 그러나 4급수로 넘어가면 안 됩니다. 그런 사람의 입에서, 마음에서 나오는 말은 독이 됩니다. 나만 죽는 것이 아니라, 다른 사람까지 오염시키고 죽이는 자가 됩니다. 성경은 다른 사람을 실족하게 하는 사람은 차라리 연자맷돌을 매고 바다에 던지우는 것이 낫다고 합니다. 6급수의 사람은 하나님도 외면한 사람입니다. 빌라델비아교회에 몇 사람을 사탄에게 넘겨주었듯이 사단의 밥이 된 사람입니다.

오염되지 않은 깨끗한 1급수와 같은 술람미 여인에게 비전이 선포됩니다. 시냇물이 흘러, 흘러 영향력을 주라는 것입니다. 열방의 어미로서, 왕비로서 능력을 발휘하라는 것입니다. 15절은 술람미 여인에 대한 소망의 메시지입니다. 이제는 나만의 여자가 아니라 열방의 어미, 왕비라는 것입니다. 잠근 동산에서 4대강이 터져 나오면, 닫힌 문이 열린 문이 되어 엄청난 영향력을 줄 것이기 때문입니다. 비손강은 넘쳐 흐르다의 뜻이고, 기혼강은 죽음의 땅에 생명으로의 회복이며 힛데겔은 빠른 회복의 약속이고, 유브라데는 비옥한 땅을 말합니다. 술람미가 그런 여인이 될 수 있는 은혜, 기회를 주시는 것입니다. 예수 그리스도의 이름 안에 잠기게 되면 무엇이든 구하라 주실 것이요, 찾으라 찾을 것이며 두드리라 열릴 것이라고 약속하셨습니다. 예수님은 문이십니다. 그분이 열면 닫을 자가 없고, 닫으면 열 자가 없습니다. 다윗의 열쇠를 가지셨다는 것은 천국의 모든 축복의 키를 가지셨다는 것입니다.

예수 그리스도의 이름에 잠기기만 하면 창세기 2장의 닫혔던 에덴동산의 문도 열릴 것이고, 예수님을 내 가슴에 품으면 내 가슴이 에덴동산이 되어서 우리의 입술과 가슴에서 젖과 꿀이 나와 열방을 먹일 수 있게 될 것입니다. 예수 그리스도의 이름이 아니면 잠근 동산의 문을 일 시가 없습니다. 그리스노의 이름에 잠기시기 바랍니다.

아가 4장 16절입니다.
"북풍아 일어나라 남풍아 오라 나의 동산에 불어서 향기를 날리라 나의 사랑하는 자가 그 동산에 들어가서 그 아름다운 열매 먹기를 원하

15절까지는 솔로몬이 술람미를 향해 부른 노래였다면, 16절은 술람미 여인이 솔로몬에게 하는 답가입니다.

자신감이 충천해진 술람미 여인이 화답을 합니다. "북풍아 불어라 남풍아 오너라" 북풍은 찬 바람, 남풍은 따뜻한 바람을 의미합니다. 이것은 "고난아 와라! 나는 희생도 괜찮다. 헌신도 괜찮다. 충성이 준비되었다. 어려움도 두렵지 않다."라는 것입니다. 찬 바람과 더운 바람이 어우러지면 과일의 맛도 좋다고 합니다. 사람도 고난을 모르고 사는 사람보다는 고난도 이기고, 아픔과 고통도 이겨낸 사람이 단단하고 강합니다. 우리는 북풍도 남풍도 성령의 바람이 불어와 그 어떠한 환경도 이겨내는 스토리의 주인공 되어야 합니다.

앞으로 내 비전을 이루어가기 위해서는 북풍도 좋고, 남풍도 좋다는 것입니다. 어떤 어려움 속에서도 내가 받은 은혜가 더 크기에 내게 있는 향기가 북풍과 남풍을 통해서 더 멀리멀리 날려갈 수 있도록 고백하는 것입니다.

그리고 마지막에는 나의 사랑하는 자가 그 동산에 들어가서 아름다운 열매 먹기를 원한다고 고백합니다. 술람미 여인의 솔로몬을 향한 진심어린 사랑의 고백입니다. 솔로몬(예수님)이 자신의 동산에서 만족하고, 누리며 쉬기를 소망합니다. 동산 같은 자신의 품으로 와서 누리라고 고백합니다.

우리는 동산입니다. 우리는 에덴동산입니다. 에덴동산의 뜻은 기쁨,

즐거움입니다. 내가 에덴의 동산이라면, 반드시 있어야 할 것이 구비되어야 합니다. 생명 나무입니다. 생명 나무는 바로 예수님이십니다. 그리고 선악 나무입니다. 하나님의 말씀입니다. 창조의 시작에서는 자유 의지가 인간의 존엄성이었다면, 죄를 지은 후부터는 자유 의지가 두 길을 만들어 줍니다. 나를 위한 목적으로 선택하는 자유 의지는 죄의 길을, 하나님을 중심으로 선택하는 자유 의지는 생명의 길로 안내를 받을 것입니다. 그 길은 하나님께서 잠가 놓았던 모든 에덴의 축복을 다시 회복할 수 있는 길입니다.

성령의 바람을 타는 사람은 성령의 9가지 열매로 인하여, 풍성한 에덴을 소유하게 될 것입니다. 사랑의 열매, 기쁨의 열매, 화평이 열매, 오래 참음의 열매, 자비의 열매, 양선의 열매, 충성의 열매, 온유의 열매, 절제의 열매가 맺혀진 인간 동산이라면, "성령의 바람아 불어라, 나의 향기를 멀리멀리 날려 다오."라고 외칠 수 있지 않을까요?

요한계시록 21장 6~7절입니다.

"또 내게 말씀하시되 이루었도다 나는 알파와 오메가요 처음과 마지막이라 내가 생명수 샘물을 목마른 자에게 값없이 주리니 이기는 자는 이것들을 상속으로 받으리라 나는 그의 하나님이 되고 그는 내 아들이 되리라"

깊은 밤의 방문

아가 5:1-5

세상에는 아름다운 말이 많지만 나에게 최고의 울림을 주는 단어는 '생명'입니다. 물론 사랑이란 말도 아름답지만 사랑이라는 말이 오염되고 가짜 사랑이 많다 보니 분별력이 필요합니다. 그런데 생명은 가짜가 있을 수 없습니다. 생명은 과학으로도 만들어 낼 수도 없고, 사람이 복제할 수도 없으며 오직 생명의 주인이신 하나님으로부터 옵니다. 생명과 사랑, 생명이 있는 사랑, 생명을 품은 사랑 등 생명 옆에 사랑을 놓으니 생명이 살아나는 듯한 느낌이 듭니다.

지금 이 시대는 혼돈 그 자체입니다. 정치가 종교가 된 듯한 안타까운 이 시대에 분별력을 갖지 않으면 우리의 신앙을 지켜낼 수 없습니다. 혼란한 이 시대가 다시 복음으로 거듭나 선진 대한민국, 복음 대한민국, 통일 대한민국이 될 수 있도록 기도해야 합니다. 영적 대각성이 일어나면, 어두움에 잠겨 있는 이 나라에 영적 부흥이 도래할 것입니다.

나라와 민족뿐 아니라 개인의 영적 각성과 성장을 점검해 볼 필요가 있습니다. 하나님께서는 어둡고 혼돈된 세상에 빛이 있으라 명령하시자 질서 있게 창조가 이루어졌습니다. 그러나 인간의 죄로 인해 이 세상이 다시 무질서와 혼돈상태에 빠지게 되었습니다. 깨어 있는 믿음의 사람들이 교회와 이 민족에 영적 각성을 일으키는 불씨가 되어야 합니다.

개인적 영적 단계를 살펴보면, 첫 번째 단계로 예수님을 구주로 영접하면 반드시 나의 내면에 깨어남의 변화가 일어나야 합니다. 잠자고 있던 나의 내면이 예수 그리스도의 보혈로 인해서 깨어남을 느낄 수 있어야 합니다. 즉, 변화에 대한 욕구 의식이 일어나야 합니다. 믿음을 받아들였으면 반드시 변화에 대한 욕구 의식이 있어야 변화될 수 있습니다. 예수님을 얼마나 오래 믿었느냐가 중요하지 않습니다. 예수 믿고 나의 내면의 질서가 얼마나 살 삽혔 있나가 중요합니다.

여러분은 변화에 대한 의식 욕구가 얼마나 있습니까? 변화에 대한 욕구, 의식이 간절할수록 변화가 빨리 옵니다. 간절함이 열정을 이깁니다. 하나님은 기적을 행하시기 전에 반드시 체크하시는 것이 있습니다. 나의 의지입니다. 의지가 세워지지 않은 사람에게는 기적이란 없습니다. 예수 믿는 사람이라면 조금 더 나은 모습, 성숙한 모습으로 하나님 앞에 서길 소망하는 것이 당연한 것입니다.

두 번째 단계로, 변화에 대한 열망과 간절한 소망을 가지고 있으면, 내 의식의 변화를 체험하게 됩니다. 오늘의 나는 어제의 내가 아니고, 내일의 나는 오늘의 내가 아니다라는 변화의 욕구를 가지고 있으면, 반드시 하나님께서 동행해 주시고 성령님께서 임재하시며 의식의 변화의 체험을 하게 됩니다. 의식의 변화의 체험이 우리의 삶 속에서 일어나게 됩니다.

그리고 **세 번째 단계로, 이런 성장 과정 가운데 영혼의 어두운 밤을 만나게 됩니다.** 바로 나의 내면의 그림자와 대면하게 됩니다. 내 안에서 내가 원하는 선과 내가 원하지 않는 악의 대면입니다. 아름다운 언어를 사용하며 반응하길 소망하지만 그렇지 않은 나의 내면의 모습과 어두운 그림자가 있을 것입니다. 내면의 어두운 그림자와 대면하게 되면, 반드시 우리는 선택해야 합니다. '가짜 나'와 '진짜 나'를 구분하고 선택해야 입니다.

예수님께서는 하나님이 원하시는 나를 위해 모든 상처와 죄의 대가를 십자가에서 치루어 주셨습니다. 그렇기 때문에 어두운 그림자의 나는 진짜 내가 아닙니다. 내면의 질서를 세워가는 과정 속에서 영혼의 어두운 밤은 진짜 나를 찾는 것입니다. 빛의 나와 어두운 그림자의 나 가운데 누구를 선택할지는 자신의 몫입니다.

네 번째 단계로 진정한 자아, 창조의 자아와의 일치 단계입니다. 빛의 나를 수용하고, 빛을 따라 살다 보면 진정한 창조의 내가 폭풍 성장하기 시작하면서 나의 내면의 어두움이 사라집니다. 창조의 나, 진정한 자아를 만나 창조적인 나와 일치하게 되면 그 안에서 기쁨이 솟아 납니다. 이것을 우리는 통전이라고도 하고, 통합된 자아라고도 합니다.

마지막 단계는 영화의 단계입니다. 하나님의 뜻과의 일치된 삶입니다. 사도 바울 또한 '내가 사는 것이 아니라 내 안에 그리스도가 사는 것'이라고 고백합니다. 이것이 바로 영화의 단계의 신앙입니다. 영화의 단계는 구원의 마지막 단계로, 죄의 영향을 받지 않게 되는 단계입니다. 영화의 단계에 들어가면, 내가 독을 마셔도 해함을 받지 않게 됩니다. 그리스도가 내 안에 있기에 보혈이 나를 해독시켜 줍니다. 유혹을 받을 수는 있지만 유혹에 넘어가지는 않습니다. 유혹이 온다 하더라도 거뜬히 이겨냅니다. 예수님께서 육체의 몸으로 이 땅에서 사역하실 때의 단계입니다.

영화의 단계는 내 생각을 내려놓고, 하나님의 뜻을 받아들이는 단계입니다. 내 생각보다 하나님의 뜻이 훨씬 더 유익하다는 것을 아는 단계입니다. 이 단계에 들어가면 신앙 생활하는 것이 어렵지 않습니다. 내가 나를 사랑하는 것보다 하나님께서 나를 사랑하는 것이 더 크다는 것을 압니다. 그러므로 내 생각을 내려놓고 포기해도 하나님의 뜻을 받아들이면 훨씬 더 좋은 모습과 환경, 성숙한 자리로 나아갈 수 있다는 것을 압니다. 기본적으로 변화에 대한 욕구 의식이 사라지지 않길 소망합니다. 욕구가 식는 순간 우리의 영혼은 방치되고 죽는다는 것을 명심하시기 바랍니다.

아가서 4장과 달리 5장은 아가서의 재발견의 장입니다. 아가서를 강해하면서 주석가들의 견해보다는 하나님의 음성에 따라가길 소망하며 말씀을 준비하고 있습니다. 아가서 4장을 통해 클라이맥스를 접하고, 5장에 들어섰는데 딱 벽에 부딪히고 막히는 듯한 느낌이 들었습니다. 주석가들의 견해를 살펴보아도 영적인 흐름이 일치되지 않는 것을 느꼈습니다. 하나님께 간절히 기도하던 중에 쟁기와 성경책을 보여주셨습니다. 성령님께서 성경책 위에 쟁기를 올려놓으시고 말씀을 파헤쳐 가시는 모습을 보았습니다. 그때, "성경 위에 성령의 빛으로 걸어가라!"라는 감동을 주시는데, 성령께서 이 말씀을 쟁기로 깊이 있게 갈아주실 것이라는 확신이 생겼습니다.

아가서 4장은 한 구절, 한 구절의 영적 의미가 깊기 때문에 꼭 나만의 말씀을 가지고 영적인 각성, 성장을 통해 영화의 단계까지 올라가길 소망합니다.

4장 말씀에서 잠근 동산, 덮은 우물, 봉한 샘은 하나님께서 구별된 백성들을 보호하기 위함이라 말씀드렸습니다. 에덴동산을 닫아놓으신 이유도 다시 우리를 구원하시기 위해, 죄인의 모습으로 영생하지 못하게 하기 위해, 생명과를 막아놓으신 것입니다. 그렇기 때문에 닫힌 문은 하나님의 은혜입니다. 육신의 부모도 내 자녀가 어릴 때는 안전하게 보호하기 위해 가림막을 치기도 하고 바운더리를 쳐 놓기도 합니다. 하나님께서도 구원받은 백성을 안전하게 보호하고 구별되게 지키시기 위해 닫힌 문을 허락하신 것입니다.

닫힌 문이 은혜라면, 열린 문은 축복입니다. "동산의 샘이요 생수의 우물이요 흐르는 시냇물이라…" 닫힌 문의 은혜를 경험하는 사람들이 반드시 열린 문의 축복의 주인공이 될 것입니다. 열린문의 주인공이 되어서 예수님의 영광을 드러내는 삶이 되길 소망합니다.

술람미 여인은 4장 16절에서 '북풍아 오너라, 남풍아 오너라 나의 사랑하는 자가 동산에 와서 아름다운 열매 먹기를 원한다'고 고백합니다. 술람미 여인은 레바논이라는 시골 광야에서 포도원지기를 하며 가족으로부터 버림받았던 사람인데 신분이 상승되어 예루살렘의 많은 여인 가운데 열방의 어미가 되었습니다. 술람미 여인의 닫힘의 은혜와 열림의 축복이 우리의 소망이 되길 바랍니다.

아가 5장 1절입니다.
"내 누이, 내 신부야 네가 내 동산에 들어와서 나의 몰약과 향 재료를 거두고 나의 꿀송이와 꿀을 먹고 내 포도주와 내 우유를 마셨으니 나의 친구들아 먹으라 나의 사랑하는 사람들아 많이 마시라"

솔로몬이 4장 16절의 술람미 여인의 신앙적 고백을 듣고 이와 같이 화답하는 장면입니다.

"내 누이, 내 신부야 네가 내 동산에 들어와서 나의 몰약과 향 재료를 거두고" 술람미 여인이 예수님의 몰약과 향 재료를 거두었다는 것은 예수님의 고난에 동참했다는 것이고, 예수님의 고난을 충분히 이해하고 수용했다는 것입니다. 예수님이 고난받으신 이유를 충분히 깨달았다는 것입니다. 예수님의 고난의 의미를 자신의 것으로 받아들였다는 것입니다. 예수님은 죄가 없으신 분인데 이 땅에 오셔서 고난을 받으셔야 했던 것은 바로 내 죄 때문이라는 것을 안 것입니다.

솔로몬이 레바논 광야까지 갈 이유가 없었습니다. 오직 술람미 여인 때문에 간 것입니다. 술람미 여인은 이 사실을 깊이 받아들인 것입니다. 또한 나 때문에 솔로몬 왕이 이 광야에 왔다는 것을 너무도 잘 알았습니다. 자신의 처지와 솔로몬의 위치를 너무도 잘 알고 있습니다. 예수님이 이 세상에 오신 이유가 나를 위해 오셨다는 것을 주관적으로 받아들이는 것이 믿음이고 신앙의 고백입니다.

"나의 꿀송이와 꿀을 먹고" 예수님으로부터 나오는 입의 꿀송이 곧 말씀을 먹고 그것으로 배불러 하며 만족한다는 의미입니다. 술람미 여인은 솔로몬 한 분으로 만족하는 여인이었습니다. 세상의 화려하고 맛있는 것들을(포도주) 다 물리치고 예수님이 주시는 꿀송이와 꿀을 먹고 여기까지 성장했다는 것입니다.

"내 포도주와 내 우유를 마셨으니" 포도주는 보혈을 의미하기에 과거의 나는 죽었다는 의미입니다. 또한, 우유는 탄생한 새 생명이 먹는 양식입니다. 술람미 여인의 이 고백은 예수와 함께 죽었고, 예수와 함께 살았다는 것을 말하는 것입니다. 과거의 나의 모든 죄는 죽었고 새로운 생명으로 태어났다는 것입니다.

에베소서 1장 18~23절입니다.

"너희 마음의 눈을 밝히사 그의 부르심의 소망이 무엇이며 성도 안에서 그 기업의 영광의 풍성함이 무엇이며… 그의 능력이 그리스도 안에서 역사하사 죽은 자들 가운데서 다시 살리시고… 모든 통치와 권세와 능력과 주권과 이 세상뿐 아니라 오는 세상에 일컫는 모든 이름 위에 뛰어나게 하시고…"

"나의 친구들아 먹으라 나의 사랑하는 사람들아 많이 마시라" 술람미 여인을 샘플로 보여주는 것입니다. 가족들에게 버림받고 핍박받던 여인이 왕궁으로 와서 열방의 어미가 된 것은 그냥 된 것이 아니라고 선포하면서 '수고하고 무거운 짐 진 자들아 다 내게로 와라 내가 너희를 쉬게 하리라'라는 말씀처럼 너희도 술람미 여인같이 되길 원한다는 의미입니다. 이는 초청하시는 예수님을 연상시켜 줍니다.

이렇듯 아가서 5장 1절은 완전한 복음의 말씀이 함축되어 있습니다. 1-4장에서는 술람미 여인의 창조적 자아, 진정한 자아가 일치된 단계의 모습을 부여줍니다. 내가 비록 검으나 솔로몬의 휘장과도 같다고 고백한 모습을 기억하실 것입니다. 외적으로 볼품없어 보이지만 나의 내면은 솔로몬의 휘장과 같이 아름답고 질서가 잡혔다고 고백하는 것입니다.

그러나 내면의 질서를 통해서 창조의 자아는 형성되었지만 5장부터는 예수님이 술람미 여인을 더 높은 단계인 영화의 단계로 초대하는 것을 볼 수 있습니다. 1-4장까지는 창조의 내가 회복된 술람미 여인을 솔로몬이 기업으로 삼았습니다. 솔로몬은 피곤하고 힘들 때 그녀에게서 나오는 과일의 향기, 꽃의 향기, 각종 향품을 통해 피로를 풀고 쉼과 안식을 얻었습니다. 나의 창조의 자아가 회복되었더니 다른 사람까지 행복해진 것입니다. 술람미 여인이 행복하더니 솔로몬이 더 행복해했습니다. 내가 변화되면 내 주변이 더 행복해합니다. 이것이 복음의 향기입니다. 창조의 자아를 회복함으로 인해서 나의 기업이 되었고, 그 기업을 통해 영향력을 끼치게 되는 것입니다. 5장부터는 이제 영원한 하나님 나라의 기업, 주님의 기업이 되라고 초청하는 말씀입니다.

아가 5장 2절입니다.
"내가 잘지라도 마음은 깨었는데 나의 사랑하는 자의 소리가 들리는구나 문을 두드려 이르기를 나의 누이, 나의 사랑, 나의 비둘기, 나의 완전한 자야 문을 열어다오 내 머리에는 이슬이, 내 머리털에는 밤이슬이 가득하였다 하는구나"

술람미 여인의 화답입니다. 자신이 얼마나 솔로몬을 사랑하는지를 화답합니다. 깊은 사랑에 빠진 술람미 여인이 자신을 이렇게 표현한 것입니다.

"내가 잘지라도 마음은 깨었는데 나의 사랑하는 자의 소리가 들리는구나" 사랑을 해 본 사람은 잘지라도 마음이 깨어 있다는 의미를 알 것입니다. 저는 주님과의 사랑의 교제를 통해 이를 느낍니다. 육신은 잠이 들었지만 혼이 깨어 있고, 혼이 주님과 교제합니다. 술람미 여인의 사랑이 이 정도입니다.

"문을 두드려 이르기를 나의 누이, 나의 사랑, 나의 비둘기, 나의 완전한 자야 문을 열어다오" 술람미 여인에게 이 소리가 들리는 상황입니다. "맞습니다. 나의 신랑님! 나는 잠을 자면서도 당신의 소리를 들어요." 끊임없이 술람미 여인의 마음을 노크하는 솔로몬의 소리를 듣는 술람미 여인입니다.

예수님은 술람미 여인뿐 아니라 우리에게도 이렇게 계속해서 문을 두드리십니다.

요한계시록 3장 20-21절입니다.

"볼지어다 내가 문밖에 서서 두드리노니 누구든지 내 음성을 듣고 문을 열면 내가 그에게로 들어가 그와 더불어 먹고 그는 나와 더불어 먹으리라 이기는 그에게는 내가 내 보좌에 함께 앉게 하여 주기를 내가 이기고 아버지 보좌에 함께 앉은 것과 같이 하리라"

예수님께 마음의 문을 열어주는 자에게는 예수님과 같은 능력, 권세를 주겠노라 말씀하십니다. 영화의 단세에 초대받게 되면, 내가 예수님의 심장으로 이식되는 것입니다. 바울이 고백했듯이, 예수님의 심장으로 산다는 것은 예수님과 더불어 사는 것입니다.

예수님은 우리의 깊은 밤에 찾아오시는 손님입니다. 깊은 밤은 내가 예기치 않을 때를 가리키는 것입니다. 전혀 내가 생각하고 있지 않을 때, 내가 가장 힘들 때, 마음의 준비가 되지 않았다고 생각할 때입니다. 예수님이 깊은 밤에 우리에게 찾아오셨을 때, 우리의 반응이 궁금

합니다. 한밤중이라 해도, 고난의 때라 해도, 형편이 여의치 않을 때라 해도 문을 열어 드릴 수 있겠습니까?

술람미 여인은 오직 솔로몬(예수님)만 생각했기에 늘 깨어 있었습니다. 그리고 자신이 사랑받고 있다는 것을 늘 기억합니다. 그래서 예수님의 소리가 늘 귓전에 있었습니다. 어떤 사람은 좋은 것은 다 버리고 나쁜 것만 기억합니다. 어떤 사람은 나쁜 것은 흘려보내고 좋은 것만 기억합니다.

"내 머리에는 이슬이, 내 머리털에는 밤이슬이 가득하였다 하는구나"

술람미 여인은 예수님께서 내 머리에는 이슬이, 내 머리털에는 밤이슬이 가득하니 문을 빨리 열어달라는 소리를 들었다고 고백합니다. 예수님의 타이밍입니다. 나의 타이밍이 아니라 주님의 타이밍에 움직인다는 것은 시간을 하나님께 내어 드렸다는 것입니다. 하나님의 시간으로 사는 사람을 우리는 카이로스의 사람이라 말합니다. 그리고 좁은 길, 고난의 길, 험한 길을 예상해야 합니다.

마태복음 8장 20절입니다.

"예수께서 이르시되 여우도 굴이 있고 공중의 새도 거처가 있으되 인자는 머리 둘 곳이 없다 하시더라"

예수님의 가는 길을 따라가려면, "정말 내가 가는 길은 너희들이 희망하고 있는 영광의 길이 아닌 좁은 길, 십자가의 길이다. 여우도 굴이 있고 공중의 새도 거처가 있으되 인자는 머리 둘 곳이 없어. 그래서 밤

이슬도 맞아야 해. 그래도 나를 따라오겠니? 이런 고난의 길이라도 나를 따라오겠니? 이런 좁은 길이라도 나를 따라오겠니?"라고 하시는 것입니다.

영화의 단계는 반드시 어두운 밤을 거쳐서, 고난을 거쳐, 십자가의 길 이후에 부활의 영광이 있습니다. 그 영광이 곧 영화의 단계입니다. 신랑의 소리, 예수님의 소리, 말씀의 소리, 성령의 소리, 감동의 소리를 듣고 순종의 길을 가는 것입니다. 순종의 사람은 언제든지 나의 시간이 아닌, 하나님의 타이밍에 맞게 준비가 되어 있는 사람입니다. 술람미 여인의 반응을 보시기 바랍니다.

아가 5장 3절입니다.

"내가 옷을 벗었으니 어찌 다시 입겠으며 내가 발을 씻었으니 어찌 다시 더럽히랴마는"

술람미 여인이 잠자리에 들려고 몸을 다 씻고, 옷을 벗고 있는 상태에서 예수님이 찾아오신 것입니다. 술람미 여인은 예수님이 마음의 문을 열라고 노크할 때, 이렇게 반응합니다. "내가 옷을 벗었으니 어찌 다시 입겠으며 내가 발을 씻었으니 어찌 다시 더럽히랴"라고 말합니다. 이 말씀에 대해 부정적으로 해석하는 사람들이 있습니다. 그러나 아닙니다.

내가 옷을 벗었다는 것은 옛 자아, 옛 행동을 버렸다는 것입니다. 포도원지기로 일했을 때의 그 거칠었던 옷을 벗었다는 것입니다. 옛사람, 과거, 광야에서의 삶의 옷을 다 버렸다는 의미입니다. '내가 옷을 벗었으니 어찌 벗은 옷을 다시 입겠으며…' 옛 생활, 옛 습관의 발을 다시 씻었는데 어찌 다시 더럽히겠느냐는 것입니다.

과거가 청산되었고 미숙한 생활, 죄에서 청산되었다는 신앙 고백을 하면서 완전한 순종으로 응답하는 술람미 여인입니다. 이 여인의 순종의 모습은 영적 정화의 모습으로 나는 완전히 영적으로 변화된 사람임을 고백하는 것입니다. 100% 온전한 순종으로 반응하는 것입니다.

요한복음 13장 9-10절입니다.

"시몬 베드로가 이르되 주여 내 발뿐 아니라 손과 머리도 씻어 주옵소서 예수께서 이르시되 이미 목욕한 자는 발밖에 씻을 필요가 없느니라 온몸이 깨끗하니라 너희가 깨끗하나 다는 아니니라 하시니"

우리는 죄에서 보혈로 목욕했고, 이제는 순간순간 손과 발을 씻습니다. 우리의 생각과 마음이 오염되지 않기 위하여 말씀으로 정화하고 말씀으로 새롭게 되어져 가야 합니다.

빌립보서 3장 10~14절입니다.

"내가 그리스도와 그 부활의 권능과 그 고난에 참여함을 알고자 하여 그의 죽으심을 본받아 어떻게 해서든지 죽은 자 가운데서 부활에 이르려 하노니… 푯대를 향하여 그리스도 예수 안에서 하나님이 위에서 부르신 부름의 사랑을 위하여 달려가노라"

아가 5장 4절입니다.

"내 사랑하는 자가 문틈으로 손을 들이밀매 내 마음이 움직여서"

예수님이 손을 내밀 때 내 마음이 움직였다고 고백합니다. 예수님의 손을 보면서 술람미 여인의 마음이 움직였던 것은, 예수님의 손에 난 못자국의 흔적 즉 섬김의 흔적, 희생의 흔적, 사랑의 흔적이 보였던 것입니다. 우리 자녀들이 어느 순간 늙고 휘어진 부모님의 손을 보면서 가슴이 뭉클해질 때가 있습니다. 마찬가지로 술람미 여인은 문틈으로 손을 내미는 예수님의 손을 보고 마음이 동한 것입니다. 예수님의 손의 못자국은 누구를 위한 것인가? 예수님이 문틈으로 손을 내민 것이 아니라 이 문틈 사이로 성령의 빛이 들어온 것입니다. 성령을 통해 예수님의 손에 난 못자국에서 보혈을 본 것입니다. 지금도 성령이 역사하는 사람은 똑같은 말씀을 들어도 성령의 능력에 의해 온도 차이가 다릅니다. 말씀이 성령의 빛으로 들어가면 가슴이 뜨거워지고 심장이 뜨거워집니다.

아가 5장 5절입니다.
"일어나 내 사랑하는 자를 위하여 문을 열 때 몰약이 내 손에서, 몰약의 즙이 내 손가락에서 문빗장에 떨어지는구나"

말씀의 빛, 성령의 빛이 들어오니까 내 마음이 움직여지더니 내가 일어나서 문을 열 때, 몰약의 즙이 내 손가락에서 문빗장에 떨어진다고 고백합니다. 이는 술람미 여인의 결단입니다. 나두 예수님처럼 섬기는 손, 봉사의 손, 희생의 손, 사랑이 손이 되길 원한디는 마음으로 화납

하는 술람미 여인입니다.

　비록 예수님이 가신 길이 죽음의 길, 십자가 골고다의 길이라 할지라도 그 사랑과 은혜를 아는 만큼 술람미 여인은 예수님의 모습을 닮고자 하는 마음을 표현합니다. 술람미 여인은 십자가의 사랑, 받은 그 사랑을 흘려보내기 위해서 결단하게 된 것입니다.

　사랑하는 성도 여러분!

　인생의 어두운 밤, 내가 원하지 않는 시간에 예수님이 찾아오셔서 더 깊은 곳으로 가자고 초청하신다면, 나의 반응은 어떠할 것 같습니까? 우리의 고지인 영화의 단계까지는 어두운 밤이나 예상하지 못했던 상황에서 부르실 수 있습니다. 나는 술람미 여인처럼, 이렇게 멋진 반응을 할 수 있을까요? 자신의 내면의 질서와 영적인 각성을 위해 우리는 신비로운 여정에 도전을 해야 합니다. 지금 당신의 영적 단계는 어디쯤 있습니까?

　우리가 영화의 단계로 들어가서 하나님의 기업, 주님의 기업이 되길 원한다고 예수님께서 깊은 밤에 방문하실지라도 신앙의 멋진 반응을 하시길 소망합니다. '잠깐만 기다리세요. 아직 준비되지 않았어요!'라고 할 것입니까? 예수님은 아직도 문밖에서 우리를 기다리고 계십니다. 찬 이슬에 머리가 젖어 있는 예수님을 생각하지 않고 나만 생각하기에 아직도 마음의 문을 열지 않습니다. 예수님이 우리 안에 들어오시고자 하는 것은 따뜻하게 녹임을 받기 위함이 아니라 우리를 하나님의 기업으로 만들기를 원하시는 것입니다.

이사야 45장 7절입니다.

"나는 빛도 짓고 어둠도 창조하며 나는 평안도 짓고 환난도 창조하나니 나는 여호와라 이 모든 일들을 행하는 자니라 하였노라"

전부를 받고, 전부를 주는 사랑

아가 5:6-9

실존주의 철학자이자 소설가로 노벨문학상까지 받았던 알베르 카뮈는 무신론자로서, "무고한 사람의 고난이 널리 퍼져 있는 이 세계 속에서 하나님의 자리는 없다."라고 말합니다. 그러나 욥은 모든 재산과 자녀를 잃게 되고 몸의 질병까지 생기며 이로 인해 아내는 하나님을 욕하고 떠나게 되는 최악의 상황 속에서도 다음과 같이 고백합니다.

욥기 36장 15-16절입니다.
"하나님은 곤고한 자를 그 곤고에서 구원하시며 학대 당할 즈음에 그의 귀를 여시나니 그러므로 하나님이 그대를 환난에서 이끌어 내사 좁지 않고 넉넉한 곳으로 옮기려 하셨은즉 무릇 그대의 상에는 기름진 것이 놓이리라"

다윗 또한 파란만장한 일생을 겪는데, 고난 가운데서도 이렇게 고백합니다.

시편 119편 71절입니다.
"고난 당한 것이 내게 유익이라 이로 말미암아 내가 주의 율례들을 배우게 되었나이다"

다윗은 고난 가운데서 오히려 고난이 내게 유익이라고 고백합니다. 고난 당할 때 그 사람의 입술의 고백이나 신앙 고백을 통해 우리는 신앙을 갖고 있는 사람인지, 단지 종교 생활을 하는 자인지, 무신론자인지 그 차이를 알 수 있습니다.

고난은 고통을 동반하지만, 고난은 악이 아니라 약입니다. 고통 없는 사랑은 없습니다. 온전한 사랑은 반드시 고통이 따라오게 되어 있습니다. 김수환 추기경은 '사랑 없는 고통은 있어도 고통 없는 사랑은 없다.'라고 말합니다. 사람들이 쉽게 사랑을 이야기하지만 쉽게 사랑을 포기하는 것은 고통 겪는 것을 싫어하기 때문에 진정한 사랑에 입문하는 것을 주저함을 보게 됩니다. 고통과 사랑의 선순환을 통해 '생명'이 탄생 됩니다. 사랑에 고통이 수반되는 것은 거기에는 생명이 존재하기 때문입니다. 생명을 잉태할 때에도 죽을 만큼의 고통을 넘어야 생명을 선물로 받을 수 있습니다. 생명을 낳는 사랑은 반드시 고통이 따라옴을 기억하시기 바랍니다.

금도 처음에는 광석에 불과하지만, 1000도 이상의 뜨거운 용광로에 세 번 이상을 집어넣어서 달구면 오랜 시간이 지나도 광석으로 돌이가지 않는다고 합니다. 만약 불의 온도가 1000도 이하라든지, 세 번 이하로 달구게 되면 시간이 지나면 금은 다시 광석으로 돌아간다고 합니다. 이렇듯 하나님께서는 우리를 사랑하지 않기에 고난을 주는 것이 아니라, 우리를 사랑하기 때문에 고난을 주시는 것입니다.

나를 창조하신 하나님 아버지는 나의 나 됨을 너무도 잘 아십니다. 어디가 부족하고, 어디가 모자라는지를 말입니다. 죄로 인해 망가진 부분들을 회복시키시고, 사명에 합당한 그릇으로 리모델링하여 온전한 사람으로 세우기 위하심이 하나님의 진심이십니다. 그 과정에서 우리를 단련하여 정금처럼 새롭게 하십니다.

내 인생에 태풍이 불어왔을 때, 우리는 삶의 자세를 바짝 낮추어야 합니다. 고난이나 고통이 어디로부터 오는지 원인을 찾는 것이 지혜입니다. 독수리와 닭의 차이는 독수리는 구름이 끼고 험한 폭풍이 불면 더 높이 올라가지만 닭은 몸을 움츠리고 머리를 쳐 박을 곳을 찾습니다. 이것이 독수리와 닭의 차이이듯 하나님의 사람과 세상 사람의 차이는 고난이나 고통 속에서 어떤 관점을 가지고 반응하느냐에 따라 다릅니다. 하나님의 관점으로 고난이나 고통을 해석하고, 점검하여 하나님으로부터 주시는 답을 가지고 다음 단계로 나아가야 합니다.

아가서 1-4장까지는 술람미 여인과 솔로몬의 사랑에 대해 살펴보았습니다. 특별히 솔로몬은 예수님을, 술람미 여인은 예수님의 거룩한 신부로서 성도를 비유합니다. 1-4장까지에서 술람미 여인은 육체와 정신에서 많은 고통과 어려움이 있었지만 솔로몬을 만남으로 인해, 그녀의 인생은 새롭게 태어납니다. 내적 변화와 외적 변화가 일어났고,

4장에서는 성숙이라는 고지에 올라오는 것을 살펴보았습니다.

아가서 4장이 산의 정상이라면, 5장부터는 선택을 해야 합니다. 올라왔던 그 길로 쉽게 내려가는 선택을 하든지 아니면 산꼭대기에 올라와 보니 시야가 넓어져, 새로운 세계에 대한 아름다움에 취했다면, 도구를 사용해서 공중에서 하강하는 선택을 할 수도 있을 것입니다. 우리 인생의 길은 순간순간 선택으로 인하여 다음 단계에 도전할 수도 있고, 안전한 곳에 머무를 수도 있습니다. 안전한 길과 공중으로의 하강, 무엇을 선택하시겠습니까? 5장을 육적으로 해석하면 일반적인 길이 나옵니다. 그러나 영적인 돌파를 하면, 새로운 세계가 열릴 것입니다.

우리의 영혼은 성령의 바람으로 하강해야 합니다. 4장까지 우리가 성숙하게 올라갔다면 정상에서 쉬운 길로 내려가는 것이 아니라 다음 단계, 보이지 않는 단계에 도전하여 성령의 바람을 타고 공중으로 하강하게 되는 것이 5장부터의 말씀입니다. 5장부터는 성령의 도우심, 성령의 안내, 성령의 능력 없이는 절대로 갈 수 없는 길이 열립니다. 두려움을 뛰어넘어 용기가 필요합니다. 한계를 넘어 도전이 필요합니다

지난주, 깊은 밤에 신랑이 찾아왔습니다. 5장에서의 술람미의 내적 강인함과 실서는 참으로 돋보이는 장면이고, 도전이 됩니다. 내가 육신은 잘지라도 마음은 깨어 있고, 잠든 것 같지만 신랑의 목소리를 듣고 신랑이 문을 두드릴 때 지체할 수 없는 이유가 그녀에게 분명했습니다. "내가 옷을 벗었으나 어찌 다시 입겠으며 내가 발을 씻었으니 어찌 다시 더럽히랴" 옛사람으로 돌아갈 수는 없다는 결단과 함께 주님

의 부르심에 응답하는 결심이 돋보입니다. 문득으로 예수님의 손이 보일 때, 마음이 요동치며 "내 사랑하는 자를 위하여 내 몰약의 손(희생의 손)과 몰약의 즙(땀방울, 핏방울)을 떨어뜨리리라"라고 결심 위에 결단을 합니다. 이것은 술람미 여인이 죽기까지의 충성을 다짐하는 확고한 마음입니다.

성령의 사람과 이성적이거나 감정적인 사람의 차이는 어느 한계점에서 나타납니다. 위기와 자신의 한계에 부딪히면, 성령의 사람은 담대하게 용기를 내어 앞장서서 희생을 자처합니다. 그러나 이성적인 사람은 손익을 계산합니다. 감정적인 사람은 내적인 두려움으로 주저하고 비겁한 선택을 합니다.

성령님이 내 마음에 감동, 감화되지 않으면 주어진 환경 속에서 내 환경에 지장 받지 않는 범위에서 봉사는 할 수 있지만 헌신은 불가능합니다. 성령의 도움이 있어야 내가 할 수 없는 것까지 도전하고 초월하게 됩니다. 성령의 사람이 아닌 사람은 내 형편에 맞게, 내가 할 수 있는 만큼, 내가 하고 싶을 때, 내가 중심이 되어 합니다. 반면에 성령의 사람은 감동과 감화가 있기에 내 능력, 환경, 상황을 초월하여 주님의 뜻에 따라 움직입니다.

말씀을 준비하면서 머리에 스치는 분이 있었는데, 바로 주기철 목사님의 아내이신 오정모 사모님입니다. 주기철 목사님이 순교할 수 있도록 버팀목이 되어주신 분이 오정모 사모님이십니다. 일제 시대에 신사참배를 강요하는 상황 속에서 결국 많은 목회자들이 신사참배하게 됩니다. 그런데 오정모 사모님은 주기철 목사님이 우상 앞에 절하는 신사참배를 하지 못하도록 하셨고, 결국 주기철 목사님은 감옥에 가게 됩니다. 병환으로 위중한 어머니로 인해 잠시 가석방이 되어 집으로 오신 목사님께 다음과 같은 질문을 합니다.

"목사님! 감옥에서도 승리하셨습니까?" 이는 감옥에 가서도 후회하지 않았느냐는 질문입니다. 그러면서 사모님은 목사님께 이렇게 당부합니다.

"영혼을 굴종시키려 하는 일본 사람들에게 어떤 것으로도 하나님 앞에 범죄가 되는 것은 타협하지 마십시오. 우상과 현실과 타협하지 마십시오. 많은 목회자, 많은 교회가 가는 길이라고 해서, 폭력과 고분이 힘들다고 해서 그 앞에 굴복하는 목회자가 되지 마십시오. 이 시대에 바른 목회자가 되기 위해서는 순교를 결단해야 합니다. 순교를 결단하지 않으면 옳은 길을 갈 수가 없습니다. 영원한 세계가 기다리고 있기 때문에 당신이 순교를 결단하지 않으면 우리는 영원한 세계에서 다시 만날 수 없습니다. 병든 어머니와 자녀는 내가 최선을 다해 봉양하고 양육할 테니 걱정하지 말고 감옥에서 순교하십시오."

주기철 목사님이 우상 앞에 절하지 않고 하나님 앞에 굳건하고 정결하게 세워지도록 도운 분이 바로 오정모 사모님입니다. 이런 아내가 있었기에 주기철 목사님은 시간이 지나도 기독교의 대명사로 기억에 남는 것입니다. 이렇듯 고난은 아무에게나 오지 않지만 고난이 왔을 때 그 고난을 받아들이는 태도는 너무도 중요한 일입니다.

오늘 본문을 통해 술람미 여인이 어떤 고난을 당하게 되는지와 고난 속에서 어떤 모습을 보여주는지 살펴보겠습니다.

아가 5장 6절입니다.

"내가 내 사랑하는 자를 위하여 문을 열었으나 그는 벌써 물러갔네 그가 말할 때에 내 혼이 나갔구나 내가 그를 찾아도 못 만났고 불러도 응답이 없었노라"

술람미 여인이 문을 열었지만 예수님이 안 계신 상황입니다. 이 모습을 보고 당황한 술람미 여인이 '내 혼이 나갔나봐. 내가 왜 빠르게 문을 열지 못했을까?'라고 자기 자신을 돌아보는 상황입니다. 다른 사람이라면 '내가 문을 바로 열었는데 어디 가신거야?'라고 반응할 텐데 술람미 여인은 달랐습니다.

시간을 뜻하는 헬라어는 카이로스와 크로노스가 있습니다. 카이로스는 하나님의 타이밍이고, 크로노스는 인생의 흘러가는 시간입니다. 오늘 말씀을 통해 하나님의 시간과 술람미 여인의 시간에는 차이가 있음을 알게 됩니다.

베드로후서 3장 8-9절입니다.

"사랑하는 자들아 주께는 하루가 천 년 같고 천 년이 하루 같다는 이 한 가지를 잊지 말라 주의 약속은 어떤 이들이 더디다고 생각하는 것 같이 더딘 것이 아니라 오직 주께서는 너희를 대하여 오래 참으사 아무도 멸망하지 아니하고 다 회개하기에 이르기를 원하시느니라"

하나님의 시간은 하루가 천 년 같고, 천 년이 하루 같습니다. 이것이 바로 카이로스의 시간입니다. 술람미 여인이 일어나서 문으로 가기까지 얼마 안 걸린 것 같지만 그 사이에 예수님이 안 보이는 상황입니다. 술람미 여인의 타이밍과 예수님의 타이밍이 맞지 않은 것입니다. 간만의 차이가 1분, 1초인지 따질 필요가 없습니다. 그렇다면 하나님과 우리의 타이밍이 맞지 않을 때 어떻게 해야 할까요?

첫째, 하나님의 타이밍에 맞추고 집중하는 것입니다. 절대 주권을 인정하는 것입니다. 이것이 신앙입니다. 카이로스란 뜻은 하나님께 집중하고, 올인하는 시간을 말합니다. 신앙생활이란 인생의 흘러가는 시간에 끌려가는 것이 아니라 하나님의 시간에 동승하는 것입니다. 이것을 우리는 생활 신앙이라고 합니다. 하나님의 시간에 나의 인생을 맞추어 가는 것이 결과적으로 우리를 미소 짓게 할 것입니다.

둘째, 하나님과 나의 타이밍이 맞지 않았을 때, 하나님은 실수가 없는 분임을 믿고 신뢰해야 합니다. 하나님은 실수가 없으신 분이고, 완전하신 분이며 하나님의 계획은 완벽하고 반드시 성취하시는 분임을 깨닫게 된다면 하나님을 온전히 신뢰할 수 있습니다.

셋째, 하나님과 나의 타이밍이 맞지 않았을 때, 우리는 내가 해야 할 것과 하나님께 맡겨야 할 것을 구분하는 지혜가 필요합니다. 이것이 없다면 하나님의 계획이 미뤄질 수밖에 없습니다. 내가 해야 할 것들을 하지 않으면서 무조건 하나님이 하시겠지 하는 것은 믿음이 아닙니다. 나를 위한 하나님이 아니라, 하나님을 위한 나로 전환해야 합니다. 반드시 이 둘을 구분하는 것이 타이밍을 맞추어가는 지혜입니다. 이것이 예수님으로 옷 입는 과정입니다.

아가 5장 7절입니다.

"성 안을 순찰하는 자들이 나를 만나매 나를 쳐서 상하게 하였고 성벽을 파수하는 자들이 나의 겉옷을 벗겨 가졌도다"

우리라면 문을 열었는데, 솔로몬(예수님)이 없었다면 아쉬움과 섭섭함으로 문을 닫고 다시 침실로 들어가지 않았을까요? 그러나 술람미 여인은 포기하지 않고 예수님을 찾아 나섭니다. 성 안을 순찰하는 자들을 만났을 때, 그들이 술람미 여인을 쳐서 상하게 하고 성벽을 파수하는 자들이 겉옷까지 벗겨 갔습니다. 겉옷을 벗겨갔다는 것은 여자에게 최고의 수치입니다. 술람미 여인에게 고난이 닥친 것입니다. 술람미 여인은 이 고통을 자처했습니다. 쉬운 길로 갈 수도 있었지만, 그녀는 포기하지 않는 열정적 사랑으로 고난의 길을 선택했습니다.

마가복음 15장 23-25절입니다.

"몰약을 탄 포도주를 주었으나 예수께서 받지 아니하시니라 십자가에 못 박고 그 옷을 나눌새 누가 어느 것을 가질까 하여 제비를 뽑더라 때가 제삼시가 되어 십자가에 못 박으니라"

술람미 여인이 당한 고난의 모습은 십자가에서 예수님이 당한 모습과 같습니다. 예수님은 십자가를 지시며 골고다 언덕을 올라가실 때, 얼마나 많은 매를 맞으시며 고통을 당하셨는지 모릅니다. 그게 끝이 아니라 십자가 꼭대기에서 예수님의 옷을 다 벗깁니다. 알몸으로 십자가 꼭대기에 서 계신 예수님의 모습을 생각해 보시기 바랍니다. 죽는 것보다 더 괴로운 것이 수치심입니다.

술람미 여인이 솔로몬을 찾기 위해 성 안을 돌아다니다 받은 고난의 모습이 예수님을 연상하게 만듭니다. 또한 신앙을 지키기 위하여 순교를 당하신 순교의 피가 생각이 납니다. 술람미 여인에게 깊은 밤 곧 고난, 어려움, 환난의 바람이 다쳤지만 술람미 여인은 마음의 준비가 되어 있었습니다. 그녀의 신앙적 근력, 내적인 강인함, 열정과 내적인 질서는 수모와 수치를 극복할 수 있는 영적 힘이었습니다.

술람미 여인은 신랑의 손을 보면서, 그 손에 못자국이 누구를 위한 것인지, 만왕의 왕이신 그가 밤의 찬 이슬을 맞으면서 찾아오신 그 큰 사랑을 알았기에 그 사랑을 받고, 자기도 사랑으로 헌신하기를 다짐한 것입니다. 내가 피를 흘리기까지, 땀을 흘리기까지 그에게 충성하고 헌신하며 희생할 것이라는 결단은 수모와 수치를 넉넉히 극복할 수 있게 만들었습니다. 몰약은 그리스도의 고난과 십자가의 죽음을 상징합니다.

이 말씀 안에서 예수님의 신부인 우리 교회를 생각하게 됩니다. 그동안 우리 교회를 빌라델비아교회처럼 사용하셔서 적은 능력을 가지고 큰일을 행하게 하셨습니다. 그 사랑에 감사해야 하고 우리는 이제 다음 단계를 준비해야 합니다. 서머나교회처럼 핍박, 환란, 고난이 있어도 우리는 진리의 길, 정도를 걸어야 합니다. 어떤 자도 고난 앞에서 굴복하는 자가 없게 하시고, 고난 앞에서 돌아서서 다시 벗어놓은 옷을 입고 씻은 발을 더럽혀 옛 생활로 돌아가는 자기 없게 해 딜라는 기도를 하는 한 주였습니다.

서머나교회는 많은 핍박을 받은 교회입니다. 로마 교회뿐 아니라 같은 유대인에게 핍박을 받았습니다. 같은 그리스도인들에게서 고난을 받았습니다. 그들의 실상은 유대인이지만 하나님이 보실 때에는 사단의 회당이라 말씀하십니다.

요한계시록 2장 8-11절입니다.

"서머나 교회의 사자에게 편지하라 처음이며 마지막이요 죽었다가 살아나신 이가 이르시되 내가 네 환난과 궁핍을 알거니와 실상은 유대인이 아니요 사탄의 회당이라 너는 장차 받을 고난을 두려워하지 말라 볼지어다 마귀가 장차 너희 가운데에서 몇 사람을 옥에 던져 시험을 받게 하리니 너희가 십 일 동안 환난을 받으리라 네가 죽도록 충성하라 그리하면 내가 생명의 관을 네게 주리라 귀 있는 자는 성령이 교회들에게 하시는 말씀을 들을지어다 이기는 자는 둘째 사망의 해를 받지 아니하리라"

이제 우리 교회가 다음 단계로 서머나교회처럼 마지막 혼란의 시대, 교회마저도 오염된 이 시대에 복음을 지켜내기 위하여, 환난과 고난을 당한다 하더라도 두려워하지 말고 반드시 환난에서 이겨 죽도록 충성하여 생명의 면류관을 받기까지 이겨야 합니다. 실상은 우리가 믿음으로 부요한 자라는 칭찬을 들을 수 있어야 합니다.

마태복음 5장 11-12절입니다.

"나로 말미암아 너희를 욕하고 박해하고 거짓으로 너희를 거슬러 모든 악한 말을 할 때에는 너희에게 복이 있나니 기뻐하고 즐거워하라 하늘에서 너희의 상이 큼이라 너희 전에 있던 선지자들도 이같이 박해하였느니라"

환난 중에서도 기뻐하고 즐거워하라고 말씀합니다.

아가 5장 8절입니다.
"예루살렘 딸들아 너희에게 내가 부탁한다 너희가 내 사랑하는 자를 만나거든 내가 사랑하므로 병이 났다고 히려무나"

예루살렘의 딸들은 술람미 여인을 시기하고 질투하는 경쟁의 대상자들입니다. 그럼에도 불구하고 술람미 여인의 내적인 성숙함에 또 한 번 놀라게 됩니다. 적들 앞에서 여인의 담대함을 보여줍니다. "너희에게 내가 부탁한다. 너희가 내 사랑하는 자를 만나거든 내가 사랑하므로 병이 났다고 전해줄래?"라고 말합니다. 감정에 솔직한 술람미 여인의 자신감이 돋보입니다.

내적으로 건강하고 질서가 잡혀 있는 사람은 원수 앞에서도 할 말은 합니다. 다윗을 보면, 가진 것도 없고 무기도 없었지만 자기 안에 있는 하나님의 능력을 믿고, 신뢰하니 골리앗 앞에서 큰소리를 칩니다. 얼마나 용기백배한 모습입니까? 내면이 건강하지 않고 질서가 잡혀있지 않으면 흔들리는 것이 마음이고, 그 흔들리는 마음에 김징은 요동칩니다. 내 마음과 감정은 따로입니다. 내 마음이 연약하거나 견고하지 못한 사람들은 감정이 한 번 휘몰아치면 마음이 무너집니다. 마음이 무너지면, 삶에 영향을 미치고 정신과 심리에 타격을 줍니다. 반면에 마음이 견고하고 질서가 잡힌 사람은 파도가 일어 출렁일 수는 있으나 마음이 깨지지는 않습니다. 마음이 견고한 사람은 외부로부터 돌이 던져지고, 나를 쳐서 상하게 하여도 중심이 흔들리지는 않습니다. 이렇듯 술람미 여인의 내적인 힘을 느낄 수 있습니다.

관계가 중요한 만큼 감정의 리스크가 큽니다. 물론 근본적인 문제는 따로 있겠으나, 감정의 영역이 주는 영향력은 관계에 미치는 힘이 크다는 것입니다. 감정이란, 외부 자극에 대한 심리적 생리적 반응입니다. 우리의 사고와 행동을 이끄는 중요한 요소입니다. 술람미 여인이 예루살렘 딸들에게 접근하는 것이 쉽지 않은 상황입니다. 그녀가 내적으로 질서와 균형이 잡혀 있지 않았다면, 불가능한 관계라는 것입니다. 관계에 중요한 역할을 하는 감정에 대하여, 우리는 지식이 필요합니다. 이것은 곧 내적 성화와 직결되기 때문입니다.

우리가 창조되었을 때는 하나님의 형상, 예수님의 형상, 성령님의 형상으로 창조되었습니다. 무한한 가능성을 보유한 인간이었지만, 결정적인 것은 피조물, 반드시 창조하신 분과의 구분이 우리가 가진 것들을 유지하는 질서였습니다. 관계의 치명적인 세 가지 감정의 적을 우리는 분석하고, 뿌리를 제거해야 합니다.

감정에는 생리적 감정과 주관적 감정으로 나눌 수 있습니다. 생리적 감정은 창조로부터 받은 감정이라면, 주관적 감정은 자신이 가지고 느끼고 있는 감정입니다. 생리적 감정의 세 가지는 우리가 내적 질서를 잡는데 핵심이 될 것입니다.

첫째, 불신의 감정입니다. 불신은 아담과 하와가 처음 하나님을 향한 감정이었습니다. 하나님의 위대하신 사랑을 의심했기에 사단의 말에 귀 기울이고 따랐던 결과가 영생, 생명을 잃게 된 결정적인 이유였습니다. 불신의 감정은 하나님과 인간의 관계를 단절시켰습니다. 그 결과로 자신을 불신하기에 자신에 대한 확신을 잃었습니다. 그리고 그 불신은 타인과의 관계에 치명타를 가했습니다. 그 불신의 자리에 생명으로 대처해 주시기 위하여 오신 예수님을 믿지 않으면 영원히 생명을 얻을 길이 없습니다. 그 생명은 사랑이었습니다. 사랑으로 창조하신 하나님께서 예수님을 생명으로 보내시어 불신을 제거하신 것입니다.

둘째, 두려움의 감정입니다. 두려움은 아담과 하와가 죄를 짓고 제일 처음 느낀 감정입니다. 그들은 누가 뭐라 하지 않아도 나무 뒤에 숨었습니다. 그리고 이 두려움으로부터 빌생하는 사가지의 추한 죄들이 들어왔습니다. 하나님을 향해 원망합니다. 두려움은 원망의 감정을 가져다주고, 핑계를 만들어 주며 죄성의 감정들이 속출하게 만듭니다. 예수 생명을 보유한 사람은 평안이 회복됩니다. 그 평안은 기쁨의 감정을 머금은 감정의 근원지가 됩니다.

셋째, 수치심의 감정입니다. 이는 무서운 감정으로서 내가 존중받지 못한다는 감정입니다. 이 수치심이 외부이 압력을 받으면 모멸감이 되어 더 큰 파장을 가져다줍니다. 내성적인 사람은 "내가 왜 태어났지? 죽었으면 좋겠다. 나는 쓸모없는 사람이야."라고 생각하며 자살을 시도하기도 하고, 자살을 하기도 합니다. 외향적인 사람은 분노가 폭발되어 파괴적인 성향으로 치닫기 시작하여, 살인이나 폭력으로 자신과 타인, 사회에 악영향을 줍니다. 이 수치심은 무서운 내적인 암입니다. 그러나 예수 생명을 소유한 자는 자신의 존재감을 깨닫습니다. 그리고 내가 왜 사는지 나는 어디로부터 와서 어디로 가는지에 대한 목적과 방향성을 분명하게 알기에 하루하루 소중한 카이로스의 삶을 삽니다. 존재감, 정체성과 자기 가치성을 깨닫는 만큼 타인을 존중하는 감정이 생깁니다.

이렇게 감정에는 독이 되는 죄성에 뿌리를 두고 있는 감정과 생명으로 인하여 회복된 약이 되고 선이 되는 감정이 있습니다. 먼저, 이에 대한 지식을 인식하는 것이 중요하고, 인지된 감정을 탈바꿈하고, 창조의 때에 주신 감정을 반드시 찾아와야 합니다. 그럴 때, 관계가 회복되고 관계를 통해 행복을 누리는 사랑의 사람, 그 사랑과 생명의 선순환의 삶을 살게 됩니다.

관계에는 기능적 관계, 가상적 관계, 친밀한 관계가 있습니다. 기능적 관계는 부부관계, 부모와 자녀 관계, 형제 관계처럼 혈육이나 제도적으로 묶인 관계입니다. 이는 대체 불가능한 관계이지만 친밀함이 생길 수도 있고 거리가 있을 수도 있습니다. 또한, 가상적 관계가 있는데 그냥 지인의 관계 정도입니다. 이런 관계는 대체 가능한 관계입니다. 요즘에 SNS, 온라인 상에서의 관계가 유행하고 있고, 공동체에서도 아는 지인 정도의 관계가 있습니다.

우리는 친밀한 관계를 맺어가야 합니다. 친밀한 관계는 사랑과 생명이 선순환하는 관계입니다. 집착 관계가 아니라 은혜와 감사, 사랑으로 유착된 관계입니다. 또한, 친밀한 관계는 목적과 정체성을 제공해 줍니다. 생명을 살리는 관계에는 목적이 있고 정체성이 있어야 합니다. 친밀한 관계는 서로의 부족함을 충족시켜 주는 관계이고, 너와 내가 함께 성장하는 관계입니다. 무엇보다 친밀한 관계는 전부를 받을 줄 알고, 전부를 주는 관계입니다.

이것이 바로 술람미 여인의 특징입니다. 술람미 여인은 전부를 받을 줄 알았습니다. 크리스천들이 내적으로 성숙해지지 못하는 것은 전부를 못 받기 때문입니다. 이는 내 믿음이 부족하기 때문이고, 내 마음이 부족하기 때문입니다. 예수님이 나를 위해 생명을 주셨다는 것을 받아들이지 못하고 객관화시키면 전부를 받지 못합니다. 전부를 받을 줄 알아야 전부를 줄 수 있습니다.

아가 5장 9절입니다.

"여자들 가운데에 어여쁜 자야 너의 사랑하는 자가 남의 사랑하는 자보다 나은 것이 무엇인가 너의 사랑하는 자가 남의 사랑하는 자보다 나은 것이 무엇이기에 이같이 우리에게 부탁하는가"

예루살렘 여인들에게 자신감 있게 말하던 술람미 여인을 향하여 예루살렘 여인들이 하는 말입니다. 시기하고 질투하던 그들이 술람미 여인을 보면서 신기한 듯, 물어봅니다. "네 사랑은 어떤 사랑이기에 신랑이 너에게 빠졌냐? 너는 그 신랑을 어떻게 사랑하기에 이렇게 병이 나서 다니냐?"라는 의미입니다. 술람미 여인의 사랑은 무엇이 달랐을까요? 그녀의 사랑은 건강한 사랑, 창조의 내면을 회복한 사랑, 그로 인해 외부로부터 받는 자극에 담대한 사랑이 되었습니다. 건강한 사람이 건강한 사랑을 합니다. 수모와 수치, 자존심을 뛰어넘는 순수한 사랑입니다. 그녀의 순수함은 솔로몬의 사랑을 전혀 의심하지도 않았고, 그의 말에 대하여 불신의 감정도 없었습니다. 그러하기에 전부를 받을 수 있었습니다. 그리고 그 사랑은 모든 두려움을 뛰어넘게 하였고, 수치심을 극복하게 하는 사람으로 세우신 것입니다. 이것이 일반적인 사람의 사랑과의 다름입니다.

우리는 술람미 여인의 '전부를 받고 전부를 주는 사랑'을 본받아야 합니다. 술람미 여인이 예루살렘 딸들과 다른 것은 그녀는 그분의 전부를 받았고, 주관적 감정으로 받아들였습니다. 그로 인해 생리적 감정이 창조의 감정으로 회복되어 전부를 줄 수 있는 힘 있는 사랑이 있었습니다.

예수님이 나를 위해 이 땅에 오신 것이라 믿어집니까? 이 사실이 주관적으로 받아들여지고, 성경의 말씀이 주관적인 러브 스토리로 받아들여져야 합니다.

신앙의 척도는 관계의 친밀도입니다. 이 관계를 세 단계로 나눌 수 있습니다. **첫 번째 단계는 '거리 두기' 관계입니다.** 100m 거리를 두는 사람은 평생 친밀함을 느끼지 못합니다. 하루를 살아도 마지막처럼 살아야 하고 사랑해야 합니다. 자신을 드러내는 것이 두려우신가요?

두 번째 단계는 '동행하기' 단계입니다. 같이는 가지만 언제든지 헤어질 수 있는 단계입니다. 너는 너이고 나는 나라는 관계입니다.

세 번째 단계는 일치가 되어 하나 되는 관계입니다. 서로 존중하고 뜻이 일치되고, 목적을 향하여 가는 길이 일치되며 목적이 일치되는 관계는 서로를 존중하는 독립적 관계가 허용이 됩니다. 술람미 여인이 레바논 광야에서 일치된 사랑, 친밀한 사랑을 했더니 왕을 따라 왕궁으로 들어가게 되지 않습니까? 이것이 신앙입니다. 100미터 거리를 두고 함께 동행하는 척하다가 위기가 닥치면 나 몰라라 하는 것이 아니라 하나가 되고 일치가 되어서, 생명을 나누는 관계는 하나님께서 마지막 생명의 면류관을 주는 자리로 안내하십니다. 그 사리까지 함께 동행하며 사랑할 수 있는 관계를 소망하시기 바랍니다.

지금은 비록 거리가 느껴져도 우리의 목표는 일치가 되어야 합니다. 내 안에 예수님이 계시고, 예수님 안에 내가 있어서 예수의 옷을 입고 예수를 드러내는 삶을 살아갈 때 반드시 하나님께서는 우리가 이 땅에 보내진 목적을 완성시켜 주실 것입니다. 전부를 받고 전부를 주고자 하는 관계에 도전합시다.

욥기 7장 17-18절입니다.
"사람이 무엇이기에 주께서 그를 크게 만드사 그에게 마음을 두시고 아침마다 권징하시며 순간마다 단련하시나이까"

나의 예수님은 진선미입니다

아가 5:10-15

18세기 철학자 칸트는, "인간은 진선미의 삼위일체 본성을 갖고 태어났다."라고 말합니다. 칸트가 말하는 '진'은 우리가 말하는 진리와는 다릅니다. 인간이 이성(지성)의 공간을 갖고 태어나는데, 인간이 무지에서 태어나지만 지성을 채워가는 배움에 따라 지적인 방향으로 가다 보면 진리가 만들어진다고 말합니다. 또한, 그가 말하는 '선'은 도덕성을 말하는 것으로, 인간의 양심이 도덕의 기준이 된다고 말합니다. 마지막으로 '미'는 개성을 말하는 것으로, 개성은 서로가 다르지만 지향점이 같으면 그것이 조화를 이루어서 진정한 아름다움이 된다고 말합니다. 개성이 똑같으면 진정한 아름다움이 나오지 않는다고 봅니다. 우주 만물은 각양각색이지만 서로 조화를 이루기 때문에 아름다운 것처럼, 인간의 아름다움도 내가 가지고 있는 개성으로 다른 사람과 조화를 이루면서 다른 사람을 존중해주고 돋보이게 함으로 아름다움을 이루어가는 사람이 '미'를 가진 사람이라는 것입니다.

칸트는 진선미를 우열로 보지 말고 상호보완적인 관계로 보아야 만이 진정한 진선미가 나온다고 말합니다. 맞습니다. 진선미는 우열을 가리는 것이 아닙니다. 세 가지가 선순환될 때, 비로소 진정한 진선미가 되는 것입니다. 그런데 현대 사회에서의 진선미는 밸런스가 다 깨져 있습니다. 우리나라가 세계에서 성형 1위 국가인 것을 보아도 알 수 있습니다. 외형적인 것에 진선미를 두고 있기에 진정한 의미의 밸런스가 깨져 있습니다.

또한, 칸트가 말하는 이성의 진리를 생각해 보아도, 현대 사회는 지와 분석력과 전문성이 있어야 만이 지성인이라 생각합니다. '선'도 마찬가지입니다. 그 사람의 반사회적 유무나 공동체에 유익을 주는 유무 등에 선의 기준을 두기도 합니다. 심리, 정신, 감정 상태가 정상적이지 않다고, 선의 기준에서 제외되기도 합니다. 그리고 '미'의 기준은 오직 외모를 지향하기 때문에 진정한 아름다움의 미학에서 이탈하고 있습니다.

그렇다면 기독교의 진선미는 무엇일까요? 기독교의 '진'은 진리를 말합니다. 무엇이 진리입니까? **첫 번째, 성경이 진리입니다.** 하나님은 말씀으로 세상을 창조하셨기에 성경은 일점일획도 거짓이 없고 변함이 없습니다. **두 번째, 예수 그리스도가 진리입니다.** 예수님께서 나는 길이요 진리요 생명이라고 말씀하신 것처럼, 예수님이 진리라는 것은 세상이 아무리 혼돈한 상태로 흘러간다 해도, 어떤 문화나 환경 속에서도 변하지 않습니다.

기독교적의 '선'은 십자가를 중심으로 먼저 하나님과의 관계 속에서의 신뢰와 믿음의 관계 회복입니다. 사람이 착한 일, 위대한 일을 했느냐가 아니라 하나님과 나와의 관계 속에서 하나님, 예수님, 성령님을 믿고 신뢰하는 것입니다. 사람이 아무리 착한 일을 행하더라도 하나님, 예수님, 성령님을 믿지 않는다면 하나님께서 그 사람을 선으로 보지 않습니다. 성경에서도 네가 내 이름으로 무엇을 했든지, 나는 너를 도무지 알지 못한다고 말씀합니다. 삼위일체 하나님과의 관계가 선의 중심입니다.

그리고 이웃과의 관계입니다. 십자가를 중심으로 사람과의 관계 속에서는 사랑, 긍휼함, 자비, 용서가 선이 될 수 있습니다. 성경에서도 나를 사랑하는 사람을 사랑하고 선을 베푸는 것은 믿지 않는 사람도 하는 것이라 말합니다. 우리는 기본적으로 모든 사람을 사랑해야 합니다. 우리가 먼저 그런 은혜를 입었기 때문에 누군가를 미워할 자격이 없습니다. 누군가가 미워진다면 성령의 도움을 받아야 합니다. 사랑의 마음을 달라고 기도하게 되면 긍휼의 마음, 사랑의 마음이 찾아오게 될 것입니다.

시편 34편 8절입니다.
"너희는 여호와의 선하심을 맛보아 알지어다 그에게 피하는 자는 복이 있도다"

우리는 여호와의 선하심을 맛보아 알았습니다. 우리에게 사랑과 긍휼, 용서를 먼저 베풀어주신 그 선하심을 먼저 맛본 자들입니다. 그렇기 때문에 그 사랑을 다른 사람들에게 흘려보내는 것이 마땅합니다.

시편 119편 68절입니다.
"주는 선하사 선을 행하시오니 주의 율례들로 나를 가르치소서"

우리는 주의 선하심을 알았습니다. 선을 행하신 분이 예수 그리스도 이심을 알았습니다. 그렇기 때문에 예수 그리스도의 말씀대로, 그 행하심대로 가르쳐 달라고 성령님께 도움을 구하는 기도가 필요합니다.

그렇다면 기독교적인 '미'는 무엇일까요? 선한 행실을 말합니다. '미'는 그 사람의 외형적인 모습을 말하는 것이 아니라 그 사람의 말과 행동을 말합니다. 행하는 믿음, 실천하는 순종, 삶으로 보여주는 변화가 진정한 '미' 아름다움이라는 것입니다. 나밖에 모르던 사람이 내 가족만 생각하던 사람이 남을 위해 사명감을 가지고 삶을 사는 것입니다.

마가복음 10장 18-22절입니다.
"예수께서 이르시되 네가 어찌하여 나를 선하다 일컫느냐 하나님 한 분 외에는 선한 이가 없느니라 네가 계명을 아나니 살인하지 말라, 간음하지 말라, 도둑질하지 말라, 거짓 증언하지 말라, 속여 빼앗지 말라, 네 부모를 공경하라 하였느니라 그가 여짜오되 선생님이여 이것은 내가 어려서부터 다 지켰나이다 예수께서 그를 보시고 사랑하사 이르시되 네게 아직도 한 가지 부족한 것이 있으니 가서 네게 있는 것을 다 팔아 가난한 자들에게 주라 그리하면 하늘에서 보화가 네게 있으리라 그리고 와서 나를 따르라 하시니 그 사람은 재물이 많은 고로 이 말씀으로 인하여 슬픈 기색을 띠고 근심하며 가니라"

한 사람이 예수님께 와서 '선한 선생님이여'라고 말하며 내가 무엇을 하여야 영생을 얻을 수 있겠냐고 묻자, 예수님께서는 하나님 한 분 외에는 선한 이가 없다고 말씀하십니다. 그러면서 가지고 있는 것을 팔아서 가난한 자들에게 나누어주라 하니 그 사람은 근심하고 떠났습니다. 이는 행함이 온전하지 않음을 보여주는 것입니다. 행함이 온전하지 않기에 아름답고 온전하다고 볼 수 없습니다.

디모데전서 5장 8절입니다.
"누구든지 자기 친족 특히 자기 가족을 돌보지 아니하면 믿음을 배반한 자요 불신자보다 더 악한 자니라"

믿는 사람들의 빛은 진선미의 조합으로 이루어진 삶의 빛입니다. 누군가에게 '저 사람은 아름다워. 무엇을 해도 예뻐.'라고 말하는 것은 그 사람의 행실을 보고 하는 말입니다. 착한 행실, 거룩한 행실, 의로운 행실, 순결한 행실이 따라올 때 진정으로 아름다운 것이고 그것이 기독교의 '미'입니다. 이렇듯 우리 안에 기독교의 진선미가 잘 정립되길 바랍니다.

우리는 삼위일체 하나님을 믿습니다. 성부 하나님의 사랑을 얼마만큼 신뢰하고 믿느냐에 따라서 내 존재의 가치가 달라집니다. 하나님께서 나를 사랑으로 창조하셨고, 나를 창조하신 목적이 하나님과 사랑의 관계를 맺기 위함이라는 것이 믿어진다면 우리의 행실과 가치관이 반드시 달라질 것입니다. 그러나 이 사랑이 100% 믿어지지 않기에 내적인 것이 바뀌지 않는 것입니다.

하나님의 사랑이 너무 크기에 우리에게 와 닿지 않은가요? 그렇다면, 마음을 기경해야 합니다. 그래서 하나님은 우리에게 맞춤형의 사랑으로 예수님을 보내주신 것입니다. 예수님과 거리감이 느껴지시나요? 그렇다면, 나의 삶의 목적이나 방향을 점검해야 합니다. 하나님이신 예수님은 우리에게 맞춤형 사랑을 주시기 위해 우리와 똑같은 육체의 옷을 입고 오셨습니다. 우리와 동행하시며 따라갈 수 있노복 길을 열어 주신 것입니다.

그리고 하나님, 예수님의 사랑을 확고하게 하기 위해 성령님을 우리에게 보내주셨습니다. 성령님을 통해서 우리가 깨닫게 되고, 확신의 확신을 갖게 되고, 세밀한 것을 보게 됩니다. 우리 시야에 보이지 않던 것들을 보게 하시고, 섬세하게 터치해 주시는 것을 경험하게 됩니다.

진짜 성수한 사람온 광대하신 하나님의 사랑을 객관적이 아니라 주관적으로 받아들일 수 있는 사람입니다. 또 예수님의 사랑을 내 것으로 동일시하여 성령님의 디테일한 사랑을 체험하는 사람이 성숙한 사담입니나. 성부 하나님은 광대하신 사랑을 보여주신 하나님이시고, 성자 하나님은 맞춤형의 사랑을 보여주신 하나님이시며 성령 하나님은 우리에게 디테일한 것까지 깨닫고 체험케 하시는 하나님이시라는 것을 알아야 합니다.

한남대학교 이종태 교수님은 기독교의 영성의 핵심은 관계성이라 말합니다. 관계성이 좋은 사람은 하나님을 닮은 사람이라 말하며 하나님의 형상이 만개된 사람만이 관계에 성공할 수 있다고 말합니다. 성부 하나님, 성자 하나님, 성령 하나님과의 관계가 완벽하게 이루어진 사람이 자신과의 관계에 성공할 수 있고, 자신과의 관계에 성공하고 승리한 사람이 타인과의 관계에도 성공할 수 있다고 하며 이것이 기독교의 올바른 영성이라 말합니다.

또한, 기독교 영성의 진선미는 하나님과의 관계가 '진'이고, 이웃과의 관계가 '선'이며, 자신과의 관계가 '미'라고 말합니다.

개인적으로 아가서를 통해서, 술람미 여인과 솔로몬의 상상할 수 없을 정도로 깊은 친밀한 관계를 보면서 이것이 곧 영성이라는 것을 깨닫게 됩니다.

아가서가 점점 버거워지는 것은 아마도 관계의 깊이에 대한 부담감 때문이라 생각이 되어집니다. 하지만 성령님의 빛의 쟁기로 내 마음을 갈아엎어 가면서 도전해 보려 합니다.

여러분도 아가서를 통해 관계 영성에 성공하길 소망합니다. 술람미 여인과 솔로몬과의 관계는 예수님과 우리와의 관계, 예수님과 교회의 관계를 의미합니다. 관계의 친밀도만큼 나의 영성이 보장되고 하나님의 사랑의 깊이에 들어가게 될 것입니다.

앞에서 솔로몬의 사랑의 전부를 받을 줄 알았던 술람미 여인이 전부를 줄 수 있는 자로의 도전을 살펴보았습니다. 그의 시험대가 바로 자신은 최선을 다했지만, 예수님과의 타이밍이 맞지 않았을 때의 반응입니다. 예수님과 타이밍이 맞지 않아 예수님을 찾으러 다니던 술람미 여인은 어려움을 만나고, 아픔을 겪지만, 자신을 적으로 여길 수 있는 여자들의 시선에 아랑곳하지 않고 오직 솔로몬을 찾는데 한 목적을 두고 모든 장애물을 뚫고 나아갔습니다.

이러한 술람미 여인을 보고 예루살렘 여인들이 "우리와 무엇이 다르길래 솔로몬은 이 많은 여인들 중에 볼품도 없는 너를 그렇게 사랑하고, 너는 그렇게 무서운 줄 모르고 찾아 헤매느냐? 우리 사랑과 네 사랑의 다름이 무엇이냐?"고 질문합니다. 이에 술람미 여인이 무엇이라고 대답했는지 살펴보겠습니다.

아가 5장 10절입니다.
"내 사랑하는 자는 희고도 붉어 많은 사람 가운데에 뛰어나구나"

'희다'는 말은 히브리어 '차흐'로, '반짝반짝 빛난다', '눈부시게 빛난다', '광채 나게 빛난다'를 의미합니다. 즉, 고귀한 사람이라는 의미입니다. 내가 사랑하는 솔로몬은 반짝반짝 빛나고, 눈부시게 빛나고 광채 나게 빛나는 모든 사람 중에 고귀한 사람이라는 것입니다.

한 주 말씀을 품고 기도하면서 수없이 스스로에게 물었습니다. "네가 사랑하는 예수님은 누구인가?" 참, 놀라운 것은 "나의 전부요"라고 대답은 할 수 있지만 술람미 여인처럼 디테일하세 나만의 것으로 조목조목 정리가 되어 있는지 점검하게 되었습니다. 포기하지 않고 기도하면서 받은 응답이 "나의 예수님은 진선미입니다."였습니다. 이 응답을 받고 띨 듯이 기뻐서 내 마음이 행복했습니다.

'붉다'는 말은 생기와 활력이 가득 차 있고 건강하다는 시각적 언어의 표현인데, 사무엘상 16장에 보면 다윗을 표현할 때에도 얼굴이 붉다고 설명합니다. 영적인 의미는 사명의 확고함, 사명의 열정이 가득 차서 사명이 물올랐다는 의미입니다. 나이에 상관없이 주님이 부르시는 순간까지 사명에 물오르게 사시길 소망합니다.

아가 5장 11절입니다.
"머리는 순금 같고 머리털은 고불고불하고 까마귀같이 검구나"

내가 사랑하는 솔로몬(예수님)의 머리가 순금 같다는 것은 예수 그리스도의 신성을 표현하는 말입니다. 머리가 순금 같다는 것은 흠이 없고, 정금 같다는 의미이기에 예수님의 신성을 나타냅니다. 내가 사랑하는 자의 가치는 이 세상의 그 어떠한 것과도 비교할 수 없는 특별한 존재의 사람임을 강조하는 것입니다.

머리털이 고불고불하다는 것은 히브리어로 '탈탈림'인데, '대추야자송이'를 뜻합니다. 이는 대추야자송이가 열매가 맺기 전에 꽃이 피어 있는 상태를 말하며 머리숱이 풍성하다는 의미로 사용된 것입니다. 머리의 숱은 다른 부위를 돋보이게 하는 시각적 효과를 줍니다.

머리는 순금을 입어 예수님의 신성을 가지고 있지만 예수님의 인성은 예수님이 누구인지를 돋보이게 하시는 인격을 뜻합니다. 예수 그리스도는 신성과 함께, 우리와 똑같은 육체의 옷을 입고 오셨지만 죽음에서 승리하신 분이십니다. 예수님은 온 우주에 대한 통치권을 회복해서, 완벽하게 사명을 완수하신 분이십니다. 그리고 예수의 이름을 사용하는 자들에게 그 통치권을 이양해 주는 것이 예수님의 사랑입니다.

아가 5장 12절입니다.
 "눈은 시냇가의 비둘기 같은데 우유로 씻은 듯하고 아름답게도 박혔구나"

  술람미 여인의 사랑의 고백이 4장 1-5절에서 나타나는 솔로몬의 사랑 고백과도 비슷하게 느껴집니다. 술람미 여인이 솔로몬에게서 사랑을 배운 것임을 느끼게 됩니다. 영적으로 보면, 술람미 여인은 하나님 사랑을 예수님을 통해 배워 예수님의 형상을 드러낸 것입니다. 예수님의 관점으로 보는 것과 예수님의 말투를 사용하는 등 예수님을 닮아가는 술람미 여인의 모습에 도전이 됩니다. 예수님으로부터 흘러나온 사랑을 그대로 표현하는 술람미 여인이 아름답습니다.

  "눈은 시냇가의 비둘기 같은데 우유로 씻은 듯하고" 눈이 우유에 씻은 비둘기 같다고 고백합니다. 이는 문학적 상징의 표현으로, 우리 인간의 눈과 다름을 표현한 것입니다. 앞서 예수님께서 술람미 여인의 눈을 표현할 때에도 비둘기 같다는 표현을 하셨습니다. 예수님의 눈과 우리의 눈의 다름을 미세하게 그리고 디테일하게 표현합니다. 술람미 여인의 눈은 시냇가의 비둘기 같은데 우유로 씻은 듯하다고 표현한 것입니다. 이는 맑고 빛나고 광채가 남다르다는 의미입니다. 인간과는 다른 눈을 가지고 계신데 온유하지만 예리하고, 겸손하고 온화하지만 영롱한 빛을 가시고 있는 눈을 표현한 것입니다.

공생애 당시, 예수님은 자신을 대적하는 자들에게는 불꽃 같은 눈으로 그들을 감찰하셨을 것입니다. 감찰하시는 예수님의 눈은 분별력이 뛰어난 시력을 보여주셨습니다. 말하지 않아도 그 사람의 마음을 꿰뚫어 보는 통찰력까지, 그러나 그 외에는 예수님의 눈은 온화하고 따뜻하셨습니다. 이것이 예수님이 가진 눈의 특징입니다.

"아름답게도 박혔구나" 아름답게 박혔다는 것은 눈을 적절하게 사용한다는 것을 의미합니다. 온화하게 눈을 떠야 할 때, 영롱하게 빛을 발해야 할 때, 불꽃 같은 눈으로 감찰하고 제압하며 통치해야 할 때를 분별하는 것을 아름답게 박혔다고 말할 수 있습니다.

아가 5장 13절입니다.
"뺨은 향기로운 꽃밭 같고 향기로운 풀언덕과도 같고 입술은 백합화 같고 몰약의 즙이 뚝뚝 떨어지는구나"

"뺨은 향기로운 꽃밭 같고 향기로운 풀언덕과도 같고" 술람미 여인은 예수님에 대해 뺨은 향기로운 꽃밭 같고 향기로운 풀언덕과도 같다고 말합니다. 예수님의 뺨을 후각적인 이미지로 표현한 것입니다. 이는 얼굴, 뺨이 마음의 정원에서 나온다고 생각하기 때문입니다. 예수님의 마음을 식물이 만발한 정원으로 묘사한 것으로, 예수님의 마음이 따뜻하고 여유로우며 풍요롭고 인격이 향기로 풍겨난다는 것을 이렇게 이미지화시킨 것입니다.

"입술은 백합화 같고 몰약의 즙이 뚝뚝 떨어지는구나" 팔레스타인 지역의 백합화는 빨간색입니다. 몰약은 예수님의 십자가의 고난을 의미하는데, 몰약의 즙이 뚝뚝 떨어진다는 것은 보혈을 뜻합니다. 입술이 붉고 보혈이 떨어진다는 것은 기도의 입술을 의미하는 것으로, 하나님의 보좌 우편에서 우리를 위해 중보하시는 예수님의 입술을 표현하는 것입니다. 기도하는 입술, 다른 사람을 위해 중보하는 입술은 백합화 같고 몰약의 즙이 뚝뚝 떨어지는 것과도 같다는 것입니다.

아가 5장 14절입니다.
"손은 황옥을 물린 황금 노리개 같고 몸은 아로새긴 상아에 청옥을 입힌 듯하구나"

"손은 황옥을 물린 황금 노리개 같고" 황옥을 물린 황금 노리개는 솔로몬의 손에 장식된 보석을 의미합니다. 왕의 손에 낀 반지는 권위를 뜻합니다.

열왕기상 10장 18-20절입니다.
"왕이 또 상아로 큰 보좌를 만들고 정금으로 입혔으니 그 보좌에는 여섯 층계가 있고 보좌 뒤에 둥근 머리가 있고 앉는 자리 양쪽에는 팔걸이가 있고 팔걸이 곁에는 사자가 하나씩 서 있으며 또 열두 사자가 있어 그 여섯 층계 좌우편에 서 있으니 어느 나라에도 이같이 만든 것이 없었더라"

솔로몬이 손목에 어떤 장식을 붙이고 있었는지 설명하고 있습니다. 「솔로몬 왕의 반지」라는 책이 있는데, 그 책에는 솔로몬의 지혜의 능력이 얼마나 뛰어난지 솔로몬의 반지를 끼면 그 반지가 마법을 일으켜서 동물이나 식물, 벌레들과 대화를 한다고 나옵니다. 그만큼 솔로몬의 지혜의 능력은 하나님의 신적인 능력을 가지고 있다는 것을 보여주는 것입니다.

가톨릭에서도 교황이 낀 반지의 위력은 엄청나다고 합니다. 교황이 낀 반지를 '어부의 반지'라고 말하는데, 만약 누군가가 교황이 되면 라틴어로 반지에 이름을 새겨 끼워 줍니다. 그리고 교황의 자리에서 내려올 때는 그 반지를 흔적도 없이 없애야 하고, 새로운 교황에게는 다시 새로운 반지를 끼워 줍니다. 이것은 교황은 유일무이한 존재라는 것을 상징하기 위함이고, 당신의 자리를 대신할 사람은 이 세상에 누구도 존재하지 않는다는 의미가 있기 때문입니다.

이 비유적인 표현 안에 담긴 술람미 여인의 신앙 고백이 대단합니다. 유일무이한 존재의 솔로몬, 유일무이한 예수 그리스도만이 나의 구원자이심을 고백하는 것을 알 수 있습니다.

"몸은 아로새긴 상아에 청옥을 입힌 듯하구나" 몸은 히브리어로 '메에'인데, 신체적인 외부와 내면, 마음과 생각 즉 전인격적인 몸을 말합니다. 전인격적인 몸이 아로새긴 상아에 청옥을 입힌 듯하다는 것입니다. 상아는 고대 시대에 왕이나 극소수의 귀족들이 장신구의 원료로 사용했던 최고가의 재료입니다. 값이 비싸고 고급스러운 물품인데, 상아에다가 원하는 형상을 새기고 그 위에다 금이나 옥을 덧입혀 아름답게 꾸민 최고의 장식품이었습니다. 그의 몸은 전인격적으로 흠이 없는 몸이기에 그 가치가 어마어마한 몸인데 우리를 위해 전부를 주셨다는 것입니다. 열왕기상 10장에 보면 솔로몬의 장식에는 상아를 사용하였습니다. 이것은 영적으로 가치를 높이기 위함입니다. 예수님의 가치만큼이 나의 가치입니다. 예수님과 나는 동일, 일치의 관계입니다.

아가 5장 15절입니다.
"다리는 순금 받침에 세운 화반석 기둥 같고 생김새는 레바논 같으며 백향목처럼 보기 좋고"

"다리는 순금 받침에 세운 화반석 기둥 같고" 화반석은 대리석을 말하는데, 이는 제일 화려한 대리석으로 아름답고 웅장한 건물을 지을 때 화반석 기둥을 세웠다고 합니다. 순금 받침에, 흠이 없는 완벽한 반석 위에 세운 화반석 기둥은 굉장히 튼튼하고 화려함을 의미하는데, 남자들의 근육을 의미하는 것이 아니라 고귀한 신분의 가치를 강조하는 깃입니다. 믿을 만한 손재, 신뢰가 되는 튼튼한 근육을 상징합니다.

"생김새는 레바논 같으며 백향목처럼 보기 좋고" 레바논은 술람미 여인이 살았던 곳으로 동식물을 마음껏 칠 수 있는 풍요로운 땅입니다. 솔로몬의 생김새가 레바논 같다는 것은 그분에게는 부족함이 없다는 것입니다. "여호와는 나의 목자시니 내게 부족함이 없으리로다." 우리가 이 믿음을 갖고 100% 올인하면 예수님은 우리를 어두운 곳, 외롭고 쓸쓸한 곳, 춥고 배고픈 곳에 비녀두지 않으시는 분임을 고백하는 것입니다. 술람미 여인은 오늘 내가 존재하는 이유를 분명하게 아는 사람입니다.

백향목처럼 보기 좋다는 것은 향기가 나는 쭉 뻗은 거룩하고 의로운 다리를 말합니다. 예수님이 가시는 곳마다 향기가 백리까지 뻗어 가기에 사람들이 몰려듭니다. 내가 사랑하는 예수님은 이렇게 위풍당당하고 풍요로운 분이시며 안정감, 힘과 능력을 주시는 분이고 부족함이 없고 흠이 없는 분임을 의미하는 것입니다.

자기 사랑에 대한 확신과 분명함이 돋보이는 본문입니다. 내가 믿고 있는 삼위일체 하나님에 대한 주관적 이론과 실제가 존재하는지를 깨닫게 하는 말씀입니다.

우리의 모델은 '예수 그리스도'뿐입니다. 술람미 여인이 세상 그 무엇하고도 비교할 수 없는 대상에 대한 디테일함과 위대하심을 표현하듯, 나만의 관계 스토리가 정리된다면 관계에 도움이 될 것입니다. 나에게 예수님은 어떤 분이신가요?

나는 예수님의 진선미를 닮아갈 것을 목표로 도전합니다. 예수님의 '진'은 말씀대로 움직이시고, 말씀대로 사명을 감당하시고 하나님 아버지의 뜻을 완수하심으로 진리에 충실하셨습니다. 그런 예수님의 순종은 '자기 희생'으로 선을 이루시고 사랑을 친히 십자가에서 보이셨습니다. 예수님의 '선'은 곧 자기희생, 자기섬김, 자기헌신이었습니다. 섬김과 헌신, 희생이 없는 신앙은 우상입니다. 섬김, 희생, 헌신이 있어야 올바른 생활신앙이 될 수 있습니다. 예수님의 '미'는 마태복음 5장 16절에 잘 나타나 있습니다. "이같이 너희 빛이 사람 앞에 비치게 하여 그들로 너희 착한 행실을 보고 하늘에 계신 너희 아버지께 영광을 돌리게 하라." 이것이 예수님의 삶이었습니다. 아버지의 뜻을 이루시기 위해 오셔서 성취하시고 복귀하신 아름다운 삶을 모델로 삼는 우리가 되길 축복합니다.

예수님의 진선미를 닮는 것이 창조의 사랑스러운 나를 회복하는 것입니다. 크리스천의 꿈의 실현은 예수님의 진선미를 닮아 내는 것입니다.

"뺨은 향기로운 꽃밭 같고 향기로운 풀언덕과도 같고 입술은 백합화 같고 몰약의 즙이 뚝뚝 떨어지는구나" (아 5:13)

거룩은 상황이 아니라 관계이다

아가 5:16-6:3

아가서는 문학적 표현과 은유로 되어 있어 친근하게 느껴지기도 하지만 영적으로는 난해합니다. 드러나지 않는 꿩장히 깊이 있는 영성의 말씀이 담겨 있습니다. 영성의 무한대한 깊이를 담고 있는 말씀이 아가서의 말씀이라 생각합니다.

4장까지는 의식적으로도 공감하며 이해할 수 있지만 5장부터는 성령님의 조명 없이는 말씀을 내 것으로 담아내기 어렵습니다. 저도 말씀을 준비하면서 '성령님이 나의 가정 교사이시잖아요.'라고 끊임없이 기도하였습니다. 성령의 빛으로 이 말씀을 깨닫고 전할 수 있도록 내 입술에 능력을 달라고 기도합니다. 성령님을 가정 교사로 모시고 한 걸음, 한 걸음 나아가기를 소망합니다. 여러분들도 포기하지 마시고 성령님을 의지해서 말씀의 보화를 캐내시기를 바랍니다.

이번 주, 이 말씀을 품고 기도하면서 의식의 세계, 전의식의 세계, 무의식의 세계가 열려야 아가서의 말씀을 다 이해하고 수용할 수 있다는 마음이 들었습니다. 의식은 우리가 생각할 수 있는 수준을 말합니다. 5장에서부터는 전의식(생각하면 기억나는 과거)이 막혀 있다면 말씀을 다 소화하기가 어려울 것입니다. 전의식의 통로가 열려 있어야, 광대하고 드넓은 우리가 다 측량할 수 없는 무의식의 세계에까지 진입할 수 있습니다. 이것이 영성의 깊이입니다.

그런데 많은 사람들이 전의식에서 멈추어 있다거나 고장나 있으면, 무의식의 세계는 어두운 영역으로 간주하고 포기하게 됩니다. 성령의 빛으로, 예수님의 보혈로, 하나님의 사랑으로 전의식을 해결할 수 있어야 다음 단계에 초대를 받을 수 있습니다. 전의식의 영역에 있는 트라우마나 상처로 인한 잘못된 쓴뿌리, 잘못된 관계가 회복되어야 현실적으로도 빛의 생활을 할 수 있고, 영성의 깊은 단계인 무의식의 세계를 천국으로 만들 수가 있습니다.

내가 기억하는 과거가 고통과 슬픔, 상처가 있었어도 오늘을 감사하는 사람, 오늘의 내가 좋은 사람은 전의식이 은혜로 덮어집니다. 다시 말하면 오늘의 나를 수용하지 못하면 어제의 나를 용서할 수 없게 됩니다. 아가서 4장을 넘어가면서 5장부터는 전의식과 무의식 영역의 터치가 일어나겠구나 하는 감지가 있었습니다. 아가서는 영성을 가진 사람들에게 단순히 남녀의 사랑 이야기로 보기에는 너무도 심오한 관계의 친밀도를 깨닫게 합니다. 아가서는 전의식을 뚫고 무의식에까지 들어갈 때, 친밀한 관계 영성에 도달할 수 있습니다.

무의식은 내가 모르는 영역의 세계이시지만 반드시 이 무의식을 하나님의 세계로 만들어야 이 땅에서 천국을 누릴 수 있고, 맛볼 수 있습니다. 우리가 영적으로 전의식을 다스리지 않으면, 말씀이 들어가지 않고 말씀이 부담이 되며 충돌이 일어납니다. 자신에 대한 인지능력 곧 메타인지가 떨어지는 사람은 영적인 반응의 원인을 모른 채 자신도 잃고 관계도 깨질 수 있습니다. 그러나 메타인지가 뛰어난 사람은 전개되는 상황을 자기인지 능력으로 헤쳐 나갈 길을 찾게 됩니다.

현재의 감사가 없습니까? 과거가 건강하게 처리되지 않아서입니다. 과거가 은혜보다는 상처로만 남아 있게 되면 현실의 나도, 미래의 나도 외면하게 됩니다. 아픔과 상처가 없는 사람이 어디 있겠습니까? 그러나 오늘 감사하고, 오늘의 나를 사랑하는 사람은 전의식이 은혜로 덮어집니다. 은혜로 덮어지게 되면 은혜가 전의식을 뚫고 무의식의 세계를 열어줍니다. 그 무의식의 세계가 이 땅을 살아가는데 심령 천국이 됩니다. 이것이 영성의 세계이고 영성의 깊이입니다.

사도 바울은 우리보다 더 열악한 상황과 몸의 가시를 가지고 있었지만 감옥에 있어도 감사하고 기뻐할 수 있었습니다. 자신이 어떤 상황에 처하더라도 그것을 뛰어넘는 영적인 존재의 사람이었습니다. 오늘 말씀의 제목만 인지해도 우리가 살아가는데 도움이 될 것입니다. **"거룩은 상황이 아니라 관계입니다."**

오늘 제목은 술람미 여인의 영적인 캐릭터이기도 합니다. 솔로몬(예수님)이 와서 노크를 했을 때, 술람미 여인은 지체하지 않고 과거로 돌아가지 않는다는 결단을 하면서 문을 열었더니 그 사이를 못 참고 솔로몬이 사라집니다. 내가 원하는 상황이 전개되지 않는 듯합니다. 나의 타이밍과 하나님의 타이밍이 맞지 않을 때, 이 상황에서 신앙인과 종교인이 갈라지게 되는 것을 볼 수 있습니다. '내가 이렇게 기도했는데… 내가 뭐 그렇게 잘못했다고…' 자신의 타이밍에 하나님이 맞추어 달라고 반항하는 것은 하나님을 우상화하는 사람입니다. 그런 사람은 나를 위한 하나님이 되어 주지 않으면 화가 나고 분노가 일어납니다.

술람미 여인도 상황은 원망하고 불평할 수 있는 현실이었지만 술람미 여인은 예수님과의 관계에 중점을 둡니다. 술람미 여인의 전의식에는 형제들, 가족으로부터의 거절의 상처가 있었지만 예수님을 만난 이후로는 전의식의 모든 상처가 치유되었음을 아가서 5장 이후의 말씀이 증명하고 있습니다. 만약 술람미 여인이 전의식을 뚫지 않았다면 솔로몬이 사라진 것에 대해 전의식의 상처가 기억나 다시 슬럼프에 빠졌을지도 모릅니다.

그러나 술람미 여인은 이제 하나님의 타이밍과 내 타이밍이 맞지는 않아도 내가 알지 못하는 하나님의 숨겨진 뜻이 있을 거라고 믿고 이 상황을 접어두고 예수님과의 관계에 집중하는 모습입니다. 예수님과의 관계는 나의 생명을 걸어야 하는 관계, 전부를 드려 헌신해야 하는 관계이기에 이 상황은 하나님의 시간에 맡기고 관계에 집중하는 술람미 여인의 모습을 볼 수 있습니다.

술람미 여인이 솔로몬을 찾아 헤매니 예루살렘의 성을 지키는 자들이 술람미 여인을 때리고 겉옷을 벗기는 수모를 당하는 등 어려움이 닥치지만 술람미 여인은 어떤 핍박과 고난의 상황에서도 예수님과 나와의 관계는 끊을 수 없다고 말합니다. 사도 바울 또한 천신이나 환난이나 핍박이나 그 어떤 것으로도 예수님과 나의 관계를 끊을 수 없다고 고백합니다. 술람미 여인의 목적은 상황이 문제가 아니라 예수님과의 관계에 목적을 두고 그 관계를 위해 어떠한 위험도 무릅쓰는 것을 보게 됩니다. 이것이 바로 아가서 5장 말씀입니다.

자기를 시기의 대상으로 삼는 예루살렘 여인들에게 내가 솔로몬을 잃어버렸다고 말하기 쉽겠습니까? 이것은 관계를 위해 마지막 자존심을 다 내려놓았기 때문에 가능한 일이었습니다. 예루살렘 여인들이 이런 술람미 여인의 모습에 놀라워합니다. 지금 너의 상황은 쉽지 않은 상황 같은데, 너를 배신한 것 같고 너에게 마음이 떠난 것 같은 솔로몬을 어떻게 사랑하기에 이렇게까지 하느냐고 묻습니다. 술람미 여인이 솔로몬을 향한 사랑을 디테일하게, 솔로몬에게 배운 대로, 자신이 받은 사랑을 고백하는 것을 보았습니다. 내가 사랑하는 솔로몬(지키고 싶은 사랑) 곧 내가 사랑하는 하나님, 예수님, 성령님은 이런 분이시라고 자기만의 스토리를 만들어서 고백하는 모습과 내가 사랑하는 예수님은 진선미라고 말씀드렸습니다.

아가 5장 16절입니다.
"입은 심히 달콤하니 그 전체가 사랑스럽구나 예루살렘 딸들아 이는 내 사랑하는 자요 나의 친구로다"

앞서 예수님의 머리, 눈, 뺨, 손, 다리 등 신체를 조목조목 섬세하게 표현한데 이어 입에 대해 고백합니다. 내가 사랑하는 예수님의 입은 심히 달콤하니 그 전체가 사랑스럽다고 고백합니다. 여기서 입은 입술이 아니라 언어를 말합니다. 말은 그 사람의 마음의 정원에서 나오는 것으로 언어에는 향기가 있습니다. 말이 입 안에 있을 때에는, 내가 말을 다스리고 지배할 수 있지만 말이 입 밖으로 나오면 그 말이 나를 지배하게 됩니다. 그래서 말이 중요합니다.

학자들에 의하면, 우리의 뇌는 현실과 언어를 구별할 수 있는 능력이 없다고 말합니다. 만약 내가 입으로 '에이, 짜증나'를 반복하면 그 소리가 귀를 통해서 뇌로 전달되고, 뇌는 그 말을 온몸에 불쾌한 스트레스 호르몬으로 뿌린다고 합니다. 그만큼 말이 얼마나 중요한지 알아야 합니다. 언어는 행복의 문을 열어주기도 하고, 불행의 문을 열어주기도 합니다. 철학자 하이데거는 '언어는 존재의 집이다.'라고 말합니다. 이는 그 사람이 말하는 것을 보면, 그 사람의 존재를 알 수 있다는 것입니다. 그렇기 때문에 말은 곧 인격입니다.

개인적으로 영성 훈련을 하면서 조심하는 부분이 '말과 표정'입니다. 내가 좋은 말을 많이 하게 되면 표정이 달라지는 것을 알기 때문입니다. 언어는 자신과의 관계뿐 아니라 타인과의 관계에서도 엄청난 영향을 미칩니다. 우리는 너무 쉽게 말하고 그 말에 대한 책임을 지지 못하기에 영성 훈련이 되지 않는 것입니다. 말을 다스리지 못하는 사람은 마음을 다스리지 못한다고 말할 수 있습니다.

우리는 품격 있는 언어 **'화용 언어'**를 사용해야 합니다. 화용 언어는 관계 영성에 큰 영향을 미칩니다. 이는 단순히 말을 잘하는 것이 아니라 상황에 맞게 적절히 표현하는 언어의 능력입니다.

화용 언어를 훈련할 때 **첫째, '대화의 차례 지키기'를 해야 합니다.** 누군가가 말을 할 때 들어주고, 또 상대방의 말이 끝나면 내가 말하며 서로 주고받는 말을 해야 합니다. **둘째, '상황에 맞는 감정 표현하기'입니다. 셋째, '말의 톤과 억양을 조절하기'입니다.** 기쁠 때와 슬플 때 등 상황에 따라 말의 톤과 억양을 조절해야 합니다.

우리는 화용 언어를 통해 영성의 언어를 훈련해야 하는데 많은 사람들이 감각의 언어만 사용합니다. '기분 나빠, 기분 좋아' 등의 감각적 언어만 사용합니다. 즉각적으로 감각의 언어를 사용하면 실수하기가 쉽습니다. 그러나 영성의 언어는 육감을 뛰어넘어 상대방을 생각하는 것입니다. 관계에 중점을 두고 이야기한다면 우리는 영성의 언어, 축복의 언어를 사용할 수 있습니다.

술람미 여인은 예수님을 비유하는 솔로몬의 입에 대해 심히 달콤하다고 말합니다. 입이 심히 달콤하니 전체가 사랑스럽다는 것입니다. 말만 예쁘게 해도 전체가 예뻐 보입니다. 솔로몬의 입의 지혜는 당시 세계적이었습니다. 예수님의 언어는 생명을 살리는 언어, 치유하는 언어, 소망의 언어였습니다. 뿐만 아니라, 악한 것들에 대한 퇴치의 능력의 언어는 다스림이었고 정복이었습니다. 아담에게 주셨던 언어의 힘이 곧 예수님이 사용하신 언어입니다.

하나님의 언어와 사단의 언어는 다릅니다. 하나님의 언어는 상대를 살려주는 언어지만 사단의 언어는 자기중심적으로 이기적인 감정을 토하는 언어입니다. 곧 영성의 언어와 감정적 언어의 차이입니다.

하나님께서는 말씀으로 천지를 창조하셨습니다. 태초에 사용하신 하나님의 언어를 로고스라 합니다. 로고스의 언어는 무에서 유를 창조하는 능력을 가지고 있습니다. 우리가 사용해야 하는 언어는 영적인 언어, 화용 언어를 사용하여 상대방에게 자신은 볼 수 없는 빛, 생명을 찾아줄 수 있어야 합니다. 이것이 무에서 유를 창조한 로고스의 언어입니다. 우리는 이런 언어를 훈련해야 합니다.

하나님께서 로고스 언어를 사용하심으로 무질서, 혼돈, 갈등이 질서로 정립되었습니다. 우리 또한 상대방과 갈등이 있을 때, 묵인하는 것이 아니라 질서와 갈등을 해결할 수 있는 언어를 사용해야 합니다. 하나님이 우리에게 언어를 주신 것은 관계의 아름다움을 이루기 위함입니다. 로고스의 언어는 혼돈과 갈등, 무질서를 질서 있게 잡아주고 조화롭게 만들어 주는 창조적인 언어입니다.

또한, 로고스는 사랑의 언어입니다. 넘어진 사람에게 손만 잡아주는 것이 아니라 '괜찮아!'라고 말하며 살리는 언어를 사용할 때, 그것이 곧 사랑의 실천이고 거룩한 삶입니다.

거룩은 하나님의 고유한 속성입니다. 레위기 11-19장을 보면, 하나님은 우리에게 거룩을 요구하십니다. '나 여호와가 거룩하니 너희는 거룩하라'고 말씀하시면서 제사를 통해 하나님과의 관계 회복과 사람과의 관계 속에서 거룩을 말씀하십니다. 하나님의 거룩과 하나님의 백성들의 거룩은 조금 다릅니다. 하나님의 거룩은 무흠하고 죄가 없으며 어두움이 없는 안전무결한 성스럽고 위대하나라는 뜻의 거룩입니다.

우리의 거룩은 '구별됨'입니다. 우리는 하나님처럼 무흠해서 거룩할 수는 없지만 하나님의 속성을 닮은 우리만의 거룩을 요구하십니다. 우리는 세상의 죄악된 길, 어두운 길, 악한 길, 더러운 길에서 빗어나서 말씀과 진리의 길로 가야 합니다. 세상 사람들이 가는 길이 아니라 하나님이 원하시는 진리의 길을 따라갈 때, 우리를 거룩하게 보십니다.

성령님이 우리 안에 거하게 되면 하나님의 영광이 우리에게 임하게 되어 우리는 거룩해집니다. 성결과 성화를 통해 하나님께서 우리에게 요구하시는 거룩에 이르게 됩니다. 거룩을 향해 목표를 설정하고 예수 그리스도의 보혈의 생명을 품으면 성령님께서 나와 동행하십니다. 성화 속에서 열매가 맺혀지는 것을 보고 하나님께서 우리를 거룩하다 하십니다.

술람미 여인은 솔로몬(예수님)의 입은 심히 달콤하니 그 전체가 사랑스럽구나라고 고백한 뒤, 예루살렘 딸들아 이는 내 사랑하는 자요 내 친구라고 말합니다.

요한복음 15장 14-15절입니다.

"너희는 내가 명하는 대로 행하면 곧 나의 친구라 이제부터는 너희를 종이라 하지 아니하리니 종은 주인이 하는 것을 알지 못함이라 너희를 친구라 하였노니 내가 내 아버지께 들은 것을 다 너희에게 알게 하였음이라"

객관적으로 보면, 솔로몬(예수님)이 술람미 여인을 버린 것처럼 느껴지는데 술람미 여인의 믿음을 보십시오. 신랑을 찾지 못한 상황이고 나를 버리고 떠난 것 같은 상황 속에서도 '그분은 내 사랑하는 자요 내 친구라'고 고백합니다. 누구든지 사람 앞에서 나를 시인하면 나도 하늘에 계신 내 아버지 앞에서 그를 시인할 것이요 누구든지 사람 앞에서 나를 부인하면 나도 하늘에 계신 내 아버지 앞에서 그를 부인할 것이라는 말씀이 떠오릅니다.

인간의 얄팍한 관계는 상황이 조금만 자기 마음에 들지 않으면 관계를 끊어버립니다. 이것은 인간의 죄악 된 속성의 모습입니다. 예수님의 제자들이 생각이 납니다. 그들이 성령을 받기 전의 모습을 보십시오. 그들은 예수님을 따르는 목적이 거룩이 아니라, 세상의 성공에 있었나 봅니다. 그러기에 예수님의 십자가의 죽으심 앞에서 다 도망자, 배신자가 됩니다. 그러나 성령을 받은 후, 모두가 복음을 위해서 순교의 자리에 서게 됩니다.

술람미 여인도 우리가 상상할 수 없는 관계 영성을 가지고 있습니다. 상황보다 관계에 집중하는 성숙함이 다음 말씀을 더욱 기대하게 합니다. 예루살렘 여인들에게 이는 내 사랑하는 자요 내 친구라고 자신 있게 말합니다. 이것은 바로 술람미 여인의 정체성과 높은 자존감을 나타냅니다. 술람미 여인은 하나님, 예수님, 성령님을 자신의 영적인 친구로 받아들일 만큼 성숙한 사람이었기에 최상의 친밀한 관계를 이루고 있는 것입니다.

로버트 프로스트는 가장 친밀한 관계를 가장 오랫동안 유지할 수 있는 방법은 **'거룩한 삼각관계를 이루는 것'**이라 말합니다 관계에 있어서 거룩한 삼각관계는 하늘이 주신 선물이라 말합니다. 다윗과 요나단이 성경에서 샘플이 됩니다. 끝까지 배신하지 않고 배신당하시 않는 관계가 되려면 삼각관계를 맺어야 합니다. 상대방과 나 사이에 삼위일체 하나님이 계셔야 합니다. 바로 이런 삼각관계가 되면 어떤 상황으로 인해서 배신이나 배반이 있을 수 없습니다. 서로에게 불편한 것이 있다한들 하나님, 예수님, 성령님께서 개입하면 좋았던 것이 기억나지만 사단이 개입하면 상처 준 것만 기억납니다.

저는 우리 성도들을 떠올리면, 38년의 목회에서 상처가 하나도 없습니다. 하지만 문득 드는 생각이 있습니다. 나는 지나온 모든 시간이 상처가 아닌 사랑과 은혜의 시간이었다고 생각하지만 우리 성도들도 나와 같을까라는 마음이 들었습니다. 혹여 여러분들의 영혼을 위해 책망이나 직언을 했던 것들이 상처로 남은 분들이 있다면, 용서해 주시길 바랍니다. 나는 사랑이었지만, 받아들이는 사람이 상처였다면 용서를 구합니다. 그러나 그것이 사랑이라고 받아들인 분들은 상처가 아닌 은혜가 될 것입니다.

나와 이웃 사이에, 부부와 부부 사이에, 부모와 자녀 사이에 하나님, 예수님, 성령님이 계셔서 삼각관계를 이룬다면 우리는 어떤 상황에서도 관계에 흔들림이 없을 것입니다.

아가 6장 1절입니다.

"여자들 가운데에서 어여쁜 자야 네 사랑하는 자가 어디로 갔는가 네 사랑하는 자가 어디로 돌아갔는가 우리가 너와 함께 찾으리라"

솔로몬이 술람미 여인을 외면한 것 같은 오해할 상황처럼 보이지만 술람미 여인의 확고한 관계 영성을 보고 예루살렘 여인들이 그 사랑에 항복합니다. 곧 원수, 적이 술람미 여인을 인정합니다. 술람미 여인을 시기하고 질투했던 원수가 친구가 되고 적이 내 편이 되는 것을 볼 수 있습니다. 술람미 여인이 그들에게 비위를 맞춘 것이 아닙니다. 술람미 여인이 솔로몬(예수님)에 대해 꿋꿋하게, 담대하게, 견고하게 관계에 확실성을 선포하는 것을 보고 '이 사랑은 우리 사랑과는 비교할 수 없는 진짜구나!'라는 것을 여인들이 깨닫게 된 것입니다. 그러면서 예루살렘 여인들은 과거에는 술람미 여인을 자신들보다 낮게 취급했다가 이제는 '여자들 가운데에서 어여쁜 자야'라고 말하며 자신들보다 높여주며 '네 사랑하는 자가 어디로 갔는가 네 사랑하는 자가 어디로 돌아갔는가 우리가 너와 함께 찾으리라'라고 말합니다. 저이 동지가 되고 동역자가 되는 순간입니다.

이것이 예수 믿는 사람의 능력입니다. 우리가 무기로, 못난 자존심으로 이렇게 만들 수는 없습니다. 하나님과의 관계가 확실하게 되면, 영적인 관계를 두려움 없이 담대하게 지켜내면 나머지 일은 하나님께서 하십니다.

술람미 여인의 확고한 사랑과 관계 선포는 무엇으로도 끊을 수 없다는 견고한 믿음에서 나왔습니다. 그의 신념 앞에 경쟁자들이 협력자들도 바뀌고, 술람미 여인과 솔로몬의 사랑을 축복하게 됩니다. 사단이 우리를 포기하지 않는 것은 우리가 적당히 사단과 타협하려는 여지를 보이기 때문입니다. 사단은 교묘하기에 나보다 나를 더 잘 압니다. 틈을 주는 여지를 보여서는 안 됩니다. 이것이 기독교의 신앙입니다. 인격적으로 관계를 잘 맺고 신앙에 몰입하며 믿지 않는 세상 사람들이 우리를 인정하게 됩니다. 우리를 곱지 않은 눈으로 바라봤던 사람들까지도 우리의 신앙을 인정하고 지지하게 됩니다.

아가 6장 2절입니다.

"내 사랑하는 자가 자기 동산으로 내려가 향기로운 꽃밭에 이르러서 동산 가운데에서 양 떼를 먹이며 백합화를 꺾는구나"

예루살렘 여인들과 술람미 여인이 솔로몬을 찾으러 다니는데, 결국 술람미 여인이 솔로몬(예수님)을 발견합니다. 내 사랑하는 자가 자기 동산으로 내려가 향기로운 꽃밭에 이르러서 동산 가운데에서 양 떼를 먹이며 백합화를 꺾는 모습을 봅니다.

이 말씀은 너무도 신비로운 말씀입니다. 여기서부터 영적인 장르가 바뀝니다. 1절까지 말씀은 전의식의 영역이라면, 2절부터는 무의식의 영역으로 들어가는 말씀입니다. 술람미 여인의 영안이 열려 예수님이 어디 계신지 보는 것입니다. 예수님께서 '자기 동산' 에덴동산에 내려가심을 본 것입니다. '내려갔다'는 표현이 공감됩니다. 또한, 예수님만의 사역의 자리에 내려가 계신 것입니다. 이 두 가지 의미는 일반적으로 쉽게 생각할 수 없는 영역입니다. 영안이 열리지 않으면 예수님이 어디 계신지 찾을 수 없습니다.

누가복음 2장에서는 예수님의 부모가 유월절 예루살렘에 갔다가 예수님을 잃어버린 사건이 나옵니다. 3일 길을 걷다가 그때서야 예수님을 잃은 것을 알게 된 부모가 찾고 찾다가 예수님을 성전에서 만나게 됩니다. 부모의 책망 어린 말에 예수님은 이렇게 대답하십니다.

누가복음 2장 48-50절입니다.
"그의 부모가 보고 놀라며 그의 어머니는 이르되 아이야 어찌하여 우리에게 이렇게 하였느냐 보라 네 아버지와 내가 근심하여 너를 찾았노라 예수께서 이르시되 어찌하여 나를 찾으셨나이까 내가 내 아버지 집에 있어야 될 줄을 알지 못하셨나이까 하시니 그 부모가 그가 하신 말씀을 깨닫지 못하더라"

솔로몬(예수님)이 그곳에서 **'양 떼를 머인다'**는 것은 예수님이 에덴동산에서도 일하신다는 것입니다. 아담과 하와도 에덴동산에서 먹고 놀지 않았습니다. 다스리고 정복하고 경작하고 일할 수 있게 우리를 만드셨습니다.

'백합화를 꺾는다'는 것은 희생을 의미합니다. 백합화를 꺾으면 향기가 납니다. 사랑하는 사람을 위해서 일하면 몸은 힘들어도 기쁨이 있습니다. 내 마음에 행복이 있고 진정한 사랑이 있으면 힘들고 고통스러워도 행복합니다. 백합화를 꺾는다는 것은 고난, 고통, 어려움이 있어도 사랑하는 마음으로 하니 행복하다는 것이고 향기를 풍긴다는 것입니다.

요한복음 4장 31-34절입니다.
"그 사이에 제자들이 청하여 이르되 랍비여 잡수소서 이르시되 내게는 너희가 알지 못하는 먹을 양식이 있느니라 제자들이 서로 말하되 누가 잡수실 것을 갖다 드렸는가 하니 예수께서 이르시되 나의 양식은 나를 보내신 이의 뜻을 행하며 그의 일을 온전히 이루는 이것이니라"

예수님은 하나님의 일을 하실 때 배부르다고 하십니다. 주님의 일을 할 때, 향기가 납니까? 수고와 희생이 행복하십니까? 사랑의 향기는 희생에서 납니다. 생명을 낳는 사랑의 고통은 곧 행복입니다. 우리도 사명자로서 자기 동산으로 내려가서 백합화를 꺾었으면 좋겠습니다. 이것이 그리스도의 향기를 날리는 것입니다.

품격 있는 신앙은 '십자가의 사랑, 십자가의 정신, 십자가의 능력'입니다. 십자가의 사랑은 은혜를 아는 사람에게서 나옵니다. 예수님의 십자가의 사랑은 하나님의 근본이신 거룩에서 나왔다면, 인간은 은혜로부터 십자가의 사랑이 나옵니다. 이것이 발광체와 반사체의 다름입니다.

십자가의 정신은 진리입니다. 진리가 아니면 우리는 절대 가지 말아야 하고 뒤돌아보지 말아야 합니다. 십자가 정신은 진리를 수호하는 것입니다. 진리를 선택했으면 어떤 상황에서도 돌이키지 않고 후회하지 않아야 합니다.

십자가의 능력은 내 공간 안에 성부 하나님, 성자 하나님, 성령 하나님을 때에 맞게 모시는 것입니다. 지금은 성령 시대입니다. 성부 하나님, 성자 하나님을 믿는 믿음과 함께 성령을 내 안에 모시지 않으면 능력이 생기지 않습니다. 십자가 사건이 역사적으로만 끝날 뿐, 삶으로 나타나지 않습니다. 십자가 사랑, 십자가 은혜, 십자가 능력은 신앙의 품격을 높여줍니다. 우리 시도교회 성도들은 품격 있는 신앙인입니다.

아가 6장 3절입니다.

"나는 내 사랑하는 자에게 속하였고 내 사랑하는 자는 내게 속하였으며 그가 백합화 가운데서 그 양 떼를 먹이는도다"

분명한 소속감, 확실한 사랑의 연합을 선포합니다. 우리의 선포는 하나님이 들으시고, 나 자신이 듣고, 사단이 듣습니다. 술람미 여인의 진가는 믿음의 확실성에 있습니다. 자기 확신도 중요하지만, 상대방의 사랑도 확신한다는 것은 완전한 하나 됨을 보여주는 것입니다.

빌립보서 3장 20절입니다.

"그러나 우리의 시민권은 하늘에 있는지라 거기로부터 구원하는 자 곧 주 예수 그리스도를 기다리노니"

이런 자가 천국의 주인공이 되는 것입니다. 분명한 소속감을 갖고 있는 사람은 책임감이 강합니다. 아담과 하와는 이러한 사랑의 확신이 부족했기에 사단의 꾀임에 넘어갑니다. 사랑의 연합은 사단에게 틈을 주지 않는 가장 확실한 사랑의 완성입니다.

시편 118편 6-7절입니다.

"여호와는 내 편이시라 내가 두려워하지 아니하리니 사람이 내게 어찌할까 여호와께서 내 편이 되사 나를 돕는 자들 중에 계시니 그러므로 나를 미워하는 자들에게 보응하시는 것을 내가 보리로다"

정체성이 확실한 사람, 자신의 가치를 아는 사람, 회복 탄력성이 뛰어난 사람이 삼위일체 하나님과 일치를 이루게 됩니다. 관계의 불편성은 사랑의 확실성이 부족한 데서 오는 불협화음입니다.

"그가 백합화 가운데서 그 양 떼를 먹이는도다." 솔로몬(예수님)은 일하시는 분입니다. 하나님은 졸지도 주무시지도 아니하시고 일하신다고 말씀하십니다. 우리 예수님도 하나님 아버지께서 일하시니 나도 일한다고 말씀하십니다. 하나님의 일을 하는 우리가 사랑의 품격을 가지고 일한다면 그것이 곧 거룩입니다. 하나님의 사랑은 품격 있는 사랑으로 우리를 위해 수고하시고, 예수님은 죽기까지 희생하셨지만, 그것이 사랑이라고 안심시켜 주십니다. 이것이 사랑의 품격이 아닐까요?

우리를 위해 십자가에서 전부를 주시고도 하나님 우편에서 기도하는 노동을 지금도 하고 계시다는 것입니다. 기도로 양 떼를 먹이시는 예수님의 사랑은 격조 있는 사랑, 품격 있는 사랑, 고귀한 사랑의 모델이십니다.

'향기로운 꽃밭에서 양 떼를 먹이시며, 백합화를 꺾는 예수님은 오늘도 우리를 위하여 거룩한 낭비를 아끼지 않으십니다. 사랑은 거룩의 완성이고, 관계는 하나님의 거룩함을 반영하는 삶의 열매입니다.

에베소서 4장 13절입니다.

"우리가 다 하나님의 아들을 믿는 것과 아는 일에 하나가 되어 온전한 사람을 이루어 그리스도의 장성한 분량이 충만한 데까지 이르리니"

고난의 별

아가 6:4 9

학식과 덕을 겸비해서 주변 사람들에게 영향력을 끼친 한 노인이 있었습니다. 어느 날 두 청년이 찾아와 제자로 삼아달라고 간곡히 부탁했습니다. 그러자 그 노인은 두 청년을 넓은 공터로 데리고 갔습니다. 각자에게 똑같은 넓이로 땅을 배분하더니 누구의 도움 없이 혼자서 이 주어진 공터의 잡초를 제거하면 반년 후에 잡초가 적은 한 사람을 제자로 삼겠다고 말했습니다. 두 청년은 매일매일 공터에 가서 잡초를 제거하면서 시간을 보냈고, 결국 약속된 날이 되었습니다.

노인과 함께 이 두 청년은 공터로 향했습니다. 한 청년의 공터는 반은 깨끗하였지만 반은 잡초가 있었습니다. 노인이 그 이유를 묻자, 누구의 도움도 빌지 않고 혼사 잡초를 뽑다 보니 한쪽에 잡초를 뽑고 나면 다른 쪽에서 나서 그렇다고 말했습니다. 그런데 또 한 청년의 공터에는 잡초 대신 곡식이 빽빽하게 심겨 있었습니다. 노인이 왜 곡식을 심었느냐고 묻자, 이 청년은 잡초는 아무리 뽑아도 나시 나기에 잡초를 뽑은 자리에 곡식을 심으면 잡초를 없앨 수 있을 것이라 생각했다고 말했습니다.

그렇다면, 이 노인은 누구를 제자로 삼았겠습니까? 바로, 곡식을 심은 청년입니다. 첫 번째 청년도 열심히 잡초를 제거했지만 지혜가 부족했습니다. 그러나 두 번째 청년의 지혜는 탁월했습니다.

우리 또한 내 마음의 잡초를 제거하여 아름답게 가꾸길 원하지만 마음대로 되지 않는 경우가 많습니다. 우리의 마음은 정원이 되어야 합니다. 그러나 이 정원은 저절로 되지 않습니다. 마음을 늘 관리해야 합니다. 우리 마음을 관리하기 위해서는 내 마음에 용도 변경이 있어야 합니다. 사용 목적이 있어야 합니다. 우리의 마음은 우리만의 것이 아니라 예수 그리스도의 성전입니다. 우리 마음에 예수의 생명이 있다고 생각하면 우리 마음을 방치할 수 없을 것입니다. 예수 그리스도를 구주로 영접한 사람들 마음에는 예수의 생명이 있음에도 불구하고 마음을 방치합니다.

뱃속에 생명을 잉태하게 되면, 그 생명을 위해서 몸과 마음을 관리하는 태교를 합니다. 육신의 생명을 잉태해도 그 생명을 위해서 마음을 관리하는데, 예수의 생명을 품은 우리의 마음을 방치하여 쓰레기통, 가시밭 등으로 만들며 살 수밖에 없습니다. 내 마음이 에덴동산이 되기 위해서는 생명이 있어야 합니다. 그 생명을 통해서 기쁨을 갖게 되면서 기쁨과 즐거움으로 자신을 관리하게 됩니다.

육신의 생명을 잉태하는 것과는 달리 영원한 생명을 잉태했다면 우리의 마음은 은혜의 통이 되어야 합니다. 내 마음을 정결하고 깨끗하게 하는 것은 우리 마음을 은혜의 통, 은혜의 그릇으로 만들면 됩니다. 내 마음에 은혜가 없으면 황량하고, 스스로 스크래치를 내며 쉽게 상처를 받고 상처를 주기도 합니다. 내 안에 예수의 생명은 은혜 안에서 자라납니다. 내 마음이 은혜로 충만하게 채워지면, 물이 바다 덮음같이 됩니다. 우리 마음도 은혜가 썰물이 되면, 썰물 때의 바다의 모습처럼 흉한 모습이 드러납니다. 그러나 은혜의 물이 나를 덮게 되면, 우리 마음이 아름답게 됩니다.

　우리 마음이 은혜의 통이 되고, 은혜의 그릇이 되면 내 입은 '황금입'이 됩니다. 감사하는 입이 '황금입'입니다. 은혜가 꽉 찬 사람은 불평, 원망, 시기, 질투하는 말이 나올 수 없습니다. 은혜가 차면 우리 입에서는 감사, 찬양, 아름다운 생명의 말이 나오기에 '황금입'이 되는 것입니다.

　우리 안에는 예수의 생명이 있습니다. 그 생명은 나의 인격 안에서 자라납니다.

　아가서의 솔로몬과 술람미 여인의 아름나운 고백늘은 황금입입니다. 솔로몬과 술람미 여인의 사랑은 그리스도가 교회를 사랑하는 것 같이, 예수님이 성도들을 사랑하는 것 같은 아가페 사랑을 보여줍니다. 아가페 사랑은 사랑의 진정성과 가치관으로 품격을 높여주고 있습니다. 감정에 실린 사랑, 쉽게 번질되는 정욕직이고 세상적 사랑이 아니라 격조 있는 사랑, 상대의 품격을 높여주는 사랑의 표현을 하고 있습니다.

　우리 또한 아가서를 통해 사랑의 품격이 높아지길 소망합니다. 하나님 안에서 같은 뜻을 위하여, 한마음으로, 한 몸을 이룬 것이 공동체 교회입니다. 우리 교회가 품격 있는 사랑으로 소문난 교회가 되길 바랍니다.

술람미 여인이 솔로몬을 발견한 후 멀리서 이렇게 말합니다. **'향기 (인격)로운 꽃밭(행복)에서 양 떼(사명)를 먹이며 백합화(희생, 헌신)를 꺾는구나'** 향기는 인격을 뜻합니다. 멀리 있어도 솔로몬(예수님)의 인격의 향기가 술람미 여인에게 느껴지는 것입니다. 또한, 꽃밭은 행복을 나타냅니다. 향기로운 꽃밭에서 양 떼를 먹인다는 것은 일하고 계시는 예수님, 사명을 감당하시는 예수님을 나타냅니다. 백합화를 꺾는다는 것은 희생과 헌신을 다하는 예수님의 모습을 보고 즐거워하고 행복해하는 술람미 여인의 고백인 것입니다.

이것이 사랑의 품격입니다. 서로의 사랑을 통해서 서로의 품격을 높여주려면, 인격의 향기가 나야 하고, 행복해야 하며 주어진 사명을 감당해야 합니다. 적당히 할 수 있는 만큼이 아니라 조금 더 희생하는 자리, 헌신하는 자리, 충성하는 자리에서 다른 사람을 배려하는 그 마음이 사랑의 품격을 높여줍니다.

폴 틸리히는 "성령님은 청결한 마음속에 임재하신다. 제일 먼저 성령이 우리 마음에 임재하면 자기 초월을 할 수 있는 힘(자기초월실현)을 주신다. 그리고 자기실현의 통일성을 회복하게 해 주신다."고 말합니다.

이사야 49장 8절입니다.

"여호와께서 이같이 이르시되 은혜의 때에 내가 네게 응답하였고 구원의 날에 내가 너를 도왔도다 내가 장차 너를 보호하여 너를 백성의 언약으로 삼으며 나라를 일으켜 그들에게 그 황무하였던 땅을 기업으로 상속하게 하리라"

황무하였던 땅을 기업으로 상속하게 하리라 말씀하십니다. 예수 그리스도의 생명이 내 안에 없을 때에는 내 마음은 황무한 땅, 돌짝밭, 가시밭, 길가와 같았습니다. 그러나 우리 마음에 예수의 생명을 모시고 은혜로 우리 마음을 덮으니 우리 마음이 옥토로 바뀌고 황무했던 땅이 천국의 기업으로 상속받게 되었습니다.

폴 틸리히는 내면이 통전되면 범사가 형통한다고 말합니다.

이사야 51장 3절입니다.

"나 여호와가 시온의 모든 황폐한 곳들을 위로하여 그 사막을 에덴 같게, 그 광야를 여호와의 동산 같게 하였나니 그 가운데에 기뻐함과 즐거워함과 감사함과 창화하는 소리가 있으리라"

이것이 우리 마음의 천국을 이루는 것이고, 황폐했던 땅을 에덴동산으로 만드는 것입니다. 우리 마음이 천국이 되어서 기뻐하고 즐거워하며 감사하고 찬양하게 됩니다. 창화하는 소리는 감사하는 소리이고 찬양하는 소리입니다.

이렇듯 우리 내면을 은혜의 통, 그릇으로 채워 황폐한 곳이 에덴동산으로 바뀌는 은혜가 있길 소망합니다.

아가 6장 4절입니다.

"내 사랑아 너는 디르사같이 어여쁘고, 예루살렘같이 곱고, 깃발을 세운 군대같이 당당하구나"

앞서 술람미 여인과 예루살렘 딸들이 솔로몬을 찾으러 다니다가, 꽃밭에서 일하시는 예수님, 사역장에서 일하시는 예수님을 드디어 발견했습니다. '내 주님을 찾았다.'고 말하는 술람미 여인의 목소리를 솔로몬이 듣게 된 상황입니다. 그리고 자기를 찾아온 술람미 여인을 향해 솔로몬이 3가지로 사랑을 고백합니다.

"내 사랑아 너는 디르사같이 어여쁘고" 신부의 아름다운 표현이 4장과 비슷해 보이지만 다르다는 것을 인지하시고 말씀을 보길 원합니다. 4장에서의 술람미 여인과 6장에서의 술람미 여인의 위격은 달라졌습니다.

디르사는 40년 동안 북이스라엘의 수도였던 곳입니다. 디르사는 거대한 성이었는데, 너무 아름다워 이스라엘 백성들이 별궁이라는 명칭을 붙였습니다. 밖에서 봐도 아름답고 안에서 보면 더 아름다운 성이었습니다. 특히, 디르사는 외적인 아름다움보다 내적인 아름다움의 대명사로 불리워졌습니다. 즉, 내적인 아름다움의 극치를 디르사로 표현한 것입니다.

술람미 여인을 향해 솔로몬이 너는 외적인 것도 아름답지만 내면이 어쩜 이렇게 아름답냐고 고백하는 것입니다. 당시의 여인들은 디르사의 의미가 무엇인지 알았기에 술람미 여인을 향해 디르사같이 어여쁘다는 고백이 무슨 의미를 담고 있는지 너무도 잘 알았습니다.

아름다움은 내면에서부터 나오는 것입니다. 성도인 예수님의 신부가 이 아름다움을 늘 유지하기 위해서는 반드시 생명을 품고 있어야 하고, 은혜의 양수로 생명을 품어낼 때 기쁨이 넘치게 되고, 그 기쁨으로 인해서 즐거움이 생기며 그 기쁨이 황금의 입으로 감사와 찬양이 흘러나오게 됩니다.

"예루살렘같이 곱고…" 예루살렘은 이스라엘 전체를 대표하는 도시입니다. 디르사가 내면의 아름다움을 나타낸다면, 예루살렘같이 곱다는 것은 머리부터 발끝까지 안 예쁜 데가 없다는 것을 의미합니다. 전체적인 이미지를 표현하는 것입니다. 예루살렘은 평화를 상징합니다. 내가 너를 보면 마음이 평화롭고, 너는 모든 사람에게 평안을 끼치는 평화의 사람이라는 것입니다. 불협화음을 일으키는 사람이 아니라 화평, 평화를 이루는 사람이 술람미 여인이었습니다. 예루살렘 여인들과 함께 등장한 술람미 여인을 보고 칭찬하는 것입니다. 잔잔한 호수와도 같은 평화로움, 두려움이나 불안이 아닌 평안이 있고, 다른 사람에게도 평안을 주었던 여인이었습니다.

예루살렘은 이스라엘의 통일왕국의 중심지로 전체적인 이스라엘을 대표하는 도시이기에 술람미 여인에게 예루살렘 같다고 말한 것은 최고의 가치를 인정하는 것입니다.

"깃발을 세운 군대같이 당당하구나" 이는 솔로몬(예수님)이 있는 곳에 술람미 여인이 어떤 장애물과 고난, 어려움을 거쳐 여기까지 왔는지를 솔로몬이 너무도 잘 안다는 것입니다. 너의 용기, 너의 담대함이 깃발을 세운 군대와도 같다는 것입니다. 전쟁에서 이긴 사람이 깃발을 꽂을 수 있습니다. 술람미 여인이 모든 고난과 장애물, 유혹을 이기고 승리자로 솔로몬 앞에 서 있다는 것입니다.

4장에서의 칭찬과 6장에서의 칭찬은 클래스가 다릅니다. 전쟁에서 승리하여 깃발을 세운 군대의 당당함, 왕비다운 위엄, 열방의 어미다움 즉 모든 장애물을 뛰어넘고 모든 고난을 극복하여 예수님 앞에 서 있는 술람미 여인은 마땅히 승리자의 모습임을 인정해 주시는 것입니다.

우리도 도전하길 소망합니다. 내 마음이 디르사 같고, 우리의 이미지가 평화의 모습으로 화평을 이루는 자가 되길 바랍니다. 또한 사단의 유혹과 어떤 고난이 온다 할지라도 우리가 가야 할 길, 그 믿음의 길을 향해 목표점에 깃발을 꽂는 군대와 같은 당당한 사람이 되길 소망합니다.

아가 6장 5절입니다.
"네 눈이 나를 놀라게 하니 돌이켜 나를 보지 말라 네 머리털은 길르앗 산 기슭에 누운 염소 떼 같고"

"네 눈이 나를 놀라게 하니 돌이켜 나를 보지 말라" 술람미 여인이 예수님을 바라보는데 눈이 얼마나 반짝거리는지 마치 예수님이 빨려 들어갈 것 같다는 표현입니다. 술람미 여인의 눈에 압도된 솔로몬의 모습입니다. 술람미 여인의 마음에 솔로몬을 사랑하는 온도가 너무 뜨거웠기에 눈으로 발사된 것입니다. 솔로몬을 향한 사랑의 온도가 너무 높으니 눈으로 반사되어 상대방을 압도하는 것입니다.

우주에는 수많은 별들이 있습니다. 우리 육안으로는 약 6천 개 정도의 별을 볼 수 있다고 합니다. 별의 색깔은 온도에 따라 달라집니다. 우리가 바라보는 별의 색깔을 통해 그 온도를 짐작할 수 있습니다. 백색별은 온도가 7500-10000도로 태양과 비슷한 온도입니다. 황색별은 온도가 5500-6000도입니다. 적색별은 3000-5000도 정도입니다.

별들을 비유하자면, 술람미 여인이 솔로몬을 사랑하는 온도는 10000도 정도 된 것 같습니다. 우리도 술람미 여인과 같이 예수님을 눈부시게 하는 자가 되길 소망합니다.

주님이 내 눈앞에 압도될 수 있는 것이 무엇일까요? 바로, 생명의 눈부심입니다. 예수님의 생명이 내 안에서 빛을 발할 때, 생명의 빛으로 압도당할 수 있습니다. 또한, 믿음의 눈부심입니다. 우리의 믿음을 통해 예수님을 압도할 수 있고, 눈부시게 할 수 있습니다. 나의 내면에 예수님을 눈부시게 할 수 있는 것들이 무엇인지 발견하시길 바랍니다. 우리 안의 생명, 믿음, 순종, 사랑, 헌신 등으로 예수님을 눈부시게 할 수 있습니다. 내면에 불이 꺼지고 어두우며 우리의 시선은 땅을 보고 마주하지 못합니다. 우리의 내면이 가장 밝게 빛나길 소망합니다.

어떤 사람이 내면이 빛나는 사람일까요? 예수 그리스도의 생명의 가치를 아는 사람입니다. 하나님 아버지의 사랑의 가치를 아는 사람, 성령의 능력이 가치를 아는 사람이 내면이 빛나는 사람입니다.

아가 6장 6절입니다.

"내 이는 목욕하고 나오는 암양 떼 같으니 쌍태를 가졌으며 새끼 없는 것은 하나도 없구나"

헌신과 희생을 강조하기 위해 이(치아)라는 말을 사용합니다. 치아는 우리 몸속의 모든 뼈의 종합이라 말합니다. 이가 건강하면 우리 몸속의 뼈가 대체로 건강합니다. 치아가 약하면 우리 몸속의 뼈가 약할 가능성이 높습니다. 치아는 희생을 강조하기 위함입니다. 새끼를 가지고 있는 암양의 사랑의 희생을 강조하는 말입니다.

우리의 신체 중에서 가장 희생을 많이 하는 부분이 어디일까요? 아가서에는 그 부분을 치아로 꼽고 있습니다. 음식물을 먹을 때 치아가 잘 씹어주어야 우리 몸속으로 들어가게 됩니다. 치아만큼 우리 몸을 위해 희생하는 지체는 없을 것입니다. 술람미 여인이 가지고 있는 사랑은 마치 치아가 온몸을 위해 희생하는 것처럼, 쌍태를 가진 새끼에게 어미 양이 희생하는 것과 같은 사랑을 가지고 있다고 칭찬하는 것입니다. 그 사랑은 예수 그리스도의 사랑이고, 아가페적 사랑입니다.

육신의 치아가 약하면 힘든 것처럼, 영적인 치아가 건강해야 합니다. 영적인 치아가 건강해야 영적으로 소화가 잘되어 영혼이 잘 됨같이 범사가 잘 되고 강건하게 됩니다.

아가 6장 7절입니다.

"너울 속의 네 뺨은 석류 한 쪽 같구나"

4장 3절에도 동일한 말씀이 나옵니다. 술람미 여인의 뺨을 석류 한 쪽으로 표현했습니다. 석류는 특히 여성에게 좋은 과일로 유명합니다. 옛 왕비나 귀부인들이 많이 먹었던 과일이며, 그들의 옷에도 석류 그림의 수를 놓았습니다. 솔로몬 또한 개인 과수원을 가지고 있을 만큼 석류를 좋아했다고 합니다. 한때 석류를 기독교 종교 과일로 분류할 만큼 그 안에 담긴 의미가 깊습니다.

첫째, 석류는 생명이라는 뜻을 담고 있습니다. 교황청에서는 성모 마리아를 상징할 때 석류를 그리기도 했습니다. 볼품없는 석류의 반을 자르면 그 안에는 많은 생명을 품고 있습니다. 그래서 다산의 과일을 상징하기도 합니다.

둘째, 석류는 지혜의 과일을 상징하기도 합니다. 석류가 이렇듯 풍요로움과 지혜의 대표성을 띠는 것은 '너울 속의 석류'이기 때문입니다.

술람미 여인을 향해 너울 속의 석류라고 고백합니다. 너울을 쓰는 것은 권위를 상징하는 것입니다. 내 머리 위에 삼위일체 하나님이 계시기에 나는 삼위일체 하나님의 권위 아래 있는 사람이라는 의미로 너울을 쓰는 것입니다.

술람미 여인이 생명을 품은 자, 지혜가 있는 여인, 솔로몬의 권위 아래, 신랑의 권위 아래, 하나님의 권위 아래 있는 그의 겸손이 아름답다고 하는 고백을 너울 속의 석류로 표현한 것입니다.

성도(신부)가 가장 아름다울 때는 권위에 순종할 때입니다. 아무리 재능이 많은 사람이라 할지라도 권위에 순종하지 않으면 그 사람에게서 인격의 향기가 날 수 없고, 아름다울 수 없습니다. 솔로몬이 술람미

여인을 칭찬하는 것은 생명을 품었고, 사랑을 품었고, 지혜를 가지고
있어도 권위 앞에 순종할 수 있는 겸손이 너를 더욱 돋보이게 만들었
다는 것입니다.

우리 시도교회가 왜 아름답습니까? 너울 속의 석류같이 권위에 순종
할 줄 알고, 질서에 순종할 줄 아는 겸손으로 아름다움을 표출하기 때
문입니다.

아가 6장 8절입니다.

"왕비가 육십 명이요 후궁이 팔십 명이요 시녀가 무수하되"

열왕기상 11장 3절에 보면, 후궁이 700명, 첩이 300명으로 나오지
만 오늘 말씀은 그 전의 상황으로 보입니다. 솔로몬의 정욕적인 부분
이라기보다는 외교정책으로 인해 많은 여인들을 거느리지 않았을까라
는 생각이 듭니다. 여기서의 숫자의 의미는 '많은 사람들 중에'라는 의
미를 부여합니다.

아가 6장 9절입니다.

"내 비둘기, 내 완전한 자는 하나뿐이로구나 그는 그의 어머니의 외
딸이요 그 낳은 자가 귀중하게 여기는 자로구나 여자들이 그를 보고
복된 자라 하고 왕비와 후궁들도 그를 칭찬하는구나"

이제는 술람미 여인에게는 적이 없습니다. 예루살렘의 모든 여인들
까지 술람미 여인의 사랑 앞에 바짝 엎드렸습니다. 그들의 사랑과 술

람미 여인의 사랑의 클래스가 다르다는 것을 깨닫게 되었습니다.

예수님 앞에 사단이 바짝 엎드렸던 것처럼, 우리의 신앙을 보고 사단이 바짝 엎드려야 합니다. 우리 마음에 예수의 생명, 예수의 이름의 권능을 갖고 있으면 어떤 악한 적이라도 우리의 생명 앞에서 굴복합니다.

내 완전한 자는 하나뿐이라고 하는 것은, 대체 불가능한 사람이라는 것입니다. 유일무이한 사람이라는 것입니다. 신앙은 일대일의 관계입니다. 나와 예수님의 관계가 이러한 관계가 되어야 합니다. 관계에 절대적인 사람은 자신의 사명의 자리를 지킵니다. 나의 자리를 그 누구도 대체할 수 없게 하는 존재가 되어야 합니다. 하나님은 우리와 그런 관계를 맺길 원하십니다. 이런 사람을 우리 주님은 높여주십니다. 스스로 높아지려고 하는 것이 아니라 주님이 높여주는 사람이 되어야 합니다. 그 방법은 주님만 죽도록 사랑하면 됩니다. 그 사랑이 나도 모르게 내 안에서 흘러나와서 십자가 사랑으로 전개되면서 주님이 우리를 높여줍니다. 내가 높아지려고 하면 교만한 사람이 됩니다.

술람미 여인은 '고난 속에서 피어난 별'입니다. 고난에도 종류가 있습니다. 형벌이 따르는 고난은 인과응보의 고난입니다. 내가 죄를 지었기에 받는 고난입니다. 이것을 '고난당한다'라고 합니다. 그러나 결백한 고난이 있습니다. 욥처럼, 하나님의 섭리에 의하여 받는 고난입니다. 이 고난은 '고난을 받는다'고 말합니다. 그러나 술람미 여인이 당한 고난은 3단계의 고난입니다.

첫 번째, 환경의 고난입니다. 가까운 가족, 친지로부터 버림을 받아

광야로 내몰립니다. 그러나 그 환경 속에서도 낙심하지 않고 실망하지 않고 맡겨진 포도원에서 성실하게 일하다가 솔로몬을 만나게 됩니다. 성 어거스틴은 "모든 사람은 무슨 고난을 당하느냐는 중요하지 않다. 어떤 자세로 고난을 당하느냐에 따라 결과가 달라지고, 고난의 의미도 달라진다"고 말합니다. 고난의 환경 속에서도 성실함을 가지고 이겨낸 술람미 여인입니다.

두 번째, 선택의 고난입니다. 솔로몬을 따라가는 과정 가운데서 솔로몬과 레벨이 맞지 않음으로 인해 많은 적들이 생기고 시기, 질투를 받는 고난을 받게 됩니다. 하지만, 이것은 선택으로 인한 고난입니다. 우리가 신앙생활을 함으로 인해 고난받을 때가 있습니다. 고난이 없으면 가짜 신앙입니다. 예수님을 따르기 위하여 받아야 하는 고난은 필수 코스입니다.

세 번째, 구속의 고난입니다. 내가 전적인 사랑을 받았으니 이제는 전부를 주기 위해 고난을 스스로 선택하는 것입니다. 사랑을 위해 스스로 선택하는 고난입니다. 다니엘의 고난이 대표적입니다. 복음을 전하기 위해 스스로 고난을 선택하고, 하나님의 의를 위해 스스로 고난을 선택하는 것이 구속의 고난입니다. 사랑으로 인해 고난을 선택한 술람미 여인을 하나님은 높여주셨고, 귀한 자리에 올려놓아 주셨습니다. 술람미 여인의 고난이 별이 되었습니다.

우리도 술람미 여인과 같은 신앙의 여정에 도전하면서 하나님이 높여주는 사람, 고난이 별이 되는 축복이 있길 소망합니다.

베드로전서 3장 14절입니다.

"그러나 의를 위하여 고난을 받으면 복 있는 자니 그들이 두려워하는 것을 두려워하지 말며 근심하지 말고"

가장 큰 영광은 한 번도 넘어지지 않는 것이 아니라 넘어질 때마다 다시 일어나는 것입니다.

현재의 너는 과거의 너가 아니다

아가 6:10-13

어느 날, 하나님께서 원숭이와 여우, 토끼를 부르시더니 너희들이 할 수 있는 최고의 요리를 해서 가져오라 명령하셨습니다. 여우는 하나님이 좋아하실 만한 것을 찾아 돌아다니다가 호수에서 아름다운 자태를 뽐내며 헤엄치는 잉어를 보았습니다. 여우는 잉어를 잡아서 맛있는 요리를 해서 드려야지 생각했습니다. 반면에, 원숭이는 산중을 헤매다가 도토리를 주워서 그것으로 요리를 했습니다.

이렇게 여우와 원숭이는 각자 준비한 재료로 요리해서 하나님 앞으로 가져 왔고, 토끼는 빈손으로 왔습니다. 하나님께서 토끼에게 너는 무엇을 준비했냐고 묻자 토끼는 하나님을 모시고 밖으로 나갔습니다. 밖에는 장작이 잔뜩 쌓여 있었습니다. 토끼는 장작에 불을 붙이더니 그 위로 올라가 자신의 몸을 태워 드리겠다고 말하는 것이 아니겠습니까? 자신의 몸을 제물로 하나님께 드리려 했던 토끼의 모습에 감동받은 하나님께서는 당신이 창조한 달 속에 토끼를 넣어 모든 사람들이 달을 바라보면서 우러러볼 수 있도록 했다는 이솝우화입니다.

이 이솝우화가 우리에게 주는 교훈이 있습니다. 내가 여우처럼 약삭빠르고, 원숭이처럼 자신의 수준과 안목 안에서 신앙생활을 한다면 우리는 기적적인 신앙을 체험할 수 없고, 하나님께서도 우리를 탁월한 자리에 올려놓을 수 없다는 것을 깨닫게 해줍니다. 그 사람의 지식 여부, 소유와 상관없이 신앙생활은 '자기 초월'입니다. 내 형편, 내 생각, 내 마음을 얼마나 초월하느냐에 따라 믿음의 경지가 달라집니다. 평생을 신앙생활을 해도 내 시야나 수준, 형편과 사정에서 벗어나지 못하는 믿음은 하나님께서 탁월한 자리로 올려놓을 수가 없습니다. 우리의 믿음만큼 하나님께서 일하십니다.

인간의 뇌와 동물의 뇌를 구분하는 방법이 있다고 합니다. 동물의 뇌에서는 발견할 수 없고 인간의 뇌에만 있는 것이 있는데, 바로 '메타인지'입니다. 메타인지는 나 자신에 대한 이해를 말합니다. 자신을 객관적으로 인지하고 조절하는 능력은, 자신의 약점과 장점을 인지하고 수용하는 것입니다. 인간의 뇌 안에는 자신을 성찰할 수 있는 기능이 있지만 동물의 뇌에는 그런 구조가 없습니다.

물론 사람이라고 해서 모두 메타인지가 높은 것은 아닙니다. IQ가 인생의 성공의 척도는 아닙니다. 사람답게 살 수 있는 것은 메타인지가 얼마만큼 높느냐에 따라 다릅니다. 우리가 예수님을 닮아가길 원하고 창조의 형상대로 회복하길 원한다면, 메타인지를 높여야 합니다. 메타인지를 높인다는 것은, 나에 대한 성찰 능력을 가져야 하다는 것입니다. 내가 잘못한 것을 깨달아야 발전 가능성, 성장 가능성이 있고 '성숙, 성화될 수 있습니다. 그러나 메타인지가 낮은 사람은 잘못했어도 무엇을 잘못했는지를 모릅니다. 내가 잘못하고도 잘못을 인정하지 않는 사람은 성장, 성숙, 성화를 기대하기 어렵습니다. 메타인지가 높은 사람은 자신을 개선하고자 하는 의지가 강합니다. 자신을 조절하려는 능력이 뛰어나기에 오늘의 그 사람이 어제의 그 사람이 아닙니다. 내일의 그 사람이 오늘의 그 사람이 아닙니다.

그 사람을 볼 때, 나이가 많고 적음이 중요한 것이 아니라 자신의 장단점을 잘 인지하고 수용하며 개선하고자 하는 의지가 있는 사람이기에 그 사람은 기대가 되는 것입니다. 실수를 했기 때문에 그 사람을 포기하는 것이 아니라 자신의 잘못을 인정하지 않고 깨닫지 못하는 사람에게 실망하는 것입니다. 내가 실수하고 잘못했으면 이것을 인지해서 넘어진 자리에서 다시 일어나는 사람은 높은 메타인지를 가지고 있는 사람입니다. 우리 또한 메타인지로 자기성찰이 필요합니다.

학자들이 보는 지식인들은 둘로 나뉩니다. 한 부류는 내가 알고 있는 지식이나 경험을 다른 사람과 설득력 있게 공유하는 지식인이 있습니다. 이런 사람은 지식인이 아니라 지혜자라고 말합니다.

다른 한 부류는 내가 알고 있는 것을 다른 사람에게 설명하지 못합니다. 내가 깨달은 진리, 지식, 정보를 다른 사람에게 알리지 못하는 사람은 지식인이라고 말할 수 있지만 덧붙여 인식적 오차, 편견적 지식인이라 말합니다. 즉 편견을 가지고 있는 지식인입니다. 내가 가지고 있는 지식이 상대방에게 뭐 큰 도움이 될까 생각하거나 이미 알고 있을 것이란 생각에 전하기 꺼리는 경우가 이에 해당합니다. 반면에 내가 가지고 있는 지식을으로 인해 잘난 체하고 나만 아는 것처럼 오버하는 것도 인식적 오차의 편견에 들어갑니다.

오늘 말씀 제목은 '현재의 너는 과거의 너가 아니다'입니다. 우리는 죄인으로 태어났기에 완벽하게 태어나지 않았습니다. 그러나 예수의 생명을 받아들이고 난 후, 하나님의 진리를 기준으로 말씀 안에서 성장, 성숙, 성화, 거룩을 목표로 해서 나아가다 보니 나의 가치가 달라졌습니다. 그래서 탁월한 사람이 되기를 꿈꾸며, 영향력을 가진 사람이 되기를 소망하게 됩니다.

술람미 여인을 통해서 우리는 많은 것들을 도전받게 됩니다. 성경의 많은 인물들 중에 술람미 여인은 관계, 사랑에 탁월한 대표성을 띤 사람이라고 생각합니다. 술람미 여인의 탁월성은 다음과 같습니다. **첫째, 술람미 여인은 자신이 선택한 것에 대해 후회하지 않고 올인하고 직진하는 모습이 탁월합니다.** 술람미 여인은 솔로몬을 선택한 이후부디 그 과징이 힘들었음에도 불구하고 믿고 따랐으며 자신의 선택을 후회하거나 뒤를 돌아보거나 주저앉지 않았습니다. 어떠한 고난과 어려움, 장애물 앞에서도, 어떤 북풍이 불어도 올인하며 직진해서 나아가는 모습이 그녀를 탁월하게 만들었습니다.

둘째, 술람미 여인은 주변의 시선을 초월한 모습이 탁월합니다. 많은 예루살렘 여인들이 술람미 여인을 향해 자격이 없다고 말합니다. 뿐만 아니라 가까운 혈육도 그녀를 인정하지 않았지만, 그러나 그녀는 주변의 시선에 주눅 들지 않고 사람을 초월한 힘을 가지고 있있으며 그런 자존감과 정체성이 그녀를 탁월하게 만들었습니다.

셋째, 술람미 여인은 올인을 통하여 사랑을 완성시키는 모습이 탁월합니다. 이것이 앞으로의 말씀입니다. 사랑을 받을 줄 아는 술람미 여인, 그녀는 전부를 받고, 전부를 주고자 하는 올인의 사람이었습니다. 술람미 여인의 세 가지 탁월성을 보면, 우리는 너무 가볍고 가치 없는 사랑을 하고 있음을 느끼게 됩니다.

아가서는 사랑의 가치관과 사랑의 품격, 그리고 사랑의 영성까지 깊이 있게 다루고 있습니다. 5장에서는 술람미 여인의 사랑의 가치관을 확실하게 보여 줍니다. 성도들이 입버릇처럼 사랑한다는 그 사랑의 가치는 얼마나 될까요? 예수 그리스도를 향한 사랑의 가치관이 확실하게 정립되어 있을까요? 사랑의 가치성을 술람미 여인은 생명의 가치로 봅니다.

노크를 해서 문을 열었는데 솔로몬이 안 보이자 위험에도 불구하고 술람미 여인은 솔로몬을 찾아 나섭니다. 쉽게 포기할 수 없는 관계의 사랑이기 때문입니다. 찾고 두드리고, 매를 맞아도 가고, 조롱의 소리를 들어도 멈추지 않는 것은 사랑의 가치성을 생명의 가치로 보기 때문입니다. 술람미 여인은 이렇게 사랑의 가치관이 확실하게 확립되어 있었습니다. 세상의 그 어떤 것과도 바꿀 수 없는 사랑의 가치성이 그의 사랑관이었습니다.

요한일서 4장 9-10절입니다.
"하나님의 사랑이 우리에게 이렇게 나타난 바 되었으니 하나님이 자기의 독생자를 세상에 보내심은 그로 말미암아 우리를 살리려 하심이라 사랑은 여기 있으니 우리가 하나님을 사랑한 것이 아니요 하나님이 우리를 사랑하사 우리 죄를 속하기 위하여 화목제물로 그 아들을 보내셨음이라"

예수님과의 사랑에 대한 가치성을 깨달은 사람은 진정한 하나님의 사랑을 깨닫고 느끼게 됩니다. 십자가 사랑의 가치는 생명의 가치입니다. 나의 생명을 위해 예수님께서 생명을 버리신 그 사랑 안에 진심이 느껴져야 합니다.

6장에서는 사랑의 품격을 다루고 있습니다. 진정한 사랑의 품격은 내면의 아름다움에서 나오는 인격적인 사랑입니다. 솔로몬에 대한 술람미 여인의 사랑의 고백과 표현 역시 품격이 있습니다. 반면, 술람미 여인의 내면을 최고의 사랑의 표현으로 고백하는 솔로몬입니다. 이것이 예수님께서 성도를 향한 칭찬이 되길 소망합니다.

요한일서 4장 18-21절입니다.
"사랑 안에 두려움이 없고 온전한 사랑이 두려움을 내쫓나니 두려움에는 형벌이 있음이라 두려워하는 자는 사랑 안에서 온전히 이루지 못하였느니라 우리가 사랑함은 그가 먼저 우리를 사랑하셨음이라 누구든지 하나님을 사랑하노라 하고 그 형제를 미워하면 이는 거짓말하는 자니 보는 바 그 형제를 사랑하지 아니하는 자는 보지 못하는 바 하나님을 사랑할 수 없느니라 우리가 이 계명을 주께 받았나니 하나님을 사랑하는 자는 또한 그 형제를 사랑할지니라"

아가서 7, 8장에서는 사랑의 영성에 대해 다루게 될 것입니다. 영성이 먼저일까요? 사랑이 먼저일까요? 사랑이 먼저입니다. 하나님은 사랑이기 때문입니다. 하나님의 사랑을 오염시킨 것이 인간입니다. 그렇기 때문에 영성이 필요한 것입니다. 영성 안에 들어가서 오리지널 사랑을 찾아야 하고 회복해야 합니다. 영성의 궁극적 목적은 이적과 기사가 아니라 하나님의 근본이신 사랑의 품격, 가치관, 능력, 거룩함 등 사랑의 힘을 회복하는 것입니다.

요한일서 4장 4-6절입니다.

"자녀들아 너희는 하나님께 속하였고 또 그들을 이기었나니 이는 너희 안에 계신 이가 세상에 있는 자보다 크심이라 그들은 세상에 속한 고로 세상에 속한 말을 하매 세상이 그들의 말을 듣느니라 우리는 하나님께 속하였으니 하나님을 아는 자는 우리의 말을 듣고 하나님께 속하지 아니한 자는 우리의 말을 듣지 아니하나니 진리의 영과 미혹의 영을 이로써 아느니라"

우리는 사랑의 가치를 십자가에서 찾을 수 있습니다. 예수님께서 십자가에서 보여 주신 사랑이 오리지널 사랑입니다. 예수님이 십자가에서 죽으신 사랑은 인류를 위한 사랑, 우리를 위한 사랑, 나를 위한 사랑이었습니다. 십자가의 은혜를 아는 사람이 신앙의 품격을 갖출 수 있는 것처럼, 사랑의 품격을 높이는 것은 은혜를 아는 사람입니다. 은혜는 인간이 하나님께로 나아가는 통로입니다.

저의 목회 철학 중에 하나는 하루를 살아도 전부를 주고자 하는 마음으로 올인하는 것이었습니다. 하나님과 사람 사이, 사람과 사람 사이에서 은혜를 받은 만큼 사랑의 가치성이나 사랑의 품격, 사랑의 거룩성이 달라지는 듯합니다.

사랑의 품격을 높일 수 있는 것은 은혜 외에는 없습니다. 십자가의 도가 우리에게 영광이 되고 구원이 되며 축복이 되는 것은 십자가의 은혜를 알기 때문입니다. 사람과 사람 사이에도 은혜를 모르는 사람들은 사랑의 품격이 올라갈 수 없습니다. 좋을 때에는 좋았다가 상황에 따라 외면하는 사랑은 진정한 사랑이 아닙니다. 은혜를 망각하게 되면 사랑의 품격이 떨어집니다. 은혜를 알면 품격 있는 사랑이 좋은 관계로 이어집니다. 이것이 십자가 사랑의 완성이고 품격이며 영성입니다.

아가 6장 10절입니다.

"아침 빛같이 뚜렷하고 달같이 아름답고 해같이 맑고 깃발을 세운 군대같이 당당한 여자가 누구인가"

본절은 술람미 여인을 보고 솔로몬이 감탄하는 장면입니다. 마치 하나님께서 사람을 창조하시고, "토브 메오드 (보시기에 심히 좋았더라)"라고 말씀하신 그 장면이 오버랩 됩니다. 앞서 9절에서 솔로몬이 술람미 여인을 향해 내 비둘기, 완전한 자라고 고백하며 너 같은 사람은 하나뿐이라는 고백을 했습니다. 성경 어디에도 이러한 극찬의 고백을 받은 사람은 없었습니다.

아가서 전반부에서 술람미 여인은 아버지가 다른 오라버니들로부터 미움을 받아서 레바논 광야로 쫓겨나서 포도원지기로 일했던 것을 기억하실 것입니다. 그런데 술람미 여인은 그의 어머니의 외딸이었다고 디테일하게 성경은 말합니다. 그리고 어머니가 귀중하게 여기는 자라고 말합니다. 예루살렘의 딸들만 술람미 여인을 인정하는 것이 아니라 술람미 여인을 아는 모든 사람들로부터 인정을 받고 자유함을 누리며 상처에서 벗어나게 된 것입니다. 상처에서 건짐을 받았다는 것입니다.

술람미 여인은 상처를 준 오라버니들이나 가족들에게 어떤 행동도 취하지 않았습니다. 오직 솔로몬(예수님)에게 올인했더니 하나님께서 보이지 않는 곳에서 나의 얽힌 관계, 나를 미워하고 나를 핍박했던 자들과의 관계를 풀어주시며 일하신 것을 보게 됩니다. 오직 솔로몬(예수님)께만 올인했을 뿐인데, 그의 과거도, 그의 미래도, 그의 현재도, 고난 속에서도 함께 일해 주셨습니다. 고난을 통해서 원수들이 친구가 되고 들러리, 증인이 되게 만들어 주셨습니다.

"먼저 그의 나라와 그의 의를 구하라 그리하면 너희에게 필요한 모든 것을 더하시리라" 말씀하셨습니다. 우리 하나님은 약속에 신실하신 분이고 거짓이 없는 분이십니다. 내가 하나님께 올인하면, 하나님은 우리를 위해 일하십니다. 우리가 하나님께 올인하지 않기에 이 세상에서 완전히 벗어나지 못하는 것입니다.

솔로몬이 보는 술람미 여인이 완전하다는 것이 아니라 하나님께서 내려다보는 술람미 여인이 완전하다는 것입니다. 술람미 여인은 이제 완전한 자로 회복했다는 완전체의 말씀이 아가서 6장 9절 말씀입니다.

그런 뒤 10-13절까지의 말씀은 솔로몬이 술람미 여인과 예루살렘 딸들 가운데 독백하는 장면입니다.

"아침 빛같이 뚜렷하고…" 아침에 비치는 햇살은 칠흑 같은 어두움을 물리치고 솟아나는 태양입니다. 솔로몬이 술람미 여인을 바라보면서 네가 나의 유일무이한 존재가 될 수 있는 것은, '모든 고난을 이기고, 모든 상처를 넘어 완전한 자로 서 있구나!' 즉, 아침의 햇살같이 내 앞에 서 있는 것은 칠흑 같은 고난을 통과했기 때문이라는 것입니다. 술람미 여인의 인생은 파란만장했습니다. 그녀가 얼마나 아팠고, 얼마나 소외당했으며 얼마나 고통스러웠겠습니까? 그런 세월 속에서 모든 것을 다 이겨내고 오직 한 분만 바라보고 의지했습니다. 칠흑 같은 환경을 이겨내고 아침의 태양같이 솟아나는 술람미 여인의 모습을 볼 수 있습니다.

아침의 태양은 하나님께서 창조하신 온 우주의 잠들어 있는 모든 피조물을 깨울 수 있는 영향력 있는 빛입니다. 술람미 여인이 앞으로는 이렇게 영향력 있는 사람이 될 것이라는 의미입니다. 잠들어 있고 죽어 있으며 실망하여 낙심하는 사람들에게 소망을 줄 수 있는 탁월한 사람이 될 수 있을 것이라는 예언의 이야기를 하는 것입니다.

술람미 여인은 모든 어려움과 환경을 이겨낸 승리자입니다.

"달같이 아름답고…" 아침의 빛이 잠들어 있는 자들을 흔들어 깨워준다면 달빛은 지치고 어둡고 희망이 없는 자들, 피곤한 이들에게 은은하게 비춰주며, 그의 어두운 길에 동행자, 위로자가 되어 줍니다. 술람미 여인이 앞으로 왕비로서, 열방의 어미로서 사랑을 품고 있는 따뜻한 마음을 가진 여자, 신부, 교회가 될 것입니다. 우리도 크리스천으로서의 사명을 아침의 빛처럼, 밤의 달처럼 탁월하게 감당하는 성도가 되기를 소망합니다.

"해같이 맑고 깃발을 세운 군대같이 당당한 여인이 누구인가" 이제는 누구도 술람미 여인에게 함부로 할 수 없습니다. 해를 품고 있는 이 여인에게 어두움이 엄습할 수 없습니다. 깃발을 세운 군대같이 당당한 여인… 어떠한 어려움과 고난, 장애물이 있어도 비굴하거나 후퇴하지 않고 앞으로 전진하면서 싸우고 이겨내는 용기 있는 술람미 여인은 승리자라는 깃발을 들고 있습니다. 어느 누구도 술람미 여인이 가는 길을 꺾을 수가 없습니다. 누구도 비교 대상이 될 수 없는 위치의 사람이 되었습니다. 술람미 여인은 유일무이한 사람, 유일무이한 자리에서 사명을 감당할 것입니다.

아가 6장 11-12절입니다.
"골짜기의 푸른 초목을 보려고 포도나무가 순이 났는가 석류나무가 꽃이 피었는가 알려고 내가 호도 동산으로 내려갔을 때에 부지중에 내 마음이 나를 내 귀한 백성의 수레 가운데에 이르게 하였구나"

솔로몬이 술람미 여인과의 첫 만남을 회고하는 장면입니다. 이 말씀은 왕이 백성을 돌보기 위해 행차를 하는 모습입니다. 왕은 도성 밖으로 나가서 백성들의 고충과 상황, 형편을 살피기 위해서 한 번씩 행차를 합니다. 솔로몬 또한 레바논까지 행차를 했는데, 그곳에서 부지 중에 내 마음이 나를 백성의 수레 가운데 이르게 하였다고 고백합니다. 여기서의 수레는 왕이 암행어사처럼 나가야 하기에 소박한 백성을 위한 수레를 말합니다. 그 수레를 타고 나갔다가 거기에서 술람미 여인을 만나게 된 것입니다. 광야에서 포도원을 가꾸고 있던 술람미 여인과의 만남을 회고하는 것입니다.

아가 6장 13절입니다.
"돌아오고 돌아오라 술람미 여자야 돌아오고 돌아오라 우리가 너를 보게 하라 너희가 어찌하여 마하나임에서 춤추는 것을 보는 것처럼 술람미 여자를 보려느냐"

백성을 살피려고 나갔다가 부지 중에 술람미 여인을 만나 술람미 여인을 부르는 장면입니다. 술람미 여인이 솔로몬을 만난 이후로부터 그녀의 인생은 완전히 변화되는 것을 볼 수 있습니다. 또한, 여기서 마하나임을 연상하는 것은 성경에서 큰 의미기 있는 징소이기 때문입니다. 마하나임은 창세기 32장에 나옵니다.

창세기 32장 1-2절입니다.
"야곱이 길을 가는데 하나님의 사자들이 그를 만난지라 야곱이 그들을 볼 때에 이르기를 이는 하나님의 군대라 하고 그 땅 이름을 마하나임이라 하였더라"

야곱이 형을 피해서 외삼촌 라반의 집으로 가서 20년 동안 열심히 일하고 하나님의 은혜로 엄청난 갑부가 되었습니다. 그러나 그에게는 늘 해결되지 않은 형 에서와의 관계가 있었습니다. 이 관계를 해결하기 위해 아내들과 식솔들을 거닐고 고향으로 돌아가는 상황입니다. 에서가 야곱이 돌아온다는 소식을 듣고 400명의 군대를 거느리고 오는데, 야곱이 이 소식을 듣고 너무 두려워서 자신이 가지고 있는 재산을 두 떼로 나눕니다. 한 떼가 죽임을 당하거나 빼앗기면 다른 떼를 가지고 도망하고자 하는 전략이었습니다.

이런 계획 가운데 야곱의 눈에 하나님의 군대 같은 것들이 보이는 것입니다. 하나님의 천사가 야곱의 눈에 보입니다. 야곱은 너무 무서워서 줄행랑치려고 작전을 짰는데 야곱의 눈이 열려서 하나님의 군대가 보이고 하나님의 천사가 보이자 두려움이 사라지고 평안을 찾고 힘을 얻게 되면서 그 땅 이름을 마하나임이라고 부릅니다. 마하나임은 요단강 동쪽의 지역으로, 이스라엘 고대 도시 중 하나로 얍복강 나루터에 있던 장소입니다.

야곱이 하나님의 천사, 하나님의 군대를 보지 않았다면, 끈질긴 기도를 하지 못했을 것입니다. 하나님이 나와 함께하신다는 것을 알기에 밤새도록 얍복강 나루터에서 기도한 것입니다. 천사가 환도뼈를 치고 떠나면서 하나님과 겨루어서 이긴 자라는 의미로 야곱에서 이스라엘로 이름을 바꾸어 줍니다.

마하나임은 '두 군대, 두 진영, 두 캠프'라는 뜻을 가지고 있습니다. 또한, '하나님의 천사, 하나님의 사자, 영적인 군사, 보호하심'이라는 뜻을 가지고 있습니다.

마하나임의 영적인 의미는 첫째, 야곱이 형 에서와 화해를 준비했던 장소, 갈등을 끝내고 화해할 수 있는 장소였기에 갈등을 화해로 바뀌게 해준 장소의 의미를 담고 있습니다. 둘째, 마하나임은 새로운 시작이고 전환점입니다. 다윗 또한 사울, 압살롬에서 쫓길 때 마하나임에서 군대를 다시 조직합니다. 셋째, 마하나임은 인간의 한계가 하나님의 일하심의 시작이라는 뜻입니다. 야곱이 이스라엘이 되면서 이스라엘이 한 민족을 이루게 되고, 다윗이 사울과 압살롬에게 쫓기는 신세였지만 나중에 통일왕국을 이루고 힘 있는 왕이 될 수 있었던 장소가 마하나임입니다.

"마하나임에서 춤추는 자를 보려 하느냐"라고 하는 것은 예루살렘 딸들에게 지금의 술람미 여인은 예전에 너희가 알았던 술람미가 아니라는 것입니다. 마하나임에서 춤추는 자라는 것은 승리자, 이긴 자, 새로운 것을 도전하는 자, 하나님께서 마련한 탁월한 자리에 올라간 자라는 의미를 가지고 있습니다. 그러기에 마하나임은 믿음을 지켜낸 성도들, 믿음으로 승리한 영적 승리자에게 주신 영광의 장소입니다.

예루살렘 여인들에게 이제 과거의 술람미 여인은 없다고 말하는 것입니다. 오늘 너희들이 보고 있는 술람미 여인은 과거의 그 사람이 아니라는 것을 확실하게 못 박는 모습입니다. "오늘의 너는 과거의 네가 아니다." 과거의 술람미 여인은 포도원지기였고, 얼굴이 거무스름하고 볼품이 없었지만 오늘의 너는 마하나임의 춤추는 자가 되었다는 것입니다. 이긴 자, 승리자, 새로운 사람이 되어서 육신의 이름이 아닌 영적인 이름을 가지고 열방의 어미로서 완벽하고 탁월한 사람의 자리에서 영향력을 끼치게 아침의 해같이, 밤의 달같이, 이긴 자의 군대같이 탁월한 사람으로 영향력을 끼치는 사람이 될 것이라는 말씀입니다.

　사랑하는 성도 여러분!

　해가 깃들고 내면에 달이 뜨고, 영적 전쟁에서 승리한 사람은 가장 깊은 무의식에 승리의 깃발이 꽂게 됩니다. 그 두려움의 자리가 평안으로 회복되고, 그 자리에서 기쁨의 싹이 나고, 예수의 생명이 우리의 인격을 덮어 삶에 은혜의 강물이 흘러넘치게 될 것입니다. 우리의 믿음이 어느 선에서 멈추지 않길 바랍니다. 하나님이 누구신지를 안다면, 믿는 만큼 계속해서 초월해가는 은혜를 통해 믿음으로 초월한 만큼이 주님이 준비하신 탁월한 자리의 주인공이 될 것입니다.

로마서 6장 4-5절입니다.

　"그러므로 우리가 그의 죽으심과 합하여 세례를 받음으로 그와 함께 장사되었나니 이는 아버지의 영광으로 말미암아 그리스도를 죽은 자 가운데서 살리심과 같이 우리로 또한 새 생명 가운데서 행하게 하려 함이라 만일 우리가 그의 죽으심과 같은 모양으로 연합한 자가 되었으면 또한 그의 부활과 같은 모양으로 연합한 자도 되리라"

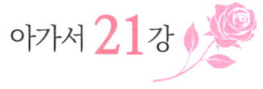

같은 세상, 다른 시선

아가 7:1-2

우리 교회의 자랑거리(특징)가 무엇일까 생각해 보았습니다. 첫째, 찬양이 살아있다는 것입니다. 우리가 드리는 찬양 속에 생동감, 생명이 있음을 느끼게 됩니다. 둘째, 기도하는 사람들이 있고, 기도에 생명이 있다는 것입니다. 셋째, 강단에서 흘러나오는 말씀에 생명이 있다는 것입니다. 이것이 우리 교회의 트레이드 마크가 되길 소망합니다.

남자든, 여자든 사랑이 필요 없는 사람은 없습니다. 특별히 아내들은 남편이 자신을 향한 사랑의 척도를 느낌으로 안다고 합니다. **첫째, 몸짓과 자세입니다.** 이것은 몸으로 말하는 비언어적인 부분입니다. 몸짓과 자세를 통해서 여자들은 사랑의 언어를 읽습니다. 대화를 할 때 몸짓과 자세가 자신을 향하지 않으면 자신에 대한 거부로 여기며 상처를 받을 수 있습니다. **둘째, 눈맞춤입니다.** 사랑하는 사람과 대화를 할 때는 눈을 뗄 수가 없습니다. 시선을 피한다는 것은 암묵적인 기부로 성대는 받아들입니다. 사랑이 마이너스가 되면 시선을 맞추지 않고 피합니다. **셋째, 단답형의 대화를 하게 되면 사랑의 거부감을 느낍니다. 넷째, 상대의 기분을 전혀 궁금해 하지 않는 경우에 사랑의 무관심을 느낍니다. 다섯째, 감정의 거리가 있을 때 사랑의 거부감을 느낍니다.** 감정의 거리가 느껴지면 아무리 슬픈 이야기를 해도, 아무리 웃긴 이야기를 해도 공감을 못 합니다. 그래서 그 감정적 거리가 사랑의 거리인 것입니다. 진짜 사랑하면 같이 웃어주고, 같이 아파하며 같이 기뻐해 줍니다. 미움의 감정도, 용서의 감정도, 아픔의 감정도 사랑이 있을 때 느껴집니다. 감정의 거리를 좁히는 것이 마음의 거리를 좁히는 것이고 사랑의 거리를 좁히는 것입니다.

사람이 살면서 자신이 어떤 것으로부터 행복을 느끼고 보람을 느끼는지를 점검할 필요가 있습니다. 개인적으로 저는 목욕할 때와 다른 사람을 세우는 일을 할 때, 가장 행복을 느낍니다. 내 삶 속에서 내가 무엇을 할 때 행복한지를 찾는다는 것은 나의 남은 삶을 어떻게 살아야 할지 방향을 제시해 주는 것과 같습니다.

기도 중에 주님께서 "너 성전화 됐냐?"라고 물으셨습니다. 당연히 내 안에 예수의 생명이 있음을 확신하기에 "네. 저는 거룩한 성전입니다."라고 대답했습니다. 그러자 주님은 **"이제는 네가 보좌화 되어야 한다"**고 말씀하셨습니다. '성전화'된 사람은 '보좌화' 되어야 한다고 말씀하시는 것입니다.

물론 이 말씀이 머리로는 이해가 되었지만 마음에는 와닿지 않았습니다. 보좌화 되어야 한다는 것은 하나님이 임하시는 시은좌, 속죄소화 되라는 것임을 머리로는 알겠는데, 마음으로 와닿지 않았던 것입니다. 문제를 주시는 하나님은 답도 주십니다. 그다음 날 새벽에 깨닫게 해주셨습니다.

우리가 거룩한 성전이 되었다는 것은 이렇습니다. 예수님께서 십자가에서 돌아가시는 순간, 지성소와 성소를 가로막았던 휘장이 위에서 아래로 찢어졌습니다. 예수님이신 지성소가 시은좌, 속죄소같이 우리 안에 들어온 것입니다. 다시 말하면, 예수님의 영, 생명 위에 하나님의 영이신 성령의 임재를 말씀하시는 것입니다. 예수 생명에 임재하신 성령의 충만함이 보좌화라는 깨달음을 얻자 기쁨이 솟구쳤습니다. 성령의 충만함은 내 안에 예수의 영이 나를 뒤덮어 내가 예수화 되는 것입니다. 이것이 창조의 나를 회복하는 비밀임이 깨달아지니 아가서에서 술람미 여인의 변천사가 머리에 그려집니다. 보잘것없던 시골의 한 여인의 변화는 기독인 모두에게 소망을 줍니다.

아가서 5장부터 8장까지는 새로운 사랑의 패러다임으로 전환된다고 말씀드렸습니다. 5장은 사랑의 가치를 깨닫게 해주고, 6장은 사랑의 품격을 올려주며, 7장부터는 사랑의 영성으로 들어갑니다. 사랑의 영성으로 들어간다는 것이 머리로는 이해가 되는데 어떻게 성도들과 공감대를 형성할 수 있을까 하여 고심하였습니다.

이 세상에서는 사랑이라는 이름을 붙여 다양하게 사용합니다. 세상에 떠돌아다니는 사랑과 아가서를 통해서 추구하는 사랑의 가치는 다릅니다. 이렇게 다른 가치의 사랑을 어떻게 유지하고 보존하며 얼징직으로 확장해갈 수 있을까요? 술람미 여인을 변화시켜 새로운 사람으로 회복시켜 주시는 그 사랑의 위력을 내 것으로 만들 수 있을까요? 사랑의 가치를 알아야만이 그 사랑을 품격 있는 사랑으로 승화시키게 됩니다. 그 품격 있는 사랑을 영성으로 품어내야 하는 것은 우리 모두의 인생 숙제입니다.

우리는 하나님으로부터 조건 없는 사랑을 받았습니다. 창조의 목적이 사랑이었기 때문입니다. 그러나 피조물인 우리는 그 사랑의 진심을 깨닫고 유지하고, 품격을 높이기가 쉽지 않습니다. 사랑으로 시작하지만, 그 사랑을 끝까지 유지하기는 더 어렵습니다. 하지만 에베소 교회를 향하여, 그들의 행위와 수고, 인내, 약한 자를 돕는 자선, 악한 자를 용납하지 않는 분별력, 시험이나 고난을 견디고 게으르지 않았어도, 첫사랑의 상실에 대하여 책망하십니다. 첫 사랑의 의미가 참 새롭게 다가옵니다. 최고로 느꼈던 그 사랑을 어떻게 깊이 깨닫고 보존할 수 있을까는 우리 모두의 과제입니다.

그런데 하나님께서 답을 주셨습니다. 바로 '**은혜**'였습니다. 특별한 사랑, 최고의 가치로 여겼던 그 사랑을 유지할 수 있는 것은 은혜밖에 없음을 깨닫게 되니 하염없이 눈물이 흘렀습니다. 세상 사람이 하는 사랑과 기독교 안에서의 사랑의 가치가 다른 것은 바로 기독교 안에서의 사랑은 은혜와 함께 공존한다는 것입니다. 우리가 소유한 사랑이 은혜 안에 있는 사랑인지, 은혜 밖에 있는 사랑인지를 점검하면 됩니다. 하나님이 가지고 있는 아가페 사랑은 은혜 안에 들어 있습니다. 하나님은 우리 인간을 조건 없이 사랑하십니다. 그것은 사랑이 하나님의 본질이기 때문입니다. 하나님께서 인간을 창조하신 목적 또한 우리를 사랑하시기 위함입니다.

그러나 피조물인 우리는 무조건적인 사랑을 하기에는 너무도 역부족입니다. 너와 나의 사랑에는 조건이 따르고 의미가 부여되어야 만이 사랑이 유지됩니다. 하나님께서 우리에게 부어 주시는 사랑은 무조건적인 사랑이지만 인간은 하나님처럼 사랑할 수가 없습니다. 우리가 하나님을 사랑하는 것도 하나님이 먼저 우리를 조건 없이 희생적으로 사랑하셨기 때문입니다. 다만, 사람과 사람 사이에서 아가페 사랑을 유지할 수 있는 것은 바로 은혜 아니면 안 됩니다.아무리 못된 자식이라도 부모의 은혜, 사랑, 헌신, 희생을 깨닫는 순간 자녀는 달라집니다. 우리도 마찬가지입니다. 우리가 가지고 있는 사랑은 너무도 불완전한 사랑이기에 이 사랑을 은혜 안에 소속시키지 않으면 이 사랑은 지속할 수 없습니다. 같은 상황에서 좋은 것을 기억하는 사람이 있고, 나쁘게 기억하는 사람이 있습니다. 같은 사건 속에서 서로 다른 시각과 반응을 보입니다.

구원에 대한 감격도 그렇습니다. 우리의 힘과 능력으로 구원받은 것이 아닙니다. 하나님께서 우리를 무조건적으로 사랑하시는 그 사랑의 책임을 지시기 위해서 보내주신 예수 그리스도의 희생적 사랑으로 인해서 우리는 구원을 얻을 수 있었습니다. 우리는 불가항력적인 은혜를 입은 사람입니다. 내가 은혜를 받을 만한 자격이 있어서가 아니라 예수님께서 무조건적인 은혜, 희생적 사랑을 주셨기 때문입니다. 은혜로 사는 사람은 어떠한 시험과 유혹이 와도 끝까지 구원을 성취할 수 있습니다.

뿐만 아니라 불가항력적인 은혜를 잊지 않는 사람에게는 **은혜 위에 은혜**를 주십니다. 은혜가 더 큰 은혜를 불러옵니다. 구원의 은혜를 받았음으로 인해서 그 은혜에 감사하고 하나님을 사랑하게 되면, 우리에게 새 하늘과 새 땅을 허락해 주십니다. 내 안에 새로운 나라가 건설됩니다. 우리에게 참 평안을 주시고 새 소망, 사랑을 주셔서 가난한 것 같으나 부유하고 아무것도 없는 사람 같으나 풍성한 사람이 되며 세상에서 자랑할 것이 없는 사람 같으나 높은 자존감으로 우리를 성화의 길로 인도하십니다.

아가서를 통해 우리는 사랑을 배웁니다. 술람미 여인이 솔로몬에게 올인할 수 있는 비결은 은혜를 깨달았기 때문입니다. 그 사랑의 가치를 알기에 생명을 걸고 따라갑니다. 우리가 배우는 사랑은 은혜 안에 소속된 사랑임을 잊지 마시기 바랍니다.

아가서 말씀을 풀어나가면서 난해하다는 느낌을 계속 받지만 제 옆에는 가정 교사이신 성령님이 계시기에 그분의 지도를 받으면서 말씀을 풀어가게 됩니다. 하나님의 성령의 빛이 말씀을 풀어주시면 너무도 감격이 됩니다. 그럴 때 느끼는 것은 '같은 말씀으로 보고도 다른 시각으로 깨닫게 하시는구나' 하는 마음입니다. 오늘 말씀 제목은 "같은 세상, 다른 시선"입니다. 같은 공간에서도 다른 시선으로 바라볼 수 있고, 같은 상황에서 다른 해석을 할 수도 있습니다. 나는 어떤 시각, 어떤 생각을 갖고 있나요?

우리 교회 앞 계단에는 목련 나무가 있습니다. 똑같은 목련 나무를 보면서도, 사람마다 바라보는 시각이 다릅니다. 어떤 사람은 긍정적인 시각으로 보지만 또 어떤 사람은 부정적인 시각으로 봅니다. 이 목련 나무를 보면서도 여러 가지 반응이 나옵니다. 어떤 이는 봄을 알리는 알람처럼 느끼며 아름다움으로 바라보기에 감수해야 하는 일들은 기꺼이 희생합니다. 그러나 어떤 사람은 부정적인 시각을 갖고 있기에 계단을 쓸고 닦을 때마다, 나무를 제거하고 싶은 마음이 들 것입니다. 여러분은 같은 공간 안에서 같은 사물을 바라볼 때, 어떤 시선으로 바라봅니까? 그 사람이 보는 눈이 그 사람의 마음과 가치관일 것입니다. 우리는 긍정적으로 바라보는 훈련이 필요합니다. 하나님이 창조하신 모든 것들을 바라보면서 긍정적인 요소를 찾아가는 훈련을 해야 합니다.

아가서 7장은 사랑의 영성입니다. 7장을 보면서, 많은 사람들이 성경이 외설적이라고 이야기 하지만 그것은 성경을 육의 시각으로 보기 때문입니다. 성경은 성령의 감동으로 쓰여진 생명의 책입니다. 그러기에 하나님의 영으로 풀어 가야 성경이 의도와 의미를 깊이 깨달을 수 있습니다. 우리는 말씀을 영적인 눈으로, 영적인 해석을 할 수 있어야 합니다.

7상에서 솔로몬은 술람미 여인을 그리스도의 신부로서의 완성, 창조의 작품이라고 생각합니다. 술람미 여인은 창조의 모델입니다. 술람미 여인의 신체 하나하나를 들어서 최고의 표현을 합니다. 이것은 곧, 신부를 향해 몸찬양을 하는 것입니다.

예수 그리스도의 신부로 표현할 수 있는 두 가지는 교회와 예수를 구주로 영접한 성도입니다. 온전한 그리스도의 신부가 되어야 만이 예수님께서 재림하실 때, 예수님과 함께 잔치에 참여할 수 있습니다. 신부로서의 자격을 갖추지 않으면 사랑의 들러리는 될 수 있지만 주인공은 될 수 없습니다. 우리는 사랑의 들러리가 아닌 주인공이 되어야 합니다. 이스라엘 결혼 문화를 보면, 신랑의 들러리 5명과 신부의 들러리 5명을 세우고 신랑과 신부를 돋보이게 만듭니다. 우리가 신부로서의 자격을 갖추지 않으면 사랑의 들러리만 될 것입니다. 평생 예수를 믿고 사랑의 들러리가 될 것입니까? 사랑의 주인공이 될 것입니까? 사랑의 주인공이 되려면 내가 신부로의 자격을 갖추면 됩니다.

아가 7장 1절입니다.

"귀한 자의 딸아 신을 신은 네 발이 어찌 그리 아름다운가 네 넓적다리는 둥글어서 숙련공의 손이 만든 구슬꿰미 같구나"

"귀한 자의 딸아…" 우리가 알고 있는 술람미 여인은 귀한 자의 딸이라고 말할 수 없는 사람이었습니다. 어머니의 아들들이 술람미 여인을 구박해서 광야로 내보냈고 포도원지기가 되어서 얼굴이 검게 그을린 볼품없는 외모를 가진 여인이었습니다. 즉 천하게 자랐던 사람이 술람미 여인입니다.

그런데 솔로몬은 그녀를 향해 귀한 자의 딸이라 말합니다. 이것은 육적인 술람미 여인에서 영적인 술람미 여인으로 전환되었고, 이제는 땅의 소속이 아닌 하늘의 소속으로 신분이 상승되었음을 보여주는 것입니다.

로마서 8장 14-17절입니다.

"무릇 하나님의 영으로 인도함을 받는 사람은 곧 하나님의 아들이라 너희는 다시 무서워하는 종의 영을 받지 아니하고 양자의 영을 받았으므로 우리가 아빠 아버지라고 부르짖느니라 성령이 친히 우리의 영과 더불어 우리가 하나님의 자녀인 것을 증언하시나니 자녀이면 또한 상속자 곧 하나님의 상속자요 그리스도와 함께한 상속자니 우리가 그와 함께 영광을 받기 위하여 고난도 함께 받아야 할 것이니라"

여인의 과거는 바꿀 수가 없습니다. 그러나 이제는 그 과거에 대한 해석이 달라졌습니다. 오라버니들의 구박으로 인해 들로 광야로 나가야만 했던 그 과거가 더 이상 상처가 아닌, 축복의 장소가 된 것입니다. 솔로몬를 만난 장소가 그 레바논의 포도밭이었기 때문입니다.

우리는 과거를 바꿀 수가 없습니다. 그러나 오늘 행복한 자리, 은혜의 자리, 만족할 만한 귀한 자리에 있게 되먼 과거의 해석이 달라집니다. 오늘 내가 실패한 자리에 있다면 과거가 모두 상처투성이가 될 것입니다. 우리의 신앙의 수준은 내가 과거를 어떻게 해석하느냐에 따라 나릅니다. 과거를 바꿀 수는 없지만, 해석은 바꿀 수 있습니다. 내가 과거를 어떻게 해석하는가는 지금 현재의 나의 자리를 증명해 주는 것입니다.

"신을 신은 네 발이 어찌 그리 아름다운가" 여기서 발은 '피암'이런 말로, 신체의 발이 아닌 스텝을 뜻합니다. 발의 의미보다는 걸음걸음의 움직임을 말합니다. 히브리 어근으로 해석한다면, 구별된 발걸음을 의미합니다. 그리고 섬세하게 높이는 것은 신입니다. '신을 신은 발'의 의미가 있습니다. 신이 발을 감싸고 있어 발가락을 보이지 않게 한다는 의미도 포함되어 있습니다. 이는 영적인 의미를 강조하기 위함입니다. 발이 노출되지 않음은 순결함과 정결함을 찬양하는 것입니다. 그리고 영적인 의미로는 그 사람이 가는 길을 뜻합니다.

시편 1편 1-6절입니다.

"복 있는 사람은 악인들의 꾀를 따르지 아니하며 죄인들의 길에 서지 아니하며 오만한 자들의 자리에 앉지 아니하고 오직 여호와의 율법을 즐거워하여 그의 율법을 주야로 묵상하는도다 그는 시냇가에 심은 나무가 철을 따라 열매를 맺으며 그 잎사귀가 마르지 아니함 같으니 그가 하는 모든 일이 다 형통하리로다 악인들은 그렇지 아니함이여 오직 바람에 나는 겨와 같도다 그러므로 악인들은 심판을 견디지 못하며 죄인들이 의인들의 모임에 들지 못하리로다 무릇 의인들의 길은 여호와께서 인정하시나 악인들의 길은 망하리로다"

술람미 여인은 솔로몬(예수님)을 만난 이후로 한 번도 다른 길로 간 적이 없습니다. 그가 걷는 걸음걸음은 솔로몬의 말씀을 따라 걸었기에 그것을 칭찬하는 것입니다. 거룩한 길, 의의 길, 은혜를 입는 자의 길입니다. 거룩한 신은 복음의 신입니다. 거룩한 신을 신은 구별된 발을 가지고 있을 때 어디에 앉아 있든지 그곳에는 복음을 전하는 자리가 됩니다. 거룩한 복음의 신을 신고 가면 어디를 가든지 그곳을 성전화 시키고 영적인 분위기로 바꿀 수 있습니다.

이사야 52장 7-9절입니다.

"좋은 소식을 전하며 평화를 공포하며 복된 좋은 소식을 가져오며 구원을 공포하며 시온을 향하여 이르기를 네 하나님이 통치하신다 하는 자의 산을 넘는 발이 어찌 그리 아름다운가 네 파수꾼들의 소리로다 그들이 소리를 높여 일제히 노래하니 이는 여호와께서 시온으로 돌아오실 때에 그들의 눈이 마주 보리로다 너 예루살렘의 황폐한 곳들아 기쁜 소리를 내어 함께 노래할지어다 이는 여호와께서 그의 백성을 위로하셨고 예루살렘을 구속하셨음이라"

고대 근동에서는 샌들을 많이 신었습니다. 그런데 술람미 여인은 발가락이 가리워진 신을 신었다고 말합니다. 이것은 술람미 여인의 순결함을 뜻합니다.

여자의 아름다움은 노출이 아닌, 감추어졌지만 향기과 인품, 분위기와 이미지로 그 아름다움이 더해진다는 것을 말씀으로 가르쳐 주십니다. 우리는 다시 성경으로 돌아가야 합니다. 이 시대에 여자들의 노출이 성적인 문란을 가져오는데 우리는 진정한 아름다움을 찾아갑시다.

"네 넓적다리는 둥글어서 숙련공의 손이 만든 구슬꿰미 같구나" 넓적다리는 각선미의 아름다움을 상징하기도 하지만 힘의 상징입니다. 술람미 여인의 넓적다리를 칭찬하는 것은 전인적으로 긴깅힘을 찬앙하는 것입니다. 이 아름다움이 하나님께로부터 왔음을 찬양하는 것입니다.

잠언 8장 30절을 보면, 숙련공이나 장인은 창조자를 지칭하는 말입니다. 이 말씀만 보아도 솔로몬은 술람미 여인의 신체를 보고 우리의 몸을 만드신 창조주 하나님을 찬양함을 알 수 있습니다.

아가 7장 2절입니다.
"배꼽은 섞은 포도주를 가득히 부은 둥근 잔 같고 허리는 백합화로 두른 밀단 같구나"

"배꼽은 섞은 포도주를 가득히 부은 둥근 잔 같고" 고대에서는 배꼽이 클수록 미인이라고 생각했습니다. 배꼽은 우리 몸의 중심에 있습니다. 배꼽은 우리의 생명줄의 흔적입니다. 배꼽은 모체로부터 생명이 흘러나와 내가 세상에 존재하고 있음을 보여주는 것입니다. 배꼽은 사랑과 은혜의 기념비입니다.

포도주는 십자가의 보혈을 의미합니다. 보이는 배꼽이 생명의 흔적이고 은혜의 흔적이듯, 우리 마음의 중심에 예수의 생명을 소유하고 있다면 배꼽의 둥근 잔에 포도주가 흘러야 합니다. 예수 그리스도의 생명을 내 안에 품고 있다면 우리의 심장에서 보혈이 흘러야 합니다.

파스칼은 이렇게 말합니다. "사람은 중간자이다. 그 중심에 무엇을 가지고 있느냐에 따라서 사람은 천사보다 더 아름다운 사람이 될 수도 있고, 악마보다 더 악한 사람이 될 수 있다." 배꼽이 우리의 중심이듯 우리 마음의 중심에 무엇을 갖고 있느냐에 따라 악마보다 더 악한 사람이 될 수도 있고, 천사보다 더 아름다운 사람이 될 수도 있음을 명심해야 합니다. 마음의 중심에 예수 생명의 줄로 우리는 하나님과 연결이 되었습니다. 그 생명은 사랑이고 구원입니다. 이것을 잊지 않을 만한 장치가 있습니까? 은혜의 장치 말입니다.

"허리는 백합화로 두른 밀단 같구나" 술람미 여인의 허리를 찬양하는 것은 밀을 벤 후 모아서 그 허리를 묶는 것을 통해 질서와 균형을 찬양하는 것입니다. 백합화로 어떻게 밀단을 묶습니까? 이것을 영적으로 해석하면 진리로 허리띠를 매고, 진리에 균형 잡힌 너에게서 백합화 같은 향기가 난다는 것입니다. 진리를 사수하고 진리를 소유한 사람을 말합니다. 그런 사람에게서는 백합화 같은 향기가 납니다. 외적인 아름다움이 아닌 그 사람의 중심이 얼마나 견고한가입니다. 그런 사람은 진리 안에서 자유한 자가 됩니다. 진리 안에서의 자유가 진정한 행복을 가져다줍니다. 말씀의 진리로 허리를 동인 사람에게서는 백합화 같은 인격의 향기가 납니다.

술람미 여인으로 인하여 솔로몬은 만족감의 표현으로 하나님께 몸찬양을 올려드립니다. 깊은 생각에 잠겨 봅니다. 나를 보면서 누군가가 하나님께 감사 찬양을 올릴 수 있는 사람인지를…

그녀의 걸음이 구별되었고, 모든 신체를 통해 향기를 느끼게 됩니다. 서로를 빛나게 해주는 관계는 최고의 성숙한 관계이고, 선물인 것 같습니다. 술람미 여인의 사랑이 솔로몬을 빛나게 하고, 솔로몬의 사랑이 술람미 여인을 빛나게 하는 내용이 아가서이 서로를 향한 사랑의 표현입니다. 처음 술람미 여인을 바라본 솔로몬은 다른 시각으로 그녀를 보고 초대했습니다. 환경이나 외모를 본 것이 아니라, 그녀의 보이지 않는 부분 곧 무한한 가능성을 본 것 같습니다.

'같은 세상, 다른 시선' 우리가 신앙의 눈으로 이 세상을 바라보고 사람을 본다면 관계는 달라질 것입니다. 우리의 인생도 무엇을 어떻게 보고 반응하느냐에 따라 인생의 질을 다르게 만들어 줍니다. 민수기 13장에서 12명의 정탐꾼은 우리 믿는 사람들의 시각에 대한 정확한 답을 제시해 줍니다.

똑같은 상황과 환경을 보고 10명은 부정적인 답을 내놓습니다. 그러나 2명, 여호수아와 갈렙만은 긍정의 답을 내놓습니다. 부정적인 사람들의 특징이 있습니다. 그런 사람들은 본질보다 문제에만 집중합니다. 그러기에 문제에 매몰됩니다. 또는 사람, 장애물이 하나님보다 크게 보입니다. 하나님이 나를 어떻게 보실까 보다는 사람들이 나를 어떻게 볼까에 매몰됩니다. 보는 관점이 어디로부터 오는가는 그 사람의 시각에 영향을 줍니다. 보는 눈이 있다는 말은 미적 감각이나 센스를 말하는 것이 아니라, 수많은 문제 속에서 답을 찾아가는 지혜를 말하는 것이고, 수많은 단점 속에서 장점을 찾아내는 것을 말합니다.

크리스천들도 세상속에서 살고 있습니다. 내 눈에 비친 세상, 환경, 사람은 나의 정서적인 것과 가치성, 영적인 수준에 따라 다릅니다. 하나님의 관점으로 세상을 바라보고 상황과 사람을 볼 수 있는 영적인 시각을 가지시기를 소망합니다.

낡은 간판을 내리고, 새 간판을 올려라

아가 7:3-5

〈장님 코끼리 만지기〉란 뜻을 가지고 있는 '군맹무상(群盲撫象)'이라는 사자성어가 있습니다. 이는 눈이 보이지 않는 사람이 코끼리의 일부분을 만지고 그 느낌을 말하게 한다는 의미를 가지고 있는 말로서 인도에서 유래된 것입니다.

어느 날, 인도의 경면왕이 맹인들을 궁궐로 초청하였습니다. 왕은 신하들을 시켜 코끼리를 가져 오게 했습니다. 그리고 맹인들에게 이 코끼리를 만져보고 그 느낌을 이야기하게 했습니다.

첫 번째 사람은 코끼리의 상아(윗 턱의 송곳니)를 만지더니, '이 코끼리는 무 같다.'고 말했습니다. 두 번째 사람은 코끼리의 머리를 만지더니, '이 코끼리는 바위와 같다.'고 말했습니다. 세 번째 사람은 코끼리의 코를 만지더니, '이 코끼리는 절구와 같다.'고 말했습니다. 네 번째 사람은 코끼리의 배를 만지더니, '이 코끼리는 항아리와 같다.'고 말했습니다. 다섯 번째 사람은 코끼리의 꼬리를 만지더니, '이 코끼리는 새끼줄과 같다.'고 말했습니다. 여섯 번째 사람은 코끼리의 다리를 만지더니, '이 코끼리는 기둥과 같다.'고 말했습니다.

각각 자신들이 만지고 느낀 것을 말한 것이기에 틀리다고 말할 수는 없지만 코끼리를 아는 사람에게는 우습게 느껴질 것입니다. 이것은 우리가 편협한 생각, 고정관념에 묶여 있어 한 쪽 견해가 전부인 것처럼 살아가는 모습을 교훈하는 것입니다. 곧 한 쪽의 견해만으로는 전체를 파악할 수 없음을 알려주기 위한 이야기입니다.

사람들은 대체적으로 자신이 보고 싶은 것만 보고, 자신이 경험한 것을 전부인 것으로 생각하는 군맹무상과 같은 모습들이 있습니다. 그러나 성장하고 성숙하며 성화되어 간다는 것은 시야가 바뀌고 관점이 달라진다는 것입니다.

헬렌켈러는 삼중 장애를 가지고 있었습니다. 그녀는 가장 소중한 것은 보이거나 만져지는 것이 전부가 아니라고 말하며, 정말 소중하고 아름다운 것은 가슴으로 느낄 수 있다고 말합니다. 자신은 비록 볼 수 없고 들을 수 없으며 말할 수 없지만 내 안에서 진정한 아름다움은 가슴으로 느낄 수 있다는 것입니다.

세상 사람들은 보이는 세계를 위하여 보이지 않는 힘을 의지합니다. 그러나 크리스천들은 보이는 세계와 보이지 않는 두 세계를 살아갑니다. 어떤 사람들은 보이는 세계가 우선순위가 되기에 보이지 않는 세계는 그다지 중요하게 여기지 않습니다. 보이는 세계가 너무 크게 보이고 중요하다고 생각하니, 보이지 않는 세계는 중요하게 여기지 않습니다. 진짜 신앙은 보이지 않는 세계가 보이는 세계를 다스리게 하는 것입니다. 성화된 사람은 보이지 않는 세계의 힘을 가지고 보이는 세계를 다스리는 사람입니다.

아무리 시력이 좋아도 보이지 않는 세계는 육안으로는 볼 수 없습니다. 그러나 비록 시력이 약하다 할지라도 하나님의 영, 성령이 임하시면 보이지 않는 세계를 볼 수 있습니다. 함수를 다 이해했다고 해서 수학을 다 안다고 생각하는 사람은 군맹무상입니다. 교회를 다녀서 삼위일체 하나님에 대해 들었다고 해서 그 들은 것으로 인해 보이지 않는 세계를 경험할 수는 없습니다. 들은 것이 끝이 아니라 믿고 신뢰하며 순종할 때, 보이지 않는 세계가 열립니다. 내 안에 계신 예수님의 영, 성령으로 보는 세상은 어떠할까요?

보이지 않는 세계가 보이는 세계를 지배합니다. 그렇게 되면 나의 관점이 전환됩니다. 즉, 우리가 살아가는 목표가 달라집니다. 과거에는 잘 먹고 잘 사는 것이 삶의 목적이었던 사람이 보이지 않는 세계를 경험하면 그것이 내 인생의 목표가 되지는 않습니다.

관점이 바뀌면, 우리의 의식이 확장됩니다. 나무 하나 보았던 사람이 그 나무를 보고 숲을 보는 시야가 열립니다. 씨앗 하나를 보고도 그 씨앗 안에 생명을 느끼게 됩니다. 또한, 그 생명이 과수원이 될 수 있다고 하는 전체적인 시야가 열립니다. 이것이 바로 의식 확장입니다.

삼위일체 하나님을 믿고 경험한 사람들은 의식이 확장되니까 생각이 편협하지 않습니다. 나의 입장, 상대방의 입장을 이해하지만 결론은 하나님의 입장이 답이 됩니다. 그 안에서 하나님이 원하시는 것이 무엇인지 찾아갑니다. 신앙은 이해하고 공감하는 것이 아닙니다. 하나님이 보시는 관점이 무엇인지가 중요합니다. 우리는 확장된 관점을 가져야만이 편협하지 않고 고정관념에 매이지 않으며 늘 열려 있는 사람이 될 수 있습니다.

오늘 말씀 제목은 〈낡은 간판을 내리고, 새 간판을 올려라〉입니다.

고린도후서 5장 17절입니다.
"그런즉 누구든지 그리스도 안에 있으면 새로운 피조물이라 이전 것은 지나갔으니 보라 새 것이 되었도다"

낡은 간판은 육적인 눈, 육적인 생각, 좁은 소견으로의 의식입니다. 씨앗을 보고 씨앗만 보는 것이고, 1+1=2로만 보는 것입니다. 오병이어를 믿는 것이 영적 시야를 가진 확장된 관점입니다. 새로운 간판은 곧 복음의 관점을 가지는 것입니다. 그렇다면 복음의 관점은 무엇을 의미할까요?

첫째, 복음의 관점은 하나님의 관점(시선)으로 보는 것입니다. 플라톤은 많은 사람들이 세상이라는 어두운 동굴 속에서 살아가고 있다고 말합니다. 어떤 사람은 눈이 가려져 있고, 어떤 사람은 손이 묶여져 있고, 어떤 사람은 발이 묶여져 있는 등 완전히 자유롭지 못한 모습으로 살아가는 것이 죄인으로 살아가는 모든 인간의 모습이라고 말합니다. 물론 그가 말하는 묶임은 육체이든 마음이든 생각이든 진정한 자유함이 없는 상태를 말합니다. 그런데 어느 한 사람이 그 어두운 동굴에서 나와 빛의 세상을 경험하게 된다면, 그 빛의 세상으로 나온 사람은 세상 동굴에 갇혀있는 사람들에게 얼마나 외치고 싶겠습니까? 이 어두운 동굴 같은 세상 말고 빛의 세상이 있으니 그리로 오라고 말입니다. 이것이 복음적인 관점을 가진 사람들의 모습입니다. 빛의 세상과 동굴 안의 세상은 얼마나 다르겠습니까?

둘째, 복음의 관점은 하나님의 사랑 안에 들어가는 것입니다. 내 안에 성령으로 하나님이 들어오시기도 하지만, 그 하나님의 영은 죄와 함께 할 수 없음으로 마치 우리의 마음이 밑 빠진 독과 같아서 쉽게 소멸이 됩니다. 그렇다면, 밑빠진 독에 물을 채우는 방법은 하나입니다. 그 항아리를 바다에 던지는 것입니다. 그렇게 되면 그 항아리는 물이 충만하게 됩니다. 예수의 이름으로 하나님의 사랑이 바다에 뛰어들어서 그 안에서 자유함을 누리는 것입니다. 하나님의 위대하신 사랑에 믿음으로 뛰어들어야 합니다. 한 번쯤은 이런 결단이 있을 때, 보이지 않는 신세계를 경험하게 될 뿐 아니라, 하나님의 사랑의 위대하심을 알게 됩니다.

미국 〈타임스〉에서는 세계에서 가장 위대한 선교사로 스탠리 존슨을 지목했습니다. 그를 두고 인도의 길을 걷고 있는 예수라고 말했습니다. 그는 24살에 인도에 가서 89세에 하나님의 부름을 받기까지 65년 동안 선교사로 헌신했습니다. 17살 때, 성령의 뜨거운 체험이 있은 후, 이 한 몸을 하나님의 사랑에 두신해 보리사 다짐하고 인두라는 강물에 뛰어든 것입니다. 그는 언어, 문화가 통하지 않아도 천국 언어 곧 자신 안에 있는 예수 사랑, 그 사랑의 언어 하나면 충분하다고 말합니다.

그는 자기 자신에 대해 '나는 하나님의 말씀이나 진리를 가지고 논쟁하는 선교사가 아니라 하나님의 말씀을 중심으로 간증하는 선교사'라고 고백합니다. 우상이 가득한 인도에서 얼마나 고난과 어려움이 많았겠습니까? 그러나 그는 내가 하나님의 사랑에 투신했더니, 고난과 어려움, 고통 뒤에는 말할 수 없는 기쁨을 낳게 해 주었다고 고백합니다.

또한, 그는 예수님을 영접하고 난 뒤 두 가지 선물을 받았다고 고백합니다. 거듭남으로 인해 내세의 천국을 선물로 받았을 뿐 아니라, 내 안에 예수의 영이 있으니 성령의 충만함으로 내세에 들어갈 천국이 내 마음에 임했다고 고백합니다. 그가 어떤 어려운 환경이나 상황에 있든 심령 천국을 이루니, 이 기쁨이 고통, 고난을 이기게 했다는 것입니다.

이것이 바로 복음의 관점으로 해석하는 삶입니다. 지금까지는 우리가 우리의 좁은 마음에 하나님의 영을 모시는 것에 만족했다면 이제는 위대하신 하나님의 사랑에 투영해서 그 사랑 안에서 진정한 자유가 무엇인지를 간증하는 성도들이 되길 소망합니다.

세상의 관점으로 보는 나와 하나님의 관점으로 보는 나는 어떻게 다를까요?

세상적이고, 외적으로 보는 나는 늘 비교의 대상입니다. 그러나 하나님의 시선으로 보는 나에게는 '은혜'가 나를 겸손하게 하고, 그 안에서 감사가 꽃 피우고, 기쁨의 향기가 납니다. 이것은 생명이 살아 있다는 증거입니다. 은혜는 생명을 소유한 자의 가장 기본적인 반응입니다.

은혜는 생명의 양수와 같습니다. 그 안에서 자란 생명은 번성케 되고 확장케 되어 풍요를 누리게 되는 원리가 있습니다.

아가서 7장 말씀은 어떤 관점으로 보느냐에 따라 해석이 달라집니다. 많은 주석가들은 7장 말씀이 난해하다고 말하지만, 사람을 창조하신 하나님의 관점으로 바라보면 달라집니다. 마틴 로이드 존스는 그리스도인들의 영적인 편협성이나 인격의 편향성의 문제를 이렇게 말합니다. 그리스도인들의 신앙의 관점이 성육신하신 예수님께만 초점을 맞추는 사람과 또는 성령님께만 집중하는 사람, 그리고 성부 하나님께만 신앙의 초점을 두는 사람들이 편향성을 지적합니다. 우리의 온전한 신앙은 창세기에서 요한계시록까지 전체를 보고 전체를 믿어, 말씀의 짝을 찾아가는 것이라 말합니다. 맞습니다. 기독교의 온전함은 삼위일체 하나님 안에 있습니다.

우리는 아가서를 내적인 것에서 외적인 관점으로 보았습니다. 그리고 하나님의 관점으로 술람미 여인의 외적인 것을 칭찬했습니다. 솔로몬의 관점은 하나님의 관점이고 복음의 관점입니다.

요한일서 2장 16절입니다.
"이는 세상에 있는 모든 것이 육신의 정욕과 안목의 정욕과 이생의 자랑이니 다 아버지께로부터 온 것이 아니요 세상으로부터 온 것이라"

사람이나 사물을 볼 때, 우리는 눈에 보이는 고정관념에 따라 바라보고 평가합니다. 또 어떤 사람은 순전히 보이는 것으로만 평가합니다. 그리고 혼적으로 바라보기도 합니다. 그러나 어떤 사람은 영적으로 보는 사람도 있습니다.

우리의 육체는 한계가 있지만 우리의 혼과 영은 영원합니다. 그러나 많은 사람들이 혼과 영이 아닌 썩어질 육체에 투자합니다. 보이는 육체에 대해서는 모든 것을 투자하고 아까워하지 않습니다. 육적인 것에 헌신하는 만큼 영원한 혼과 영에 대해서는 덤으로 여깁니다. 이것이 참 신앙인들의 아이러니입니다.

오늘 나는 썩어질 육체를 위해 투자합니까? 아니면 영원한 세계로 가는 혼과 영을 위해 투자합니까? 우리의 육체가 어떻게 사용되는가에 따라, 삶의 경건과 거룩이 이루어집니다.

데살로니가전서 4장 5절입니다.
"하나님을 모르는 이방인과 같이 색욕을 따르지 말고"

지금까지는 우리가 바라보는 육체가 정욕의 안목뿐 아니라 색욕의 도구로 생각했다면, 완전히 그 간판을 내려야 합니다. 죄로 고정된 의식구조를 내려야 합니다. 우리는 새로운 피조물로서의 새 간판을 올려야 합니다.

로마서 6장 12-14절입니다.
"그러므로 너희는 죄가 너희 죽을 몸을 지배하지 못하게 하여 몸의 사욕에 순종하지 말고 또한 너희 지체를 불의의 무기로 죄에게 내주지 말고 오직 너희 자신을 죽은 자 가운데서 다시 살아난 자 같이 하나님께 드리며 너희 지체를 의의 무기로 하나님께 드리라 죄가 너희를 주장하지 못하리니 이는 너희가 법 아래에 있지 아니하고 은혜 아래에 있음이라"

우리의 육체를 내 영과 혼이 다스리게 해야 합니다. 정욕과 색욕으로 우리의 신체를 바라보면 우리의 육체는 죄의 도구가 될 수밖에 없습니다. 그러나 나를 위해서 아낌없이 전부를 주고 목숨을 내어주신 예수의 영, 하나님의 관점으로 나를 바라보게 되면 하나님이 거룩하게 사용하시는 의의 도구가 됩니다. 우리의 관점이 바뀌기를 원합니다. 세상에 속한 죄성의 낡은 간판을 내리고 새 간판을 올리시기 바랍니다.

아가 7장 3-4절입니다.
"두 유방은 암사슴의 쌍태 새끼 같고 목은 상아 망대 같구나 눈은 헤스본 바드랍빔 문 곁에 있는 연못 같고 코는 다메섹을 향한 레바논 망대 같구나"

"두 유방은 암사슴의 쌍태 새끼 같고" 7장의 1-5절 말씀은 부부관계가 아니면 이런 표현을 할 수 없습니다. 예수님은 교회, 그리고 성도를 신부로 여기는 것은 가장 친밀한 관계를 의미하는 것입니다.

두 유방을 암사슴의 쌍태 새끼로 표현한 것은 시각적인 의미를 상징적으로 표현한 것입니다. 새끼 암사슴이 품 속에서 풀을 뜯어 먹기 위해 고개를 숙이면 암사슴의 엉덩이가 멀리서 보면 마치 여인의 유방처럼 보인다고 합니다. 이를 영적인 의미로 해석해 보겠습니다. 여기서 두 유방은 균형을 의미하는 것입니다. 균형 있는 두 유방은 '혼과 영의 균형'을 말합니다. 또한, 혼과 영의 조화가 그리스도화 된 신부를 의미합니다. 예수 그리스도의 영으로 거듭났다면, 그 다음은 인격적 성화입니다.

또 다른 두 유방의 의미는 '사랑의 풍요함'을 의미합니다. 두 유방은 사랑의 젖줄입니다. 어머니의 사랑의 풍요와 풍부함을 의미합니다. 곧 두 유방은 생명의 젖줄, 영적인 젖줄입니다. 예수님의 두 신부는 교회이고, 성도입니다. 그렇다면 두 유방은 말씀과 기도입니다. 교회는 어머니를 상징하기도 합니다. 교회는 생명을 살리는 말씀의 젖줄이 풍성해야 합니다. 기도를 통해서 성령의 역사가 일어나야 합니다. 말씀을 통해서 풍요로움을 느껴야 하고 기도를 통해서 보이지 않는 영적인 세계를 체험하고 경험해야 합니다. 교회가 진정 그리스도의 사랑으로 풍성해질 수 있으려면 강단에서 생명의 말씀이 넘쳐 흘러야 하고 기도가 흘러 넘쳐야 구원의 방주로서의 사명을 감당하게 되는 것입니다.

영과 혼의 조화, 말씀과 기도의 조화, 사랑의 조화를 두 유방으로 표현한 것입니다.

"목은 상아 망대 같구나" 상아는 코끼리 이빨을 의미하는데, 고대 최고의 사치품은 상아로 만든 장신구였다고 합니다. 그렇기 때문에 목을 상아로 비유한 것은 가장 고급스럽고, 가장 아름답고, 가장 우아한 품격 있는 여인을 찬양하는 것입니다. 긴 목은 미인의 상징이기도 합니다. 또한, 목이 상아 망대 같다는 것은 방향성을 의미하는 것입니다. 목을 사방으로 돌릴 수 있는 것처럼, 영적인 사람은 방향성을 정확하고 확실하게 잡고 나아갑니다.

"눈은 헤스본 바드랍빔 문 곁에 있는 연못 같고" 4장에서는 눈을 비둘기 같다고 표현했는데, 7장에서는 업그레이드된 것을 볼 수 있습니다. 헤스본과 바드랍빔은 지명입니다. 헤스본은 요새 지역으로 '현명하다'는 뜻을 가지고 있고, 바드랍빔은 '수많은 사람들 가운데에서 뛰어나 보인다.'라는 의미입니다. 다시 말하면, 술람미 여인은 수많은 사람들 가운데 가장 현명한 여인임을 칭찬하는 것입니다. 술람미 여인의 눈이 헤스본 바드랍빔 문 곁에 있는 연못 같다고 말합니다. 이 연못은 해가 비치면 유난히 반짝거려 은하수를 뿌려놓은 것 같을 정도로 아름다웠다고 합니다. 그리고 실제로 솔로몬이 자주 찾던 연못이었다고 합니다. 이 여인의 눈은 마치 햇빛이 비치면 은하수를 뿌려놓은 것 같이 반짝인다는 것입니다. 이는 술람미 여인이 영리하고 지혜로운 영적인 눈을 가졌다고 표현하는 것입니다.

"코는 다메섹을 향한 레바논 망대 같구나" 이는 여인의 코가 레바논의 산처럼 높다는 것입니다. 많은 여인들이 신체 부위 중에서도 코를 높이길 원합니다. 말씀을 준비하면서 하나님께서 아름답게 만들어 놓은 것은 반드시 사단이 죄의 도구로 사용한다는 것을 느끼게 됩니다. 코가 레바논의 산처럼 높다는 것은 콧대 높은 여인을 말하는 것이 아닙니다. 그녀의 자존감, 즉 정체성에 대한 확실성을 말하는 것입니다.

그리고 코 하면 냄새를 맡는 기능을 갖고 있습니다. 분별력 있는 코를 의미하고 다른 의미로도 해석이 가능합니다. 그것은 '향기나는 여인'이라는 의미입니다. 망대는 적이 오는지 날카롭게 지켜보는 곳입니다. 날카로운 코는 분별력과 통찰력을 의미합니다. 영적인 코가 높은 사람은 사단이 만만하게 보지 않습니다. 분명한 자기 정체성과 사명을 가지고 있기에 함부로 유혹할 수도 없습니다. 육적인 코는 높아도 영적인 코가 납작코라면 분별력과 통찰력이 없습니다. 우리의 육적인 코는 낮아도 되지만 우리의 영적인 코는 다메섹을 향한 레바논 망대 같아야 합니다. 향기로워야 하고 분별력, 통찰력이 있어야 합니다. 세상 사람들이 우리를 만만하게 보지 못하도록 영적인 콧대를 높이십시오. 확실하고 분명한 정체성과 분별력을 보여주십시오.

아가 7장 5절입니다.

"머리는 갈멜 산 같고 드리운 머리털은 자주빛이 있으니 왕이 그 머리카락에 매이었구나"

5절 말씀을 보고, 하나님 앞에 얼마나 감사했는지 모릅니다. 성령님이 아니었으면 아가서 7장을 단순히 신랑, 신부의 연애사로 끝낼 수도 있을 것입니다.

5절 말씀은 성경이 말씀하시는 거듭난 성도의 모습을 함축하고 있습니다.

"머리는 갈멜 산 같고,…" 이스라엘 평야에 우뚝 솟아 있는 갈멜산을 상징으로 표현합니다. 이스라엘 평야에 오직 하나 우뚝 서 있는 것이 갈멜산입니다. 이 갈멜산은 헬몬산 다음으로 높은 산입니다. 강수량이 풍부하여 울창한 산림을 품고 있는 산입니다. 갈멜산의 물줄기는 지중해 끝까지 연결이 됩니다. 이것은 술람미 여인의 영향력을 말하는 것입니다. 술람미 여인은 지혜가 있어 수많은 사람들 중에 뛰어남으로 그녀가 끼칠 영향력을 칭찬하는 것입니다.

훗날, 갈멜산에서 엘리야가 850대 1로 바알신을 섬기는 사람들과 싸워서 이겼습니다. 머리는 갈멜산 같다는 것은 술람미 여인이 많은 고난, 고통, 시험을 이기고 여기에 왔는데, 그 술람미 여인의 이김을 칭찬하는 것입니다. 더 이상 이제는 옛날 술람미 여인, 낡은 술람미, 육적인 술람미가 아닌 영적인 술람미의 간판을 올리는 것입니다.

이긴 자는 그리스도의 신부, 왕 같은 제사장, 열방의 어미, 유일한 존재가 된다는 것을 말씀하는 것입니다. 즉, 이긴 자의 승리로서 생명의 면류관을 씌워주시는 것입니다.

"드리운 머리털은 자주빛이 있으니" 자주빛은 왕의 색깔이며 귀족의 상징입니다. 우리도 예수 그리스도로 거듭나게 되면 왕 같은 제사장이 됩니다. 우리가 승리자의 머리로 자주빛의 머리가 되면 천사도 흠모하는 그리스도의 신부가 됩니다.

"왕이 그 머리카락에 매이었구나" 이는 머리카락으로 왕의 마음을 사로잡아 버린 것입니다. 시선이 고정되었고 마음을 사로잡았다는 것입니다. 우리가 예수 그리스도의 신부라면 우리의 머리는 갈멜산 같고,

우리의 머리털은 자주빛 같으며 주님이 우리의 머리카락에 사로잡히는 거룩한 주님의 신부가 되길 소망합니다. 머리는 힘의 상징입니다. 건강한 모발 10개 정도로 새끼를 꼬면 작은 사람이 매달릴 정도의 힘을 가지고 있다고 합니다.

이사야 62장 3-4절입니다.

"너는 또 여호와의 손의 아름다운 관, 네 하나님의 손의 왕관이 될 것이라 다시는 너를 버림 받은 자라 부르지 아니하며 다시는 네 땅을 황무지라 부르지 아니하고 오직 너를 헵시바라 하며 네 땅을 쁄라라 하리니 이는 여호와께서 너를 기뻐하실 것이며 네 땅이 결혼한 것처럼 될 것임이라"

헵시바는 "나의 기쁨이 그에게 있다.", 쁄라는 "하나님과 결혼한 자"의 뜻이 있습니다. 하나님과 결혼한 자, 그리스도의 신부는 하나님의 손에 왕관이 될 것입니다. 더 이상 낡은 간판인 버림받은 자, 황무지가 아닙니다. 오직 헵시바요, 쁄라가 될 것입니다. 그리스도의 신부는 세상의 물에서 놀지 않습니다. 하나님의 위대하신 사랑의 세계에서 자유함을 누리고 삽니다.

에베소서 3장 19절입니다.

"그 너비와 길이와 높이와 깊이가 어떠함을 깨달아 하나님의 모든 충만하신 것으로 너희에게 충만하게 하시기를 구하노라"

내적 성화와 외적 성취

아가 7:6-9

영국의 작가 맥스 비어봄의 「행복한 위선자」란 소설이 있습니다. 이 소설의 주인공은 '조지 헬'로, '지옥'이란 이름의 뜻을 가지고 있습니다. 조지 헬은 부도덕하고 탐욕스러웠고, 파괴적이고 방탕하며 세상에서 갖가지 죄를 짓고 살았습니다. 어릴 적부터 어두운 조직 세계에서 살았던 그는 얼굴조차도 흉악범처럼 바뀌었습니다.

어느 날, 제니미어라는 여인을 보고, 그녀의 밝고 맑은 얼굴에 반하게 되어 청혼까지 했습니다. 그러나 제니미어는 조지 헬의 험한 얼굴을 보고 그의 청혼을 거절했습니다. 조지 헬이 이로 인해 상사병에 걸려 힘들어 할 때, 그의 옛 버친 샘보기는 한 가지 제안을 하는데 밀랍으로 성자의 마스크를 만들어 써서 다시 한 번 청혼해 보라고 했습니다.

갬보기의 제안대로 성자의 마스크를 만들어 쓴 다음 이름까지도 조지 헤븐으로 바꾸고 다른 사람인 것처럼 제니미어에게 접근해서 끝내는 결혼을 하게 되었습니다. 속사람은 조지 헬, 겉모습은 조지 헤븐으로 살았던 것입니다. 처음에는 죄책감과 두려움, 갈등의 마음이 있었지만 이 여인을 진짜 사랑하기 때문에 이 모든 것들을 견디며 조지 헤븐처럼 살았습니다. 갬보기는 조지 헬의 이런 행동이 오래 가지 못할 것이라 생각했지만 조지 헬은 2년 동안이나 조지 헤븐으로 살면서 진짜 행복해 보였습니다.

갬보기는 질투심이 발동되어 결정적 타이밍에 그의 마스크를 벗겼지만 전에 흉측했던 조지 헬은 없었고, 그의 인상에서부터 표정까지 얼굴 자체가 실제 조지 헤븐이 되어 있었습니다. 모든 사실이 발각되자 그는 아내에게 내가 성자의 마스크를 쓰고 처음에는 성자의 흉내를 냈지만 점점 이것이 내게 익숙해지니 내 마음이 평안해지기 시작했다고 말하면서 아내에게 용서를 구했고, 아내는 이 모든 것을 용서함으로 이야기는 끝이 납니다.

그리스도인의 롤 모델은 예수 그리스도이십니다.

갈라디아서 4장 19절입니다.
"나의 자녀들아 너희 속에 그리스도의 형상을 이루기까지 다시 너희를 위하여 해산하는 수고를 하노니"

우리의 롤모델이 누구인지 말씀하고 있습니다. 사도 바울은 갈라디아 교인들뿐 아니라 그리스도인들에게 마음속에 예수 그리스도의 생명의 씨앗을 받았기에 구원을 받았다고 말합니다. 바울은 예수의 생명이 너희 속에 자라서 예수의 형상을 이루기까지 해산의 수고를 한다고 말합니다.

우리의 유일한 롤모델이신 예수님의 인격을 닮아가기 위해서 힘써야 합니다. 하나님은 우리에게 그리스도의 형상을 이루기까지 성장시키는데 있어서 목회자, 장로, 권사, 집사, 성도라는 마스크를 씌워주셨습니다. 하나님께서 우리에게 직분을 주신 궁극적 이유는 그리스도를 닮게 하기 위해서입니다. 목회자는 목회자답게, 직분자는 직분자답게, 직분의 마스크를 쓸 때 속사람이 변화되고 그리스도를 닮게 됩니다.

우리 성도들에게 꼭 당부하고 싶습니다. 우리에게 주어진 마스크, 직분을 소홀히 여기지 않길 바랍니다. 장로라는 직분을 가지고 있는데 행동은 집사처럼 하면 안 됩니다. 권사라는 직분을 가지고 있는데 행동을 세상 사람처럼 한다면, 성자의 마스크를 썼지만 조지 헬인 것입니다. 예수하고 아무 상관 없이 마스크만 쓴 것입니다. 이것에 대한 심판이 반드시 있다는 것을 명심해야 합니다. 조지 헬은 성자의 마스크만 쓴 것이 아니라 가진 재산을 팔아서 이웃을 돕는 등 사랑의 행동을 하였고 아내를 사랑했기 때문에 힘들지만 새로운 삶을 살아냈습니다. 그렇게 살다 보니, 조지 헤븐이 될 수 있었던 것입니다.

예수 그리스도의 삶을 본받기 위해서는 우리의 행동의 기준, 선택의 기준은 '예수님이나면 어떻게 아섰을까?'라는 원칙이 있어야 합니다. 삶 속에서 이 질문을 가지고 산다면 예수 그리스도의 아름다운 형상을 이룰 것입니다.

그리스도회 되는 것은 하루아침에 이루어지지 않습니다. 구원은 온전히 은혜로 받지만 성화되는 것 곧 그리스도화 되는 것은 거저 되지 않고 반드시 거쳐야 할 훈련의 과정이 있습니다.

첫 번째, 칭의(의롭다 부르는 것)로 구원을 받게 되는 단계입니다. 예수 그리스도께서 십자가에서 나의 죄를 대속해 주셨다는 것이 믿어지면 구원을 받게 됩니다. 그러나 하나님의 은혜가 덧입혀지지 않으면 안 믿어집니다. 우리의 직분 가지고 믿어지는 것이 아닙니다. 100% 예수님이 나의 구주이고, 하나님이 나의 창조주이시며 성령님이 나의 완전함을 이루어 주시는 하나님이라는 것이 믿어지는 것은 하늘로부터 주시는 은혜가 있어야 가능합니다. 믿어지는 것이 곧 은혜입니다. 대부분의 그리스도인은 여기에 머무르기에 세상의 빛과 소금의 역할을 감당하지 못하는 것입니다.

두 번째, 회심의 단계입니다. 내가 은혜, 믿음으로 구원을 받기는 했지만 내 죄를 인정하고 자백하며 회개하는 과정이 필요합니다. 이런 과정이 없으면 그리스도화 될 수 없습니다.

요한일서 1장 9절입니다.
"만일 우리가 우리 죄를 자백하면 그는 미쁘시고 의로우사 우리 죄를 사하시며 우리를 모든 불의에서 깨끗하게 하실 것이요"

성선설, 성악설이 아닌 성경의 진리가 있습니다. 바로 내가 선하게 창조되었다는 것을 의심해서는 안 됩니다. 지금의 모습이 어떠하든지 하나님께서 나를 창조할 때는 가장 아름답고 선하게 창조하셨다는 것을 믿어야 합니다. 그러나 이것이 끝이 아니라 우리의 조상인 아담과 하와가 하나님의 말씀을 거역하고 불순종함으로 인해서 인간이 죄를 짓게 되었습니다. 그렇기 때문에 나는 선하게 창조되었지만 죄인으로 태어났음을 분명히 인지해야 합니다. 이것이 회심의 기본적인 진리입니다.

예수님께서 베드로의 발을 씻기시려고 하자, 베드로가 어떻게 예수님이 나를 씻기시냐며 거부합니다. 그러자 예수님은 그럼 너는 나와 상관없는 자라고 하시자, 베드로는 그러면 나의 온몸을 씻겨달라 말합니다. 예수님께서는 온몸을 씻은 자는 손, 발만 씻으면 된다고 말씀하십니다. 예수를 구주로 영접하고 회심의 과정을 거친 자는 목욕한 자입니다. 우리가 목욕을 했다고 해서 다음 목욕할 때까지 그냥 버티는 것이 아닙니다. 수시로 손을 씻고 발을 씻습니다.

세 번째, 정화의 단계입니다. 우리의 육신은 죄에 길들여져 있습니다. 그래서 정화의 과정이 필요합니다. 깨끗한 사람은 더러운 것이 잘 보입니다. 그러기에 나에 대한 점검을 잘 할 수 있습니다. 죄에 일그러진 자아와 새롭게 거듭난 생명의 자아가 보입니다. 불순물이 많으면 구분이 되지 않습니다. 진정한 내가 누구인지를 알지 못합니다. 정화의 과정을 통해서 죄악으로 일그러진 가짜의 나와 상처로 일그러진 나와 예수 그리스도의 생명으로 다시 거듭난 내가 분리되어야 합니다. 이런 분리가 잘 되는 사람은 자기 인정을 잘합니다.

네 번째, 조명의 단계입니다. 거짓된 나와 그리스도 안에서의 참된 나를 압니다. 이유 없이 우울해질 때, 기분이 다운될 때가 있습니다. 이때 성령의 빛으로 나의 내면을 비추게 되면, 죄로 인해서 어긋난 것들을 찾게 됩니다. 성령의 조명, 성령의 빛으로 인해서 어두움에 잠겨 있는 옛 자아의 모습이 보이게 될 것입니다. 이런 모습을 과감히 내보내고, 예수님의 새 생명으로 거듭난 나를 지지해지고 격려해 주어서 진짜 내가 누구인지 계속해서 자신에게 알려주어야 합니다. 우울한 나, 일그러진 나는 이미 결별한 가짜 나입니다. 내면에 성령의 조명이 꺼지지 않도록 늘 살펴야 합니다.

　　다섯 번째, 일치의 과정입니다. 내 안의 거짓 자아, 죄악된 자아를 날마다 잡초를 뽑듯이 제거합니다. 그리고 예수님의 생명만이 자랄 수 있도록 관리하는 것입니다. 새롭게 거듭난 자아가 점점 성장해서 성숙하게 되면, 이것이 곧 성화입니다. 이것을 그리스도화 되었다고 말하는 것이고 그리스도인이라고 말하는 것입니다. 그리스도화 된 것은 예수님과 내가 일치된 관계입니다. 내가 그리스도화 되면, 창조의 나를 회복하는 것입니다.

갈라디아서 2장 20절입니다.
　"내가 그리스도와 함께 십자가에 못 박혔나니 그런즉 이제는 내가 사는 것이 아니요 오직 내 안에 그리스도께서 사시는 것이라 이제 내가 육체 가운데 사는 것은 나를 사랑하사 나를 위하여 자기 자신을 버리신 하나님의 아들을 믿는 믿음 안에서 사는 것이라"

예수 그리스도와 일치되어 성숙한 사람, 성화된 사람이 되었다는 것을 보여주는 말씀입니다. 내가 그리스도와 함께 십자가에 못 박혔다는 것은 과거의 죄인으로 태어난 일그러진 나, 상처받은 나, 삐뚤어진 나는 예수님의 십자가의 죽으심과 함께 죽은 것입니다. 그런즉 이제는 내가 사는 것이 아니라 오직 내 안에 그리스도께서 사시는 것이란 말씀은 예수 그리스도가 주신 그 생명을 붙잡고 창조된 나, 거듭난 나로 사는 것을 말합니다. 그렇기 때문에 내가 육체 가운데 사는 것은 나를 사랑하사 나를 위하여 자기 자신을 버리신 하나님의 아들을 믿는 믿음 안에서 창조의 나로 사는 것입니다.

이렇게 되었을 때, 우리는 하나님과의 관계, 나 자신과의 관계, 이웃과의 관계, 이전의 환경과의 관계까지도 바르게 되는 것입니다. 이럴 때 우리의 영적인 세계관이 열리게 됩니다. 내가 하나님의 완전한 사랑을 받고 있음은 한 없는 은혜라고 반응하는 것이 그리스도화 된 사람의 반응입니다.

하나님의 사랑이 완전하게 성취될 수 있는 것은 그의 대상인 피조물과 쌍방의 통행이 되어야 합니다. 하나님은 그 사랑을 위해 사람을 창조하셨고, 창조의 책임을 다하시기 위하여 다시 우리를 구속하셨습니다.

하나님의 완전한 사랑을 우리에게 주셨고 계속해서 주시기를 원하지만 믿음 없이는 하나님의 사랑을 완전히 받지 못합니다. 완전한 사랑을 받아낼 만한 믿음의 그릇이 안 되기에 사랑의 온전함이 이루어지지 않는 것입니다. 은혜의 부피와 은혜의 크기가 얼마나에 따라 하나님을 수단으로 생각하지 않고 하나님과의 관계를 사랑의 관계로 성숙시키는 것입니다. 이렇게 성숙한 자는 하나님께서 무엇을 요구하시든지 순종할 수 있게 됩니다. .

이것이 바로 아브라함의 모습입니다. 처음 아브라함은 100% 믿음이 아니었습니다. 그러나 창세기 22장에서는 아들 이삭을 제물로 바치라고 할 때, 기꺼이 드리는 순종의 믿음을 보였습니다.

우리가 그리스도화, 예수화 되기 위해서는 5단계로 훈련을 합니다. 그런데 아가서 5장 이후의 술람미 여인은 성숙함과 성화의 단계를 걷고 있습니다. 우리는 술람미 여인을 통해 예수님을 배워가고 있습니다.

아가서 7장 1-5절의 말씀에서는, 술람미 여인의 창조의 의미를 회복한 몸의 지체 하나하나를 칭찬하셨습니다. 이 말씀을 육체의 관점인 안목의 정욕이나 이생의 자랑거리로 본다면, 죄의 도구가 되지만, 내적인 성화를 이루어가는 술람미 여인의 외적인 모습은 창조의 아름다움으로 비추어지고 있습니다. 그렇기 때문에 그의 외형적인 눈, 코, 발, 유방 등 어떠한 신체라 할지라도 에로스나 필레오 사랑으로 접근하는 것이 아니라 아가페의 사랑의 접근으로 찬양을 합니다.

아가서 7장 6-9절은 술람미 여인의 머리부터 발끝까지 전체적인 그녀의 이미지를 칭찬하는 것입니다. 사람에게는 그 사람만의 풍기는 이미지가 있습니다.

아가 7장 6절입니다.

"사랑아 네가 어찌 그리 아름다운지, 어찌 그리 화창한지 즐겁게 하는구나"

6절의 말씀이 참 닮고 싶은 부분이기도 합니다. 솔로몬이 술람미 여인의 전체적인 이미지에 대해 고백합니다.

"사랑아 네가 어찌 그리 아름다운지…" 너를 떠올리면 정말 아름다운데 그 아름다운 이유가 분명합니다. 먼저 술람미 여인의 이미지를 칭찬하고 구체적으로 설명합니다. 누군가를 칭찬할 때도 구체적으로 칭찬하면, 신뢰가 갑니다.

"어찌 그리 화창한지 즐겁게 하는구나" 화창한 사람이라는 것은 밝고 맑고 상쾌하다는 것입니다. 화창하다는 것은 단순히 화사하다는 것을 넘어서 내적인 부분에 있어서 생명력이 넘치고 활기가 넘치며 역동적인 사람이라는 것입니다. 화창한 사람을 만나면, 기분이 다운되었다가도 의욕이 생기고 힘이 나며 소망이 생깁니다. 반면에 얼굴이 늘 비 오는 것처럼 어두운 사람은 100% 부정적이고 수동적인 사람입니다. 예수 믿고 이렇게 사는 것이 얼마나 불행합니까? 칙칙한 분위기의 사람에게서 영적인 분위기가 만들어질 수 없습니다.

화창하다는 것은 그리스도로 충만하다는 것이고, 생명력이 넘친다는 것이며 내 안에 꿈과 비전, 소망으로 열정과 활기가 넘친다는 것입니다. 그런 술람미 여인을 보면서 예수님께서 즐겁고 기쁘고 보람을 느낀다는 것입니다. 내 얼굴이 밝으면 나도 좋지만 그 모습을 바라보는 다른 사람도 즐겁고 보람을 느낍니다. 화사한 것을 넘어 속에서부터 우러나오는 화창한 사람의 이미지가 되길 소망합니다. 날씨만 화창한 것이 아니라, 그리스도의 영으로 빛이 나는 사람은 화창한 사람입니다.

아가 7장 7절입니다.
 "네 키는 종려나무 같고 네 유방은 그 열매송이 같구나"

종려나무와 유방은 외적인 것과 내적인 것을 표현하는 것입니다. 유방은 내적인 것을 말합니다. 유방은 어머니의 사랑, 따뜻함, 풍성함과 안정감을 내포합니다. 반면에 종려나무는 외적인 것을 말합니다. 종려나무는 팔레스타인 지역에서는 흔한 야자수입니다. 특히 여리고 지방에 많은 나무입니다. 종려나무는 가장 작은 것이 3m, 가장 큰 나무는 10m 정도까지 자랍니다. 이것은 술람미 여인의 키를 말하는 것이 아닙니다. 일반적으로 3-10m까지 자라나는 섬유질이 풍부한 종려나무는 너무도 유연하기에 열매로 인해 눌려도 자라나는 것을 막을 수 없다고 합니다.
 성경에서도 종려나무가 많이 등장하는데 많은 영적인 의미가 있습니다.

첫째, 종려나무는 외적인 번영을 의미합니다.

시편 92편 12절입니다.
 "의인은 종려나무같이 번성하며 레바논의 백향목같이 성장하리로다"

성경에서 축복의 의미로 사용되는 대표적인 나무는 종려나무, 백향목, 포도나무입니다. 종려나무는 영향력을 미칠 수 있는 외적인 성취, 성공을 의미합니다. 백향목은 인격적인 향기, 영향력을 의미합니다. 포도나무 역시 예수님과의 일치를 통해 이루어지는 외적인 열매를 상징하기도 합니다. 이스라엘에서는 종려나무는 불굴의 정신을 상징하며 유대인들에게 상징적 나무가 되었습니다.

둘째, 종려나무는 승리를 의미합니다.

요한계시록 7장 9절입니다.
"이 일 후에 내가 보니 각 나라와 족속과 백성과 방언에서 아무도 능히 셀 수 없는 큰 무리가 나와 흰 옷을 입고 손에 종려 가지를 들고 보좌 앞과 어린 양 앞에 서서"

예수님께서 십자가를 지시기 위하여 예루살렘에 입성 중에도 이스라엘 백성들이 종려나무 가지를 흔들었습니다. 이는 승리의 상징이었습니다.

셋째, 종려나무는 기쁨을 의미합니다.

레위기 23장 40절입니다.

"첫 날에는 너희가 아름다운 나무 실과와 종려나무 가지와 무성한 나무 가지와 시내 버들을 취하여 너희의 하나님 여호와 앞에서 이레 동안 즐거워할 것이라"

여호와로 인하여 즐거워하고 기뻐하는 삶을 사십니까? 기쁨은 속에서부터 밖으로 나오는 것입니다. 은혜, 감사가 풍성하면 기쁨이 흘러 넘쳐 얼굴이 화사해지고 빛이 나고, 화창해지는 것입니다. 마음 깊은 곳에서부터 나오는 감사와 기쁨이 화창함을 만들어 줍니다.

"네 키는 종려나무 같고" 이는 외적인 성취를 말하는 것입니다. 술람미 여인은 포도원지기에서 왕비까지 되었습니다. 수많은 예루살렘 여인들 중에 으뜸이 되는 왕비에까지 올라왔으니 종려나무가 가지고 있는 모든 축복을 갖게 된 것입니다.

외적인 성취를 이루기까지 내적인 성화가 먼저 이루어 졌습니다. 내가 선택한 예수(신랑), 그리스도를 위해서 모험하고 도전하며 어떠한 위협도 무릅쓰고 나아왔습니다. 내적으로 그리스도의 분량에까지 술람미 여인이 장성해지니 하나님께서 세상의 많은 여인들 중에 으뜸이 되는 외적 성취의 자리에까지 올려놓은 것입니다.

"네 유방은 그 열매송이 같구나" 외적으로 성취된 그 자리에 합당한 사랑, 합당한 능력, 합당한 지혜를 가진 충분한 자격을 인정하는 것입니다. 이렇게 유방은 내면적인 것을 이야기하고, 종려나무는 외적인 성취를 이야기하는 것입니다. 내적인 성화가 가져다주는 외적인 성취가 하나님의 약속입니다.

아가 7장 8절입니다.
"내가 말하기를 종려나무에 올라가서 그 가지를 잡으리라 하였나니 네 유방은 포도송이 같고 네 콧김은 사과 냄새 같고"

"내가 말하기를 종려나무에 올라가서 그 가지를 잡으리라 하였나니"
솔로몬이 고백하는 것으로 이는 예수님께서 우리에게 하시는 말씀입니다. 여기서 종려나무는 술람미 여인이자 우리를 말합니다. 예수님께서 부활하시고 승천하셔서 남은 사역을 나를 통해 이루어가길 원하십니다. "너희가 나보다 더 큰 일을 하리라" 이것이 우리에게 주신 소망의 메시지입니다.

물론, 우리의 능력으로는 어림없지만, 예수님보다 더 큰 일을 할 수 있도록 보혜사 성령님을 보내 주신다는 약속이 있었습니다. 예수님의 약속대로 성령님은 오셨지만, 그 하나님을 마음에 모시고 자기를 초월하려는 믿음과 의지가 없이는 큰일을 할 수 없습니다. 그러나 술람미 여인이 예수님이 나를 타고 올라가서 가지를 잡았다고 말씀하는 것은 예수님이 그녀를 통해서 일을 하시겠다는 것입니다. 내가 너를 타고 올리셔서 너의 가지를 잡고 일하겠다는 것입니다. "나는 포도나무요, 너희는 가지니…" 가지인 우리를 잡고 일하시는 성령님과 협업해야 합니다.

"네 유방은 포도송이 같고 네 콧김은 사과 냄새 같고" 종려나무의 이미지는 우아함입니다. 외모로 우아함도 필요하지만 진정한 우아함은 내면에서 풍기는 이미지입니다. 내면에서부터 우러나오는 성숙한 사랑, 완전한 하나님의 사랑을 받아내는 은혜, 모든 것을 긍정화 시키는 감사의 능력 등으로 풍기는 우아함은 예수님의 기쁨이 되는 '헵시바' 요, '쁄라'입니다.

포도송이는 공급입니다. 영과 혼과 육으로 충분한 공급자가 될 수 있다는 것입니다. '네 콧김은 사과 냄새 같고…' 사과는 생명 나무라는 의미가 있습니다. 콧김에서 사과 냄새가 난다는 것은 그리스도의 향기가 난다는 것입니다.

고린도후서 2장 15절입니다.

"우리는 구원받는 자들에게나 망하는 자들에게나 하나님 앞에서 그리스도의 향기니"

우리는 모든 사람에게 그리스도의 향기를 풍겨야 하는 사명이 있습니다. 술람미 여인의 콧김에서 사과 냄새가 난다는 것은 네 인격, 네 삶 속에서는 예수의 향기가 난다는 것입니다.

예수님께서 오를 만한 종려나무는 어떠한 나무일까요? 종려나무의 영적인 의미는 생명력이 탁월하기 때문에, 태풍이 불어도 그 뿌리가 깊기 때문에 태풍에 쓰러지거나 부러지는 일이 없습니다. 종려나무는 한번 강풍을 이겨낸 다음 더 튼튼해지고 키가 자라게 됩니다. 그 그루터기를 불살라 태워도 태워진 그루터기에서 새싹이 다시 나와 성장합니다. 종려나무를 죽이는 방법은 맨 꼭대기의 생장점이라고 하는 것을 훼손시키면 죽습니다. 종려나무 꼭대기에 하늘만 바라보고 있는 생장점을 꺾으면 일주일 안에 말라 죽는다고 합니다. 이스라엘 사람들은 유일신이신 하나님의 선택받은 민족이기에 이러한 특성을 가지고 있는 종려나무를 영적인 나무라고 여겼습니다.

　의인을 비유하는 종려나무 정도 되어야 우리를 믿고 나무에 오르시지 않을까요? 조그만 바람에도 흔들리다가 뽑히는 나무라면, 주님이 오르실 수 없을 것입니다. 나를 통해 뜻을 이루실 만한 튼튼하고 의로운 나무가 됩시다.

아가 7장 9절입니다.
"네 입은 좋은 포도주 같을 것이니라 이 포도주는 내 사랑하는 자를 위하여 미끄럽게 흘러내려서 자는 자의 입을 움직이게 하느니라"

"네 입은 좋은 포도주 같을 것이니라" 성경에 따라 포도주의 의미가 다르지만 여기에서 포도주의 의미는 '생명'입니다. 술람미 여인의 입은 생명력이 있기에 네 입에서 나오는 말은 생명력 있는 말이라는 것입니다. 죽어가는 사람을 살리고, 낙심한 자에게 힘을 주고 지친 자에게 활력을 주며 삶의 의미를 주는 좋은 포도주와 같다는 것입니다. 자신의 존재 가치를 아는 사람은 존재의 의미를 깨닫습니다. 그런 사람의 말은 살아있는 생명의 말, 살리는 말을 합니다.

"이 포도주는 내 사랑하는 사를 위하여 미끄럽게 흘러내려서 자는 지

의 입을 움직이게 하느니라" 우리는 사람을 무시하고 함부로 대하면 안 됩니다. 내가 미워하고 심판하는 그 사람은 하나님이 사랑하는 자들이기 때문입니다. 예수님이 사랑하는 자를 위해서 미끄럽게 흘러내렸다는 것은 자연스럽고, 부드럽게 그러나 확실하게 진리를 말함으로 자는 자의 입을 움직이게 한다는 것입니다. 우리의 입이 이렇게 사용되어질 때, 황금 입이라고 말합니다.

영혼이 죽은 자도, 잠자는 자의 입도 열어야 하지만 부정적이고 불평하고 원망하는 자의 입도 생명의 포도주로 그들의 생각과 말을 바꾸어 전환시켜 주는 치료자의 입이 되라는 것입니다. 살리는 입, 치료하는 입, 간증하는 입이 되어야 합니다. 이것이 곧 황금 입니다.

내적인 성화를 이룬 자를 통해서 그리스도의 이름을 빛낼 것입니다. 내적인 성화를 이룬 자를 통해서 하나님의 뜻을 이룰 것입니다. 내적인 성화를 이룬 자를 통해서 번성과 승리와 기쁨을 누리게 하실 것입니다. 이것이 외적인 성취, 번성, 번영이며 자족하는 마음의 감사하는 입술이 될 것입니다.

내적으로 성숙하고 외적으로 번성하는 사람은 항상 기뻐하고 우리의 관용을 모든 사람에게 알게 합니다. 또한, 아무것도 염려하지 않고 감사하며 기도하는 삶을 사는 사람에게 반드시 외적인 성취를 이루게 하실 것입니다. 감사하고 기뻐하는 삶으로 내적인 성화를 외적인 성취까지 이루어내는 멋진 그리스도인이 되길 축복합니다.

빌립보서 4장 4-6절입니다.

"주 안에서 항상 기뻐하라 내가 다시 말하노니 기뻐하라 너희 관용을 모든 사람에게 알게 하라 주께서 가까우시니라 아무것도 염려하지 말고 다만 모든 일에 기도와 간구로, 너희 구할 것을 감사함으로 하나님께 아뢰라"

십자가 이전의 사랑과 그 이후의 사랑

아가 7:10-13

38년 동안 섬 목회를 하면서 가장 버거웠던 것은 무엇이었을까 생각해 보니, 그것은 목회철학을 준수하기 위한 나와의 싸움이었습니다. 비록 섬에서 목회를 하지만 내가 서 있는 곳이 지구의 중심이라 생각하며 목회를 하였습니다. 사방으로 막혀 있어도 하늘은 열려 있다고 생각하며 지구의 중심에 서 있는 나를 훈련하며 목회하였습니다. 또한, 성도들과 함께 이루어가는 목회철학으로는 목회자가 A급 지도자가 되어야 성도가 A급 성도가 된다는 것이었습니다. 성도들의 눈높이보다는 예수님의 눈높이에 맞추자는 생각을 했기에 매일 노력하고 훈련하며 공부하는 것을 놓치지 않으려고 애썼습니다. 우리는 세상적 학문이 아니라 영적인 것들을 배우는 것이기에 성령이 임하시기만 하면, 하나님을 아는 지식은 고차원의 수준으로 올라갈 수 있다고 믿습니다. 하나님을 아는 지식만큼은 A급이 되길 소망하며 목회를 해 왔습니다. 신앙은 나의 수준을 맞추는 것이 아니라, 예수님의 수준에 맞추어가는 것이기에 육적인 나이에 얽매이지 말고 "내게 능력주시는 자 안에서 모든 것을 할 수 있다."라는 믿음으로 나아가시길 바랍니다.

기독교에 영향력을 주었던 존 스토트 목사님은 그리스도인들이 자신의 인생 전기를 쓴다면 상, 하권으로 나눌 수 있다고 말했습니다. 그리고 그 기준은 **'예수 그리스도의 십자가 이전과 십자가 이후'**라고 말합니다. 십자가 이전의 나는 옛 자아에 속해 있었다면, 십자가 이후의 삶은 예수 그리스도와 함께 십자가에 못 박혀 죽은 내가 예수님과 함께 부활하여 새 사람 곧 성령을 통해서 새롭게 변화되어져 가고 창조의 나로 회복되고 바뀌어야 한다고 말합니다. 십자가를 중심으로 십자가 이전의 삶은 상권, 십자가 이후에는 하권으로 쓰여지는 것이 그리스도인의 인생 전기가 되어야 한다는 것입니다.

사도 바울은 이렇게 말합니다.

고린도전서 1장 18절입니다.
"십자가의 도가 멸망하는 자들에게는 미련한 것이요 구원을 받는 우리에게는 하나님의 능력이라"

이 세상에서 가상 많은 신도를 가진 종교가 있다면, 기독교와 이슬람교입니다. 이슬람교의 경전인 쿠란과 성경은 비슷한 것이 많습니다. 쿠란에는 예수님에 대한 것도 많이 기록되어 있습니다. 예수님이 마리아에게서 태어나신 것, 많은 사역을 통해 기적을 일으킨 것도 쿠란에 기록되이 있습니다. 이슬람교에서는 아브라함의 하나님인 '알라'만을 섬깁니다. 그런데 알라와 피조물인 인간은 인격적인 관계를 맺을 수 없고, 군주적 관계를 맺습니다. 이는 하나님은 유일하신 신이고, 인간은 그분의 종이라는 것입니다. 하나님에 대한 신의 본성에 대해서도, 기독교는 삼위일체 하나님을 섬기지만 이슬람교는 예수님이나 성령님을 하나님으로 보지 않고 오직 단일신만 믿습니다.

그들은 예수님을 어떤 존재로 여길까요? 예수님을 사람이라고 생각할 뿐 하나님이 성 육신에서 오신 분은 아니라고 말합니다. 알라가 예수님을 보내긴 했지만 대속자가 아닌 인간으로 보냈는데 선지자 중에 아주 뛰어난 선지자로 이야기합니다. 그들이 기독교를 적대시 하는 이유는 기독교인들이 삼위일체 하나님을 섬기고 특별히 예수님을 하나님이라고 하기 때문입니다.

이들은 기독교가 예수를 잘못 가르치고 있다고 말합니다. 예수님은 십자가를 지고 죽지 않았고, 십자가의 죽음을 모면한 후에 샘이 흐르는 곳으로 갔기에 유다가 대신 십자가를 졌다고 가르칩니다.

이렇듯 이슬람교와 기독교가 다른 점이 많지만 가장 중요한 차이는 바로 이슬람교는 십자가를 부인한다는 것입니다. 삼위일체론과 예수님이 메시아로 오셔서 십자가에서 대속물이 되어 주신 변할 수 없는 진리가 왜곡되면 이단이 되는 것입니다. 가장 핵심적인 십자가 사건을 제외한 기독교는 존재할 수 없습니다.

이슬람교는 굉장히 율법적인 종교입니다. 모세의 율법이나 시편, 예수님의 복음서도 믿지만 율법적인 종교 생활을 하기에 알라의 명령에 절대 복종하지 않으면 죽임을 당했습니다. 그러나 기독교는 은혜의 종교입니다. 그렇다고 율법을 무시하지 않습니다. 예수 그리스도가 우리의 길이요 진리이십니다. 구속의 은혜에 힘입어 우리의 죄를 고백하고 자백하면 용서를 받고 깨끗함을 얻어서 새롭게 회복될 수 있습니다.

요한복음 8장 31절을 보면, "진리를 알지니 진리가 너희를 자유롭게 하리라"고 말합니다. 진리와 율법을 수호하지만 그 진리 안에서 자유함을 누려야 합니다. 또한, 이슬람교에서 기독교를 적대시하는 것은 하나님이 인간 안에 내주한다는 말 때문입니다. 예수 그리스도의 보혈로 씻김을 받고 대속함을 입으면 성령 하나님이 우리 마음에 내주하십니다. 은혜의 신앙을 가질 수 있었던 것은 예수님이 십자가를 지시고 십자가에서 대속물이 되어 주셨기 때문입니다.

로마서 8장 1-2절입니다.
"그러므로 이제 그리스도 예수 안에 있는 자에게는 결코 정죄함이 없나니 이는 그리스도 예수 안에 있는 생명의 성령의 법이 죄와 사망의 법에서 너를 해방하였음이라"

이렇듯 십자가가 빠진 예수는 구세주가 될 수 없습니다.

아가서는 단순한 러브 스토리가 아닙니다. 실제적으로 예수님과 관계의 형성을 넘어 친밀함의 모델이 되어줍니다. 단순한 관계영성에서 더 깊어지는 친밀도를 통해서 사랑의 깊은 영성에까지 도달하는 체험적인 살아있는 말씀입니다. 아가서에서 영적인 체험을 빼면 아무 의미가 없습니다. 아가서는 신랑되신 예수님과 정혼한 성도들이 어떤 깊은 사랑의 교제를 나누는지 보여주고 있습니다.

영적인 세계는 인간이 다 체험할 수 없는 세계입니다. 영적인 세계로 들어갈 수 있는 문은 오직 예수님입니다. 그 넓이와 깊이, 영적인 신비로운 세계를 안내해 주고 인도해 주는 분은 성령 하나님이십니다. 영적인 세계를 통치하시는 분은 성부 하나님이십니다. 이렇듯 기독교에서는 삼위일체론을 부인할 수 없습니다.

아가서 7장은 '사랑의 영성'입니다. 일반적인 사람들이 십자가 이전의 관점으로 사람을 본다면, 술람미 여인을 보는 신랑의 시각은 다릅니다. 하나님의 관점으로 바라보기에 그녀의 신체 하나 하나에 영적인 의미를 부여합니다. 그녀의 배꼽, 유방, 목, 코, 눈 등을 십자가 이전으로 보면, 육적인 관점으로 보게 되지만 십자가 이후로 보면, 하나님의 관점으로 보게 됩니다. 우리에게 눈을 준 것은 보이는 세계, 보이지 않는 세계를 통틀어 볼 수 있게 하기 위함입니다.

유방은 풍성한 사랑과 나눔, 포근함, 따뜻함을 의미합니다. 하나님의 사랑을 어머니 품 같은 따뜻함으로 표현하는 것입니다. 이렇듯 7장에서 보는 관점은 십자가 이후로 보는 사랑의 관점입니다.

십자가 이전에는 옛사람, 죄인되었던 사람, 이기적이었던 사람, 나만 알았던 사람의 옛자아가 다 죽었기에 이제는 예수와 함께 새롭게 태어난 새 간판을 올린 모습으로 나와 다른 사람을 바라보아야 합니다. 십자가 이후의 사랑으로 나를 바라보니 내 가치가 예수님의 가치가 된 것입니다. 그러다 보면 내 존재 의미가 달라집니다. 육체의 모든 신체 하나 하나가 하나님의 선하심을 위해 만들어졌다는 것을 깨닫게 됩니다. 상대적 가치가 아닌 절대적 가치로 자신과 다른 사람을 볼 수 있는 관점의 전환이 생깁니다.

6-9절 말씀은 내적 성화와 외적 성취를 이룬 술람미 여인의 모습을 말씀하고 있습니다. 술람미 여인이 마음이 화창한 자가 되니 얼굴이 화사한 사람이 되었습니다. 신랑이 바라볼 때, '너헵시바요, 뿔라라'인데 이것은 나의 기쁨이 너에게 있다는 의미입니다. 이것이 곧 예수님과 우리와의 깊은 사랑의 관계입니다. 예수님의 십자가로 인해, 존재의 가치와 존재의 의미가 달라졌다는 것을 믿으시기 바랍니다.

오늘 본문의 말씀은 깊은 사랑의 의미가 담겨 있습니다.

아가 7장 10절입니다.
"나는 내 사랑하는 자에게 속하였도다 그가 나를 사모하는구나"

10-13절의 말씀은 술람미 여인이 신랑인 솔로몬(예수님)에게 화답하는 내용입니다. 오늘 본문의 말씀을 보면, 사랑의 흐름이 바뀌는 듯, 술람미 여인의 사랑에 적극적인 모습이 느껴집니다. 사랑의 확신이 그녀를 높여주며, 사랑의 주도권이 술람미 여인에게 있는 것을 느끼게 됩니다.

"나는 내 사랑하는 사에게 속하였도다" 아가서 2장 16절, 6장 3절에서도 비슷한 고백을 하지만 오늘 말씀과는 다른 차원의 고백입니다. 이는 십자가 이후의 사랑으로, 그 십자가의 도를 아주 깊이 깨달은 자의 자신만만하고, 당당한 모습이 느껴집니다. 소속에 대한 확실함이 주는 정체성으로 사랑에 당당한 리더가 되었습니다.

인간의 무의식적 불안은 소속에 대한 불안입니다. 그것은 죄를 짓고 하나님과 분리되고 관계의 단절이 가져다 준 죄의 후유증입니다. 그러나 술람미 여인은 내면의 상처가 신랑의 사랑으로 다 치유가 되었기에 그녀는 평안함과 안정감과 자유함을 느낍니다. 당신의 소속은 어디입니까?

소속이 분명해야 확실한 사랑이 이루어집니다. 예수님의 12제자들의 모습을 보면, 십자가 사건 이전과 이후는 완전히 다른 모습입니다. 십자가 사건 이전에 그들의 소속은 세상이었습니다. 그래서 예수님을 자신의 유익을 위해 좇았습니다. 그러나 십자가 사건 이후 오순절 이후에 그들은 세상에서 하나님 나라의 소속으로 바뀌었습니다. 그리고 그들은 그 십자가 사랑의 의미를 깨닫고 그 사랑의 힘으로 순교의 자리에까지 갑니다.

"그가 나를 사모하는구나" 십자가 이후의 사랑은 '일치된 사랑'입니다. 술람미 여인의 소속감은 그녀의 정체성을 확고하게 했고, 정체성으로 인해 자존감, 자신감이 높아졌습니다.

아가 7장 11-12절입니다.
"내 사랑하는 자야 우리가 함께 들로 가서 동네에서 유숙하자 우리가

일찍이 일어나서 포도원으로 가서 포도 움이 돋았는지, 꽃술이 퍼졌는
지, 석류 꽃이 피었는지 보자 거기에서 내가 내 사랑을 네게 주리라"

사랑을 리드하는 술람미 여인은 솔로몬에게 **'내 사랑하는 자야 우리
함께 들로 가서 동네에서 유숙하자'**라고 말합니다. 신랑을 리드하는
모습입니다. 술람미의 적극적인 모습이 돋보입니다. 그녀의 자신감은
어디로부터 온 것일까요? 신랑의 사랑으로부터 온 것입니다. 영적으
로 강한 사람이 사랑을 리드하게 되어 있습니다. 그렇다고, 술람미 여
인이 솔로몬(예수님)보다 위에 있어서가 아닙니다. 확신 있는 사랑, 일
치된 사랑의 모습을 보여주는 것입니다.

솔로몬은 백성들을 돌보기 위해 시찰하다가 술람미 여인을 만났습니
다. 그것을 기억하는 술람미 여인입니다. 이제는 옛 추억이 부끄럽지
않습니다. 과거가 부끄럽지 않습니다. 상처가 다 치유된 사람은 과거
를 거울 삼고, 오늘의 교훈 삼아 간증합니다. 우리가 들로 가서 동네에
서 유숙하지는 깃은 당신이 하던 일을 같이하자는 것입니다. 예수님의
사역에 적극적으로 동참하는 것입니다. 우리도 하나님의 일을 내가 하
겠다는 의지를 세울 때, 성령님이 함께 동행해 주십니다.

**"우리가 일찍이 일어나서 포도원으로 가서 포도 움이 돋았는지, 꽃술
이 퍼졌는지, 석류 꽃이 피었는지 보자 거기에서 내가 내 사랑을 네게
주리라"** 우리가 하나님의 일, 사역을 통해서 하나님 사랑을 보여드리
는 것입니다. 하나님은 우리의 헌신과 수고를 보시고 그것을 사랑 고

백으로 받으십니다. 술람미 여인 역시 솔로몬의 돌봄을 자신의 일이라 여깁니다.

술람미 여인은 예수님이 하셔야 하는 돌봄과 사랑을 대신 감당함으로 그 사랑을 예수님께 올려드리겠다는 고백을 하고 있습니다. 사역을 대역하는 술람미 여인의 모습입니다. 예수님의 남은 사역을 감당하는 것이 십자가의 사랑에 보답하는 것입니다. 십자가의 은혜를 입은 자의 십자가 이후의 사랑은 하나님이 돌봐야 하는 것을 내가 돌보는 것입니다. 이것이 십자가 은혜를 입은 자의 사랑의 행보입니다.

십자가 이전의 사람은 종교인이거나 세상 사람들입니다. 육적인 사람은 정욕적인 사랑을 합니다. 외모지향적입니다. 내면보다는 외적인 것을 봅니다. 또한, 육적인 사랑을 하는 사람은 철저하게 이기적입니다. 신앙생활을 하면서도 정욕적인 사랑, 외모지향주의, 이기적인 사랑은 경직된 사랑이고 체면 중심의 사랑입니다. 서로 필요하면 관계를 맺고 필요하지 않으면 관계가 끊어집니다. 이런 사랑은 흑암의 권세에 압제당한 거짓 사랑, 영이 억압된 사람으로, 하나님과 사람에게 버려지는 사랑입니다.

종교적 사랑은 혼적인 사랑입니다. 혼적인 사랑은 도덕적 사랑, 책임적 사랑, 양심적 사랑, 율법적 사랑입니다. 부부간에도 이 사랑에 머물러 있을 수 있습니다. 도덕적으로 살아야 하니까 살고, 책임을 져야 하기에, 양심에 걸리니까 삽니다. 우리가 이런 사랑에 머물러서는 안 됩니다.

성령의 강한 음성이 귓가에 들렸습니다. "사랑은 능력이다."라는 음성이었습니다. 돈이 없어서 사랑을 못하는 것이 아닙니다. 배움이 없어서 사랑을 못하는 것이 아닙니다. 마음이 없어서 사랑을 못하는 것입니다. 그 마음은 아직 십자가의 사랑의 수혜를 받지 못하여 어둔 세력에 억압된 마음입니다.

사랑은 능력이기에 무능한 사람은 사랑을 못합니다. 무능한 사람은 사랑을 받을 줄도, 줄 줄도 모릅니다. 나밖에 모릅니다. 혼적인 사랑을 하는 사람은 나도 너에게 피해 안 줄 테니 너도 나에게 무리한 요구하지 말라고 합니다.

우리가 십자가의 구속의 사랑을 받았다면, 그 이후에는 십자가의 사랑을 받은 대로 그 사랑을 실천하려는 노력이 필요합니다. 우리의 육체는 죄에 길들여져 있기에 훈련하고 노력하지 않으면 안 됩니다.

십자가의 사랑은 **조건 없는 사랑**입니다. '내가 할 수 있는 것은 다 해줄게. 내가 할 수 없는 것은 너에게 도움을 구할게.' 이렇게 열려 있는 마음이 조건 없는 사랑입니다. 우리는 그 사랑을 받은 수혜자들입니다.

십자가의 사랑은 **희생 있는 사랑**입니다. 십자가의 은혜, 십자가의 정신, 십자가의 사랑을 말로만 외쳐서는 안 됩니다. 의무감이나 책임감을 넘어, 서로 사랑하기 때문에 기꺼이 희생을 자초하는 것입니다. 그 농도 깊은 사랑을 할 때, 받는 사람보다 주는 사람이 더 행복하다는 것을 느껴야 합니다. 그럴 때 사랑이 커질 수 있습니다.

십자가의 사랑은 **동사적인 사랑**입니다. 감정이 아니라 동사적인 사랑이기에 행동으로 옮기게 됩니다.

　십자가의 사랑은 **하늘의 능력**입니다. 그 능력은, 순결함이 있고 순종이 있습니다. 그것이 십자가 사랑의 속성입니다.

　십자가 이전의 사랑을 다 쓸어버리고 십자가 이후의 사랑으로 나를 바라보고 상대를 바라보길 바랍니다. 또한, 부부간의 사랑도 육체적인 사랑, 혼적인 사랑에서 십자가의 사랑으로 나아가길 소망합니다.

아가 7장 13절입니다.
　"합환채가 향기를 뿜어내고 우리의 문 앞에는 여러 가지 귀한 열매가 새 것, 묵은 것으로 마련되었구나 내가 내 사랑하는 자 너를 위하여 쌓아 둔 것이로다"

　"합환채가 향기를 뿜어내고" 합환채는 '두다이'로 자수나무인데, 고대 근동 지역의 식물과에 속합니다. 꽃은 짙은 자색이고 열매는 둥글고 노란색을 띠며 독특한 향내를 지니고 있습니다. 합환채는 정욕제로 불리기도 합니다.

창세기 30장 14절입니다.
　"밀 거둘 때 르우벤이 나가서 들에서 합환채를 얻어 그의 어머니 레아에게 드렸더니 라헬이 레아에게 이르되 언니의 아들의 합환채를 청구하노라"

야곱은 아내들 중 라헬을 특별히 사랑했습니다. 비록 레아가 야곱의 자녀들은 낳았지만 남편의 진정한 사랑을 못 받는 슬픔의 마음을 아들 르우벤이 느끼고 밀을 거둘 때 합환채를 거두어 레아에게 건내줍니다. 르우벤이 합환채를 엄마에게 선물하는 것을 라헬이 봅니다. 그러자 라헬은 그 합환채를 자기에게 주면 오늘 밤 내 남편을 언니 방으로 들여보내겠다고 말하고 결국 레아는 합환채를 라헬에게 주었고 그날 밤 야곱과 동침하게 됩니다. 그래서 레아는 잇사갈을 낳고, 그리고 합환채를 먹고 라헬이 낳은 아들은 요셉입니다.

그 이후, 이스라엘 백성들이 합환채는 생명의 능력도 있고, 장자권을 갖고 있다고 말하게 됩니다. 야곱의 12아들 중 장자권을 가진 자가 요셉입니다. 또한, 합환채는 왕권을 가지고 있다고 말합니다.

요한계시록 12장 1-5절입니다.

"하늘에 큰 이적이 보이니 해를 옷 입은 한 여자가 있는데 그 발 아래에는 달이 있고 그 머리에는 열두 별의 관을 썼더라 이 여자가 아이를 배어 해산하게 되며 아파서 애를 쓰며 부르짖더라 하늘에 또 나른 이적이 보이니 보라 한 큰 붉은 용이 있어 머리가 일곱이요 뿔이 열이라 그 여러 머리에 일곱 왕관이 있는데 그 꼬리가 하늘의 별 삼분의 일을 끌어다가 땅에 던지너라 용이 해산하려는 여자 앞에서 그가 해산하면 그 아이를 삼키고자 하더니 여자가 아들을 낳으니 이는 장차 칠장으로 만국을 다스릴 남자라 그 아이를 하나님 앞과 그 보좌 앞으로 올려가더라"

물론 철장권세를 가진 분은 예수님이지만 합환채의 의미는 요셉처럼 외적인 성취와 성공을 예표합니다.

합환채가 향기를 뿜어낸다는 것은, 술람미 여인이 예수 그리스도의 영향력과 왕권을 가지고 오셔서 이 세상의 악한 것들을 철장권세로 깨뜨리실 왕 중의 왕이신 자신의 신랑, 예수님을 최고로 높여 찬양하는 것입니다.

"우리의 문 앞에는 여러 가지 귀한 열매가 새 것, 묵은 것으로 마련되었구나" 술람미 여인은 신랑과 함께 사역을 나가면 어디에 유숙해야 할지를 예비하고 준비한 여인입니다. 이 말씀의 전통적인 의미는 갓 결혼한 신부가 사랑의 표로 문 앞에다 갖가지 열매와 꽃들을 쌓아 놓는데, 이는 '우리 집은 지금 신혼의 사랑이 꽃피웠습니다. 사랑의 열매가 맺혔습니다.'라는 뜻입니다.

또 하나는 유대인들은 절기가 되면 자신의 집 앞에 갖가지 열매와 꽃들을 쌓아놓습니다. 이는 '지나가는 나그네들이여! 우리 집에 들어오십시오. 당신들을 맞이할 준비가 되어 있습니다. 당신들을 환영합니다.'라는 의미가 담긴 것입니다. 열매는 풍성함, 꽃은 환영을 의미합니다.

그런데 그 열매가 묵은 것도 있고 새 것도 있다고 말합니다. 구약시대의 율법의 선지자들은 예수 그리스도를 예표합니다. 요셉, 노아, 이삭 등 선지자들을 통해 예수님을 예표한 것이 묵은 열매입니다. 신약에 와서는 예수님이 성육신해서 오셨는데, 그 예수님이 새 열매입니다. 구약의 예수 그리스도의 모형은 옛 열매, 묵은 열매이고, 새 열매이신 예수님은 성육신 해서 우리에게 오셔서 십자가에 못 박히시고 삼일만에 부활하셔서 승천하신 첫 열매, 새 열매이십니다.

"내가 내 사랑하는 자 너를 위하여 쌓아 둔 것이로다" 신랑 예수님을 위해서 이렇게 준비한 술람미 여인의 모습은 슬기로운 다섯 처녀의 모습과도 같습니다. 신랑이 언제 오셔도 내가 그분을 맞이할 충분한 마음, 충분한 믿음, 충분한 사랑이 있어야 합니다. "주 예수여, 어서 오시옵소서" 라는 마라나타 신앙을 소유해야 합니다.

사랑하는 성도 여러분!
인생을 살아가는데 중요한 질문이 있습니다. 신분이 중요합니까? 소유가 중요합니까? 십자가 이전에는 신분보다는 소유에 집착했습니다. 그러나 십자가 사랑을 받은 은혜 입은 우리는 소유에 집착하는 자가 아니라 신분, 정체성에 집중하여야 합니다. 신분을 위해 살아가면 행복합니다. 그러나 소유에 집착하면 불행합니다. 십자가 이전에는 소유를 위해 살았다면, 이제는 신분을 위해 사는 삶으로 예수님과 일치된 사랑으로 행복을 누리길 축복합니다. 우리의 신분은 예수님의 거룩한 신부이고, 성령의 전이며 그리스도의 향기요 빛이고 소금입니다.

같은 세상 안의 다른 세상

아가 8:1-4

중동의 한 상인이 낙타를 사기 위해 시장으로 나갔습니다. 낙타를 사기 위해 서로 흥정하다가 마음에 드는 낙타를 발견하게 되었고, 사서 집으로 돌아와 낡은 낙타의 안장을 새 안장으로 바꾸도록 종에게 지시했습니다. 그런데 조금 있다가 종이 크지도 작지도 않은 벨벳으로 만들어진 주머니를 주인에게 보여주면서 이것이 낙타 안장에 있었다고 말합니다. 열어보니 그 주머니 안에는 희한한 보석들이 가득 있었습니다. 종은 평소 주인이 선하고 착하게 살아서 신이 선물로 준 것 같다고 말하면서 기뻐하였습니다.

그때, 상인은 나는 이 낙타를 살 때, 낙타값만 지불했지 보석값은 지불하지 않았다고 말하며 얼른 주인에게 이것을 돌려주자고 말했습니다. 주인의 행동이 이해가 되지 않았지만, 종은 주인을 따라 나셨습니다. 보석을 가져온 상인을 보며 낙타 주인은 깜짝 놀라면서 보석이 그곳에 있던 경위를 말해주었습니다. 우리 집에 있던 보석을 어디다 감출 곳이 없어 고민하다가 평소 내가 늘 타고 다니던 낙타 안장에서 숨겨놓았다고 말하며 되돌려 준 그 상인에게 감동을 받았습니다.

감사한 마음에 그 낙타 주인은 마음에 드는 보석 하나를 고르라고 했습니다. 상인은 계속 거절하고, 주인은 계속 보석을 주고자 옥신각신하다가 그 상인이 낙타 주인에게 이렇게 말합니다.

"사실은 내가 보석 주머니를 돌려주려고 할 때 이미 두 가지를 갖게 되었소."

그러자, 주인은 '그럼, 그렇지'라는 표정을 지으며 보석 주머니를 열어보니 없어진 것이 하나도 없었습니다. 없어진 보석이 없는데 어떻게 두 가지를 가졌다고 말하는지 묻자 그는 이렇게 대답했습니다.

"당신에게 보석 주머니를 돌려주고자 했을 때, 나 자신에게 진실성과 자존감을 소유하게 되었소."

그때서야 낙타의 주인이 무릎을 치면서 당신이 어떤 사람인지 이제 알 것 같다고 말했습니다.

이 예화를 생각할 때마다 참 깊은 감동이 됩니다. 보석이나 세상의 물질보다 더 소중한 것을 선택하는 이 상인의 고백이 우리의 고백이 되어야 한다고 생각합니다. 주 예수보다 더 귀한 것은 없다고 말하고, 이 세상의 그 어떠한 것과도 바꿀 수 없는 예수를 소유한 우리가 이 상인과 같은 마음을 가지고 있는지 생각해 볼 때, 같은 세상 안에서도 다른 세상을 살아가는 이런 사람도 있다는 생각에 도전이 됩니다.

불교에서 많이 사용하는 단어 중 하나가 **'자리이타(自利利他)'**라는 말입니다. 이 말의 의미는 나를 이롭게 하는 것이 남을 이롭게 하는 삶이 되는 것이요 곧 사랑이고 자비라는 것입니다. 불교에서 말하는 자비와 사랑은 나만 유익이 되는 것이 아니라 상대방 즉 우리에게 서로 유익이 되는 것입니다. 우리가 좋은 세상을 만들자는 취지로 사용되는 말이 '자리이타'인 것입니다. 이것이 불교에서 말하는 사랑이고 자비이며 사랑의 본질입니다. 모든 존재가 행복해지기를 바라는 마음으로 무집착을 말하며 이것이 해탈이라고 말합니다.

불교에서의 사랑의 본질과 기독교에서의 사랑의 본질에는 차이가 있습니다. 우리는 진리에 있어서 다름과 틀림을 알아야 합니다. 기독교 사랑의 본질은 하나님께 있습니다. 창세기 1장 1절에서부터 사랑이 출발됩니다. 창조주 하나님이 사랑의 근원이 되시며 사랑의 뿌리가 되기 때문입니다. 사랑의 근본이 되시는 창조주 하나님이 우리를 사랑의 대상으로 삼으시고, 관계를 맺기 위해서 천지를 창조하셨습니다.

뱃속에 아기가 잉태되면, 부모는 열 달 동안 아이와 사랑의 교제, 소통을 하지만 또한 아기를 위해 아기방을 꾸밉니다. 즉 완벽하게 아이를 위한 모든 준비를 합니다. 이와 같이 하나님께서도 인간을 창조하시기 전에, 부모가 아기방을 꾸미듯 우리가 살기에 불편함이 없도록 온 세상을 창조하신 것입니다. 창조 마지막 날, 인간을 창조하시면서 정복하고 다스리고 누리며 살라 말씀하셨습니다. 이것이 사랑의 근본이고, 사랑의 본질이며 사랑의 근원이고 사랑의 뿌리입니다.

이렇듯 기독교의 사랑의 원리는 관계 영성임을 알아야 합니다. 사단, 마귀, 악한 영은 관계를 분리시키고 파괴시킵니다. 그러나 하나님의 영, 하나님의 섭리는 내가 너희를 사랑한 것 같이 서로 사랑하고, 내가 너희를 용서한 것이 같이 너희가 서로 용서하라고 하십니다. 사촌이 땅을 사면 함께 즐거워하고 또 어려움을 당하면 함께 울어주라 하십니다. 이것이 바로 우리가 해야 하는 신앙생활입니다. 왜 사촌이 땅을 사면 배 아플까요? 모르는 사람이 땅을 사는 것보다 사촌이 땅을 사는 것이 훨씬 낫지 않습니까? 세상 사람들보다 내 성도가 이익을 얻고 잘사는 것이 더 낫지 않은가요? 성경은 가까운 사람부터 사랑할 것을 말씀하십니다. 이것이 사랑의 질서이고 원리입니다. 그러나 어두운 영은 가까이에 있는 관계일수록 분리시키고 방해하며 파괴하는 성질을 가지고 있습니다. 우리의 무의식 속의 상처는 많은 부분에서 가까운 가족과, 혈육에 의해 사랑에 받은 상처가 저장되어 있습니다.

우리가 가지고 있는 사랑의 속성은 어디로부터 오는 사랑입니까? 하나님께로부터 오는 사랑은 관계 사랑에 기인합니다. 하나님과의 관계가 잘 맺어진 사람은 자신과의 관계가 잘 맺어지기에 시기, 질투, 미움, 다툼이 없습니다. 나는 못 해도 네가 할 수 있어서 다행이라 여깁니다.

내적으로 건강한 사람, 하나님의 사랑으로 결핍이 채워진 사람은 용서가 쉽게 되고, 그 사랑이 자연스럽게 흘러가게 됩니다. 이렇듯 자신과의 관계가 건강한 사람이 이웃과의 관계도 좋습니다. 나의 내면이 건강하다는 것은 마음이 화창하다는 것이고 마음이 화창한 사람은 모든 것이 아름답습니다. 이 땅에서 무엇을 갖고 얼마나 누리느냐는 중요하지 않습니다. 우리가 가지고 있는 것이 다른 사람에게 어떤 유익과 영향력을 주느기에 포인드를 두어야 합니다. 무엇보다 내가 할 수 있고, 가지고 있는 것을 통해 하나님께 어떻게 영광을 돌리고 있느냐가 중요합니다.

그런 측면에서 아가서는 성경 전체에서 가장 함축적인 성경입니다. 성경 66권 모두가 중요하지만 성경을 하나로 짠다면 '사랑'이라는 두 단어만 남을 것입니다. 아가서는 인간을 사랑하시는 하나님의 사랑과 그 사랑을 받은 인간이 어떻게 하나님을 사랑하는 것인지를 보여줍니다. 깊은 관계 영성의 모델로 솔로몬과 술람미 여인, 예수님과 교회, 예수님과 성도들의 관계를 샘플로 보여주고 있습니다.

십자가의 사랑으로 나를 바라보고, 십자가의 가치로 나를 품으니 나의 가치가 달라지고 나의 존재 의미가 달라집니다. 이것이 기독교의 진정한 사랑입니다. 이런 과정이 없으면 세상 속에서 세상의 흐름을 따라서, 세상의 가치관으로 가치없는 인생을 살다가 끝날 것입니다.
여러분들은 아가서를 통해서 무엇이 달라졌습니까? 아가서를 집중적으로 들었다면 사랑의 가치관이 정립되어야 합니다. 그래야 만이 아가서가 주는 은혜를 제대로 누릴 수 있습니다. 아가서를 통해서 사랑의 품격을 높여야 합니다. 아가서의 사랑의 품격은 세상 사람들이 흉내낼 수 있는 값싼 사랑이 아닙니다. 아가서의 사랑은 생명의 가치입니다. 사랑은 곧 생명이고, 생명은 곧 사랑이기 때문입니다. 이것은 불변의 진리입니다. 사랑은 생명으로 인해 존재하고, 생명은 사랑으로 인해 자라고, 성장하고 성화됩니다.

또한, 우리는 아가서를 통해서 보이는 세계가 전부가 아니라 보이지 않는 세계에 진입할 수 있는 사랑의 영성에 도전하게 됩니다. 보이지 않는 세계는 나의 내면입니다. 하나님의 사랑의 빛으로 나의 내면을 정리하게 됩니다. 하나님께서 내면의 세계를 십자가 사랑으로 값을 치루시고 우리에게 다시 회복의 기회를 주신 것입니다. 이렇게 하나님의 사랑의 가치관을 정립시키고, 사랑의 품격을 높여가는 것입니다.

나의 내면을 깊숙이 들여다볼 수 있는 통찰력이 필요합니다. 나의 내면을 들여다볼 때, 무의식에는 상처나 어두움이 있고 전의식을 생각하면 모든 것이 아픔이고 지워버리고 싶은 영역을 가지고 있다면 그 안에서 어떻게 품격 있는 사랑이 나오겠습니끼? 우리는 내면의 질서를 통해 성화, 내면의 변화가 일어나야 합니다. 이것이 심령의 에덴인 것입니다.

우리는 태어나고 자라면서 부모로부터 잘못된 사랑이 학습되어 있고, 그것이 우리의 육체에 배어 있습니다. 나의 생각과 의지, 나의 혼은 잘못된 행동을 하지 말아야지 하면서노 나도 모르게 그 행동을 합니다. 이것은 나의 몸이 잘못된 사랑에 길들여 있고 습관화 되어 있기 때문입니다. 방법은 있습니다. 영적인 사랑의 온도를 올리는 것입니다. 하나님께로부터 나오는 아가페 사랑이 물이 바다 덮음같이 나의 혼과 육의 사랑을 덮어야 합니다. 그러나 그렇게 되기까지 과정이 있습니다.

우리는 기독교의 구원의 과정을 명신해아 합니다. 기독교의 구원의 완성은 단번에 이루어지는 것이 아닙니다. **첫 번째, '이신칭의' 단계입니다.** 곧 믿음으로 우리는 구원받는다는 것입니다. 하나님께서 우리에게 무조건적인 사랑을 주셨다는 증거가 바로 이 세상을 구원하러 오신 예수님입니다.

요한복음 3장 16-17절입니다.
"하나님이 세상을 이처럼 사랑하사 독생자를 주셨으니 이는 그를 믿는 자마다 멸망하지 않고 영생을 얻게 하려 하심이라 하나님이 그 아들을 세상에 보내신 것은 세상을 심판하려 하심이 아니요 그로 말미암아 세상이 구원을 받게 하려 하심이라"

이렇듯 하나님께서 우리에게 온전한 사랑을 주셨습니다. 우리는 이것을 믿기만 하면 됩니다. 이 말씀을 믿으면 우리는 구원에 입문한 것입니다. 입학을 했다고 해서 모두 졸업하는 것은 아닙니다. 마찬가지로 우리가 구원에 입문을 했어도 구원을 완성시키는 과정이 남아 있습니다.

두 번째, 성화의 단계입니다. 예수님을 구주로 영접했다면 예수님이 나의 내면에 들어와서 나를 통치할 수 있도록 해야 합니다. 즉 내적인 성화가 이루어져야 합니다. 그리스도의 장성한 분량에 이르기까지 성장과 성화를 멈추어서는 안 됩니다. 구원은 믿음으로 받지만 성화는 나 혼자는 안 됩니다. 성령님과 함께해야 가능합니다. 성령의 도움을 구하며 받는 사람, 성령과 함께하는 사람만이 성장, 성숙, 성화될 수 있습니다. 성화는 점진적으로 이루어 가지만 또한 여기가 끝이 아닙니다.

세 번째, 영화의 단계입니다. 교리적으로 영화를 세 가지로 설명할 수 있습니다. 첫째, 예수님께서 재림하실 때 완전한 신부로서의 부활체를 가지고 있으면 예수님과 함께 공중에 혼인식을 하고 천국에 가서 영화를 누릴 수 있다고 말합니다. 둘째, 육을 가지고 있는 한 이 땅에서의 완전한 영화는 누릴 수 없고, 천국에 가서 누릴 수 있는 것이 영화라고 말합니다. 셋째, 천국에서 누려야 하는 것의 일부로 이 땅에서 누릴 수 있는 영화가 있다고 말합니다. 그 천국을 누릴 수 있는 영화는 삼위일체 하나님과 연합된 사랑을 이룰 때 가능하다고 말합니다.

개인적으로 세 가지 입장에 다 동의하지만 그중 이 세 번째 주장에 동의합니다. 창조주 하나님, 구원하신 예수님, 나를 성장, 성화시키는 성령님과 친밀한 연합을 하게 되면 이 땅에서 영화를 누릴 수 있다고 확신합니다.

오늘부터 시작되는 아가서 8장은 사랑의 영화의 단계를 우리에게 보여주고 있습니다. 아가서 8장 안에서 우리는 천국에 들어가서 누려야 하는 것을 조금 맛볼 수 있습니다. 아가서 8장을 통해 이 영화의 단계를 놓치지 말고 빼앗기지 말고 누리시기를 소망합니다.

아가 8장 1절입니다.
"네가 내 어머니의 젖을 먹은 오라비 같았더라면 내가 밖에서 니를 만날 때에 입을 맞추어도 나를 업신여길 자가 없었을 것이라"

7장은 술람미 여인과 솔로몬이 왕궁에서 '일치된 사랑'으로 함께하는 모습으로 서로에 대한 사랑의 표현이 같은 신체를 놓고 다른 시선으로 표현하는 것을 보았습니다. 여인의 육체, 신체 하나하나를 영적인 관점으로 표현해 냅니다.

8장 1절 말씀은 아가서 1장 5-6절 말씀의 반어법입니다.

아가서 1장 5-6절입니다.

"예루살렘 딸들아 내가 비록 검으나 아름다우니 게달의 장막 같을지라도 솔로몬의 휘장과도 같구나 내가 햇볕에 쬐어서 거무스름할지라도 흘겨보지 말 것은 내 어머니의 아들들이 나에게 노하여 포도원지기로 삼았음이라 나의 포도원을 내가 지키지 못하였구나"

8장 1-4절의 말씀은 술람미 여인의 찬미로서 완전한 사랑 속에서 행복을 노래합니다. 아가서 1장에서 술람미 여인의 현실적인 모습, 겉모습은 게달의 장막 같을지라도 나의 내면은 솔로몬의 휘장과도 같다고 고백하면서 내가 이렇게 된 이유를 말했습니다. 물론 술람미 여인이 포도원에서 열심히 일했을 테지만 원하는 성과를 내지 못했을 때 오라비들의 반응을 생각하며, 염려와 두려움과 불안을 고스란히 담고 있었던 그때의 모습입니다.

그러나 이제는 반대의 상황입니다. 사랑의 주도권을 가지고 신랑을 리드할 만큼의 자존감이 생겼고, 신랑의 사랑에 확신이 생겼습니다. "나는 내 사랑하는 자에게 속하였고, 그는 나를 사모하는구나"(아 7:10). 사랑의 완전체를 고백합니다.

그리고 오라비들로부터 구박을 받고 상처를 받았던 여인은 지금 신랑의 사랑으로 치유를 받아 반어법으로 오라비를 비유합니다. 이제는 이 완전한 사랑이 과거의 사람들에게 받은 상처를 치유합니다. 자신에게 큰 상처를 준 장소와 사람들을 비유로 들면서 반어법으로 자신의 만족하는 사랑을 노래합니다.

'네가 내 어머니의 젖을 먹은 오라비 같았더라면…' 오누이 같은 안정된 사랑의 극치를 노래합니다. 과거에는 오라비들은 있어도 아무 방패가 되지 못했습니다. 그러나 이제는 신랑 되시는 예수님은 우리의 피난처가 되어 주시고, 우리의 힘이 되어 주십니다. 이제는 그 사랑 안에서 당당하고 관계에 거리낌이 없습니다. 당당한 사랑은 스킨십으로 표현됩니다. 아무것도 방해받지 않는 사랑의 표현으로 만족해하는 술람미 여인입니다.

사랑을 누릴 수 있는 영화의 단계는 누군가를 용서하지 않으면 누릴 수 없습니다. 용서는 상대를 위한 것이 아니라 나 자신을 위한 것입니다. 다른 사람을 미워하고 시기하며 질투하는 사람들의 얼굴은 어둡습니다. 그러나 다른 사람을 용서하고 사랑하면 나에게 빛이 들어오고, 행복이 오고 나의 마음에 평안이 찾아옵니다. 그래서 용서는 타인을 위해서가 아니라 나 자신을 위해서 하는 것입니다.

술람미 여인은 솔로몬을 만나고 나서 그 사랑으로 인해 과거가 깨끗하게 치유가 되었습니다. 나에게 큰 상처를 준 오라비들을 용서할 수 있는 마음이 생겼기 때문에 사랑의 영화를 누릴 수 있는 단계에 접어든 것입니다. 우리도 내면의 세계에 아직도 잠겨진 영역, 용서하지 못하는 잠긴 문이 있다면 나 자신을 위해서 용서의 키를 사용해야 합니다. 그래야 나의 내면에 빛이 들어옵니다.

이제는 그 누구도 술람미 여인을 업신여길 수 없습니다. 그녀의 힘은 곧 신랑이 가지고 있는 능력이기 때문입니다. 신랑이 왕이니 신부가 자동으로 왕비가 됐습니다. 그러나 술람미 여인은 왕비의 자리보다 신랑이 좋은 사람입니다. 누가복음 15장의 두 아들은 아버지의 사랑보다는 아버지의 재산에 관심을 갖다보니, 한 명은 집 나간 탕자, 한 명은 집 안의 탕자가 된 것입니다. 여인의 사랑은 왕비의 자리가 아닌, 신랑이면 족하는 사랑의 관계에 올인을 했기 때문에 사랑의 영화를 누리게 된 것입니다.

아가 8장 2-3절입니다.

"내가 너를 이끌어 내 어머니 집에 들이고 네게서 교훈을 받았으리라 나는 향기로운 술 곧 석류즙으로 네게 마시게 하겠고 너는 왼팔로는 내 머리를 고이고 오른손으로는 나를 안았으리라"

술람미 여인은 왕궁의 화려함, 왕비의 명예나 권력으로 인해 만족해하지 않습니다. 솔로몬의 사랑, 솔로몬 자체로 만족하는 모습입니다. 육신의 사랑을 하는 사람은 아버지 사랑에 관심이 있는 것이 아니라 아버지의 재산에 관심을 갖습니다. 하나님이 나에게 무엇을 주실 것에 관심을 갖는 것이 아니라 하나님의 사랑에 초점을 두어야 합니다. 하나님과 우리가 사랑의 관계로 친밀하게 되면 하나님의 것이 나의 것이 될 수밖에 없습니다. 그것이 하나님의 창조의 목적이시기 때문입니다.

"내가 너를 이끌어 내 어머니 집에 들이고 네게서 교훈을 받았으리라" 이는 솔로몬과 술람미 여인이 처음 만난 때를 기억하는 것입니다. 솔로몬이 레바논 들판에서 술람미 여인을 처음 만났을 때, 술람미 여인은 솔로몬을 어머니의 집으로 데리고 갑니다. 술람미 여인이 거한 곳은 광야, 들판이었기에 내 집이 없었다고 생각했을 정도로 결핍되고 궁핍한 생활을 했습니다. 어머니의 집으로 솔로몬을 모시고 들어가서 마리아처럼 예수님 무릎에 앉아서 하나님의 말씀을 듣고 사랑을 나누어서 교훈을 받았던 것입니다. 그리고 여인의 결단이 있었습니다.

"나는 향기로운 술 곧 석류즙으로 네게 마시게 하겠고, 너는 왼팔로는 내 머리를 고이고 오른손으로는 나를 안았으리라" 향기로운 술 곧 석류즙으로 네게 마시게 했다는 것은 당신의 복음이, 당신의 보혈이 내게 흘렀음으로 인해서 나도 당신에게 화답했다는 의미입니다. 그러면서 너와 나와의 첫 만남은 하나님의 책임 있는 사랑으로 먼저 다가오셨고, 그 사랑을 받아들였던 술람미 여인입니다.

그리고 '너는 왼팔로는 내 머리를 고이고 오른손으로 나를 안았다'고 고백합니다. 술람미 여인이 여기까지 오는 과정은 쉽지만은 않았습니다. 그러나 예수님이 술람미 여인을 안고 여기까지 왔다는 것입니다 그렇기 때문에 지금 나는 가상 행복하고 평안하며 설레는 삶을 누리고 있다는 노래입니다.

오늘이 좋고 감사하며 만족하는 영화의 단계를 누리고 있는 사람은 내가 여기까지 올 수 있었던 것은 은혜이며 우리 하나님께서 왼팔로 나를 고이고 오른팔로 나를 안아서 여기까지 오게 되었다는 것을 고백하지 않을 수 없습니다. 술람미 여인처럼 세상 그 무엇과도 비교할 수 없는 사랑의 깨우침의 고백이 우리의 고백이 되어야 합니다.

술람미 여인은 예루살렘 여인들과 같은 세상에 있지만, 지금은 다른 세상을 살고 있습니다. 왕궁이기에 다른 세상이 아닌 사랑의 누림으로, 은혜의 누림으로, 감사의 고백으로, 행복한 삶, 사랑을 누리는 삶, 더 바랄 것이 없는 만족한 삶, 즉 같은 세상 안에서 다른 세상(에덴)을 느끼고 있습니다.

천국의 시작은 나의 내면에서부터 일어납니다. 내면의 세계가 '그의 의와 그의 나라'로 이루어지면, 같은 세상 속에서 다른 세상을 사는 것입니다. 그 다른 세상은 '그의 나라, 천국, 에덴'입니다. 하나님이 통치하시는 나라, 의의 법이 준수되는 나라, 사랑의 완성으로 누리고 사는 나라입니다. 그 나라에서는 나의 의지가 반납이 되어도 후회하지 않는 만족한 나라입니다. 자발적인 순종과 자동적인 순종, 적극적인 순종이 실현되는 나라입니다. 은혜를 알기 때문이고, 받은 사랑이 전부를 주신 사랑이라는 것을 알기 때문입니다.

아웃 스탠딩(Out standing)의 의미가 '바깥에 서 있는 사람'이라는 뜻이지만, 그 아웃 스탠딩의 의미를 받아들이는 것은 각 사람의 내면의 상태와 연결이 될 듯합니다. 내면이 건강하지 않을 때는, 외로움으로 느껴지지만 내면이 성화가 되면 Out Standing이 밖에 혼자 서 있는 사람이 아니라 같은 세상 안에서 다른 세상을 살고 있는 분리된 삶, 구별된 삶을 삽니다. 이로 인해 나의 존재 가치가 달라지게 되어 Outstanding 곧 뛰어난 사람, 유일무이한 사람이 된다는 것입니다. 아웃스탠딩은 영적으로 같은 세상 안에서 다른 세상을 사는 특별한 사람입니다.

모세는 왕궁에서 보장된 삶을 살 수 있었지만 그는 불의를 참지 못하고 살인하여 미디안에서 외로운 생활(out standing)을 합니다. 그러나 하나님은 그를 버려두지 않고 하나님의 사람으로 세워 그를 통해 역사를 이끌어 가셨습니다.

노아를 보십시오. 아라랏산에서 배를 짓는 노아를 보고 사람들은 다 미쳤다고 손가락질 했습니다. 노아의 아웃 스탠딩은 거룩한 삶, 순종의 삶, 구별된 삶이었기에 노아의 방주를 통해서 역사가 재창조됩니다.

요셉을 보십시오. 꿈과 비전을 선포하다가 형제들에게 죽음의 위협을 당하지만 형제들에게 받은 대로 갚으려고 하지 않았습니다. 그는 보디발의 집, 감옥으로 아웃 스탠딩 되지만 그곳에서 비전을 현실로 이루었습니다.

다윗을 보십시오. 많은 형들이 있었지만 들판으로 아웃 스탠딩 된 다윗은 천히 민심을 바라보면서 하나님과 교제하며 시인이 되고 영성기가 됩니다. 그런 다윗을 왕으로 세우시고 "내 마음에 합한 자"라고 하십니다.

사랑하는 성도 여러분!

같은 세상에서 다른 세상을 사는 사람들, 구별된 사람을 통해서 하나님은 일하십니다. 이런 사람들의 특징은 '다름과 틀림'을 확실하게 구분합니다. 다름은 인정하고 그 다름에 조화를 이룹니다. 다름을 인정하고 서로 윈윈하는 겸손함도 돋보입니다. 그러나 틀림에 있어서는 단호합니다. 틀림에는 타협하지 않고 바르게 올곧게 진리를 선포하며 용기 있게 나아갑니다. 이것이 영화의 단계에서 사랑을 누리는 사람들의 특징입니다.

아가 8장 4절입니다.

"예루살렘 딸들아 내가 너희에게 부탁한다 내 사랑하는 자가 원하기 전에는 흔들지 말며 깨우지 말지니라"

술람미 여인은 완성된 사랑 안에서 누구의 방해도 받지 않길 원합니다. "예루살렘 딸들아 내가 너희에게 부탁한다 내 사랑하는 자가 원하기 전에는 흔들지 말며 깨우지 말지니라" 이것은 그 누구도 내 사랑을 방해하지 말라는 것입니다.

우리의 사랑은 어느 단계에 있을까요? 육적인 사랑과 혼적인 사랑이 혼합된 사랑에 속고 있지는 않은지요? 영화의 단계의 사랑은 영적인 사랑, 하나님께로부터 오는 사랑이 우리의 혼을 적시고, 육을 다스려야 합니다. 하나님의 사랑이 우리의 혼에 미치면, 심리적 사랑으로 우리의 마음에 평안이 오고, 평강으로 채워집니다. 그 사랑이 나를 덮이면 이타적 사랑이 되고 순종적인 사람이 되어 순결함을 유지하는 신부의 영, 그리스도의 영의 사람이 됩니다.

내적 불일치에서 나오는 육적인 사랑을 버려야 합니다. 과거의 상처로 얼룩진 내면의 무질서를 바르게 잡아야 합니다. 내적인 불일치에서 내적인 질서로의 변화는 영적인 사랑의 능력입니다.

헬렌 켈러는 이러한 고백을 합니다. "나는 눈과 귀와 혀를 빼앗겼지만 내 영혼을 잃지 않았기에 그 모든 것을 가진 사람입니다." 육적으로 보이지 않고 들리지 않고 말하지 못해도 자신의 영혼이 사랑의 영화를 누리고 있다는 고백입니다.

믿음의 금의환향

아가 8:5-7

평생 맹인으로 살아가던 한 남성이 결혼을 해서 행복하게 살았습니다. 그들은 장애를 가지고 있었지만 선한 이미지로 주변 사람들에게 좋은 평판을 가졌기에 한 독지가는 시력을 찾을 수만 있다면 의료적 지원을 전부 하겠다고 말했습니다. 기쁜 마음으로 병원에 가서 검사를 받게 되었고, 그는 시력을 회복할 수 있는 완벽한 조건을 가지고 있다는 소식을 듣게 되었습니다. 그 남성은 이 소식을 듣고 뛸 듯이 기뻤지만 그 순간은 잠깐이었고, 깊은 고민에 빠졌습니다. 며칠 후 병원을 찾아간 그는 의사에게 이렇게 말했습니다.

"저는 수술을 받지 않겠습니다."

"수술하면 회복할 수 있는데 왜 포기하십니까?"

의사의 설득에도 불구하고 그는 완강하게 거부하면서 이렇게 말했습니다.

"나에게는 눈을 뜨는 것보다 더 소중하게 지켜 주어야 할 일이 있습니다.”

"무슨 사연인지 물어봐도 될까요?"

"나면서부터 맹인이었던 나는 20대에 지금의 아내를 만나게 되었습니다. 장애우들을 위해 봉사하던 아름다운 마음을 가지고 있는 그 여인에게 용기를 내어 프로포즈를 했습니다. 그러자 그 여인이 내 손을 자신의 얼굴로 가져갔습니다. 나는 그녀의 얼굴이 흉터로 울퉁불퉁한 것을 느낄 수 있었고, 지금의 아내는 당신이 지금 눈이 보이지 않아 나의 얼굴을 볼 수 없어서 그렇지, 나의 이 흉터를 보면 놀랄 것이라 말했습니다. 자신은 어릴 적 집에 불이 나서 얼굴과 온몸에 화상의 흉터가 범벅이 되어 있기에 결혼할 수 없다고 말했습니다. 나는 그 여인에게 당신이 어떠한 흉터를 가지고 있다 하더라도 나는 볼 수 없을 뿐만 아니라 나는 당신의 외모가 아닌 아름다운 마음을 보고 프로포즈를 한 것이기에 괜찮다고 말했고, 그렇게 우리는 결혼하게 되었습니다. 그런데 내가 눈을 뜨면 세상을 볼 수는 있겠지만 이로 인해 사랑하는 아내의 마음이 다치게 될까 하여 차라리 나는 세상을 보지 못하여도 아름다운 아내의 마음을 보고 행복하게 살겠습니다."

이 이야기를 듣고, 그 의사는 눈물을 글썽거리며 이렇게 말했습니다.

"선생님 부부의 사랑은 심장으로 만들어진 사랑이군요. 당신의 선택을 존중합니다. 아무리 눈을 떠서 세상의 많은 것을 보고 살아도 그런 사랑을 갖고 있지 못한 사람들보다는 세상을 보지 못해도 아내의 아름다운 마음을 지켜 주고자 하는 당신의 마음이 더 소중하게 생각되어집니다."

이 글을 읽으면서 빌립보서 1장 8절의 말씀이 떠올랐습니다.

빌립보서 1장 8절입니다.
"내가 예수 그리스도의 심장으로 너희 무리를 얼마나 사모하는지 하나님이 내 증인이시니라"

사도 바울이 빌립보 교인들에게 내가 너희를 사랑하는 것은 심장으로 사랑하는 것이라 말하며 하나님께서 증인이라고 말하는 사도 바울의 고백이 공감이 되었습니다. 하나님의 진심을 아는 것, 목회자의 진심을 아는 것이 서로를 향한 사랑의 일치로 가는 지름길이라는 생각이 듭니다.

살면서 성공을 꿈꾸지 않는 사람은 없을 것입니다. 물론 성공의 정도 차이는 있겠지만 모든 사람들이 성공을 꿈꾸며 삽니다. 힘들고 어려운 환경을 극복해서 내가 이제 살만 하고 만족하여 행복하다고 여기면 성공한 것입니다. 상대적 성공이 아니라 내가 만족하면 그 사람은 성공한 사람입니다.

내 삶이 평안하고 만족하며 성공했다는 생각이 들면, 사람들은 귀환의 심리가 있다고 합니다. 어릴 적 지냈던 곳, 힘들게 살았던 그곳을 방문하고 싶은 것이 사람의 심리입니다. 이것을 사자성어로 '금의환향(錦衣還鄉)'이라 말합니다. 이 표현은 단순히 고향으로 돌아간다는 뜻을 넘어, 성공과 명예를 갖춘 채 비단옷을 입고 승승장구해서 힘들고 어렵게 살았던 고향을 찾아가는 것을 의미합니다. '금'은 비단, '의'는 옷, '환'은 돌아가다, '향'은 고향(본향)입니다.

'금의환향'이란 말의 유래가 있습니다. 명나라의 명장이었던 한신은 젊은 시절 너무 가난하고 어렵게 살다 보니 사람들에게 무시당하고 짓밟히며 살았습니다. 그렇게 살았던 그가 유방의 군사로 활약하면서 한 나라의 장군이 되어 크게 성공하게 됩니다. 그가 성공한 후, 화려한 옷을 입고 힘들고 어렵게 살았던 그 고향으로 돌아갑니다. 그가 돌아온다는 소리를 듣고, 제일 먼저 그의 앞에 무릎을 꿇고 아첨하며 환영했던 사람들은 바로 어려울 때 그를 가장 멸시하고 괴롭혔던 사람들이었습니다. 그때 한신이 '내가 고향 땅을 밟은 데에는 이유가 있다. 내가 힘들고 어려울 때 용기를 주고 희망의 메시지를 주며 따뜻하게 손을 잡아줬던 사람들을 위해서 나는 금익환향을 하게 되었다'고 고백하였습니다. 그는 자신이 이렇게 성공했지만 어려움에 처해 있는 자들에게 자비의 손길로 외면하지 않고 소망의 메시지를 준 사람들을 위해 금의환향하게 된 것이라 말한 것입니다. 성공은 누군가에게 보여주고 자랑하기 위한 것이 목적이 아닙니다. 한신의 말처럼, 보복이나 자기 으스대기가 아니라 도움을 받았던 사람들에 대한 감사한 마음으로의 환향입니다.

'금의환향'의 반대말은 '빈수레귀향', '객지망신'입니다. 타지에 나가서도 사람답게 살지 못하고 오히려 망신을 끼치는 사람들을 일컫는 말입니다.

오늘 본문의 말씀은 술람미 여인이 솔로몬 왕과 함께 고향 땅을 찾아오는 말씀입니다. 술람미 여인의 '금의환향'하는 모습이 담겨 있습니다. 술람미 여인은 레바논의 광야에서 얼마나 고생하고 무시당하며 멀시당하고 살았습니까? 다른 사람도 아닌 가족으로부터 사랑의 외면과 상처를 입은 여인이었습니다. 그러나 술람미 여인은 솔로몬을 만난후, 그 솔로몬의 사랑에 올인함으로 인해서 별 볼 일 없었던 한 여인이한 나라의 왕비가 되었습니다. 그 당시 솔로몬은 단지 이스라엘의 왕만이 아니었습니다. 주변 나라에서 그의 지혜를 배우고자 찾아올 정도로 그 시대의 왕이었습니다. 마찬가지로 술람미 여인도 이스라엘의 많은 여인들 중에 "내 완전한 자는 하나뿐이로구나"라는 칭함을 받을 정도로 솔로몬 왕에게 특별한 존재의 사람이었습니다. 그런 위치를 갖고있는 술람미 여인이 솔로몬과 함께 고향을 찾아옵니다.

아가 8장 5절입니다.

"그의 사랑하는 자를 의지하고 거친 들에서 올라오는 여자가 누구인가 너로 말미암아 네 어머니가 고생한 곳 너를 낳은 자가 애쓴 그 곳 사과나무 아래에서 내가 너를 깨웠노라"

5절 말씀은 두 단락으로 나눌 수 있습니다.

"그의 사랑하는 자를 의지하고 거친 들에서 올라오는 여자가 누구인가" 이 말씀은 술람미 여인의 고향 사람들이 하는 합창입니다. 다른 사람도 아닌 술람미 여인이 솔로몬 왕과 고향 땅에 오는데 조용히 왔겠습니까? 그 행렬이 어마어마했을 것입니다. 술람미 여인이 그의 남편 솔로몬 왕과 함께 고향을 찾는다는 소식을 들은 마을 사람들이 모여 '그의 사랑하는 자를 의지하고 거친 들에서 올라오는 여자가 누구인가'라고 찬양하는 것입니다. 마을 사람들이 몰라서 묻는 것이 아닙니다. 신분이 바뀐 술람미 여인의 과거를 잘 알고 있던 사람들이기에 그녀의 화려한 행차에 놀라서 합창하는 것입니다. 이렇게 군중들의 우레와 같은 합창 소리를 듣고, 솔로몬이 옆에 있는 술람미 여인의 마음을 다시 확인합니다.

"너로 말미암아 네 어머니가 고생한 곳 너를 낳은 자가 애쓴 그 곳 사과나무 아래에서 내가 너를 깨웠노라" 이는 환영하는 인파들을 보면서 솔로몬의 술람미 여인을 향한 사려 깊은 사랑을 느낄 수 있는 말씀입니다. 혹여, 술람미 여인에게 어린 시절의 트라우마가 남아 있지나 않을까, 과거의 상처가 남아 있지는 않을까 하는 솔로몬의 사려 깊은 대목입니다. 사랑으로 받은 상처는 사랑으로 치유됩니다. 네 어머니의 사랑의 부족으로 받은 상처는 그 어머니 역시 어머니에 대한 상처로 인함이었습니다. 그럼에도 불구하고 어머니는 너를 낳느라고 애쓴 것으로 인해 오늘의 네가 존재하는 것이라고 말하는 것입니다. 그러나 결과적으로는 사과나무 아래에서 너를 만나 너의 잠자고 있던 사랑을 깨웠다고 상기시킵니다.

이 말씀을 묵상하면서 아가서 말씀 안에서 기독교의 깊은 진리, 완벽한 진리인 온전한 사랑을 깨닫게 됩니다. 솔로몬은 예수님이시고, 술람미 여인은 교회이자 예수님을 신랑으로 영접한 성도들입니다. 죄인으로 태어난 인간은 모두가 결핍에 찌들어 있습니다. 그 결핍의 뿌리는 온전한 사랑의 결핍입니다. 사랑의 근본이신 하나님으로부터 흘리

오는 사랑의 단절됨으로 인해 인간에게 채워져야 할 사랑이 온전할 수가 없습니다. 그러므로 인간의 결핍은 하나님의 온전한 사랑, 십자가의 죽으심과 부활을 통해서만이 단절되었던 사랑의 통로가 열리는 것입니다. 상처를 입은 자가 상처를 줍니다. 사랑을 받은 자가 사랑을 줄 줄도 압니다. 은혜를 입은 자가 은혜를 압니다. 솔로몬(예수님)은 술람미 여인의 상처만 본 것이 아니라 그녀의 어머니의 상처를 본 것이고, 나아가 인간의 상처의 뿌리, 근본을 깨달았던 것입니다.

　우리가 어렸을 적에는 부모나 가족으로부터 상처받은 것을 이해하지 못합니다. 즉 이해가 안 되니까 상처가 되는 것입니다. 그러나 우리가 성장하게 되면, 나에게 상처를 준 부모가 이해됩니다. 우리 부모님 또한 부모로부터 상처를 받았고 그 상처를 치유할 수 있는 기회나 환경이 되지 못했기에 자녀에게 상처를 줄 수밖에 없었다는 것을 이해하고 수용하게 됩니다. 그렇게 되면 우리가 가지고 있던 상처가 치유되고 이해되며 용서됩니다. 오히려 더 긍휼한 마음이 일어 섬기게 됩니다. 사랑 중에 농익은 사랑이 긍휼함입니다.

　예수님은 사랑으로 상처받은 우리에게 사랑으로 치유해 주시기 위해서 십자가에서 조건 없이 우리를 위해 전부를 쏟으셨습니다. 그 사랑을 온전히 받아 낼 수 있는 사람은 그 사랑으로 인하여 사람으로부터 받은 모든 상처를 치유받게 됩니다. 사과나무 아래에서 잠자고 있던 사랑을 깨워주신 예수님은 오늘날 십자가 위에서 사랑으로 결핍된 인간들의 사랑의 상처를 치유해 주시고, 더 큰 사랑으로 감싸줄 수 있도록 풍성한 은혜를 베푸십니다.

아가 2장 3절입니다.

"남자들 중에 나의 사랑하는 자는 수풀 가운데 사과나무 같구나 내가
그 그늘에 앉아서 심히 기뻐하였고 그 열매는 내 입에 달았도다"

아가서 2장 3절 말씀은 술람미 여인의 솔로몬을 향한 고백이었습니
다. 여기서 '수풀 가운데 사과나무 같다'는 것은 나의 솔로몬(예수님)
을 보면서 사과나무 곧 생명력을 느꼈고, 내가 그 그늘에서 예수님을
뵈옵고 심히 기뻐하였고 그 입에서 나오는 말, 사랑의 열매는 내 입에
달았다는 것입니다. 예수님의 복음과 사랑으로 기뻐하고 만족했던 술
람미 여인의 고백입니다. 마치 요한복음 4장에 등장하는 사마리아 여
인이 우물가에서 예수님을 만난 후, 사랑의 결핍으로 찌들어 살던 그
녀가 영원히 목마르지 않는 사랑을 경험한 것과 같습니다. 물동이를
내던지고, 자신이 가장 싫어했던 사람들을 찾아가 예수를 전하는 복음
전파자가 됐던 사건과 오버랩이 됩니다.

절망 속에 있었던 술람미 여인, 삶의 상처 속에 있던 술람미 여인을
부르셨던 예수님, 상처가 치유되지 않은 사람은 작은 고난과 시련이
와도 이겨낼 그루터기가 없습니다. 그러나 사랑의 근거지로 마음이 견
고하게 만들어진 사람은 고난 속에서도 꽃을 피우고, 희망과 소망의
노래를 부르게 됩니다. 받은 사랑의 추억과 믿음이 있기 때문입니다

아가 8장 6절입니다.

"너는 나를 도장같이 마음에 품고 도장같이 팔에 두라 사랑은 죽음 같이 강하고 질투는 스올같이 잔인하며 불길같이 일어나니 그 기세가 여호와의 불과 같으니라"

5절에서 백성들의 합창과 솔로몬의 사려 깊은 상처의 치유함을 들은 술람미 여인의 화답, 답가입니다.

"너는 나를 도장같이 마음에 품고 도장같이 팔에 두라" 구약 시대에 도장이나 인장은 한 사람의 권세, 그 사람이 가지고 있는 재산에 대한 권리를 보증하는 매우 중요한 물품이었습니다. 이 도장 하나만 있으면 그 사람이 가지고 있는 모든 권세를 누리고 활용하며 재산까지도 공유할 수 있을 만큼 중요했습니다. 그런 의미에서 너는 나를 도장같이 마음에 품고 도장같이 팔에 두라는 것은 자기 자신을 솔로몬 왕의 권세보다 높여주고, 솔로몬 왕이 가지고 있는 재산의 가치보다 더 나를 가치 있게 해달라는 것입니다.

술람미 여인의 존재감이나 자존감은 어디로부터 온 것일까요? 바로 사랑입니다. 솔로몬의 사랑 고백, "너는 나의 유일무이한 여인"이라는 고백으로부터 옵니다. 아무리 솔로몬이 이러한 고백을 했다 해도, 술람미 여인의 마음에 상처가 남아 있다면 그 사랑을 온전히 받아낼 수 없었을 것입니다. 그러나 전부를 받고 전부를 줄줄 알았던 술람미 여인의 모습은 내면의 모든 상처가 치유됐다는 증거입니다.

사랑은 쌍방의 능력이요, 힘입니다. 온전한 사랑, 일치적인 사랑은 일방통행으로는 불가능합니다. 우리가 하나님의 온전한 사랑을 받아

낼 그릇이 안 됨으로 우리 또한 온전한 사랑을 내어드리지 못하는 것입니다. 일치된 사랑의 능력은 예수님의 가치를 외치게 만듭니다. 예수님의 힘이 나의 힘이고, 예수님의 능력이 나의 능력이 되고 그의 권세가 나의 권세가 됩니다. 바로, 술람미 여인의 요청이 이 신앙의 고백입니다.

"사랑은 죽음같이 강하고" 라고 했는데 저는 사랑은 죽음보다 더 강하다고 생각합니다. 술람미 여인은 가족도 버리고, 자신의 모든 이상도 버리고 솔로몬을 따릅니다. 과정 중에 예수님을 잃어버려 매를 맞고 조롱을 당해도 포기하지 않고 목숨을 걸고 신랑을 찾아 나섰었습니다. 왜냐하면 그 사랑보다 더 좋은 것이 없었기 때문입니다. 그의 온전한 사랑은 술람미 여인의 모든 결핍을 완벽하게 채워주고, 넘치는 기쁨을 주었기 때문입니다. 그 사랑이 죽음보다 더 소중했기에 죽음보다 강한 사랑의 가치를 안 것입니다.

술람미 여인이 솔로몬에게 하는 이 자신감 넘치는 고백을 우리도 할수 있어야 합니다. "나는 하나님의 온전한 사랑을 십자가를 통해 알았습니다. 그 십자가의 사랑은 죽음보다 강한 사랑이었습니다. 내가 그렇게 가치 있다는 것을 알게 해준 십자가 사랑은 내가 곧 예수님의 가치라는 것을 알게 하였습니다."

성령을 의지해서 이제는 당당하게 기도할 수 있습니다. 우리가 감히 하나님께는 도전하지 못하지만 성육신하셔서 오신 예수님의 권세, 에수님의 가치를 하나님의 사랑으로 누리고 싶다고 담대히 구해도 됩니다. 어떠한 소유보다 가치 있는 그 사랑이 나의 자존감을 높여 줍니다. 시편에 나온 다윗의 자존감을 통해 우리는 교훈을 받습니다.

시편 27편 9-10절입니다.

"주의 얼굴을 내게서 숨기지 마시고 주의 종을 노하여 버리지 마소서 주는 나의 도움이 되셨나이다 나의 구원의 하나님이시여 나를 버리지 마시고 떠나지 마소서 내 부모는 나를 버렸으나 여호와는 나를 영접하시리이다"

아가서의 고백이나 시편의 다윗의 고백이 일맥상통함을 느낍니다.

하나님의 사랑에 올인한 사람, 예수님, 솔로몬의 사랑에 진심을 깨달은 술람미 여인은 하나님의 사랑법을 인용합니다.

"질투는 스올같이 잔인하며 불길같이 일어나니 그 기세가 여호와의 불과 같으니라" 질투하시는 하나님의 사랑의 진심을 깨달은 여인입니다. 질투에는 두 종류, 즉 하나님의 질투, 인간의 질투가 있습니다.

출애굽기 34장 14절입니다.

"너는 다른 신에게 절하지 말라 여호와는 질투라 이름하는 질투의 하나님임이니라"

하나님은 질투하시는 하나님이라는 말씀이 성경에 많이 등장합니다. 질투하시는 하나님의 질투의 사랑을 가지고 질투했던 사람(민 25장)으로서 이스라엘의 제3대 제사장인 비느하스를 하나님께서 칭찬하시는 일도 있었습니다.

하나님의 질투와 인간의 질투는 어떻게 다를까요? 인간의 질투는 히브리어로 '카느아'로, 투기를 말합니다. 인간의 질투는 자신의 욕망이나 욕심을 채우기 위해서 다른 사람을 미워하고, 다른 사람이 잘못되는 것을 좋아하며 다른 사람이 잘못되면 기뻐합니다. 이것이 인간이 가지고 있는 질투의 모습입니다.

중세 이탈리아 유명한 화가, '조토 디 본도네'의 〈질투〉라는 유명한 그림이 있습니다. 그 그림은 한 손은 타인의 소유물을 향해 빼앗으려 하고, 다른 한 손은 자기가 가진 것을 빼앗기지 않으려고 움켜쥐고, 눈은 앞을 똑바로 보지 못하고, 귀는 엄청나게 큰 그림으로서, 인간이 가진 질투의 속성이라는 제목을 붙였습니다.

창세기 4장에 나오는 인간 최초의 살인 사건을 기억하실 것입니다. 가인의 질투가 동생 아벨을 죽이는 사건입니다. 이렇듯 인간의 마음 안에는 두 DNA가 흐르고 있습니다. 가인의 DNA 질투와 아벨의 DNA 속성인 예배자, 두 DNA가 흐르고 있습니다. 우리가 이제는 십자가의 온전한 사랑을 받았으면, 가인의 질투의 DNA의 통로를 차단해야 합니다.

인간이 가지고 있는 질투는 자신을 가두는 감옥이고 사랑의 배신행위입니다. 질투의 속성은 나만 뒤처지는 것 같은 불안의 뿌리를 가지고 있습니다. 또한, 질투는 관계를 파괴시키는 악성 기질을 가지고 있습니다.

인간의 질투 안에서도 양성 질투, 악성 질투가 있습니다. 양성 질투는 상향 질투로 나보다 높은 위치에 있는 사람을 질투하는 것으로 상대에게 악의 성질을 적극적으로 표현하지는 않습니다. SNS나 소셜 미디어 등을 팔로워하는 모습에서 흔히 볼 수 있는 불특정 대상을 향한 질투로, 그들의 모습을 보면서 세상이 불공평하다고 느낍니다. 또한, 양성 질투 안에는 젊은 사람을 질투하는 세대 질투가 있습니다. 이러한 것들은 크게 악영향을 끼치지 않아도 죄에 뿌리를 두고 있습니다.

반면에 악성 질투는 상하, 세대를 가리지 않습니다. 악성 질투를 가지고 있는 사람은 대상을 정해놓고 질투합니다. 악성 질투가 심해지면 증오하는 마음을 갖게 되고 그 사람이 잘못되면 기뻐합니다. 이 모든 것이 인간이 가지고 있는 투기, 질투의 모습입니다. 자신의 욕망과 욕심으로부터 오는 이 악성 질투는 파멸로 끝이 납니다. 이 모든 것을 우리는 마음속에서 제거해야 합니다.

그러나 오늘 말씀에 나오는 질투는 이런 악성 질투를 말하는 것이 아닙니다.

'질투는 스올같이 잔인하며 불길같이 일어나니'에서 스올은 음부를 말하는 것인데, 스올같이 잔인하게 느낄 수 있지만 불길같이 일어난다는 것은 앞서 말하는 사랑, 하나님의 사랑의 뜨거운 온도를 말합니다. 이것은 아주 맹렬한 불꽃같이 일어난다는 것입니다.

술람미 여인이 하나님이 가지고 있는 질투의 마음을 표현한 것입니다. 하나님이 가지고 있는 질투의 마음은 사랑의 극한 표현이고, 관계에 헌신된 마음이며 책임 있는 사랑을 표현한 것입니다. 하나님께서 가지고 있는 이 질투는 하나님을 위한 것이 아니라 상대를 위한 것으로, 서로를 위한 사랑의 완성의 표현입니다. 하나님께서 나는 질투하는 하나님이니 우상 앞에 절하지 말라 말씀하신 것은 하나님을 위한 말씀입니까? 아닙니다. 우리를 위해서 말씀하신 것입니다. 하나님은 우리를 창조하신 분이기에 우리가 하나님께만 경배하고 찬양하면 하나님께서 창조의 책임 있는 사랑을 우리에게 다 주시겠다는 것입니다. 술람미 여인도 솔로몬에게 이런 의미의 질투에 대해 말한 것입니다.

부부간에도 거룩한 사랑의 질투를 하게 되면 서로를 건강한 길, 영원한 길, 살아서 존중받는 길로 안내합니다. 술람미 여인, 솔로몬과 같은 이런 사랑이 있어야 만이 남편 혹은 아내를 최고의 가치로 회복시킵니다. 이런 사랑이 불타지 않으면 서로에게 무관심할 수 있습니다. 죄를 짓는데 협력하지 말고, 거룩한 사랑에 도전하여, 서로의 사랑으로 존재감을 향상시키는 은혜의 소망을 두시기 바랍니다. 이런 사랑의 주인공이 된 술람미 여인과 솔로몬의 사랑은 최고의 사랑의 모델입니다. 이렇게 고향으로 금의환향하는 술람미 여인은 어떤 권세보다 그녀의 가치가 달라진 것이 성공의 포인트입니다. 그녀가 가진 사랑의 자신감을 7절에서 이렇게 표현합니다.

아가 8장 7절입니다.
"많은 물도 이 사랑을 끄지 못하겠고 홍수라도 삼키지 못하나니 사람이 그의 온 가산을 다 주고 사랑과 바꾸려 할지라도 오히려 멸시를 받으리라"

솔로몬과 술람미 여인의 일치된 사랑의 고백입니다. '그래! 당신 말이 맞아!' 내가 가지고 있는 재산, 권력, 명예, 그 무엇하고도 당신과의 사랑을 바꿀 만한 것이 없다는 죽음보다 더 강한 사랑의 고백으로 서로 마음을 일치시키는 모습입니다. 술람미 여인의 금의환향은 육신의 성공과 과시가 아닌, 믿음의 금의환향입니다. 외적인 출세보다 더 중요한 내면의 세계가 천국이 되었습니다. 그녀의 내면은 예수님의 사랑, 솔로몬의 사랑을 온전히 받아낼 수 있는 그릇이 된 것입니다. 과거의 상처도 치유됐고, 낮은 자존감도 상승됐고, 열등감이나 존재감이 재창조 된 자아로 회복이 되었습니다.

이것이 믿음의 금의환향입니다. 잃어버린 내면세계의 회복, 빼앗긴 사랑의 회복으로 인한 행복, 평안과 기쁨의 회복이 진정한 이 땅에서의 천국이기 때문입니다. 또 하나의 믿음의 금의환향이 남아 있습니다. 죽어서 가는 우리의 본향으로의 환향입니다. 형체도 없이 흔들리고 살았던 우리의 마음을 찾았습니다. 마음의 형체가 감정인 줄 속고 살았고, 이성이라고 속았습니다. 또는 의지가 마음이라고 자책하며 살았습니다.

그런데 우리의 마음의 형체는 '하나님의 형상'이었습니다. 하나님의 형상대로 지어진 나, 하나님의 형상대로 창조된 나의 마음은 '하나님의 형상'입니다. 그 형상을 우리는 '예수 닮기'라고 합니다. 그 형상을 믿음으로 코팅하지 않으면, 사단은 우는 사자처럼 또 그 형상인 우리의 마음을 빼앗으려고 호시탐탐 기회를 노리고 있습니다. 깨어 있어야 하는 이유가 바로 내 마음을 지키기 위함입니다.

"무릇 지킬 만한 것보다 네 마음을 지키라 생명의 근원이 이에서 남이라." 할렐루야! 이것이 기독교의 답입니다. 믿음의 금의환향은 두 가지입니다. 나의 내면의 세계로의 금의환향과 내세에 가야 하는 본향, 온 곳으로 돌아가는 그 본향에는 하나님의 형상을 믿음으로 코팅된 마음이면 충분합니다. 세상의 그 어떠한 화려한 명예로도, 돈으로도, 권력으로도 들어갈 수 없습니다. 믿음으로 코팅된 마음이면 충분합니다. 살아서 금의환향하는 내적인 세계는 '온전한 사랑'이면 충분합니다. 하나님께로부터 흘러온 그 사랑이면 충분합니다. 믿음과 사랑은 우리가 누릴 권세이고 행복입니다. 영화의 단계의 사람이 누리는 믿음의 단계입니다.

로마서 8장 35-39절입니다.

"누가 우리를 그리스도의 사랑에서 끊으리요 환난이나 곤고나 박해나 기근이나 적신이나 위험이나 칼이랴 기록된 바 우리가 종일 주를 위하여 죽임을 당하게 되며 도살 당할 양같이 여김을 받았나이다 함과 같으니라 그러나 이 모든 일에 우리를 사랑하시는 이로 말미암아 우리가 넉넉히 이기느니라 내가 확신하노니 사망이나 생명이나 천사들이나 권세자들이나 현재 일이나 장래 일이나 능력이나 높음이나 깊음이나 다른 어떤 피조물이라도 우리를 우리 주 그리스도 예수 안에 있는 하나님의 사랑에서 끊을 수 없으리라"

상처가 별이 된 술람미

아가 8:8-10

풀잎에도 상처가 있고, 꽃잎 하나에도 상처가 있다고 말합니다. 상처가 많은 꽃잎들이 가장 향기롭습니다. 생명이 있는 모든 것들은 그 생명을 유지하기 위해 고통을 견뎌냅니다. 심리학자들은 엄마의 뱃속에 있다가 세상에 태어나지 못한 아이라도 상처가 머물러 있었다고 말합니다. 이렇듯 생명을 가지고 있는 모든 사람들에게는 상처가 존재합니다.

성경의 위대한 믿음의 사람들도 상처 없이 그 자리에 올라간 사람은 없습니다. 사도 바울 또한 많은 상처를 가지고 있었습니다. 그가 사울이었을 때에도 내면의 상처가 있었기에 그것을 투사해서 예수 믿는 자들을 죽이는데 앞장 섰고, 스데반 집사의 순교에 일등공신이었습니다. 그런 사울이 예수님을 만나면서 내면의 상처가 치유 되어 바울이 됩니다. 그렇다면 바울이 예수님을 만난 뒤에는 상처가 없었을까요? 아닙니다. 많은 고통 속에서 상처를 가지고 있었지만 사울이었을 때 그의 내면적 상처는 다른 사람을 해치는 것으로 투사했지만 바울이었을 때의 상처는 그 상처가 바로, 예수님의 흔적이라고 고백하며 영광으로 바꾸는 것을 보게 됩니다.

갈라디아서 6장 17절입니다.

"이후로는 누구든지 나를 괴롭게 하지 말라 내가 내 몸에 예수의 흔적을 지니고 있노라"

우리도 마찬가지입니다. 생명을 가지고 있는 사람은 모두 상처가 있습니다. 그러나 내 안에 있는 상처가 나와 다른 사람에게 독이 되는 상처인지 아니면 오히려 나를 겸손케 하며 하나님께로 더 나아가게 하는 통로가 되어 나를 성장시키고 성화시키는 디딤돌이 되는지를 점검해야 합니다.

예수님도 많은 사람들로부터 상처를 입었으나 고스란히 그 상처를 품으셨습니다. 다만, 예수님은 상처에 대한 해석이 우리와 다릅니다. 예수님께서 가진 상처를 성흔이라 말합니다. 예수님의 상처가 성흔이 될 수 있었던 것은 그 상처를 품어낼 수 있는 이유와 동기가 충분히 있으셨기 때문입니다. 예수님은 그 상처를 받기 위해 이 땅에 오셨습니다. 예수님께서 받으신 상처는 사랑의 흔적입니다. 우리를 사랑한 흔적입니다. 또한, 예수님의 상처는 순종의 흔적입니다. 하나님의 사랑을 온전히 이루기 위한 순종의 흔적입니다. 그래서 예수님의 상처는 성흔입니다. 우리가 살아가면서 상처를 안 받을 수는 없지만 그 상처가 성흔, 은혜의 흔적이 되길 소망합니다.

호랑이는 죽어서 가죽을 남기고, 사람은 죽어서 이름을 남기고, 그리스도인은 죽어서 간증을 남깁니다. 우리가 상처를 별로 만들었을 때만 이 간증이 될 수 있습니다. 내가 가지고 있는 상처가 고통, 아픔, 마음의 병, 정신적 질병, 관계의 암적인 것이 된다면 부끄러운 것이 되지만 상처를 치유받아서 간증하게 된다면 그것이 곧 별, 빛이 되는 것입니다.

상처의 유무의 문제가 아닙니다. 상처를 어떻게 받아들이고, 어떻게 해석하며 어떻게 다루는가가 문제입니다. 보통 사람들의 상처는 무의식, 전의식 혹은 의식에 잠겨 있습니다. 그런데 사람들은 상처를 회피하거나 외면합니다. 아무리 상처를 회피하고 외면하더라도 그 상처는 냄새를 풍기고, 인격으로 반응합니다. 내가 상처가 있느냐 없느냐가 중요한 것이 아니라 상처를 대하는 태도가 중요합니다.

「상처 입은 치유자」의 저자 헨리 나우웬은 개인적으로도 좋아하고 존경하는 분입니다. 그는 네덜란드 출신으로 심리학과 신학을 공부했으며 가톨릭 신자로 신부, 정신과 의사로 활동했습니다. 그는 다른 사람의 심리와 정신을 치유하는 과정 가운데 자신의 내면의 갈등을 보게 됩니다. 자신의 내면에서 가장 힘들었던 부분은 동성애적인 충동 욕구였습니다.
물론, 존 스토트 목사님은 동성애적 욕구가 강하지만 그것을 다스리는 사람과 동성애적 행위를 실제적으로 하는 사람과 분리하자고 말합니다. 기독교에서 동성애적 욕구로 힘들어 하는 사람들을 치유해 주어야 한다고 말합니다.

헨리 나우웬은 동성애적 욕구를 실제 행동으로 옮기지는 않았지만, 내적으로 동성애적 욕구와 종교적인 자신과의 치열한 싸움이 자신의 내부의 갈등이라는 진단을 내립니다. 그는 존경받는 교수이지만, 자신의 상처를 투명하게 드러냅니다. 또한, 자신의 내면에 '외로움'이라는 상처 입은 아이를 발견하기도 합니다. 그로 인해 성인 된 자신이 그 외로움을 달래기 위하여, 그렇게 많은 강의 스케줄을 소화하고 강의가 끝난 후 집에 들어와 지인들에게 수십통씩 전화를 돌리고 있는 자신을 발견합니다. 이 문제를 발견한 뒤, 진정한 나다움이 무엇일까를 고민하면서 하나님과의 친밀함을 위하여 적극적으로 하나님을 찾게 됩니다. 그러던 중, 예수 십자가의 사랑의 은혜를 깨닫고 치유되기 시작합니다.

이사야 53장 5절입니다.

"그가 찔림은 우리의 허물 때문이요 그가 상함은 우리의 죄악 때문이라 그가 징계를 받으므로 우리는 평화를 누리고 그가 채찍에 맞으므로 우리는 나음을 받았도다"

이 말씀으로 자신의 내면의 상처를 직면하면서 십자가의 사랑과 은혜로 내면의 치유를 받게 됩니다. 십자가 사랑으로 치유받은 1981년 이후의 삶과 이전의 삶이 완전히 달라지게 됩니다. 그는 신부였고, 천주교에 뿌리를 가지고 있었지만 복음주의로 바뀌게 됩니다. 또한, 심리학자가 아닌 영성기리는 타이틀을 걸고 그내부터 복음수의자가 됩니다. 그의 영성은 기독교에 큰 영향을 미치기도 했습니다. 하버드대 교수직을 사퇴하고 빈민가로 나아가서 장애를 가지고 있는 사람들과 함께 그들의 아픔과 고통을 나누면서 새로운 삶을 살게 됩니다.

그는 어디를 가든지, "내 상처는 다른 사람의 치유를 위한 선물이었다"고 고백합니다. 예수 그리스도의 십자가로 비추어 보니 내 안의 상처가 의미 없는 아픔이 아니라 다른 사람의 치유를 위한 선물이었다는 것입니다. 그는 자기 안에 있는 상처는 '은혜'라는 두 글자가 약이 되었다고 고백합니다. 그는 심장마비로 죽기 직전 이렇게 말했습니다.
"내 안에 있는 상처가 주님의 십자가의 사랑으로 치유되었고, 내 영혼이 맑아지고 깨끗해짐을 느꼈다. 내 영혼이 치유되니 외로움이 고독이 되었고, 현실지향적인 나, 성취지향적인 자아가 '치유자'의 삶으로 바뀌었다. 그로 인해 나는 더 행복했다. 그리고 그 상처 입은 치유자의 대표는 우리 주 예수 그리스도이시다."

예수님의 상처는 인류를 구원하시기 위한 상처였기에 성흔이 된 것입니다. 세상에 상처가 없는 사람은 없습니다. 우리가 살아온 만큼 아픔과 상처의 흔적은 있습니다. 참고 이겨내면서 나무의 나이테처럼 떨어지고 딱지지기를 반복하면서 여기까지 살아왔습니다. 어떤 사람에게는 이 상처로 인하여 내면의 어두움 속에서 내면의 갈등이 관계의 갈등이 된다는 사실도 모른채 인격적 장애로 불행하게 인생을 살게 됩니다. 그러나 어떤 사람에게는 조개 안으로 들어오는 모래알처럼 여깁니다. 모래알이 조개 안으로 들어오면 조갯살에게 상처를 줍니다. 그

때 조개는 선택을 해야 합니다. 상처로 인해 쉽게 포기하고 썩어가던지, 아니면 상처를 이겨내야 할지를 말입니다. 내게 들어온 모래알, 이물질, 작은 파편을 이겨낼 것이라는 결단이 세워지게 되면 조개 안에서 '진주층'이라는 물질로 자신의 상처를 싸매기 시작합니다. 이것이 반복되면서 차곡 차곡 쌓여서 점점 둥근 형태를 만들어 진주가 되는 것입니다.

이렇듯 진주가 되기까지는 그냥 되는 것이 아니라 상처로부터 시작됩니다. 조개가 상처를 외면하거나 포기하는 것이 아니라 그 상처를 감싸안는 것이 진주가 되는 첫 과정입니다. 오랜 시간 동안 조개는 아픔과의 싸움이 있어야 하지만 이 고통을 성장의 기회, 성화의 기회, 하나님의 뜻을 이루기 위한 과정으로 생각하면 그 상처는 나를 빛나게 하는 진주로 품어내게 될 것입니다.

나의 상처가 누군가에게 위로가 되고, 누군가에게 치유가 된다면 그것은 예수님의 흔적, 성흔이 될 수 있습니다. 그러나 나의 상처가 누군가에게 상처와 아픔을 준다면 흉기가 되어 서로의 상처를 더욱 악화시키게 될 것입니다.

지난 수, 아가서 8장을 통해 술람미 여인이 금의환향하는 모습을 보았습니다. 아가서 8장은 사랑의 영화의 단계입니다. 사랑의 영화의 단계는 일치된 사랑으로 자유함과 누림의 단계입니다. 솔로몬과 술람미 여인, 예수님과 우리의 사랑이 일치되어서 사랑의 진리 안에서 자유함을 누리는 것입니다. 가장 친밀한 관계는 같이 있어도 편안하고 지유하고, 행복한 관계입니다. 관계의 극치는 친밀함입니다.

　술람미 여인이 솔로몬과 함께 고향을 방문합니다. 이 고향은 그녀가 상처를 가장 많이 받은 장소입니다. 고향에 오면 상처를 주었던 사람들과 대면해야 했습니다. 내 안에 상처가 치유되었는지 아닌지를 보려면, 내가 상처받았던 장소를 가보면 알게 되고, 나에게 상처 주었던 사람과 대면해 보면 압니다. 평소에는 상처준 장소나 사람과의 대면이 없다보니 내 안에 상처가 없어진 줄 알았다가 그 장소나, 그 사람을 보면 상처가 올라온다면 그것은 상처가 치유된 것이 아닙니다.

　술람미 여인은 이미 상처가 치유되었습니다. 나에게 상처를 준 사람이 자신에게 와서 용서를 구해서 치유된 것이 아닙니다. 술람미 여인의 상처는 솔로몬의 사랑으로 치유된 것입니다. 아가서 8장 3절을 보면, 솔로몬의 왼팔로 술람미 여인의 머리를 고이고 오른손으로 술람미 여인을 안았다고 말합니다. 이렇듯 따뜻한 신랑의 품에서 술람미 여인의 상처가 다 녹아버린 것입니다.

　우리 또한 자라면서 상처를 받을 수 있습니다. 그러나 예수님의 사랑으로 그 상처들을 치유받아야만이 믿는 자로서의 특권을 누리게 되는 것입니다. 세상 사람들과 똑같이 상처준 자에 대해 앙심을 품고 살면 안 됩니다. 예수님의 십자가를 머리로만 생각하는 것이 아니라, 해마다 돌아오는 절기로만 받아들이는 것이 아니라 아직도 내 안에 미해결된 것을 해결하고 부활의 예수님을 기다려야 합니다. 본문은 술람미 여인이 고향땅을 밟아 자신에게 상처를 준 사람들과 대면하는 모습입니다.

아가 8장 8절입니다.

"우리에게 있는 작은 누이는 아직도 유방이 없구나 그가 청혼을 받는 날에는 우리가 그를 위하여 무엇을 할까"

많은 학자들이 이 구절의 말씀에 대해 두 가지 견해를 보입니다. 첫 번째 견해는 술람미 여인이 집에 왔을 때, 아직 어린 동생들을 향해 부르는 노래라고 말합니다. 두 번째 견해는 오라비들이 술람미 여인을 맞이하면서 부르는 노래라고 말합니다. 저는 개인적으로 후자라고 생각합니다.

술람미 여인이 집에 도착했을 때, 제일 먼저 반기는 사람들이 누구였을까요? 바로 오라비들입니다. 오라비들이 신분이 달라진 술람미 여인을 보면서 어떤 생각을 했을까요? 물론, 자신들의 잘못을 생각했을 것입니다. 멋쩍은 마음으로 누이를 맞이하는 것 같습니다. 왕비의 신분으로 온 누이를 보면서 그녀의 어린시절을 떠올리는 것입니다.

"우리에게 있는 작은 누이는 아직도 유방이 없구나" 이렇게 멋진 모습으로 한 나라의 왕비가 된 누이의 어릴 적, 유소녀 시절을 떠올리는 것입니다. 작은 누이였을 때, 아직 유방이 생기지 않았던 네가 이렇게 커서, 이렇게 성공해서 우리 앞에 왔다고 노래하는 것입니다.

"그가 청혼을 받는 날에는 우리가 그를 위하여 무엇을 할까" 오라비들은 누이가 솔로몬에게 청혼을 받는 날에 우리가 너를 위해 무엇을 해주어야 할지 고민했었다고 말합니다. 오라비들이 술람미 여인을 이떻게 대하는지가 중요하지는 않습니다. 중요한 것은 오라비들을 대하는 술람미 여인의 태도가 중요합니다. 술람미 여인은 믿음의 금의환향을 했습니다. 그 땅을 밟은 것은 자신을 과시하기 위함이 아닙니다. 자신에게 상처를 준 사람들에게 보복하기 위함도 아닙니다. 그녀에게는 솔로몬의 사랑으로 이 모든 아픔과 상처를 치유했기에 원망도 섭섭함도 없습니다. 상처가 치유되지 않았다면, 상처를 준 사람들에 대한 적개심이 생겨서 감정을 토했을 것입니다.

8절의 말씀을 묵상하면서 기도할 때, 영적인 느낌이 있었습니다. 상처가 치유된 자의 능력과 힘은 여유라는 생각이 들었습니다. 치유받은 자의 여유는 상대를 용서했을 때 생기는 은혜입니다. 술람미 여인은 이미 그들을 용서했기에 당당하게 방문을 한 것입니다.

또한, 치유받은 자의 힘은 '긍휼함'입니다. 자신에게 상처를 준 오라비들을 오히려 긍휼하게 여기는 것입니다. 그럴 수밖에 없었던 오라비들의 입장을 생각하고, 하나님의 마음으로 바라볼 때, 긍휼함이 생깁니다. 그리고 오히려 그들을 진심으로 축복하는 것입니다. 이것은 승자만이 할 수 있는 힘입니다. 그럴 때, 자신이 먼저 평안하고 화평을 이루게 되고 행복을 얻게 됩니다.

치유받은 자의 사랑은 화평을 이루는 것입니다. 술람미 여인은 오라비들에 대한 마음이 적개심에서 환대로의 관계 회복을 이루어냈습니다. 상처가 있는 사람들은 누군가가 나에게 상한 말을 하면, 적개심이 생깁니다. 건강하게 받아들이고 치유받은 사람은 나에게 해를 입히는 사람을 적개심으로 대하는 것이 아니라 오히려 그 사람을 먼저 환대합니다. 적개심이냐 환대냐는 나의 내면의 상태를 볼 수 있는 반응이며 반증입니다. 우리는 참 뒤끝이 길다라는 말을 흔히 사용하고, 듣기도 합니다. 다시 말하며, 자기 상처를 상대에게만 투사하는 사람들을 향한 말입니다. 상처로 인해 관계에 적개심을 품지 말고, 우리가 받은 은혜와 사랑으로 치유받아 관계에서 환대하는 마음으로 화평을 이룹시다.

아가 8장 9절입니다.

"그가 성벽이라면 우리는 은 망대를 그 위에 세울 것이요 그가 문이라면 우리는 백향목 판자로 두르리라"

"그가 성벽이라면 우리는 은 망대를 그 위에 세울 것이요" 오라비들의 계속되는 노래입니다. 술람미 여인이 성벽이라면 우리는 그 위에 은 망대를 세울 것이라 말합니다. 오라비들의 진심이 느껴지지 않습니까? 자신의 누이동생인 술람미 여인이 신분이 바뀐 것을 인정하는 것입니다. 예전에 생각한 누이가 아니리 이제는 솔로몬에게 속해 있는 한 나라의 왕비가 되었기에, 이 나라의 성벽이라는 것입니다. 성벽은 성 안의 사람을 보호하고, 외부의 적들이 침입하지 못하도록 쌓는 것입니다. 이 나라의 왕비로서 백성의 성벽이라면, 자신들은 보초를 서는 사람이 될 것이라는 말입니다. 은 망대 곧 확실한 보초를 서는 사람이 되겠다는 것입니다.

"그가 문이라닌 우리는 백향목 판자로 두르리라" 술람미 여인이 문이라면 오라비들은 그 문에다가 백향목 판자로 둘러주겠다는 것입니다. 즉 내 누이가 한 나라의 왕비로서의 역할을 감당하는데 있어서 오라비들이 누가 되지 않을 뿐 아니라 오히려 향기가 나고 돋보이게 할 수 있도록 하겠다는 것입니다. 만약 오라비들이 회개가 없었다면 객지망신을 시키는 꼴이 됩니다.

예수님은 우리의 문입니다. 예수님이 문이시라면 우리는 오라비들처럼 그 문의 백향목의 판자입니다. 예수님이 문이라면 우리는 그의 향기가 되어야 합니다. 우리가 이 땅에서 객지망신으로 살면 예수님의 영광이 땅에 떨어질 것입니다. 예수님의 이름을 욕되게 하면 그것이 그리스도인의 객지망신입니다.

또한, 교회는 우리를 지켜주는 성벽입니다. 그렇다면 우리 성도 한 사람, 한 사람은 성벽의 망대가 되어야 합니다. 그리스도의 교회가 우리의 문이 되어준다면, 우리는 백향목의 판자가 되어 둘러야 합니다. 이것이 그리스도의 향기로 살아가는 성도의 삶입니다.

아가 8장 10절입니다.

"나는 성벽이요 내 유방은 망대 같으니 그러므로 나는 그가 보기에 화평을 얻은 자 같구나"

"나는 성벽이요 내 유방은 망대 같으니" 오라비들의 이야기를 들은 술람미 여인의 답가입니다. 유방은 사랑, 어미, 따뜻함, 포근함의 의미를 담고 있다고 말씀드렸습니다. 이 말씀은 술람미 여인이 내가 이 나라의 성벽 곧 왕비이지만 중요한 것은 내가 사랑의 두 눈으로 망대의 역할을 할 것이라는 자신의 역할, 사명에 대한 확고함을 오라비들에게 이야기하는 것입니다.

"그러므로 나는 그가 보기에 화평을 얻은 자 같구나" 그는 솔로몬을 말하는 것입니다. 나에게 상처를 주었던 오라비들, 어머니, 가족들과 화해를 하고 화평을 이루었다는 것입니다. 나의 내면에서부터 평안이 이루어졌고, 내 가족으로부터 화평이 이루어졌고 그 화평이 사랑으로 온 백성을 품어내는 사명을 감당해 낼 것이라는 고백입니다.

술람미 여인의 특징이 있습니다. 그녀는 왕궁에 속한 여인이 아니라 신랑인 솔로몬에게 속한 자였습니다. 그 당시 왕궁에 속한 여인들은 많았습니다. 그런 여자들과 술람미 여인의 차이점이 바로 이것입니다. 그 여자들은 명예를 얻기 위해 왕궁에 들어갔지만 술람미 여인은 왕궁에 속하기 위함이 아니라 솔로몬의 사랑에 속하기 위해 간 것입니다. 솔로몬이 이 사실 앞에서 다른 여자들과 술람미 여인을 차별화 시킨 것입니다. 하나밖에 없는 자라고, 유일무이한 자라고 꼽고 있는 것입니다.

사랑하는 성도 여러분!

우리가 이 세상에 살면서 천국을 사모하며 사는 것은 당연합니다. 그러나 이 땅에서 객지망신으로 살면서 천국만 바라본다는 것은 말이 안 됩니다. 또는 하나님과의 관계에 집중하기 보다는 하나님을 자신의 필요를 위한 수단으로 사용하는 자들을 하나님은 다 알고 계십니다. 우리는 하나님과의 관계가 우선이 되어야 합니다. 예수님과의 일치된 사랑이 우리의 목표가 되어야 합니다. 그래서 성령님의 도우심으로 우리가 그분의 영광을 더욱 빛내는 삶을 살아야 합니다.

내 안의 상처를 부끄럽게 생각하지 마시기 바랍니다. 하나님은 상처를 통하여 일하십니다. 그 상처가 하나님께로 더 가까이 나아가는 도구가 되어야 합니다.

골로새서 1장 20-22절입니다.

"그의 십자가의 피로 화평을 이루사 만물 곧 땅에 있는 것들이나 하늘에 있는 것들이 그로 말미암아 자기와 화목하게 되기를 기뻐하심이라 전에 악한 행실로 멀리 떠나 마음으로 원수가 되었던 너희를 이제는 그의 육체의 죽음으로 말미암아 화목하게 하사 너희를 거룩하고 흠 없고 책망할 것이 없는 자로 그 앞에 세우고자 하셨으니"

상처에 은혜를 접붙이면 됩니다. 그러면 그 상처가 별이 됩니다. 우리가 가지고 있는 상처는 예수님께서 이미 찔림으로 인해 다 담당하시고 치유하신 것을 믿으시기 바랍니다.

예수님의 십자가의 무게가 더 무겁게 느껴지는 것은 바로 그 무게가 인류와 내 죄의 무게이기 때문입니다. 그리고 또 다른 무게는 하나님의 완벽한 사랑의 무게입니다. 주님이 지시고 가신 십자가의 무게는 인류의 죄의 무게와 사랑의 무게로 인해 그렇게 한 발자국 한 발자국 옮기시기도 힘드셨습니다.

내 안에 있는 상처부터 깨끗하게 해결하시기 바랍니다. 예수님의 피 흘리신 십자가의 은혜에 접붙이면 됩니다. 그 상처가 은혜의 두 글자로 덮이게 되면 상처가 별이 되어서 우리의 남은 생애는 사명으로 후회없는 삶을 살게 될 것이고, 우리는 관계에 있어 행복자들이 될 것입니다. 나다움이 무엇인지를 찾게 되고, 관계를 조작하는 사람이 아니라 관계의 친밀한 사랑을 이루어가는 사랑의 주인공이 될 것입니다.

 아물지 않고 치유되지 않은 상처는 나를 죽이고 남을 찌르는 흉기가 되지만 치유되고 회복된 상처는 나를 살리고, 남도 살리는 사명의 도구, 별이 될 것입니다. 신학자 스텐리 하우어스는 "사단은 나의 상처를 약점으로 이용하지만 하나님은 나의 상처를 통하여 일하십니다."라고 말합니다.

 치유받은 상처는 은혜의 흔적입니다. 예수님의 사랑의 흔적입니다. 상처가 별이 된 술람미 여인의 인간 승리는 우리 성도들을 향한 하나님의 진심이요 바람이십니다.

 "상처가 별이 되다" 그 주인공이 바로 당신입니다. 우리가 가는 십자가의 길은 고독한 사랑의 길입니다.

한시적 사랑에서 영원한 사랑으로⋯

아가 8:11-14

그리스도인들의 인생의 기준점은 십자가의 전과 후로 나뉘는 듯합니다. 그리스도께서 인류를 위해 지신 십자가를 기준으로, 십자가 이전의 사람과 십자가 이후의 사람으로 나뉜다고 생각합니다. 신앙생활을 얼마나 했느냐가 아닌, 십자가의 사건을 개인적 사건으로 받아들이는 순간부터 진짜 신앙인이 되는 것입니다. 사도 바울의 고백처럼, 예수님이 십자가에서 죽으실 때 나도 함께 죽고, 예수님이 부활하실 때 나도 함께 부활하고, 예수님이 승천하실 때 나도 함께 승천했다가 다시 이 세상으로 파송받은 사명자로 살아간다는 고백이 진정한 신앙인의 고백입니다.

십자가의 은혜를 깊이 깨달은 사람과 깨닫지 못한 사람의 차이를 통해 소유적인 사람과 존재적인 사람으로 나뉘게 됩니다. 십자가의 진리가 나의 인생의 터닝 포인트가 되지 않았다면, 그 사람은 교회를 다니고 예수님을 믿는 것처럼 여겨지지만 그 사람은 **'소유적인 사람'**이라고 볼 수 있습니다. 반면, 십자가가 내 인생의 터닝 포인트가 된 사람은 **'존재적인 사람'**으로 살아갑니다.

소유적인 사람은 물질적인 것, 세상적인 것에 집착하지만 존재적인 사람은 가치성을 높이게 됩니다. 자신의 가치를 높여가는 사람은 진정한 나, 창조의 나, 나다움을 찾아갑니다. 존재적인 의미를 가지고 있는 사람은 손익을 따지기보다는 무언가 영향력을 끼칠 수 있는 가치를 선택하게 됩니다.

우리는 십자가에서 다시 태어난 생명입니다. 그런데 이 생명을 방치하게 되면, 십자가의 가치와 진리를 안다고 해도 존재적인 사람이 아니라 소유적인 사람으로 살아가게 됩니다. 우리가 십자가의 보혈로 생명을 받았으면 그 생명의 씨를 방치하는 것이 아니라 자라게 해야 합니다. 마음으로 받았고, 마음으로 믿어 의가 되었는데 그 의가 생명입니다. 생명의 씨가 옥토에서 자랄 수 있도록 마음을 관리하고, 온 마음을 다하여야 합니다. 그 생명을 방치하거나 의식하지 않고 살기에 크리스천이어도 세상 사람들과 똑같은 삶의 모양으로 살아가는 것입니다.

거듭남이란 십자가에서 새생명을 얻었다는 것입니다. 그 생명이 자라서 열매가 되어야 하고, 그 열매로 우리는 나눔의 삶을 살아야 합니다. 이 나눔 안에는 깊은 영성의 단계의 비밀이 있습니다. 교세와 사귐입니다. 그렇게 하는 사람들이 영원한 천국을 사모하고 소망하게 됩니다. 먹어 본 사람이 맛을 느끼듯이, 사랑을 알고 행복을 아는 사람이 천국을 소망합니다.

이땅에서의 삶이 전부가 아니고, 한시적이라는 것을 아는 사람은 소유에 집착하지 않습니다. 영원한 사랑을 위하여 깊은 교제와 사귐의 단계 이상을 훈련합니다. 우리 기독교에서는 이것을 성화라 하고, 불교에서는 해탈이라고 합니다. 기독교의 많은 영성 가운데 관계 영성은 핵심적인 진리이며, 최종 목표이기도 합니다.

새로운 생명을 잉태하지 못하고 열매 맺지 못한 사람은 가져도 가져도 부족함을 느끼고, 결핍이라는 것으로 인해 만족을 얻지 못하기에 다른 사람보다 많이 가졌어도 마음이 가난해질 수밖에 없습니다.

그러나 마음이 풍요로우면 그 열매를 함께 나눕니다. 송명희 시인은 물질은 나눌 것이 없어도, 그의 감성을 나눕니다. 그녀의 감성은 하나님의 십자가의 은혜로부터 얻은 풍요입니다. 그녀의 시나 글을 통해 나누는 감성, 사랑, 은혜는 많은 사람들에게 도전을 줍니다. 그녀는 "나 가진 것 없어도…" 나누어 줌으로 풍요로운 삶을 살았습니다. 마음이 풍요로운 사람은 사랑을 나누게 되고 공감을 나누며 상대의 아픔에 대한 이해, 자기 표현을 솔직하고 건강하게 합니다. 나눔을 잘하는 사람은 관계 영성이라는 또 다른 세계의 누림을 얻게 됩니다. 나눔을 잘하면 깊은 교제나 사귐 속에 들어가게 됩니다.

술람미 여인 또한 솔로몬을 만나고 나서, 굉장히 풍요로운 사람이 되었습니다. 술람미 여인의 선택은 참으로 탁월했습니다. 솔로몬의 사랑을 받아낼 수 있는 용기입니다. 그녀가 선택하고 믿고 따른 솔로몬은 우리의 구주 예수 그리스도이십니다. 예수 그리스도의 사랑을 받아들일 수 있는 사람은 축복받은 사람입니다. 기독교의 사랑은 먼저 십자가의 사랑을 받아 낼 수 있어야 합니다.

그릇이 바로 우리의 마음입니다. 그 마음에 사랑의 씨, 생명의 밭이 될 수 있도록 관리를 철저히 해야 합니다. 나의 내면의 세계인 마음은 원래 하나님의 형상이었기에 옥토였습니다. 그렇기 때문에 확실하게 마음의 명의 이전과 용도 변경이 되어 있어야 생명밭이 되는 것입니다.

아가서의 마무리는 소유적인 사람과 존재적인 사람으로 나누어짐을 보게 될 것입니다. 아가서의 중심 주제는 사랑, 가장 성숙한 사람이 선택하는 사랑입니다. 술람미 여인은 솔로몬의 사랑에 어떠한 의심이나 토를 달지 않습니다. 어떠한 장애물이 있다 해도 사랑을 위하여 값을 치루고 성취시킵니다.

11~14절은 과거의 수치심과 상처와 아픔의 장소인 고향에 돌아온 술람미 여인이 그 아픔의 장소에서 영존의 삶을 생각하며 차원이 다른 이야기로 아가서를 마무리를 합니다. 술람미 여인은 상처 받은 장소에서 초월된 모습을 보였고, 자신에게 상처를 주었던 사람들도 기꺼이 용서할 수 있는 모습을 보였습니다.

고린도후서 12장 9-10절입니다.

"나에게 이르시기를 내 은혜가 네게 족하도다 이는 내 능력이 약한 데서 온전하여짐이라 하신지라 그러므로 도리어 크게 기뻐함으로 나의 여러 약한 것들에 대하여 자랑하리니 이는 그리스도의 능력이 내게 머물게 하려 함이라 그러므로 내가 그리스도를 위하여 약한 것들과 능욕과 궁핍과 박해와 곤고를 기뻐하노니 이는 내가 약한 그때에 강함이라"

사도 바울은 하나님은 가장 약한 것으로부터 강함을 주신다고 자신의 체험담을 고백합니다. 하나님이 우리를 사명자로 부르시는 장소도 우리가 아팠던 장소, 우리가 부끄러웠던 장소, 우리가 피하고 싶었던 그 장소에서 우리를 기다리십니다. 이것이 우리가 져야 하는 십자가입니다. 네가 나를 따르기 위해서 자기 십자가를 지고 따르라는 것은 내 안에 있는 상처의 십자가, 아픔의 십자가 즉 죄로 인해 아직도 해결되지 않은 것들에 대한 십자가를 지고 따르라는 것입니다. 내 몫의 태인 십자가입니다.

오늘 본문의 말씀을 보면, 술람미 여인이 뜬금없는 이야기를 하는 것처럼 보일 수 있습니다.

아가 8장 11절입니다.
"솔로몬이 바알하몬에 포도원이 있어 지키는 자들에게 맡겨 두고 그들로 각기 그 열매로 말미암아 은 천을 바치게 하였구나"

영적인 흐름을 보면 뜬금없는 스토리는 아닙니다.
"솔로몬이 바알하몬에 포도원이 있어…" 바알하몬에 솔로몬의 소유로 되어 있는 포도원이 있긴 하지만 술람미 여인은 지명적 포도원을 말하는 것이 아닙니다. 영적인 흐름으로 보면, 이 포도원의 의미는 솔로몬이 다스리는 세상을 의미합니다. 바알하몬은 '군중의 주인', '세상의 주인', '평화의 왕의 다스림'이란 의미가 담겨 있습니다.

이를 통해 보면, 술람미 여인이 지명적인 포도원을 말하는 것이 아니라 내가 진심으로 사랑하고 있는 신랑의 권위를 의미하는 것임을 알 수 있습니다. 내가 사랑하는 솔로몬은 군중의 주인일 뿐만 아니라 이 세상의 주인이고, 평화의 왕이라는 의미를 담고 한 말입니다.

그러나 2장에 나오는 포도원과는 다른 포도원입니다. 술람미 여인이 사는 세상(포도원)은 고통과 슬픔, 아픔과 상처로 인한 어두운 세상의 포도원이었다면, 8장의 솔로몬이 다스리는 포도원은 다른 세상입니다. 고통이 변하여 기쁨이 되고, 상처가 치유되어 회평이 되고, 어두움이 변하여 빛이 된 포도원, 다른 세상의 포도원 바로 에덴을 의미합니다. 지명적인 에덴이 아니라, 심령의 에덴, 가정의 에덴, 교회나 삶의 에덴의 포도원입니다.

아가서 8장은 영화의 단계에 속한 성숙한 사랑과 성화된 사랑의 누림이라고 말씀드렸습니다.

"지키는 자들에게 맡겨 두고 그들로 각기 그 열매로 말미암아 은 천을 바치게 하였구나" 지키는 자들에게 맡겨 두었다는 것은 솔로몬이 사람을 세워서 그 포도원을 관리하게 했다는 것입니다. 많은 학자들이 11-14절에 대해 재림의 때를 대비하는 말씀으로 해석합니다. 포도원을 지키는 자들에게 맡겼다는 것은 하나님은 시대 시대마다 하나님이 쓰시는 사람을 통해 교회, 하나님의 백성, 하나님의 양떼들을 지키고 하나님 나라를 성취해 가게 만든다는 의미입니다. 그러나 이 세상에서는 제한적인 사랑일 수밖에 없습니다. 우리는 천국에서만이 영원할 수가 있습니다.

유일하게 이 세상에 오셔서 죽음과 사망의 권세를 깨트리시고, 부활하신 예수님의 이름만이 천국의 키가 됩니다. 솔로몬의 사랑으로 솔로몬의 위치에 서게 되는 왕비의 신분이 된 술람미 여인은 솔로몬화 된 것입니다.

예수님을 신랑으로 맞이한 저와 여러분도 예수님처럼 될 수 있는 자격을 갖추었습니다. 물론 하나님, 성령님처럼 될 수는 없습니다. 하나님은 우리가 측량할 수 없는 유일무이한 분이시기에 하나님처럼 될 수 없습니다. 그러나 하나님이 인간의 몸을 입고 오신 예수님처럼은 가능합니다. 여기에 담긴 비밀은 솔로몬화 된 술람미 여인이 창조의 자아를 찾은 데 있습니다.

솔로몬의 이름의 뜻은 '평화', '샬롬'입니다. 술람미의 이름의 뜻 또한 '평화'입니다. 솔로몬이 가지고 있는 샬롬의 뜻과 술람미 여인의 이름의 샬롬의 뜻은 같지만 처음 이들이 만났을 때는, 솔로몬과 술람미 여인의 위치는 하늘과 땅의 차이였습니다. 우리가 예수님을 만났지만, 그분과 우리의 위치와도 같습니다. 우리의 이름을 부모님이 지어주실 때 인생을 잘못 살라고 지어준 이름은 없을 것입니다. 천국의 애칭도 마찬가지입니다. 그런데 이름의 의미나 천국 애칭과 현실적인 나와의 갭은 어떻습니까? 그러나 8장에서의 술람미 여인은 솔로몬과 많은 것에서 일치성을 이룹니다. 얼마나 우리에게 소망의 메시지를 줍니까?

은 천을 바치게 하였다는 것은 교회를 지키는 목회자, 선지자, 기도하는 사람을 통해서 주님이 영광을 받으신다는 것을 의미합니다. 그런데 주님이 값을 치른 만큼의 영광을 받지 못하고 있음을 보여줍니다. 주님이 십자가에서 흘린 피만큼 영광을 받지 못하고 있음을 술람미 여인이 고백하는 것입니다.

아가 8장 12절입니다.
"솔로몬 너는 천을 얻겠고 열매를 지키는 자도 이백을 얻으려니와 내게 속한 내 포도원은 내 앞에 있구나"

12절을 뒤에서부터 해석해 보겠습니다. 여기서 술람미 여인이 고백한 내 포도원은 무엇을 가리킬까요?

아가 8장 6-7절입니다.
"너는 나를 도장같이 마음에 품고 도장 같이 팔에 두라 사랑은 죽음같이 강하고 질투는 스올같이 잔인하며 불길같이 일어나니 그 기세가 여호와의 불과 같으니라 많은 물도 이 사랑을 끄지 못하겠고 홍수라도 삼키지 못하나니 사람이 그의 온 가산을 다 주고 사랑과 바꾸려 할지라도 오히려 멸시를 받으리라"

이 말씀은 술람미 여인이 솔로몬에게 하는 고백입니다. 솔로몬이 포도원은 솔로몬이 다스리는 세상, 시대라고 말씀드렸습니다. 반면에 술람미 여인의 포도원은 바로 솔로몬입니다.

　어느 마을에 돈이 많은 부자가 있었는데, 그 사람은 지혜가 뛰어났습니다. 그에게는 자식이 아들 한 명뿐이었습니다. 지혜로운 아버지는 늘 아들에게 아버지의 물질, 재산에 욕심을 부르지 말고, 지혜에 욕심을 가지라고 말해 왔습니다. 어느 날, 그 아들은 지혜롭다고 하는 스승을 찾아서 지혜를 얻기 위해 먼 나라로 떠났습니다.

　오랜 시간이 흐른 후, 어느 날 아버지가 돌아가셨습니다. 아버지는 죽기 전에 유언장을 써서 종에게 아들이 돌아오면 주라고 당부를 했고, 봉투를 봉하지 않았습니다. 충실한 종에게 봉하지 않은 유언장을 건내며 내가 죽은 후, 아들이 돌아오면 이 유언장을 많은 동네 사람이 있는데서 공개할 것을 당부했습니다. 장례를 마치는 날, 아들이 도착했습니다. 아버지의 유언대로 마을 사람 앞에서 유언장을 읽었는데 유언장에는 이렇게 써 있었습니다.

　"내가 가지고 있는 모든 재산을 내 종에게 다 물려줄 것이다. 단 우리 아들에게는 한 번의 선택권만 주겠다."

　이를 들은 동네 사람들이 웅성거리기 시작했지만 아들의 얼굴은 요동하지 않았고, 그는 이렇게 말했습니다.

　"아버지가 나에게 주신 단 한 번의 선택권으로 나는 아버지의 유산을 물려받은 저 종을 평생 내 종으로 삼겠습니다."

　아버지는 현명한 유언장을 남겼고, 아들 또한 아버지의 유언장 속에 담긴 지혜를 읽어내는 모습을 보게 됩니다.

우리 하나님도 마찬가지입니다. 이 세상은 사단이 공중권세를 잡고 있기에 하나님께서 허락한 포도원만이 에덴이 될 수 있습니다. 우리의 힘으로는 하나님이 우리에게 주신 창조의 모든 것을 회복할 수 없습니다. 단, 하나님께서 보내주신 예수님을 우리가 선택하면 예수의 이름으로 구하는 모든 것을 우리에게 허락하리라는 것이 바로 아버지의 지혜이고 사랑입니다.

예수님의 제자 중에서 가룟 유다는 소유에 속한 사람이었습니다. 그래서 자신의 스승을 은 삼십에 팔았습니다. 반면, 베드로와 요한은 소유가 아닌 존재의 가치를 깨닫고 철저하게 회개한 후에 존재의 삶을 살았습니다. 그들은 성전 미문에 있던 앉은뱅이에게 내게 은과 금은 없으나 나사렛 예수의 이름으로 걸으라 말했을 때, 앉은뱅이가 일어나 걷고 성전 안으로 뛰어들어가는 것을 볼 수 있었습니다.

십자가의 죽으심과 부활을 터닝 포인트로 삼은 사람은 어떠한 경우에도 예수님을 소유하시기 바랍니다. 예수 안에 있는 사람, 예수의 권세를 가지고 있는 사람에게 정복히고 디스리고 회복할 수 있는 기회를 주시기 위해 성령님이 오셨습니다. 예수의 이름으로 구하고 다스리고 정복하라고 말씀하시는 것입니다.

사랑하는 성도 여러분!

우리가 예수님 한 분으로 만족하는 것들을 경험해 나가시길 소망합니다. 지금 가지고 있는 것으로 평가 절하하지 마시고 내가 가지고 있는 믿음을 가지고 예수로 충만한 인생, 예수로 충분한 삶을 누려보시기 바랍니다.

"너 동산에 거주하는 자야 친구들이 네 소리에 귀를 기울이니 내가 듣게 하려무나"

자기 신랑(예수님)을 포도원으로 받아들인 술람미 여인을 보고 솔로몬이 찬미합니다. 그 안에서 에덴을 누립니다. 행복을 누리는 술람미를 부르는 것입니다.

"너 동산에 거주하는 자야" 네가 내 사랑 안에서 만족해 하고 행복해 하는구나! 에덴의 기쁨을 누리는구나!

"친구들이 네 소리에 귀를 기울이니 내가 듣게 하려무나" 술람미 여인이 에덴 동산 안에서 그 사랑에 만족하며 복음의 새노래, 은혜의 찬미, 감사의 간증, 소망의 소리를 냈을 것입니다. 에덴동산에서 한숨 쉬고 가슴치는 사람은 없을 것입니다. 에덴 동산에서 부르는 행복의 소리에 귀기울이는 친구들… 그 모습을 보는 솔로몬, 예수님도 흐뭇해 하시면서 "더 하렴, 듣기 좋구나" 하는 것입니다. 우리의 작은 신음에도 반응하시는 하나님은 우리의 기쁨과 감사의 찬양과 은혜의 고백을 들어도 들어도 더 듣고 싶어 하십니다.

아가 8장 14절입니다.
"내 사랑하는 자야 너는 빨리 달리라 향기로운 산 위에 있는 노루와 마지막으로, 술람미 여인이 솔로몬에게 부르는 답가입니다.

"내 사랑하는 자야 너는 빨리 달리라" 빨리 달리라는 것은 재촉의 의미로 마라나타 곧 영원한 세계로 우리를 데려가실 재림주를 부르는 소리입니다.

"향기로운 산 위에 있는 노루와도 같고 어린 사슴과도 같아라" 노루와 사슴은 빠른 짐승을 의미하는데 이들은 아무리 높고 험한 산이라도 사뿐히 뜁니다. 향기로운 산은 구별된 산, 에덴의 동산, 시온산으로 거룩한 산을 의미합니다. 물론 우리가 하나님 사랑 안에 거하지만 여기서 누리는 우리의 은혜는 영원하지 않습니다. 우는 사자와 같이 우리를 두루 삼키려는 악한 영들이 있기에 여기서는 영원할 수는 없지만, 솔로몬과 함께 영원한 세계를 소망하며 영원한 사랑으로 빨리 들어가길 원하는 술람미 여인의 고백입니다. 술람미 여인은 지금도 행복하지만 한시적인 이 세상이 아닌 영원한 세계, 천국에서 사랑을 영원히 누리기를 소망합니다. 재림의 성취를 사모하는 여인의 고백입니다.

술람미의 인생의 성공은 소유가 아닌, 존재로서의 자기다움을 찾았다는 것입니다. 왕궁에 속한 자가 아닌 솔로몬에게 속한 여인으로 그 안에서 창조의 자아를 찾은 것입니다.

하나님께로부터 온 사랑은 모든 성품과 동기와 우리의 목적이 되어야 합니다. 하나님께로부터 온 사랑에 몰입하기 위해서는 어떤 것을 선택해야 할 때 주저하지 말고 하나님께로부터 받은 진리 안에서 은혜, 믿음, 사랑을 제일 큰 재산으로 여기고 선택할 때 평안과 은혜를 누리며 감사함으로 살아갈 수 있습니다.

성경에서 말하는 믿음, 덕, 지식, 절제, 인내, 경건, 형제우애 이 모든 것은 하나님께 속한 아가페 사랑 안에 들어 있습니다. 사랑이 없는 믿음은 수단이고, 사랑이 없는 덕은 자기 자랑이고, 사랑이 없는 지식은 교만이고, 사랑이 없는 인내는 불평이 따르고, 사랑이 없는 경건은 율법주의와 완벽주의가 되고, 사랑이 없는 봉사는 열매가 없습니다. 예수님의 사랑은 성품의 뿌리이자 열매이고, 영광이 됩니다.

사랑은 감정이나 이성이 아니고 결단된 삶의 선택이고 방향과 목표입니다. 하나님께서 우리에게 예수님으로 찾아오셔서 보여주신 십자가의 사랑이 바로 그 위대하신 사랑입니다. 우리는 그 사랑을 먼저, 받아들일 수 있는 그릇이 되어야 합니다. 그래서 아가페 사랑은 먼저 채움이 있어야 나눔이 됩니다. '전부를 받고 전부를 줄 수 있는 사랑의 교제와 사귐이 이루어집니다.'

한시적인 사랑은 세상의 오염된 사랑입니다. 그러나 십자가의 사랑은 영원한 세계로의 초대입니다. 예수님을 구주로 영접했다면 예수로 충만해지고 나다움을 찾음으로 인해 예수님과 친밀한 관계를 유지하는 예수님의 신부가 되길 소망합니다.

"사랑이 없으면 내게 아무 유익이 없느니라"(고전 13:3)

"나는 '산'을 품은 '물'이다"

"늙어도 여전히 결실하며 진액이 풍족하고 빛이 청청하리라"(시 92:14)

나는 산도 의미가 있지만 바다를 좋아한다. 내가 어릴 적 자랐던 고향은 바다가 아주 먼 곳에 있어서 바다에 대한 낭만보다는 생존이 의미가 더 컸던 것 같다. 어른들이 바다를 찾는 이유는 생존을 위한 것이었고, 물고기를 잡아 밥상에 올려야 하는 목적으로의 바다로만 기억되었다. 어릴 적부터 생선을 유난히 좋아하는 나에게 아버지께서는 나중에 '마령'(당시 바닷가)으로 시집을 보내야겠구나 하셨던 기억이 난다.

나는 38년 전, 1988년도에 옹진군 모도라는 섬에 남편을 따라 첫 목회를 나왔다. 감리교에는 그 당시 수련목이라는 제도가 없었기에 담임 목회를 해야 목사 안수를 받을 수 있었다. 그러나 담임 목회를 할 수 있는 교회를 찾기가 쉽지 않았던 상황인지라 이 문제를 놓고 기도하고 있던 중 모노라는 섬에 담임 목회의 자리가 있다는 소개를 받게 되었다. 모도라는 이름도 처음이요, 배를 타는 것도 처음이요, 모든 것이 처음이었던 그 땅에 첫발을 내딛었을 때를 지금도 생생하게 기억한다. 내가 생각했던 섬은 초가집으로 고개를 숙이고 늘어가고 나오고 하는 마을로 상상했다. 그런데 나의 생각과는 달리 너무도 아름다운 작은 섬마을이었다. 같은 모양의 건축양식으로 지붕이 모두 개량된 것과 도로라고 말하기는 그렇지만 길이 모두 포장되어 있다는 것이 너무도 신기했다.

"아하! 아름다운 마을이로구나."

고개를 높이 들어 우러러보니 가장 높은 위치에 빨강 지붕의 작은 십자가가 보인다. 교회가 마을을 다 품고 있다는 생각에 포근함과 따뜻함이 느껴졌던 것이 첫인상이었다. 이렇게 나의 첫 목회지인 모도와의 첫 만남은 느낌이 좋았고, 뱃터까지 환영 나온 성도들도 낯설지 않아서 좋았다. 그런데 나중에 들었던 이야기는 성도들은 나의 첫인상이 맘에 걸렸다고 한다. 서울 사모님이라서 그런지 섬을 보고 실망하신 것 같다고들 수근거렸다고 한다. 아마도 뱃멀미를 심하게 해서 내 마음이 잘 전달이 안 된 듯하다고 나중에 설명을 해드렸다. 그렇게 나의 첫 목회는 아름다운 섬, 모도에서 시작이 되었다. 지금 뒤돌아보아도 나의 섬 생활은 불편함은 있었겠으나 불평을 한다거나 불만족스럽게 생각했던 기억이 없다.

나는 꿈을 이루어 사모가 되고 이곳에서 엄마가 되어 어릴 적부터 꿈꾸었던 것들을 다 이루었다는 자부심으로 살았던 것이다. 나의 세 가지 꿈은 결혼을 하여 좋은 가정을 이루고, 사모가 되고, 엄마가 되는 것이었다. 그 꿈을 이루고 행복을 키워가는 나의 목회는 행복했다. 결혼을 앞두고, 나를 사랑해 주셨던 조옥련 교수님은 우리 남편을 만났을 때, "목사 같은 사모가 되게 해줘요"라고 남편의 손을 잡고 부탁하셨다. 말보다는 늘 행동을 먼저 하는 남편은 그 말씀을 마음에 품고 이렇게 이야기했다.

"당신은 나와 함께 사역하면서 이제부터는 부목사야! 내가 가장 믿을 수 있는 파트너이고, 담임목사 편에서 일할 수 있는 믿음직한 부목사…."

그렇게 우리 부부는 섬에서의 삶에 쉽게 동화되어 성도들과 가족을 이루었다. 방 두 개에서 목사님 서재는 아궁이 불을 지펴야 하고, 작은 안방에는 연탄을 피워야 했다.

어느 날 새벽의 일이다. 새벽기도에 우리가 나오지 않으니, 우리를 깨우러 오신 권사님이 우리 세 식구를 마당으로 끌어내어 누워 있다가 깨어난 적이 있다. 연탄가스가 새어서 우리 세 식구가 죽을 뻔 했던 것이다. 나는 이 날을 새벽의 기적이라 말한다. 새벽에 예배가 없었다면 아마도 우리 세 식구는 주님 곁으로 갔을 것이다.

섬에서의 에피소드는 너무도 많다. 교회가 옛 산당이었던 자리에 세워져서인지 영적인 싸움이 대단했다. 낮에 기도를 드려도 어떤 때는 뒤에서 잡아 당기기도 하고, 기도 중에 누가 옆에 앉아 있는 듯하여 눈을 뜨고 보면 아무도 없고를 반복하였고 머리가 위로 솟는 것처럼 섬뜩섬뜩했던 기억에 저녁기도는 엄두도 못 내고 새벽기도와 낮 기도만 했었다.

그리고 영적인 싸움 못지않게 나의 대적은 또 있었다. 쥐가 너무 많아서 쥐와의 전쟁도 쉽지는 않았다. 부엌이든 마당이든 나가며 먼저 기다리는 이가 있으니 역시 쉬웠다. 도망가지도 않고 눈을 동그랗게

뜨고 쳐다보면 나는 눈싸움에서 늘 지곤했다. 온몸에 소름이 끼치면서 도망치면 그때서야 쥐도 도망을 간다.

물론 시골에서 태어났지만, 도시 생활에 익숙했던 나는 저녁만 되면 칠흑같이 어두워지는 분위기가 낯설기만 했다. 그러다 보니 화장실이 외부에 떨어져 있어서 그것도 긴장의 연속이었다. 신경을 써서인지 저녁만 되면 화장실을 가야 하는 일이 생긴다. 물론 혼자는 어림도 없다. 남편과 함께 손전등을 가지고 가도 안에까지는 동행할 수 없으니 밖에서 기다려도 무서워서 늘 주문을 한다.

"나 일 다 볼 때까지 찬송을 불러 주세요."

"알았어요."

찬송 1절이 끝나고 잠잠하면 무서워서 안에서 큰 소리로 주문을 한다.

"2절요, 3절요…"

이렇게 사는 생활이 불편하기는 했지만 불행하지는 않았다. 섬 마을의 아침 햇살은 얼마나 찬란한지 마치 어린아이의 해맑은 미소같이 해맑게 하루를 열어준다.

나는 어느 날 발견한 긴 동물의 안부가 아침마다 궁금했다. 우리 사택의 담벼락 끝에 찾아오는 손님이다. 우리 성도님의 말에 의하면 아침에 몸을 말리려고 나온다 한다. 나는 그 손님이 매우 궁금하여 한쪽 눈을 가리고 두렵고 떨리는 발걸음으로 살금살금 들여다본다. 몸집이 엄청 큰 구렁이었다. 움직이지도 않고 늘 그 자리에서 몸을 말리고는 사라진다. 그러던 차, 우리 차 권사님이 '사모님 신경 쓰시니 벽을 시멘트로 발라서 못 나오게 해야겠다'시며 그 담에서 나와 일광욕을 하는 자리를 봉쇄해 버리셨다. 그 또한 아름다운 추억이 되었다.

나는 예나 지금이나 하이힐을 좋아한다. 우리 남편에게서 70세까지는 신으라는 허락을 받았다. 그런데 내가 사는 그곳은 하이힐을 신고 갈 데가 없었다. 아쉬움을 달래기 위하여 작은 공간이지만 한 번씩 신을 수 있는 생각을 착안해 냈다. 부엌이 재래식이라 신을 신고 활동을 해야 해서 남편이 상을 밖에 내어다 주면 하이힐을 신고 설거지도 하고 화장실을 갈 때도 하이힐을 신고 워킹을 하면서 좋아했던 기억이 난다.

당시, 모도는 아마도 우리나라에서 경제적으로 제일 낙후한 지역으로 선정이 되어 노태우 대통령께서 바다를 개간하여 농사를 짓도록 하는 작업이 마쳐지는 상황이었던 것으로 기억난다. 농사를 짓기 전의 우리 성도들이 먹는 쌀은 정말 형편없는 쌀이었다. 그런 쌀이 성미로 들어와 섞어 놓으면 다른 쌀보다 훨씬 더 벌레가 많이 생긴다. 밥을 지으려고 쌀을 물에 담그면, 벌레가 얼마나 큰지 정말 온몸에 소름이 돋고는 했다. 고무장갑을 끼어도 그 쌀을 씻는 것이 쉽지가 않았다. 어느 날 쌀에 묻혀 움직이는 벌레들을 보고 간절히 기도했다.

"하나님 아버지! 이 벌레들 어떻게 해요. 너무 징그러워서 내 손으로 씻을 수가 없어요."

성말 간절히 기도했더니 응답을 주신다.

"나의 종아, 이 벌레들은 어쩌면 너보다 더 깨끗할 수 있단다. 이 벌레들은 쌀만 먹고 사는 쌀벌레야."

"아하! 아멘입니다."

그리고 신기하게 벌레를 대하는 태도가 달라졌다. 이렇게 나는 하나씩 하나씩 나의 방법으로 적응하며 그 안에서 스토리를 만들어 가고 성도들과 한 가족을 이루어갔다.

비록 4년의 짧은 시간이었지만 우리는 마치 30년을 같이해 온 형제처럼 서로를 향해 올인했던 것 같다. 지금도 돌이켜 생각해 보면, 4년 동안 목회하면서 제일 값진 것은 그 지역의 조상 대대로 내려왔던 깊은 갈등의 골을 메꾸게 하셨고, 교회나 마을을 하나 되게 한 일이 가장 아름다운 일로 기억이 된다.

목회자가 하나님 중심에서 바로 서서 진리를 수호할 때, 그리고 어느 쪽의 편도 아닌, 하나님의 편에서 진심으로 대할 때, 진솔한 사랑의 열매로 평화가 찾아온다는 사실은 첫 목회지에서 배운 은혜였다. 누군가의 아픔을 위하여 젖먹이의 젖을 떼고 금식으로 함께했고, 기도하는 사람의 승리는 사랑으로 섬기는 자라는 것을 가르치고 함께 성취하는 화평을 이루어냈다. 그렇게 서로가 평생을 같이 갈 사람들처럼 올인하는 관계, 잠깐 만났다가 헤어지는 관계가 아니라 평생 함께할 관계로 하루하루를 살았다. 나의 목회의 첫사랑의 추억은 나의 목회의 한 구간에 은혜의 기념비가 세워졌다.

우리는 행복한 목회를 하고 있었지만 선배들의 이야기가 늘 걸렸다.
"너희들이 행복하게 목회할 수 있는 것은 장로가 없기 때문이야."
농담 반, 진담 반으로 선배들이 하는 말을 듣고 기도하기 시작했다.
"주님! 장로가 많은 교회로 보내 주세요. 그래도 우리가 행복하게 목회를 잘 할 수 있을 것 같아요."

이런 기도를 시작한 지 얼마 안 돼서 같은 지방의 '자월교회'라는 곳의 장로님으로부터 콜링을 받게 되었다. 시무장로님이 네 분이시고, 한 분은 신학을 하시고 외부적인 사역에 관심이 많으신 장로님으로 지방에서 잘 알려진 분이시다. 갑작스럽지만 기도한 것이 있으니 하나님의 뜻이라는 생각에 우리 부부의 마음은 일치했다. 다만, 4년이라는 시간이 너무 짧게 느껴지고, 그 짧은 시간에 깊이 정든 성도들에게 어떻게 말을 해야 할지가 고민이었다. 늘 기도에 열심이었던 권사님이 저녁기도를 마치고 들어오셨다.

"전도사님, 사모님! 다른 교회로 가셔야 하나요? 고민하지 마시고 결정하세요. 이렇게 젊고 좋은 목회자를 우리가 욕심내어 붙잡을 수는 없어요. 우리가 자립만 할 수 있어도 전도사님을 잡을 수 있으련만, 우리 교회보다 더 큰 교회에서 모셔 가겠다 하시니 우리가 어떻게 잡을 수 있나요?"

이렇듯 진심 어린 말씀을 하신다. 자월 교회의 장로님께서 전화를 하셔서, 우리가 전도사님 부부를 꼭 우리 교회로 모시고 싶은데 고민을 하시는 듯하니 권사님 부부가 잘 말씀드려서 결정할 수 있도록 도와달라는 전화를 받으셨다 한다.

그렇게 우리는 다시 같은 지방의 섬인 자월 지역의 자월교회로 부임하게 된다. 아뿔사! 장로님들의 성대한 환영을 받으며 이사했지만 우리는 이삿짐을 풀지도 못하는 일이 발생한다. 지금은 고인이 되셨지만 감독께서 전화를 걸어 호통을 치신다. 그 교회는 감리사급 정도가 갈 수 있는 교회인데 진급 중인 전도사가 부임하는 것은 맞지 않으니, 진

풀지 말고 있던 곳으로 복귀하라는 것이다. 황당하기도 하고 두렵기도 하고 어처구니가 없는 일이었다. 이미 모도교회는 다른 담임자가 오게 되어 있었고, 어떻게 다시 돌아가라는 말인가! 우리는 짐을 풀지도 못하고 두려움과 불안함에 갇혀 있었던 것 같다.

우리가 와서 자세히 알았던 교회의 사정이 있었다. 전임자가 교회 일보다는 정치에 더 관심을 갖는 것이 싫어서 아마도 장로님들을 중심으로 목사님을 내보내게 되는 과정 속에서 전임자는 자신이 원하는 후임을 내정하길 원했고, 장로님들은 정말 목회만 잘하는 참한 목회자를 원했다 한다. 감독의 입장에서는 목회자를 내쫓은 장로들에 대한 괘씸죄로 장로님들의 손을 들어 주기보다는 전임자의 손을 들어 준 것이다.

장로님들은 평소에 한 지방에서 눈여겨봤다며 우리도 저렇게 참한 목회자 모시고 신앙생활 하고 싶은 마음이 오래 전부터 있었다고 고백하셨다. 네 분의 장로님들이 한마음으로 우리를 위로하신다.

"전도사님, 사모님은 가만히 계시면 됩니다."

장로들이 감독을 찾아가서 우리 교회의 형편을 보고하고 정리하겠다는 것이다. 시간이 한참 지나도 이 싸움은 끝나지 않았다. 마지막 결정을 해야 하는 상황까지 이르렀다. 전도사님만 괜찮으시면, 우리 자월교회를 감리교에서 탈퇴하고 장로교 간판을 올리겠다는 것이다. 우리 남편은 감리교에서 태어나 자라고, 감리교 목사라는 것에 대하여 자부심이 큰 사람이다. 하지만 어느 교단의 소속이냐보다는 진리 편에 소속하자는 마음으로 우리는 그것밖에 방법이 없다면 할 수 없다고 수락했다.

이렇게 일이 진행되자, 감독은 감리사를 통해 구역회를 진행하게 했지만 일은 거기서 끝나지 않았다. 진급 중에 있는 우리 남편은 괘씸죄에 걸렸다. 감독의 입장에서는 유급을 시켜야 하는 이유가 충분했다. 억울한 생각과 불안한 감정이 있지만, 진급 중에 있는 자는 아무 힘이 없었다. 그때, 우리 남편의 말이 아직도 기억이 난다.

"나는 아버지가 목회자도 아니고, 힘 있는 장로님도 아니기에 하나님만 믿고 목회하려니 다른 사람보다 더딜 수 있지만, 하나님만 바라보고 목양일념합시다."

하나님은 우리의 작은 신음도 들으셨는지, 감독과 전입자가 유급시키기로 다 짜놓은 판을 우리는 알지도 못하는 목사님 한 분이 뒤엎으신다. 이유가 타당하지 않다는 것이었다. 남편은 진급을 하고 목사 안수를 받게 되었다. 그렇게 다시 교회는 안정 되어져 가는 상태에서 주택을 새로 짓고 행복하게 목회를 하면서 우리 부부는 목회 방침, 수칙을 정했다.

첫째, 자식이 우상이 되지 않게 하자. 목회지를 옮기는 이유가 아이의 교육이 우선이 되지 않게 하자.

둘째, 교회 사역을 하면서 평생 있을 것처럼, 내일이라도 떠나라 하시면 떠날 준비를 하자.

셋째, 교회가 어려운 상황이나 목회자에게 고난이 있을 때는 움직이지 않고, 가장 평안할 때 떠나는 것을 원칙으로 하자.

우리 부부는 이 3가지를 이곳에서의 목회 철학으로 세우자 하고 열심으로 사역을 했다. 하지만 사역적인 상황이 주는 영적인 문제가 있었다. 섬 생활이라는 것이 넉넉한 삶은 아니기에 대부분의 성도들이 바다에서 나오는 것과 산과 들에서 나오는 계절의 먹거리를 가지고 인천으로 나와 장사를 하였다. 중직들이 주말을 중심으로 인천에 나가야 하는 일들이 빈번한 것이다. 가장 중요한 주일성수에 대한 개념이 바로 서 있지 않았던 것이다.

남편은 강단에서 주일을 생명 걸고 지키라고 강하게 강조했다. 이것이 우리 목회의 중요 포인트가 되었다. 처음에는 이 영적인 부딪힘과 싸움이 심하게 있었지만 나는 남편의 강단의 권위를 위하여, 밥 먹는 날보다 금식을 더 많이 했던 것 같다. 그리고 밑에서 육체의 힘으로 노동을 하는 분들이라 많이 아파하는 사람들을 붙잡고 새벽에 기도해 주면서 영혼을 섬기는 사역으로 조화를 이루려고 힘썼다.

그쯤에 우리 하나밖에 없는 딸이 심하게 아파서 열이 정도를 넘어 위험한 지경에 이르렀다. 당시 교통수단은 단 하나, 하루에 한 번 운행하는 여객선이었다. 며칠을 아팠지만 괜찮겠지 하는 마음으로 기다리다가 토요일 오후 즈음에 열이 더 심해져서 보건소를 찾았더니 위험하니 급한 환자를 위해 사용하는 공기부양선을 불러 줄 터이니 인천으로 나가라는 것이다. 토요일 오후에 나가면 내일이 주일인데 말이 되는가?

우리 부부는 결단을 해야 했다. 지금까지 강단에서 외쳤던 그 말씀, "주일을 생명처럼 지켜라."라는 시험대에 올랐다고 생각했다. 우리 부부는 누구도 어떤 방법을 제시하지 않지만 마음에는 답을 가지고 있다.

"이 어린 생명, 주님께 맡깁니다. 차마, 아브라함의 모리아 산의 믿음까지는 아니어도 목회의 반열에 자녀를 올려놓습니다."

아무 소리 못 하고 보건소를 나오는데 뒤통수에 대고 의사들이 말하는 소리가 들렸다.

"저 정도의 열이면 위험한데…"

우리 교회 성도인 간호조무사가 따라 나온다.

"사모님, 나가셔야 해요."

나는 아무 말 없이 성도의 손을 잡자, 눈물이 핑 돈다.

"집사님! 주님이 치료하실 거예요."

사실상 100%의 믿음이 있던 것은 아니다. 강단에서의 선포된 말씀이 앞으로 우리의 목회의 중요한 포인트가 될 것이라는 생각이었던 것같다. 나는 열이 펄펄 나는 아이를 등에 업고, 남편은 아이의 등 뒤에 손을 얹고 따라오는데 그 남편의 마음은 어떠했을까? 지금까지 한 번도 물어보지 않았다. 그러나 말하지 않아도 우리는 서로의 가슴에서 흘리는 눈물을 느낄 수가 있었다. 보건소에서 교회까지의 거리가 얼마나 멀게 느껴지던지….

그렇게 골고다 언덕을 십자가 지고 가시는 예수님처럼, 한 걸음 한 걸음 무거운 발걸음을 하고 교회 앞에 왔을 때, 주님의 음성이 들린다.

"등 뒤에 있는 아이를 보라."

너무 놀라서, "여보, 영화를 보라시네요" 하고 덮었던 수건을 걷고 보니 아이는 마치 물속에서 건져 낸 것처럼 땀에 젖어 깊이 자고 있는 것이다. 그리고 몸을 확인하니, 열이 다 떨어지고 온몸이 땀으로 젖어 있었다. 우리 부부는 아이를 안고 울면서 하나님께 감사했다.

그 이후 남편의 강단의 외침은 더 강해졌고, 성도들 역시 철저하게 주일 성수에 자리를 잡아갔다. 우리는 이렇게 강단에 힘이 실려지고 화목하고 화평하게 목회를 했다. 개성이 다른 네 분의 장로님들에게 각자 다른 포지션을 주었다. 외부적으로 활동을 좋아하시는 장로님은 '외무부 장관', 머리가 좋아서 교회 살림을 잘하시는 장로님은 '내무부 장관', 장사에 은사가 있어서 도시를 많이 왕래하시는 장로님은 '문화부 장관', 새벽마다 겸손하게 새벽종을 맡아서 새벽을 깨우시는 장로님은 '국방부 장관'이라는 타이틀을 붙여드리고 서로서로 각자의 자리를 존중해 드리고 협력하는 관계로의 발판을 만들어 드렸다.

잊지 못하는 것은 새벽을 깨우는 차임벨을 맡으신 장로님은 목회자의 집에서 키우는 강아지까지 함부로 대하지 않으시는 독특하시고 고귀한 분이셨다.

젊은 목회자 부부에게 우리 장로님들은 깍듯이 경계선을 지키시며, 존중해 주시고 우리도 때로는 시아버지처럼, 때로는 친정 아버지처럼 좋은 관계를 이루었다.

그렇게 우리는 성도들과 한 가족을 이루어가던 중, 한 지방에서 어머니처럼 우리 부부를 사랑해 주셨던 목사님의 전화를 받는다. 시도교회를 담임하셨던 오선애 목사님이시다. 건강도 좋지 않고 믿을 만한 후배가 있어서 65세에 자원 은퇴를 결정하셨다는 것이다. 우리를 믿고 결정한 것이니, 후임으로 오라는 것이다. 너무도 갑작스러운 일에 우리 부부는 당황하였고, 마음이 그렇게 동하지는 않았다. 자월에 온 지 3년밖에 안 되었고, 이제 성도들이 신앙의 질서를 잡고, 마음이 하나되어 교회가 부흥해 가는 시점이었기 때문이다. 우리 목사님은 고민을하는 듯 보였지만, 나는 단호했다. 여기서 조금 더 있다가 도시로 나가야지, 또 섬으로 간다는 생각은 한 번도 못했기 때문이다.

나는 처음에 첫 목회지 섬으로 올 때, 5년 정도 있다가 도시로 나갈 것이라는 생각이 잠재되어 있었던 것 같다. 워낙 나의 생각이 그러하다 보니, 남편은 전화를 드려서 우리가 생각해 본 적이 없어서 어려울 것 같다고 말씀을 드렸더니 오 목사님은 언짢아하시면서 기도해 보고 결정한 것이냐 물으시고 설득하시는 것이다.

그래 맞다! 우리가 기도해 본 것이 아니라, 우리의 생각으로 결정하는 것은 옳지 않다는 생각에 21일 작정 기도를 했다. 아무 응답이 없었다. 다시 전화를 드려 우리는 아닌 것 같다고 말씀드리니 다시 기도하라신다. 순종하는 마음으로 다시 21일 기도를 시작했다. 42일째 되던 새벽, 지금도 나의 기도 자리가 생각이 난다. 주님의 음성을 듣게 되었다.

"가라! 그곳이 영적인 가나안이 될 것이다."

나는 100% 믿어져서가 아니라 가라는 명령에 순종해야 한다고 생각했고, 우리 부부는 결단했다. 그러던 중, 고인이 되신 우리 오충선 장로님께서 전화를 하신다.

"목사님! 안 오시려고 하신다던데 오시게 될 겁니다. 우리가 목사님 모도에 계실 때부터 기도했습니다. 저런 분을 우리 교회 담임으로 모시게 해달라고 말입니다. 그러니 목사님은 반드시 오시게 될 겁니다."

이미 우리 부부가 결성한 터라 남편은 장로님께 이런 제안을 한다.

"장로님 그러면 한 가지 약속해 주셔야 합니다. 장로님이 무릎으로라도 새벽에 나와 기도해 주셔야 합니다."

"그렇게 하겠습니다."

후에 장로님은 그 약속을 지키시기 위하여 소천하시기 직전까지 새벽기도와 각종 예배에 본이 되어 주셨다. 짧은 3년의 시간을 자월교회에서 마무리해야 하는 과정이 결코 쉽지는 않았다. 어느 장로님은 목사님 떠나시는 것이 상처가 된다고 하시고, 일부 여 성도들은 사모님의 속옷을 하나씩 간직하겠다며 가져가기도 하고, 목사님, 사모님 가시면 연락도 안 할 것이라고 겁을 주기도 하는 등 진기한 일들이 일어났다.

배신감을 느끼는 성도들이 안타까웠지만 기도 응답이 없었다면 선택이 쉽지 않았을 것이다. 하지만 정확한 기도 응답이 있었기에 그들의 마음을 하나님께서 위로해 주시기를 바라는 마음을 가지고 우리는 다시 시도라는 섬의 '시도교회'로 부임하게 되었다.

나에게 복이라면, 기도를 통해 하나님의 응답이 확실해지면 마음이 견고해지고 요동하지 않는다는 것이다. 그렇지만 늘 그 견고함이 완고함이나 고집이 되지 않기 위해서는 '지혜'가 필수가 되어야 한다. 목회를 하면서 느끼는 것은 최고의 하늘의 선물이 있다면 그것은 '지혜'인 듯하다. 지혜는 하나님의 영역 안에 있는 것으로 하나님과 가까워지게 할 뿐만 아니라, 하나님의 뜻을 이루는데 필수 덕목이기 때문이다.

준비할 시간이 많지 않았지만, 하나님의 시간 안에서 지혜를 구하며 마무리하고 또 새곳을 향한 준비가 절실했다. 나는 새로운 땅에 대한 기대를 크게 갖지는 않았지만, 그래도 주어진 환경에서 최선을 다하자는 진실한 마음은 준비하려 한 것 같다. 큰 기대보다는 최선을 다하자는 마음 안에는 고정관념이 하나님의 예언적 약속의 말씀보다 더 강했던 것 같다. 그곳도 같은 섬이고 무슨 가나안이 될까라는 마음이 깊은 내면에 깔려 있었기에 앞으로 5년만 사역하다가 육지로 상륙해야지 하는 생각이 있었다. 그리고 시도라는 지역의 상황을 알아보고, 목회의 방향을 찾았다.

당시에 우리 시도교회의 성도들이 관공소의 직원으로 많이 있다는 정보를 듣고, 그 지역에서 가장 필요한 것이 무엇인가를 물었다. 그랬더니 신시모도(섬마다 연육이 되어 있음)를 통틀어 유치원이 없어서 젊은 사람들이 육지로 나가야 하는 상황이라고 한다. 그래서 가장 필요한 것이 유치원이라는 정보를 얻었다. 나는 기도하면서 이것은 시도교회만의 문제가 아니라, 전 지역의 문제라 여겨졌고, 행정기관의 도움을 받아서 시도교회에서 유치원을 세워서 젊은 부모님들의 고민을 해결해 주자는 마음이 강하게 들었다.

작은 소망이지만 마음이 부풀었고, 기쁨으로 부임하게 되었다. 제일 먼저, 군수님의 도움을 받아 기관에서 등하교시켜 줄 운전자를 지원받게 되고, '밀알 선교원'이라는 간판을 걸고 어린이 사역을 하게 되었다. 우리 교회에 준비된 보육교사 자격증을 가지고 있는 선생님들이 있음에 함께 섬길 수 있음이 감사했다. 생각보다 지역의 부모님들의 반응과 기대감은 컸고, 우리는 작은 소망이 이루어짐에 감사하며 지역에 삭으나마 이바지하게 되었다. 몇 년이 지나고, 초등학교에 병설 유치원이 신설되어 우리 교회에서는 어린이 사역을 내려놓게 되었다.

우리 시도교회는 전임 목사님께서 성도들을 어머니같이 잘 품어 주시고 가르쳐 주셔서 비교석 훈련이 잘되어 있었다. 아쉬운 것은 여자

목사님이라는 특수성 때문인지, 지역적 편향성 때문인지는 정확한 원인은 모르겠으나 성도들의 가정에는 외짝 신앙인이 많았다. 이러한 실태를 파악하고, 나는 작정하고 기도하기 시작했다.

먼저, 외짝 신앙을 가지고 있는 가정에 부부 중심의 가정을 세우자는 목표를 가지고 남편 목사님과 함께 기도와 프로그램 관계 전도에 올인하기 시작했다. 당시 섬에서 시도하기 쉽지 않는 프로그램으로, 믿지 않는 부부들까지 함께 호텔에서 '부부 세미나'도 많이 하고, 해외여행도 시도하면서 도전적인 일들을 했다. 섬에서의 도전은 내외적으로 많은 은혜의 열매들을 맺게 되었다. 시간이 지나면서, 남편도 한 번쯤은 재정비가 필요하다 싶어서 목회 상담과 실천적 목회에 대한 공부를 5년 정도 마친 후, 나 역시 개인적 도전이 필요했다.

딸이 중학교를 진학해야 할 때쯤, 섬에는 중학교가 없는 연고로 삼촌집에 보내면서 나도 공부를 하고 싶다는 마음에 '상담공부'를 할 수 있는 기회를 만들었다. 지금도 생각하면 그때 상담 공부를 하면서 나 자신의 고정관념이 와르르 무너졌던 경험은 잊을 수가 없다. 내가 잘할 수 있는 것이 한계가 있다는 생각으로 목회는 나의 실력이 아닌, 절대적인 하나님의 능력이 요구되었기에 남달리 기도에 힘썼던 것은 맞다. 그런데 뭔지 모르게 나의 내면에는 외골수인 부분이 있었으리라. 그리고 어릴 적부터 사모가 되고픈 소망 때문에 스스로 세상과 거리를 두고 살면서 이것 자체가 거룩한 것으로 착각하고 율법적인 성향으로 심하게 편향되어 있었다는 것을 상담 공부를 하면서 나 자신을 객관적으로 보게 된 것이다.

3년 동안 공부하면서 내가 인생에서 잘한 것이 있다면, 사모가 된 것과 짧은 기간이지만 상담 공부를 할 수 있었던 것이라 여겨진다. 나는 그쪽으로의 전문성보다는 기도하는 사람으로서의 균형 정도로 여기며 객관적으로 나를 보면서 셀프케어를 하게 되고, 그 위에 기도로 영성을 꿈꾸며 한 목표를 향해 좁은 길을 선택하였다.

그로 인해 나의 우주관이 바뀌고 나의 목표와 방향성이 분명해지니 내가 어디 있느냐보다 내가 누구이냐가 중요하고, 내가 무엇을 하느냐보다 내가 어떻게 하느냐가 더 중요하고, 내가 무엇을 이루었느냐보다 무엇을 향하여 가고 있느냐가 중요함을 깨닫게 되었다.

그러던 중, 기도원에 가서 금식기도 중에 주님께서 '깊은 우물'이라는 애칭을 주시며 앞으로 기도의 동역자 3명을 뽑아 이름을 지명하고 '베데스다'라는 사역 팀을 구성하라신다. 나는 바로 하산하여 주님께서 지명했던 3명을 불러 하나님의 마음을 전달하고, 하루에 3번씩 기도시간을 정하여 기도하기를 시작했다. 그 후, 3명이 5명이 되고, 5명이 10명이 되고, 20명을 만들어 토요일마다 처음에는 3시간씩 훈련을 했다. 우리는 '사역자 일사각오' 타이틀을 가지고 임했다.

첫째, 심기는 사
둘째, 가정보다 교회를 더 사랑하는가?
셋째, 자녀보다 목회자를 더 사랑하는가?
넷째, 내 생명을 주님을 위해 드릴 수 있는가?

그 안에서 시간이 지나면서, 탈락한 사람도 있고, 또 새사람으로 채워 주시기도 하시면서 목회자도 파송되고, 사모로도 파송되면서 지금까지 20년이 넘게 사역팀은 우리 교회의 노른자로 잘 훈련되고 있다. 공동체 교회가 계란이라면 그 안에 생명이 있어야 하고, 울타리 역할을 하는 달걀의 껍질이 있어야 하고 흰자가 있어야 한다. 우직하게 자리를 지켜주는 성도들 말이다. 그리고 노른자 같은 성도들로 구성이 될 때, 비로소 공동체 교회가 균형을 이루고 건강하게 생명을 부화해 갈 수가 있다.

사면이 바다로 둘러 싸였고, 멀리 바라보이는 구봉산은 계절마다 옷을 갈아입고 하늘은 열려 있어 내가 있는 이곳이 지구의 중심이라는 생각으로 행복하게 목회를 했다. 나는 내가 서 있는 곳이 지구의 중심이라면, 이곳이 영적 청정지역이 되길 기도했고, 영적인 가나안으로 영적인 성지가 될 수 있겠구나 하는 소망이 생겼다.

이곳에서 열방을 품고 기도하자 싶어 먼저, 내 교회라는 틀을 뛰어넘는 기도로 사역자들과 함께 중보에 올인했다. 큰일은 아니지만 그 후, 외부 사역이 열려서 신학교 학생들과 목회자들 그리고 평신도들을 사역하는 일이 진행되었다. 후에는 내가 준비된 것보다 더 깊은 사역이 '한 영혼'이라는 타이틀로 전환을 시키시는 일이 일어났다. 내 일생의 가장 큰 시련과 고난의 잔을 마시는 일이 있었다.

그 일 후, 나는 영성의 길이 '한 영혼'의 가치로 바뀌게 되고, 조심스럽게 그러나 신중하게 주님의 음성을 따라 가는 세계, 내적 세계로 안내하셨다. 지금도 나의 영성의 방향은 내적으로의 부르심이다. 내면의 세계를 회복하여 에덴을 경험하는 천국의 미니멈을 꿈꾸고 있다.

시도에서 32년은 미래지향적이었지만, 현실에 감사하는 목회로 감사한 삶이었다. 물론, 영적인 사역을 하는 중에는 예상치 못하는 공격이나 비판과 오해로 인해 혹독한 겨울보다 더 매서운 시간도 있었다. 하지만, 지나고 나서 뒤돌아보면, 잃은 것보다 얻은 것이 너무 커서 은혜라는 이불로 덮어지게 되고, 감사라는 장식으로 마무리하게 된다.

미련 없이 은퇴를 결정할 수 있었던 것은 생명이 있는 한, 사명은 끝나지 않는다는 마인드가 있었기 때문이다. 앞으로도 어떤 모양으로든지 ing되어야 하는 것은 '자녀를 위한 기도'이다. 11년의 자녀기도회를 위해 사역하면서 나는 미숙한 엄마에서 성숙한 할머니로 거듭날 수 있었다. 나의 자녀를 양육할 때에는 나 역시 엄마라는 사명에 미숙했다면, 자녀기도회를 통해 주시는 은혜로 엄마로 미숙했던 것을 할머니로 성숙함을 기대하게 된다. 다음 세대를 위한 기성세대의 기도는 자라나는 다음 세대에 중요한 밑거름이 된다.

32년의 목회 인생의 그림의 장르는 '은혜화'이다. 교회 안에는 마치, 노아의 방주처럼, 다양한 사람들의 공동체이다. 노아 방주를 생각해보자. 각종 짐승들과 노아의 8식구… 하지만, 그 안에는 사랑이 있었기에 좁은 공간이지만 노아의 다스림으로 질서가 잡혔을 것이다.

우리 시노교회가 그렇다, 다양한 사람들이 모였지만, 지도자의 다스림에 순종했기에 우리 교회가 질서 있는 교회, 은혜로운 교회가 될 수 있었다. 성도들이 강단의 권위를 따라준 것과 진정한 천국의 가족으로 서로를 존중해주고, 그 안에서 헌신된 성도들의 희생과 사랑으로 미래를 꿈꾸는 교회가 되었다. 또한, 그 안에서 열매로 목회자들이 11명 가까이 세워져서 컴패션을 이루게 하심과 장래의 새싹들에 대한 비전과 목표를 세워 갈 수 있음이 제일 큰 재산으로 남는다.

성도 한 사람, 한 사람에 대한 추억은 마치 한 권의 책이 만들어지듯, 어떤 사람에게 소책자요, 어떤 사람들은 인생의 대하드라마처럼 희노애락의 삶이 고스란히 스토리 안에 담겨 있다.

시간이 지난 일이지만, 남편 목사님의 바람은 은퇴 전에 한 번쯤 육지로 나가서 목회하다가 은퇴하고픈 소망이 컸었다. 그쯤에, 선배 목사님께서 신도시에 새롭게 개발되는 곳에 성전을 새롭게 건축하고, 주택까지 멋지게 지어 놓으셨는데 겁이 난다는 것이다. 아파트가 들어서고 신도시가 형성이 되는데 내가 은퇴도 얼마 남지 않았는데 여기서 목회를 잘할 수 있을까 하는 두려움이 있으시다는 것이다. 그래서 기도하다가 마지막 편안하게 노후 걱정 안 하고 은퇴할 수 있는 교회에 후배가 있으면 양보하고 기회를 주고 싶었다고 우리를 찾아오신 것이다.

우리 목사님은 너무 좋아했고, 선배 목사님도 섬 교회지만 안정되어 있으니 오시겠다고 하신다. 어리둥절했지만, 나는 갑자기 일어난 일이라 "여보, 목회는 당신이 하는 것이니 나는 당신의 결정에 따를게요." 하고 진행 중이던 차, 성도 중 어느 권사님의 암 선고로 눈앞이 캄캄해졌다. 워낙이 건강했던 분인지라, 더 놀라게 되고 예상보다 심각한 상황에 우리는 이 모든 것을 내려놓게 되었다. 나는 남편 목사님에게 이렇게 이야기 했다.

"하나님께 갔을 때, 너희들 몇 명 목회하고 왔느냐고 물으실 것 같지 않아요. 다만, 한 영혼을 얼마나 사랑했는가를 물으실 거예요."

남편 역시 아쉽기는 했겠지만 생각을 내려놓았고, 투병생활에 동참하여 기도했지만, 끝내는 하나님의 부르심을 받았다. 그분은 베데스다의 사랑의 집을 목사님께 선물한다시며 은혜의 흔적으로 남기고 천국으로 소천하셨다.

많은 성도는 아니지만 성도들과 함께 비전을 품고 작지만 행복한 목회를 했다. 목사님은 선교의 마인드가 컸다. 나가는 선교사보다는 보내고 후원하는 선교사로의 사역에 열정을 가지고 있었기에 섬 교회이지만 100교회를 놓고 기도하면서, 선교에 주력했다. 물론, 100교회를 달성하지는 못했지만, 성도들과 목회자가 선교라는 목표에 한 마음으로 "주면서 성장하는 교회, 주면서 행복한 성도"라는 타이틀로 사역에 주력했다.

우리 성도들의 헌신적인 사랑은 때로는 목회자를 부끄럽게도 하고, 크고 작은 감동을 엮어가면서 32년의 세월이 흘렀다. 이제는 그렇게 염원했던 다리도 놓이고, 믿을 수 없는 꿈과 같은 상황에서도 우리 교회를 향한 하나님의 소망인 구별됨과 거룩함으로 말씀과 기도로 사역하는 교회로서의 역할을 지켜내고자 하는 거룩한 부담이 컸다.

우리 부부는 평소에 우리가 은퇴를 할 때는 감리교 법에 의해서가 아니라, 우리만의 하나님의 때를 분별해서 시간을 정하자라고 이야기를 했다. 그때는 가장 행복할 때 그리고 교회가 가장 평안할 때, 더 중요한 것은 벽고 사는 뉴제가 생기고 누후 걱정이 될 때, 우리가 사역의 자리를 지키는 것이 먹고 사는 문제와 연결이 되어 그것이 우선순위처럼 느껴지면 영적으로 위험하다 생각하고 은퇴를 과감히 하자라는 이야기를 했다.

그렇게 부부가 약속은 했지만, 많은 생각과 고민으로 쉽지는 않았다. 섬이라는 특수 상황은 돌아가시는 분들은 늘어가고, 새로운 성도들이 입교하기는 어려운 현실이다. 목회자의 마음에 거룩한 부담은 한분 한분 소천으로 자리가 비워질 때마다. 밀려오는 불안감도 떨쳐내기가 쉽지는 않았다. 고정된 지역에서 한 목회자가 오랫동안 같은 성도들과 신앙생활을 하다보면, 성도보다 먼저 목회자가 매일 새롭게 바뀌어야만이 영적인 도전과 새로움을 줄 수 있다는 것 또한 거룩한 부담이었다. 그래서 나름대로 목회의 철학을 가지고 고군분투한 것 같다.

지도자가 C급 지도자이면 성도들도 C급이 된다. 목사가 C급 설교를 하면, 교회도 C급 교회가 된다는 생각에, 성도들의 영적 수준을 끌어 올려 주려는 노력은 멈추지 않았다. C급의 교회와 C급의 성도는 바로 목회자인 우리에게 책임이 있다는 것을 한순간도 잊지 않았다. 그래서 우리는 A급 성도들로 생각하며 메시지를 준비하고 우리 성도들이 A급 성도가 되기를 위해 기도하면서 '엄격함과 온유함의 조화'로 사랑을 했다.

나는 이것이 우리 부부가 섬 목회 38년의 특색이라 생각한다. 마지막, 아가서를 끝으로 '설교하는 사모'라는 타이틀에서 '기도하는 사모'로의 전환을 했다. 그동안 섬이라는 특수한 곳에서 방심하거나 게으르지 않고 현실을 뛰어 넘을 수 있도록 강단을 허락해 주신 하나님께 감사드리고, 사역의 한 부분에 초대해준 남편 목사님께 감사한다.

앞으로도 늘 스스로에게 외쳤던 것처럼, "내가 바뀌자! 내가 새로운 영성의 맛을 경험하여 흘러가게 하는 통로가 되자!"라는 슬로건으로 영적 성장이 멈추지 않고, 열정의 삶으로 도전할 것을 다시 소망해본다. 물론, 거룩한 부담이 되기도 하지만, 이것이 살아있는 자의 사명이라 여기기 때문이다. 지금까지 뿌린 씨앗이 열매를 맺기 위하여, 자리를 옮기는 것이다. 중보의 자리(골방)로…

조기 은퇴를 결정하기까지 고민은 있었으나, 결정한 후 주변의 만류에도 우리 목사님의 표현으로는 은퇴가 설렌다며 다리 떨릴 때 은퇴하는 것보다 가슴 떨릴 때 은퇴하게 하심이 너무 감사하다 한다. 교회는 큰 가정으로, 개인의 가정은 작은 교회처럼이라는 목회 철학으로 함께한 시간들을 은혜의 소중한 추억으로 남겨 두고 싶은 진심이 은퇴의 결정적인 요인이다.

이제는 "다녀오겠습니다, 다녀오세요"라는 인사는 주고받을 수 없을지라도 시공간을 초월하여, 서로의 평안을 위하여 기도하고 훈련한 모든 것들이 면류관으로 바뀌는 그 순간까지 영적인 교제와 사귐을 꿈꾸어 본다.

은퇴를 앞둔 즈음 어떻게 섬에서 시작하여, 섬에서 마무리할 수 있느냐는 질문을 많이 받는다. 아쉽거나 힘들지 않았냐고 묻기도 한다. 왜, 아쉬움이 없겠는가, 물론 힘들었다. 하지만, 힘듦보다 은혜가 더 컸기에 가능했다. 가능했던 중요한 핵심은 어디에 있던지, 목회자 자신의 영성관리였다. 목회자가 바뀌지 않으면 새로울 것 없는 환경과 현실적 배경을 가지고 있기에 더 기도하고, 성노들에게 집중했던 것 같다. 특수한 섬 목회이기에 나 자신이 매일 매일 새롭게 되지 않으면 곧 영적인 죽음이라 생각했다.

목회와 영성은 장거리 마라톤과 같다. 마라톤에는 승자는 1명이지만, 완주는 많은 사람이 할 수 있다. 우리 부부는 아름다운 은퇴에 소망을 두었지, 기록을 깰 만큼의 승자를 꿈꾸지는 않았다. 주님 보시기에 아름다운 마무리, 그리고 용기 있는 다음 인생의 시작을 꿈꾸었다. 그러기 위해서는 끝맺음과 또 함께 다른 시작을 꿈꾸게 된다.

인생이 끝나지 않는 한, 교회 사역이 은퇴이지 사명이 끝나는 것은 아니기 때문이다. 지금은 영적인 체력을 키우기 위하여, 하루 영성으로 말씀과 기도, 그리고 자기성찰을 놓치지 않으려고 '미라클 모닝'으로 하루에 일생을 담고 있다. 마라톤이 자기와의 싸움이듯, 목회, 영성의 길도 자기와의 싸움이다. 자신의 성찰과 자신의 성화를 위한 내면으로의 초대가 하늘의 영권을 소유할 수 있는 유일한 길이라 생각한다.

목회자들이 자기 자신과의 싸움을 포기하고, 외적인 목회에만 도전한다면 그러한 사역은 쉽게 지치고, 사람 장애물이나 환경적인 장애물이 있을 때마다 낙심하고 실망하며 목회의 풍성함보다는 근근하게 연명하게 된다. 자신의 이성과 싸워야 하고, 감성을 조절해야 한다. 이성과 감성이라는 허들을 넘지 않으면 영성의 세계가 보이지 않는다.

우리의 섬 목회 38년이 외롭지 않았던 것은 무한대한 영성의 세계를 바라보며 뛰기도 하고 걷기도 하며 속도를 조절할 수 있었기 때문이다. 중요한 포인트는 혼자 뛰는 것이 아니라 함께 뛰었기 때문이다. 부부가 함께 그리고 성도들, 사역자들과 함께… 혼자 뛰는 것보다 같이 뛰는 것이 힘이 되고 격려가 되었다. 페이스 메이커로 성령님을 모시고 기도하고, 섬기고, 충성하는 훈련된 성도들과의 함께함이 장거리 목회의 성공 비결이었다고 고백한다. 그렇게 자신의 영성의 길을 뛰는 목자는 언제나 양 떼 곁에 있어야 한다는 철칙이 나름 있었다. 목양일념의 신념이다.

지금도 자녀들의 목회에 가장 강조하는 것이 있다면, 목회자의 내적 성화가 곧 '교회 성장'이라는 영적인 진리를 강조한다. 목회자 자신의 영성에 대한 소극적인 인식은 교회의 기능이 저하되고, 세상적인 문화나 분위기에 영권을 빼앗긴다는 것이다. 목회자들의 내면의 성화와 교회 성장에 대한 욕구가 소멸된 것은 아니지만 목표는 있어도 방향을 잡지 못하여 우왕좌왕하다가 다른 사람들이 성공한 것 같으면 주님께 묻지도 않고 따라가는 식의 목회는 위험하다. 그런 목회는 경쟁하는 목회가 되어 상대적 가치를 따지는 세상적 기준의 목회 평가를 하기에 교회의 사이즈가 자신의 영성의 한계라 생각한다. 예수님의 영성은 한 영혼에 올인하시는 사역이셨다. 인류를 위한 한 영혼의 시작은 한 영혼 안에 연방이 담겨있다는 것이다.

1세대 목회자들은 정보에 어둡고 지식에 약점이 많았지만, 기도와 열성과 헌신과 희생으로 교회 성장과 성도를 돌보았기에 부흥을 이루고 영권을 허락하셨다. 이렇게 이룬 교회의 패턴을 이어받은 2세대 목회자들은 각종 정보와 자료 활용에 익숙하고 지식이 월등하여 대부분이 학위를 소지하고 있지만, 영성, 열정, 헌신, 희생이라는 목회 철학은 1세대의 목회자들을 따들 수가 없기에 이성적인 목회를 한다. 영성 목회에서 지식 목회로 전환된 교회로 전락했음이 심히 안타깝다. 그로 인해 영권이 1세대들에 비해 떨어지고, 본질의 문제가 흔들리고 있다. 하나님이 원하시는 목양이 아니라, 내 목회를 한다는 지적을 하신다. 지금 젊은이들인 2세대들에 대한 하나님의 아쉬움을 위해 다음 세대 목회를 위해 이제는 현역에서 물러난 1세대들의 골방의 기도가 절실하다.

경쟁하는 목회는 지나치게 자신의 교회나 목회자 자신을 홍보한다. 복음적 전도 차원인지, 자신의 사역에 대한 홍보인지를 구별해야 한다. 하나님이 원하시는 목회는 복음의 본질의 궤도를 벗어나지 않는다. 목회의 본질은 한 영혼에 대한 구원의 역사이자, 열방을 향한 복음의 흐름이다.

나의 은퇴는 이제 열방을 품고 골방으로 향해야 하는 선택을 한 것이다. 준비된 은퇴자라는 타이틀로 기도의 초대를 받는다. 은퇴 이후의 삶의 허들을 위한 준비를 철저히 시키신다. '성공한 은퇴 생활을 위하여…' 블랙홀에 빠지지 않기 위한 준비인 듯하다.

첫째, 자유하라! 물론 시간적으로 물리적으로는 자유하지만 자칫하면 마음이 닫히게 될 수도 있을 것 같다. 죄에서 자유하듯 돈에서 자유하라! 무엇을 먹을까 입을까에서 자유하라! 사람에게서 자유하라! 하나님의 사람만 존재하게 하라.

둘째, 빈 둥지를 조심하라! 성도들과 밀착되었던 관계의 정비이다. 빈 둥지를 베데스다 사랑의 연못으로 채우라. 한 영혼을 담아내고 품어내는 베데스다 사역이 남은 미션이다.

셋째, 사역의 마지막 열매는 부부의 아름다운 노년의 사랑이다. 지금까지는 목회의 파트너였다면 이제는 서로에게 선한 이웃이 되어 주고, 서로가 있음에 감사하고, 서로를 긍휼히 여기며 사랑으로 익어가는 성숙한 노년의 부부가 되고 싶다.

넷째, 자신의 정체성을 상실하지 말자. 교회 사역의 은퇴가 사명의 은퇴는 아니다. 글쓰기, 기도하기, 섬겨주기 등 살아있는 동안 사명을 잃지 말자. 나의 정체성은 소유가 아닌 존재에 둔다.

다섯째, 고목 나무에도 꽃은 피고, 순이 나고, 뿌리가 나고, 열매도 맺힌다. 믿음 안에서의 모든 소망은 주 안에서 예가 된다. 기꺼이 고목 나무가 될지라도, 소망을 품고 보이는 세상과 보이지 않는 세상을 더불어 살아갈 것이다. 아론의 싹 난 지팡이의 원리를 따라 큰 소망을 품고, 용기 있는 미래를 꿈꾸어 본다.

나는 누가 뭐라 해도 나만의 철학이 있었다. 남편의 목회를 동역하는 동안 나는 2인자라는 생각이었다. 이것만은 목회의 룰이라 여기고 질서를 위한 경계선이라 생각하고 지키려고 노력했다. 2인자라고 사신의 정체성이나 컬러가 없던가? 모세의 사역의 동역자였던 미리암과 아론, 겸손의 상징으로 2인자를 자처했던 요나단, 여호수아의 단짝이였던 살렙, 그중 나는 갈렙의 뚝심을 가져 가려 한다. 나의 영적인 분깃을 내면의 세계로 삼고, 반드시 점령하고 싶다. 삼위일체 하나님의 창조의 동역, 구원의 하나님의 사역의 동역, 회복을 위한 성령님의 사역의 동역이 우리의 모델이 된다. 서로를 빛내주고 역할에 맞게 서로가 시도를 위한 2인사의 사리로 이농하는 모습이 바로 창조의 동여이었고, 구원의 성취였다.

큰 산이 있는 곳에는 여전히 호수가 있고 물이 흐르고 있다. 그 산이 살아 있는 생명체를 보유하는 것은 물이 그 산을 품고 있기 때문이다. 반면, 산을 품은 호수는 산속에 수많은 생명이 숨 쉬고 약동하는 것을 보면서 자신의 존재를 깨닫는다. 나도 사모를 넘어 열방의 어미로의 영성을 꿈꾸어 본다. 술람미가 솔로몬과의 두 사람의 사랑을 넘어 사랑의 확대를 이룬 것 같이… 내 교회라는 바운더리를 넘어 영적인 어미로서의 자리를 만들어 가고 싶다.

'나도 산을 품은 물이 되리라.'고 다짐하며 은퇴 이후를 꿈꾸어 본다. 나의 이후의 삶도 2인자의 자리이다. 다음 세대의 주인공들을 위한 중보자의 자리이다. 나는 자녀들을 위하여 여전히 2인자의 자리에서 나의 사명을 지켜가리라 다짐해 본다. 누군가를 빛나게 해줄 수 있는 2인자가 되고 싶다. 인생 3부를 은혜 안에서 기대하며 나의 목회 인생 2부를 아름답게 마무리한다.

은혜로 덮음같이… 감사로 매듭을 짓는다.

2025. 4. 22.
시도교회에서
깊은 우물의 생수